Contino Editori

Classici Italiani

I edizione Contino Editori 2014

ISBN : 978-88-99049-02-7

Giordano Bruno

Scritti

Indice :

Appendice :

Nota biografica sull'autore :

Giordano Bruno nasce a Nola, vicino a Napoli, nel 1548 da una nobile famiglia campana. Sin da ragazzo avverte la vocazione al sacerdozio: compiuti i primi studi a Napoli, all'età di 17 anni entra come novizio nel convento di San Domenico sostituendo il proprio nome, Filippo, con quello di Giordano, e sette anni dopo è ordinato sacerdote. Appassionato di teologia e filosofia antica e moderna, dotato di animo irrequieto e fervido acume non incline all'accettazione di dogmi senza averli prima sviscerati nel profondo, gradualmente matura la convinzione panteistica - ispirata ad Eraclito - che Dio è l'universo pur nella sua molteplicità; ma in tempi di piena Controriforma, forse i più bui nella storia della Chiesa cattolica romana, la sua teoria gli costa l'accusa di eresia, costringendolo ad abbandonare Napoli. Giordano Bruno ripara a Roma dove, nel 1576, lascia l'abito talare. Riprende a viaggiare per l'Italia, da Roma a Nola, a Savona, a Venezia, fino ad approdare a Ginevra dove abbraccia il calvinismo. Dalla Svizzera si trasferisce a Tolosa, in Francia, dove si dedica all'insegnamento e a Parigi, nel 1582, scrive le sue prime opere, fra le quali "De umbris idearum" e "Il Candelaio" (in verità la sua prima opera, "De' segni de' tempi", risale al 1577). Dal 1583 al 1585 è in Inghilterra, dove prosegue la produzione letteraria con la pubblicazione de "La cena delle ceneri" e "De l'infinito universo et mondi": pubblicate nel 1584, entrambe sposano le teorie copernicane sulla natura e sull'eliocentrismo, pur contrapponendo al mondo finito di Copernico la sua idea di infinità dell'universo, ed accantonano definitivamente i postulati aristotelici; con "Spaccio de la bestia trionfante" (1584) e "Degli eroici furori" (1585), pone la conoscenza dell'universo quale fine ultimo della vita; del 1584 è anche "De la causa principio et uno", la sua opera più importante. Nel 1591 è in Germania, a Francoforte, ed anche qui continua a scrivere componendo tre poemetti latini "De triplici, minimo et mensura", "De monade, numero et figura" e "De immenso et innumerabilibus". Nello stesso anno è invitato a Venezia dal nobile Giovanni Mocenigo che desidera essere da lui istruito sulla mnemotecnica e, probabilmente, avviato alla magia. Giordano Bruno si trasferisce dunque nella città lagunare, non presagendo che quella decisione gli sarà fatale: il Mocenigo, infatti, impressionato dalle idee fortemente temerarie dell'ex sacerdote fino ad apparirgli inquietanti e blasfeme, lo denuncia al Sant'Uffizio facendolo arrestare e processare prima a Venezia, dove ritratta in parte le proprie posizioni; poi l'inquisizione romana avoca a sé il processo e chiede, ottenendola nel 1593, l'estradizione dalla Repubblica lagunare. Nel 1599 il cardinale Bellarmino lo sollecita ad abiurare ed egli sembra accettare, ma le sue dichiarazioni appaiono parziali e insufficienti. Dichiarato eretico, è condannato al rogo. Per ordine di Papa Clemente VIII Giordano Bruno viene arso vivo a Roma, in Campo de' Fiori, il 17 febbraio 1600, all'età di 52 anni. In quello stesso luogo, nel giugno 1889, su iniziativa di un folto gruppo di uomini di cultura, Francesco Crispi erigerà un monumento in sua memoria. Giordano Bruno ha avuto la capacità, oltre che il coraggio, di esporre in chiave filosofica la concezione pagana della vita nel Rinascimento rispetto a quella medievale. Delle sue idee egli scrive: "Con questa filosofia mi si aggrandisce l'animo e mi si magnifica l'intelletto". La sua vita così errabonda, fraintesa, perseguitata ed eroica lo porterà a definire sé stesso un "accademico di nulla accademia". Illuminista ante litteram, il filosofo nolano rimane una delle figure più sui generis nella storia della filosofia moderna. Le altre opere di Giordano Bruno: 1568/71: "Arca di Noè"; 1576: "Gli pensier gai" e "Tronco d'acqua viva" (mai pubblicate); 1576/81: "Lezioni sulla sfera" e "Lezioni sul 'De Anima' di Aristotele" (mai pubblicate); 1579/81: "Censure contro il De la Faye" e "Clavis Magna"; 1581/82: "De' predicamenti di Dio"; 1582: "Cantus circaeus ad memoriae praxim ordinatus", "De compendiosa architectura et complemento artis Lullii" e "Purgatorio de l'Inferno"; 1583: "Ars reminiscendi" ed "Explicatio triginta sigillorum et Sigilli sigillo rum"; 1585: "Cabala del cavallo pegaseo"; 1586: "Arbor philosophorum", "Figuratio Aristotelici Physici auditus", "Dialogi duo de Fabricii Mordentis Salernitani prope divina adinventione"; "Dialogi Idiota triumphans", "De somnii interpretazione", "Centum et viginti articuli de natura et mundo adversus Peripateticos" e "Animadversiones circa lampadem lullianam"; 1587: "De Lampade combinatoria lulliana", "De progressu et lampade venatoria logicorum", "Artificium perorandi" e "Lezioni sull' 'Organo' di Aristotele"; 1588: "De specierum scrutinio et lampade combinatoria Raymundi Lullii", "Camoeracensis acrotismus seu rationes articulorum physicorum adversus Peripateticos", "Libri physicorum Aristotelis explanati", "Oratio valedictoria" e "Articuli centum et sexaginta adversus huius tempestatis mathematicos atque philosophos"; 1589: "Oratio consolatoria"; 1589-90: "De Magia", "De magia mathematica", "De rerum principiis, elementis et causis", "Medicina lulliana", "Delle sette arti liberali" e "Delle sette arti inventive"; 1591: "De imaginum, signorum et idearum compositione", "Theses de magia", "De vinculis in genere", "Lampas triginta statuarum", "Praelectiones geometricae", "Ars deformationum", "De rerum imaginibus", "Templum Mnemosynes", "De multiplici mundi vita", "De naturae gesti bus", "De principiis veri" e "De astrologia". Opere postume: 1609: "Summa terminorum metaphysicorum"; 1612: "Artificium perorandi".

De gli eroici furori (1585)

ARGOMENTO DEL NOLANO

SOPRA GLI EROICI FURORI:

SCRITTO AL MOLTO ILLUSTRE SIGNOR FILIPPO SIDNEO.

È cosa veramente, o generosissimo Cavalliero, da basso, bruto e sporco ingegno d'essersi fatto constantemente studioso, ed aver affisso un curioso pensiero circa o sopra la bellezza d'un corpo femenile. Che spettacolo, o Dio buono!, più vile ed ignobile può presentarsi ad un occhio di terso sentimento, che un uomo cogitabundo, afflitto, tormentato, triste, maninconioso, per dovenir or freddo, or caldo, or fervente, or tremante, or pallido, or rosso, or in mina di perplesso, or in atto di risoluto; un che spende il meglior intervallo di tempo e gli più scelti frutti di sua vita corrente, destillando l'elixir del cervello con mettere in concetto, scritto e sigillar in publichi monumenti quelle continue torture, que' gravi tormenti, que' razionali discorsi, que' faticosi pensieri e quelli amarissimi studi destinati sotto la tirannide d'una indegna, imbecille, stolta e sozza sporcaria?

Che tragicomedia? che atto, dico, degno più di compassione e riso può esserne ripresentato in questo teatro del mondo, in questa scena delle nostre conscienze, che di tali e tanto numerosi suppositi fatti penserosi, contemplativi, constanti, fermi, fideli, amanti, coltori, adoratori e servi di cosa senza fede, priva d'ogni costanza, destituta d'ogni ingegno, vacua d'ogni merito, senza riconoscenza e gratitudine alcuna, dove non può capir più senso, intelletto e bontade, che trovarsi possa in una statua o imagine depinta al muro? e dove è più superbia, arroganza, protervia, orgoglio, ira, sdegno, falsitade, libidine, avarizia, ingratitudine ed altri crimi exiziali, che avessero possuto uscir veneni ed instrumenti di morte dal vascello di Pandora, per aver pur troppo largo ricetto dentro il cervello di mostro tale? Ecco vergato in carte, rinchiuso in libri, messo avanti gli occhi ed intonato a gli orecchi un rumore, un strepito, un fracasso d'insegne, d'imprese, de motti, d'epistole, de sonetti, d'epigrammi, de libri, de prolissi scartafazzi, de sudori estremi, de vite consumate, con strida ch'assordiscon gli astri, lamenti che fanno ribombar gli antri infernali, doglie che fanno stupefar l'anime viventi, suspiri da far exinanire e compatir gli dei, per quegli occhi, per quelle guance, per quel busto, per quel bianco, per quel vermiglio, per quella lingua, per quel dente, per quel labro, quel crine, quella veste, quel manto, quel guanto, quella scarpetta, quella pianella, quella parsimonia, quel risetto, quel sdegnosetto, quella vedova fenestra, quell'eclissato sole, quel martello, quel schifo, quel puzzo, quel sepolcro, quel cesso, quel mestruo, quella carogna, quella febre quartana, quella estrema ingiuria e torto di natura, che con una superficie, un'ombra, un fantasma, un sogno, un Circeo incantesimo ordinato al serviggio della generazione, ne inganna in specie di bellezza. La quale insieme insieme viene e passa, nasce e muore, fiorisce e marcisce; ed è bella cossì un pochettino a l'esterno, che nel suo intrinseco vera- e stabilmente è contenuto un navilio, una bottega, una dogana, un mercato de quante sporcarie, tossichi e veneni abbia possuti produrre la nostra madrigna natura: la quale dopo aver riscosso quel seme di cui la si serva, ne viene sovente a pagar d'un lezzo, d'un pentimento, d'una tristizia, d'una fiacchezza, d'un dolor di capo, d'una lassitudine, d'altri ed altri malanni che son manifesti a tutto il mondo, a fin che amaramente dolga, dove suavemente proriva.

Ma che fo io? che penso? Son forse nemico della generazione? Ho forse in odio il sole? Rincrescemi forse il mio ed altrui essere messo al mondo? Voglio forse ridur gli uomini a non raccôrre quel più dolce pomo che può produr l'orto del nostro terrestre paradiso? Son forse io per impedir l'instituto santo della natura? Debbo tentare di suttrarmi io o altro dal dolce amato giogo che n'ha messo al collo la divina providenza? Ho forse da persuader a me e ad altri, che gli nostri predecessori sieno nati per noi, e noi non siamo nati per gli nostri successori? Non voglia, non voglia Dio che questo giamai abbia possuto cadermi nel pensiero! Anzi aggiongo che per quanti regni e beatitudini mi s'abbiano possuti proporre e nominare, mai fui tanto savio o buono che mi potesse venir voglia de castrarmi o dovenir eunuco. Anzi mi vergognarei, se cossì come mi trovo in apparenza, volesse cedere pur un pelo a qualsivoglia che mangia degnamente il pane per servire alla natura e Dio benedetto. E se alla buona volontà soccorrer possano o soccorrano gl'instrumenti e gli lavori, lo lascio considerar solo a chi ne può far giudicio e donar sentenza. Io non credo d'esser legato; perché son certo che non bastarebbono tutte le stringhe e tutti gli lacci che abbian saputo e sappian mai intessere ed annodare quanti fûro e sono stringari e lacciaiuoli, (non so se posso dir) se fusse con essi la morte istessa, che volessero maleficiarmi. Né credo d'esser freddo, se a refrigerar il mio caldo non penso che bastarebbono le nevi del monte Caucaso o Rifeo. Or vedete dunque se è la raggione o qualche difetto che mi fa parlare.

Che dunque voglio dire? che voglio conchiudere? che voglio determinare? Quel che voglio conchiudere e dire, o Cavalliero illustre, è che quel ch'è di Cesare, sia donato a Cesare, e quel ch'è de Dio, sia renduto a Dio. Voglio dire che a le donne, benché talvolta non bastino gli onori ed ossequi divini, non perciò se gli denno onori ed ossequii divini. Voglio che le donne siano cossì onorate ed amate, come denno essere amate ed onorate le donne: per tal causa dico, e per tanto, per quanto si deve a quel poco, a quel tempo e quella occasione, se non hanno altra virtù che naturale, cioè di quella bellezza, di quel splendore, di quel serviggio, senza il quale denno esser stimate più vanamente nate al mondo che un morboso fungo, qual con pregiudicio de meglior piante occupa la terra; e più noiosamente che qualsivoglia napello o vipera che caccia il capo fuor di quella. Voglio dire che tutte le cose de l'universo, perché possano aver fermezza e consistenza, hanno gli suoi pondi, numeri, ordini e misure, a fin che siano dispensate e governate con ogni giustizia e raggione. Là onde Sileno, Bacco, Pomona, Vertunno, il dio di Lampsaco ed altri simili che son dei da tinello, da cervosa forte e vino rinversato, come non siedeno in cielo a bever nettare e gustar ambrosia nella mensa di Giove, Saturno, Pallade, Febo ed altri simili; cossì gli lor fani, tempii, sacrificii e culti denno essere differenti da quelli de costoro.

Voglio finalmente dire, che questi Furori eroici ottegnono suggetto ed oggetto eroico, e però non ponno più cadere in stima d'amori volgari e naturaleschi, che veder si possano delfini su gli alberi de le selve, e porci cinghiali sotto gli marini scogli. Però per liberare tutti da tal suspizione, avevo pensato prima di donar a questo libro un titolo simile a quello di Salomone, il quale sotto la scorza d'amori ed affetti ordinarii contiene similmente divini ed eroici furori, come interpretano gli mistici e cabalisti dottori; volevo, per dirla, chiamarlo Cantica. Ma per più caggioni mi sono astenuto al fine: de le quali ne voglio referir due sole. L'una per il timor ch'ho conceputo dal rigoroso supercilio de certi farisei, che cossì mi stimarebono profano per usurpar in mio naturale e fisico discorso titoli sacri e sopranaturali, come essi, sceleratissimi e ministri d'ogni ribaldaria, si usurpano più altamente, che dir si possa, gli titoli de sacri, de santi, de divini oratori, de figli de Dio, de sacerdoti, de regi; stante che stiamo aspettando quel giudicio divino che farà manifesta la lor maligna ignoranza ed altrui dottrina, la nostra simplice libertà e l'altrui maliciose regole, censure ed instituzioni. L'altra per la grande dissimilitudine che si vede fra il volto di questa opra e quella, quantunque medesimo misterio e sustanza d'anima sia compreso sotto l'ombra dell'una e l'altra: stante che là nessuno dubita che il primo instituto del sapiente fusse più tosto di figurar cose divine che di presentar altro: perché ivi le figure sono aperta- e manifestamente figure, ed il senso metaforico è conosciuto di sorte che non può esser negato per metaforico: dove odi quelli occhi di colombe, quel collo di torre, quella lingua di latte, quella fragranzia d'incenso, que' denti che paiono greggi de pecore che descendono dal lavatoio, que' capelli che sembrano le capre che vegnono giù da la montagna di Galaad; ma in questo poema non si scorge volto, che cossì al vivo ti spinga a cercar latente ed occolto sentimento; atteso che per l'ordinario modo di parlare e de similitudini più accomodate a gli sensi communi, che ordinariamente fanno gli accorti amanti, e soglion mettere in versi e rime gli usati poeti, son simili ai sentimenti de coloro che parlarono a Citereida, o Licori, a Dori, a Cintia, a Lesbia, a Corinna, a Laura ed altre simili. Onde facilmente ognuno potrebbe esser persuaso che la fondamentale e prima intenzion mia sia stata addirizzata da ordinario amore, che m'abbia dettati concetti tali; il quale appresso, per forza de sdegno, s'abbia improntate l'ali e dovenuto eroico; come è possibile di convertir qualsivoglia fola, romanzo, sogno e profetico enigma, e transferirle, in virtù di metafora e pretesto d'allegoria, a significar tutto quello che piace a chi più comodamente è atto a stiracchiar gli sentimenti, e far cossì tutto di tutto, come tutto essere in tutto disse il profondo Anaxagora. Ma pensi chi vuol quel che gli pare e piace, ch'alfine, o voglia o non, per giustizia la deve ognuno intendere e definire come l'intendo e definisco io, non io come l'intende e definisce lui: perché come gli furori di quel sapiente Ebreo hanno gli proprii modi, ordini e titolo che nessuno ha possuto intendere e potrebbe meglio dechiarar che lui, se fusse presente; cossì questi Cantici hanno il proprio titolo, ordine e modo che nessun può meglio dechiarar ed intendere che io medesimo, quando non sono absente.

 D'una cosa voglio che sia certo il mondo: che quello, per il che io mi essagito in questo proemiale argomento, dove singularmente parlo a voi, eccellente Signore, e ne gli Dialogi formati sopra gli seguenti articoli, sonetti e stanze, è ch'io voglio ch'ognun sappia, ch'io mi stimarei molto vituperoso e bestialaccio, se con molto pensiero, studio e fatica mi fusse mai delettato o delettasse de imitar, come dicono, un Orfeo circa il culto d'una donna in vita, e dopo morte, se possibil fia, ricovrarla da l'inferno: se a pena la stimarei degna, senza arrossir il volto, d'amarla sul naturale di quell'istante del fiore della sua beltade e facultà di far figlioli alla natura e Dio. Tanto manca, che vorrei parer simile a certi poeti e versificanti in far trionfo d'una perpetua perseveranza di tale amore, come d'una cossì pertinace pazzia, la qual sicuramente può competere con tutte l'altre specie che possano far residenza in un cervello umano: tanto, dico, son lontano da quella vanissima, vilissima e vituperosissima gloria, che non posso credere ch'un uomo, che si trova un granello di senso e spirito, possa spendere più amore in cosa simile che io abbia speso al passato e possa spendere al presente. E per mia fede, se io voglio adattarmi a defendere per nobile l'ingegno di quel tosco poeta, che si mostrò tanto spasimare alle rive di Sorga per una di Valclusa, e non voglio dire che sia stato un pazzo da catene, donarommi a credere, e forzarommi di persuader ad altri, che lui per non aver ingegno atto a cose megliori, volse studiosamente nodrir quella melancolia, per celebrar non meno il proprio ingegno su quella matassa, con esplicar gli affetti d'un ostinato amor volgare, animale e bestiale, ch'abbiano fatto gli altri ch'han parlato delle lodi della mosca, del scarafone, de l'asino, de Sileno, de Priapo, scimie de quali son coloro ch'han poetato a' nostri tempi delle lodi de gli orinali, de la piva, della fava, del letto, delle bugie, del disonore, del forno, del martello, della caristia, de la peste; le quali non meno forse sen denno gir altere e superbe per la celebre bocca de canzonieri suoi, che debbano e possano le prefate ed altre dame per gli suoi.

Or (perché non si faccia errore) qua non voglio che sia tassata la dignità di quelle che son state e sono degnamente lodate e lodabili: non quelle che possono essere e sono particolarmente in questo paese Britannico, a cui doviamo la fideltà ed amore ospitale: perché dove si biasimasse tutto l'orbe, non si biasima questo, che in tal proposito non è orbe, né parte d'orbe, ma diviso da quello in tutto, come sapete: dove si raggionasse de tutto il sesso femenile, non si deve né può intendere de alcune vostre, che non denno esser stimate parte di quel sesso; perché non son femine, non son donne, ma, in similitudine di quelle, son nimfe, son dive, son di sustanza celeste, tra le quali è lecito di contemplar quell'unica Diana, che in questo numero e proposito non voglio nominare. Comprendasi, dunque, il geno ordinario. E di quello ancora indegna- ed ingiustamente perseguitarei le persone: perciò che a nessuna particulare deve essere improperato l'imbecillità e condizion del sesso, come né il difetto e vizio di complessione; atteso che, se in ciò è fallo ed errore, deve essere attribuito per la specie alla natura, e non per particolare a gl'individui. Certamente quello che circa tai supposti abomino, è quel studioso e disordinato amor venereo che sogliono alcuni spendervi de maniera che se gli fanno servi con l'ingegno, e vi vegnono a cattivar le potenze ed atti più nobili de l'anima intellettiva. Il qual intento essendo considerato, non sarà donna casta ed onesta che voglia per nostro naturale e veridico discorso contristarsi e farmisi più tosto irata, che sottoscrivendomi amarmi di vantaggio, vituperando passivamente quell'amor nelle donne verso gli uomini, che io attivamente riprovo ne gli uomini verso le donne. Tal dunque essendo il mio animo, ingegno, parere e determinazione, mi protesto che il mio primo e principale, mezzano ed accessorio, ultimo e finale intento in questa tessitura fu ed è d'apportare contemplazion divina, e metter avanti a gli occhi ed orecchie altrui furori non de volgari, ma eroici amori, ispiegati in due parti; de le quali ciascuna è divisa in cinque dialogi.

Argomento de' cinque dialogi de la prima parte. Nel Primo dialogo della prima parte son cinque articoli, dove per ordine: nel primo si mostrano le cause e principii motivi intrinseci sotto nome e figura del monte e del fiume e de muse, che si dechiarano presenti, non perché chiamate, invocate e cercate, ma più tosto come quelle che più volte importunamente si sono offerte: onde vegna significato che la divina luce è sempre presente; s'offre sempre, sempre chiama e batte a le porte de nostri sensi ed altre potenze cognoscitive ed apprensive: come pure è significato nella Cantica di Salomone dove si dice: En ipse stat post parietem nostrum, respiciens per cancellos, et prospiciens per fenestras. La qual spesso per varie occasioni ed impedimenti avvien che rimangna esclusa fuori e trattenuta. Nel secondo articolo si mostra quali sieno que' suggetti, oggetti, affetti, instrumenti ed effetti per li quali s'introduce, si mostra e prende il possesso nell'anima questa divina luce, perché la inalze e la converta in Dio. Nel terzo il proponimento, definizione e determinazione che fa l'anima ben informata circa l'uno, perfetto ed ultimo fine. Nel quarto la guerra civile che séguita e si discuopre contra il spirito dopo tal proponimento; onde disse la Cantica: Noli mirari, quia nigra sum: decoloravit enim me sol, quia fratres mei pugnaverunt contra me, quam posuerunt custodem in vineis. Là sono esplicati solamente come quattro antesignani l'Affetto, l'Appulso fatale, la Specie del bene ed il Rimorso, che son seguitati da tante coorte militari de tante, contrarie, varie e diverse potenze con gli lor ministri, mezzi ed organi che sono in questo composto. Nel quinto s'ispiega una naturale contemplazione in cui si mostra che ogni contrarietà si riduce a l'amicizia o per vittoria de l'uno de' contrarii o per armonia e contemperamento o per qualch'altra raggione di vicissitudine, ogni lite alla concordia, ogni diversità a l'unità: la qual dottrina è stata da noi distesa ne gli discorsi d'altri dialogi.

Nel Secondo dialogo viene più esplicatamente descritto l'ordine ed atto della milizia che si ritrova nella sustanza di questa composizione del furioso; ed ivi: nel primo articolo si mostrano tre sorte di contrarietà: la prima d'un affetto ed atto contra l'altro, come dove son le speranze fredde e gli desiderii caldi; la seconda de medesimi affetti ed atti in se stessi, non solo in diversi, ma ed in medesimi tempi; come quando ciascuno non si contenta di sé, ma attende ad altro, ed insieme insieme ama ed odia; la terza tra la potenza che séguita ed aspira, e l'oggetto che fugge e si suttrae. Nel secondo articolo si manifesta la contrarietà ch'è come di doi contrarii appulsi in generale; alli quali si rapportano tutte le particolari e subalternate contrarietadi, mentre come a doi luoghi e sedie contrarie si monta o scende: anzi il composto tutto per la diversità de le inclinazioni che son nelle diverse parti, e varietà de disposizioni che accade nelle medesime, viene insieme insieme a salire ed abbassare, a farsi avanti ed adietro, ad allontanarsi da sé e tenersi ristretto in sé. Nel terzo articolo si discorre circa la conseguenza da tal contrarietade.

Nel Terzo dialogo si fa aperto quanta forza abbia la volontade in questa milizia, come quella a cui sola appartiene ordinare, cominciare, exeguire e compire; cui vien intonato nella Cantica: Surge, propera, columba mea, et veni: iam enim hiems transiit, imber abiit, flores apparuerunt in terra nostra; tempus putationis advenit. Questa sumministra forza ad altri in molte maniere, ed a se medesima specialmente, quando si reflette in se stessa e si radoppia; allor che vuol volere, e gli piace che voglia quel che vuole; o si ritratta, allor che non vuol quel che vuole, e gli dispiace che voglia quel che vuole: cossì in tutto e per tutto approva quel ch'è bene e quel tanto che la natural legge e giustizia gli definisce: e mai affatto approva quel che è altrimente. E questo è quanto si esplica nel primo e secondo articolo. Nel terzo si vede il gemino frutto di tal efficacia, secondo che (per consequenza de l'affetto che le attira e rapisce) le cose alte si fanno basse, e le basse dovegnono alte; come per forza de vertiginoso appulso e vicissitudini successo dicono che la fiamma s'inspessa in aere, vapore ed acqua, e l'acqua s'assottiglia in vapore, aere e fiamma.

In sette articoli del Quarto dialogo si contempla l'impeto e vigor de l'intelletto, che rapisce l'affetto seco, ed il progresso de pensieri del furioso composto, e delle passioni de l'anima che si trova al governo di questa republica cossì turbulenta. Là non è oscuro chi sia il cacciatore, l'ucellatore, la fiera, gli cagnuoli, gli pulcini, la tana, il nido, la rocca, la preda, il compimento de tante fatiche, la pace, riposo e bramato fine de sì travaglioso conflitto.

Nel Quinto dialogo si descrive il stato del furioso in questo mentre, ed è mostro l'ordine, raggione e condizion de studii e fortune. Nel primo articolo per quanto appartiene a perseguitar l'oggetto che si fa scarso di sé; nel secondo quanto al continuo e non remittente concorso de gli affetti; nel terzo quanto a gli alti e caldi, benché vani proponimenti; nel quarto quanto al volontario volere; nel quinto quanto a gli pronti e forti ripari e soccorsi. Ne gli seguenti si mostra variamente la condizion di sua fortuna, studio e stato, con la raggione e convenienza di quelli, per le antitesi, similitudini e comparazioni espresse in ciascuno di essi articoli.

Argomento de' cinque dialogi della seconda parte. Nel Primo dialogo della seconda parte s'adduce un seminario delle maniere e raggioni del stato dell'eroico furioso. Ove nel primo sonetto vien descritto il stato di quello sotto la ruota del tempo; nel secondo viene ad iscusarsi dalla stima d'ignobile occupazione ed indegna iattura della angustia e brevità del tempo; nel terzo accusa l'impotenza de suoi studi, gli quali, quantunque all'interno sieno illustrati dall'eccellenza de l'oggetto, questo per l'incontro viene ad essere offoscato ed annuvolato da quelli; nel quarto è il compianto del sforzo senza profitto delle facultadi de l'anima, mentre cerca risorgere con l'imparità de le potenze a quel stato che pretende e mira; nel quinto vien rammentata la contrarietà e domestico conflitto che si trova in un suggetto, onde non possa intieramente appigliarsi ad un termine o fine; nel sesto vien espresso l'affetto aspirante; nel settimo vien messa in considerazione la mala corrispondenza che si trova tra colui ch'aspira, e quello a cui s'aspira; nell'ottavo è messa avanti gli occhi la distrazion dell'anima, conseguente della contrarietà de cose esterne ed interne tra loro, e de le cose interne in se stesse, e de le cose esterne in se medesime; nel nono è ispiegata l'etate ed il tempo del corso de la vita ordinarii all'atto de l'alta e profonda contemplazione: per quel che non vi conturba il flusso o reflusso della complessione vegetante, ma l'anima si trova in condizione stazionaria e come quieta; nel decimo l'ordine e maniera in cui l'eroico amore talor ne assale, fere e sveglia; nell'undecimo la moltitudine delle specie ed idee particolari che mostrano l'eccellenza della marca dell'unico fonte di quelle, mediante le quali vien incitato l'affetto verso alto; nel duodecimo s'esprime la condizion del studio umano verso le divine imprese, perché molto si presume prima che vi s'entri, e nell'entrare istesso: ma quando poi s'ingolfa e vassi più verso il profondo, viene ad essere smorzato il fervido spirito di presunzione, vegnono relassati i nervi, dismessi gli ordegni, inviliti gli pensieri, svaniti tutti dissegni, e riman l'animo confuso, vinto ed exinanito. Al qual proposito fu detto dal sapiente: qui scrutator est maiestatis, opprimetur a gloria. Nell'ultimo è più manifestamente espresso quello che nel duodecimo è mostrato in similitudine e figura.

Nel Secondo dialogo è in un sonetto ed un discorso dialogale sopra di quello specificato il primo motivo che domò il forte, ramollò il duro ed il rese sotto l'amoroso imperio di Cupidine superiore, con celebrar tal vigilanza, studio, elezione e scopo.

Nel Terzo dialogo in quattro proposte e quattro risposte del core a gli occhi, e de gli occhi al core, è dechiarato l'essere e modo delle potenze cognoscitive ed appetitive. Là si manifesta qualmente la volontà è risvegliata, addirizzata, mossa e condotta dalla cognizione; e reciprocamente la cognizione è suscitata, formata e ravvivata dalla volontade, procedendo or l'una da l'altra, or l'altra da l'una. Là si fa dubio, se l'intelletto o generalmente la potenza conoscitiva, o pur l'atto della cognizione sia maggior de la volontà o generalmente della potenza appetitiva, o pur de l'affetto: se non si può amare più che intendere, e tutto quello ch'in certo modo si desidera, in certo modo ancora si conosce, e per il roverso; onde è consueto di chiamar l'appetito cognizione, perché veggiamo che gli peripatetici, nella dottrina de quali siamo allievati e nodriti in gioventù, sin a l'appetito in potenza ed atto naturale chiamano cognizione; onde tutti effetti, fini e mezzi, principii, cause ed elementi distingueno in prima-, media- ed ultimamente noti secondo la natura, nella quale fanno in conclusione concorrere l'appetito e la cognizione. Là si propone infinita la potenza della materia ed il soccorso dell'atto che non fa essere la potenza vana. Laonde cossì non è terminato l'atto della volontà circa il bene, come è infinito ed interminabile l'atto della cognizione circa il vero: onde ente, vero e buono son presi per medesimo significante circa medesima cosa significata.

Nel Quarto dialogo son figurate ed alcunamente ispiegate le nove raggioni della inabilità, improporzionalità e difetto dell'umano sguardo e potenza apprensiva de cose divine. Dove nel primo cieco, che è da natività, è notata la raggione ch'è per la natura che ne umilia ed abbassa. Nel secondo, cieco per il tossico della gelosia, è notata quella ch'è per l'irascibile e concupiscibile che ne diverte e desvia. Nel terzo, cieco per repentino apparimento d'intensa luce, si mostra quella che procede dalla chiarezza de l'oggetto che ne abbaglia. Nel quarto, allievato e nodrito a lungo a l'aspetto del sole, quella che da troppo alta contemplazione de l'unità che ne fura alla moltitudine. Nel quinto, che sempre mai ha gli occhi colmi de spesse lacrime, è designata.l'improporzionalità de mezzi tra la potenza ed oggetto che ne impedisce. Nel sesto, che per molto lacrimar ave svanito l'umor organico visivo, è figurato il mancamento de la vera pastura intellettuale che ne indebolisce. Nel settimo, cui gli occhi sono inceneriti da l'ardor del core, è notato l'ardente affetto che disperge, attenua e divora tal volta la potenza discretiva. Nell'ottavo, orbo per la ferita d'una punta di strale, quello che proviene dall'istesso atto dell'unione della specie de l'oggetto; la qual vince, altera e corrompe la potenza apprensiva, che è suppressa dal peso e cade sotto l'impeto de la presenza di quello; onde non senza raggion talvolta la sua vista è figurata per l'aspetto di folgore penetrativo. Nel nono, che per esser mutolo non può ispiegar la causa della sua cecitade, vien significata la raggion de le raggioni, la quale è l'occolto giudicio divino che a gli uomini ha donato questo studio e pensiero d'investigare, de sorte che non possa mai gionger più alto che alla cognizione della sua cecità ed ignoranza, e stimar più degno il silenzio ch'il parlare. Dal che non vien iscusata né favorita l'ordinaria ignoranza; perché è doppiamente cieco chi non vede la sua cecità: e questa è la differenza tra gli profettivamente studiosi e gli ociosi insipienti: che questi son sepolti nel letargo della privazion del giudicio di suo non vedere, e quelli sono accorti, svegliati e prudenti giudici della sua cecità, e però son nell'inquisizione e nelle porte de l'acquisizione della luce, delle quali son lungamente banditi gli altri.

Argomento ed allegoria del quinto dialogo. Nel Quinto dialogo, perché vi sono introdotte due donne, alle quali (secondo la consuetudine del mio paese) non sta bene di commentare, argumentare, desciferare, saper molto ed esser dottoresse, per usurparsi ufficio d'insegnare e donar instituzione, regola e dottrina a gli uomini, ma ben de divinar e profetar qualche volta che si trovano il spirito in corpo; però gli ha bastato de farsi solamente recitatrici della figura, lasciando a qualche maschio ingegno il pensiero e negocio di chiarir la cosa significata. Al quale (per alleviar overamente tôrgli la fatica) fo intendere, qualmente questi nove ciechi, come in forma d'ufficio e cause esterne, cossì con molte altre differenze suggettive correno con altra significazione, che gli nove del dialogo precedente; atteso che, secondo la volgare imaginazione delle nove sfere, mostrano il numero, ordine e diversità de tutte le cose che sono subsistenti infra unità absoluta, nelle quali e sopra le quali tutte sono ordinate le proprie intelligenze che, secondo certa similitudine analogale, dependono dalla prima ed unica. Queste da cabalisti, da caldei, da maghi, da platonici e da cristiani teologi son distinte in nove ordini per la perfezione del numero che domina nell'università de le cose ed in certa maniera formaliza il tutto; e però con semplice raggione fanno che si significhe la divinità, e secondo la reflessione e quadratura in se stesso, il numero e la sustanza de tutte le cose dependenti. Tutti gli contemplatori più illustri, o sieno filosofi, o siano teologi, o parlino per raggione e proprio lume, o parlino per fede e lume superiore, intendeno in queste intelligenze il circolo di ascenso e descenso. Quindi dicono gli platonici, che per certa conversione accade che quelle, che son sopra il fato, si facciano sotto il fato del tempo e mutazione, e da qua montano altre al luogo di quelle. Medesima conversione è significata dal pitagorico poeta, dove dice: Has omnes, ubi mille rotam volvere per annos Lethaeum ad fluvium deus evocat agmine magno, Rursus ut incipiant in corpora velle reverti.

Questo, dicono alcuni, è significato dove è detto in revelazione che il drago starà avvinto nelle catene per mille anni, e passati quelli, sarà disciolto. A cotal significazione voglion che mirino molti altri luoghi, dove il millenario ora è espresso, ora è significato per uno anno, ora per una etade, ora per un cubito, ora per una ed un'altra maniera. Oltre che certo il millenario istesso non si prende secondo le revoluzioni definite da gli anni del sole, ma secondo le diverse raggioni delle diverse misure ed ordini con li quali son dispensate diverse cose: perché cossì son differenti gli anni de gli astri, come le specie de particolari non son medesime. Or quanto al fatto della revoluzione, è divolgato appresso gli cristiani teologi, che da ciascuno de' nove ordini de spiriti sieno trabalzate le moltitudini de legioni a queste basse ed oscure regioni; e che per non esser quelle sedie vacanti, vuole la divina providenza che di queste anime, che vivono in corpi umani, siano assumpte a quella eminenza. Ma tra' filosofi Plotino solo ho visto dire espressamente, come tutti teologi grandi, che cotal revoluzione non è de tutti, né sempre, ma una volta. E tra teologi Origene solamente, come tutti filosofi grandi, dopo gli Saduchini ed altri molti riprovati, ave ardito de dire che la revoluzione è vicissitudinale e sempiterna; e che tutto quel medesimo che ascende, ha da ricalar a basso; come si vede in tutti gli elementi e cose che sono nella superficie, grembo e ventre de la natura. Ed io per mia fede dico e confermo per convenientissimo, con gli teologi e color che versano su le leggi ed instituzioni de popoli, quel senso loro: come non manco d'affirmare ed accettar questo senso di quei che parlano secondo la raggion naturale tra' pochi, buoni e sapienti. L'opinion de' quali degnamente è stata riprovata, per esser divolgata a gli occhi della moltitudine; la quale se a gran pena può essere refrenata da vizii e spronata ad atti virtuosi per la fede de pene sempiterne, che sarrebe se la si persuadesse qualche più leggiera condizione in premiar gli eroici ed umani gesti, e castigare gli delitti e sceleragini? Ma per venire alla conclusione di questo mio progresso, dico che da qua si prende la raggione e discorso della cecità e luce di questi nove, or vedenti, or ciechi, or illuminati; quali son rivali ora nell'ombre e vestigii della divina beltade, or sono al tutto orbi, ora nella più aperta luce pacificamente si godeno. Allor che sono nella prima condizione, son ridutti alla stanza di Circe, la qual significa la omniparente materia. Ed è detta figlia del sole, perché da quel padre de le forme ha l'eredità e possesso di tutte quelle le quali, con l'aspersion de le acqui, cioè con l'atto della generazione, per forza d'incanto, cioè d'occolta armonica raggione, cangia il tutto, facendo dovenir ciechi quelli che vedeno. Perché la generazione e corrozione è causa d'oblio e cecità, come esplicano gli antichi con la figura de le anime che si bagnano ed inebriano di Lete.

Quindi dove gli ciechi si lamentano, dicendo: Figlia e madre di tenebre ed orrore, è significata la conturbazion e contristazion de l'anima che ha perse l'ali, la quale se gli mitiga allor che è messa in speranza di ricovrarle. Dove Circe dice: Prendete un altro mio vase fatale, è significato che seco portano il decreto e destino del suo cangiamento; il qual però è detto essergli porgiuto dalla medesima Circe; perché un contrario è originalmente nell'altro, quantunque non vi sia effettualmente: onde disse lei, che sua medesima mano non vale aprirlo, ma commetterlo. Significa ancora che son due sorte d'acqui: inferiori, sotto il firmamento che acciecano; e superiori, sopra il firmamento che illuminano: quelle che sono significate da pitagorici e platonici nel descenso da un tropico ed ascenso da un altro. Là dove dice: Per largo e per profondo peregrinate il mondo, cercate tutti gli numerosi regni, significa che non è progresso immediato da una forma contraria a l'altra, né regresso immediato da una forma a la medesima; però bisogna trascorrere, se non tutte le forme che sono nella ruota delle specie naturali, certamente molte e molte di quelle. Là s'intendeno illuminati da la vista de l'oggetto, in cui concorre il ternario delle perfezioni, che sono beltà, sapienza e verità, per l'aspersion de l'acqui, che negli sacri libri son dette acqui di sapienza, fiumi d'acqua di vita eterna. Queste non si trovano nel continente del mondo, ma penitus toto divisim ab orbe, nel seno dell'Oceano, dell'Anfitrite, della divinità, dove è quel fiume che apparve revelato procedente dalla sedia divina, che ave altro flusso che ordinario naturale. Ivi son le Ninfe, cioè le beate e divine intelligenze che assisteno ed amministrano alla prima intelligenza, la quale è come la Diana tra le nimfe de gli deserti. Quella sola tra tutte l'altre è per la triplicata virtude potente ad aprir ogni sigillo, a sciorre ogni nodo, a discuoprir ogni secreto, e disserrar qualsivoglia cosa rinchiusa. Quella con la sua sola presenza e gemino splendore del bene e vero, di bontà e bellezza appaga le volontadi e gl'intelletti tutti, aspergendoli con l'acqui salutifere di ripurgazione. Qua è conseguente il canto e suono, dove son nove intelligenze, nove muse, secondo l'ordine de nove sfere; dove prima si contempla l'armonia di ciascuna, che è continuata con l'armonia de l'altra; perché il fine ed ultimo della superiore è principio e capo dell'inferiore, perché non sia mezzo e vacuo tra l'una ed altra: e l'ultimo de l'ultima, per via de circolazione, concorre con il principio della prima. Perché medesimo è più chiaro e più occolto, principio e fine, altissima luce e profondissimo abisso, infinita potenza ed infinito atto, secondo le raggioni e modi esplicati da noi in altri luoghi. Appresso si contempla l'armonia e consonanza de tutte le sfere, intelligenze, muse ed instrumenti insieme; dove il cielo, il moto de' mondi, l'opre della natura, il discorso de gl'intelletti, la contemplazion della mente, il decreto della divina providenza, tutti d'accordo celebrano l'alta e magnifica vicissitudine che agguaglia l'acqui inferiori alle superiori, cangia la notte col giorno, ed il giorno con la notte, a fin che la divinità sia in tutto, nel modo con cui tutto è capace di tutto, e l'infinita bontà infinitamente si communiche secondo tutta la capacità de le cose.

Questi son que' discorsi, gli quali a nessuno son parsi più convenevoli ad essere addirizzati e raccomandati, che a voi, Signor eccellente, a fin ch'io non vegna a fare, come penso aver fatto alcuna volta per poca advertenza, e molti altri fanno quasi per ordinario, come colui che presenta la lira ad un sordo ed il specchio ad un cieco. A voi dunque si presentano, perché l'Italiano raggioni con chi l'intende; gli versi sien sotto la censura e protezion d'un poeta; la filosofia si mostre ignuda ad un sì terso ingegno come il vostro; le cose eroiche siano addirizzate ad un eroico e generoso animo, di qual vi mostrate dotato; gli officii s'offrano ad un suggetto sì grato, e gli ossequi ad un signor talmente degno, qualmente vi siete manifestato per sempre. E nel mio particolare vi scorgo quello che con maggior magnanimità m'avete prevenuto ne gli officii, che alcuni altri con riconoscenza m'abbiano seguitato. Vale.

Avvertimento a' lettori

Amico lettore, m'occorre al fine da obviare al rigore d'alcuno a cui piacesse che tre de' sonetti, che si trovano nel primo dialogo della seconda parte de' Furori eroici, siano in forma simili a gli altri, che sono nel medesimo dialogo; voglio che vi piaccia d'aggiongere a tutti tre gli suoi tornelli. A quello che comincia: Quel ch'il mio cor, giongete in fine:

Onde di me si diche:

Costui or ch'av'affissi gli occhi al sole,

Che fu rival d'Endimion, si duole.

A quello che comincia: Se dagli eroi, giongete in fine:

Ciel, terra, orco s'opponi;

S'ella mi splend'e accende ed èmmi a lato,

Farammi illustre, potente e beato.

A quello che comincia: Avida di trovar, giongete al fine:

Lasso, que' giorni lieti

Troncommi l'efficacia d'un instante,

Che fêmmi a lungo infortunato amante.

ISCUSAZION DEL NOLANO

ALLE PIÙ VIRTUOSE E LEGGIADRE DAME.

De l'Inghilterra o vaghe Ninfe e belle,

Non voi ha nostro spirto in schifo, e sdegna,

Né per mettervi giù suo stil s'ingegna,

Se non convien che femine v'appelle.

Né computar, né eccettuar da quelle

Son certo che voi dive mi convegna,

Se l'influsso commun in voi non regna,

E siete in terra quel ch'in ciel le stelle.

De voi, o Dame, la beltà sovrana

Nostro rigor né morder può, né vuole,

Che non fa mira a specie soprumana.

Lungi arsenico tal quindi s'invole,

Dove si scorge l'unica Diana,

Qual'è tra voi quel che tra gli astri il sole.

L'ingegno, le parole

E 'l mio (qualunque sia) vergar di carte

Faranvi ossequios'il studio e l'arte.

Parte prima, dialogo primo

Interlocutori: Tansillo, Cicada.

TANS. Gli furori, dunque, atti più ad esser qua primieramente locati e considerati, son questi che ti pono avanti secondo l'ordine a me parso più conveniente.

CIC. Cominciate pur a leggerli.

TANS. Muse, che tante volte ributtai,

Importune correte a' miei dolori,

Per consolarmi sole ne' miei guai

Con tai versi, tai rime e tai furori,

Con quali ad altri vi mostraste mai,

Che de mirti si vantan ed allori;

Or sia appo voi mia aura, àncora e porto,

Se non mi lice altrov'ir a diporto.

O monte, o dive, o fonte

Ov'abito, converso e mi nodrisco;

Dove quieto imparo ed imbellisco;

Alzo, avvivo, orno il cor, il spirto e fronte,

Morte, cipressi, inferni

Cangiate in vita, in lauri, in astri eterni.

È da credere che più volte e per più caggioni le ributtasse, tra le quali possono esser queste. Prima, perché, come deve il sacerdote de le muse, non ha possut'esser ocioso; perché l'ocio non può trovarsi là dove si combatte contra gli ministri e servi de l'invidia, ignoranza e malignitade. Secondo, per non assistergli degni protectori e defensori che l'assicurassero, iuxta quello:

Non mancaranno, o Flacco, gli Maroni,

Se penuria non è de Mecenati.

Appresso, per trovarsi ubligato alla contemplazion e studi de filosofia, li quali, se non son più maturi, denno però, come parenti de le Muse, esser predecessori a quelle. Oltre, perché, traendolo da un canto la tragica Melpomene con più materia che vena, e la comica Talia con più vena che materia da l'altro, accadeva che l'una suffurandolo a l'altra, lui rimanesse in mezzo più tosto neutrale e sfacendato, che comunmente negocioso. Finalmente, per l'autorità de censori che, ritenendolo da cose più degne ed alte, alle quali era naturalmente inchinato, cattivavano il suo ingegno, perché da libero sotto la virtù; o rendesser cattivo sott'una vilissima e stolta ipocrisia; al fine, nel maggior fervor de fastidi nelli quali incorse, è avvenuto che non avend'altronde da consolarsi, accettasse l'invito di costoro, che son dette inebriarlo de tai furori, versi e rime, con quali non si mostrâro ad altri; perché in quest'opra più riluce d'invenzione che d'imitazione.

CIC. Dite: che intende per quei che si vantano de mirti ed allori?

TANS. Si vantano e possono vantarsi de mirto quei che cantano d'amori; alli quali, se nobilmente si portano, tocca la corona di tal pianta consecrata a Venere, dalla quale riconoscono il furore. Possono vantarsi d'allori quei che degnamente cantano cose eroiche, instituendo gli animi eroici per la filosofia speculativa e morale, overamente celebrandoli e mettendoli per specchio exemplare a gli gesti politici e civili.

CIC. Dunque, son più specie de poeti e de corone?

TANS. Non solamente quante son le muse, ma e di gran numero di vantaggio: perché, quantunque sieno certi geni, non possono però esser determinate certe specie e modi d'ingegni umani.

CIC. Son certi regolisti de poesia che a gran pena passano per poeta Omero, riponendo Vergilio, Ovidio, Marziale, Exiodo, Lucrezio, ed altri molti in numero de versificatori, examinandoli per le regole de la Poetica d'Aristotele.

TANS. Sappi certo, fratel mio, che questi son vere bestie; perché non considerano quelle regole principalmente servir per pittura dell'omerica poesia o altra simile in particolare, e son per mostrar tal volta un poeta eroico tal qual fu Omero, e non per instistuir altri che potrebbero essere, con altre vene, arti e furori, equali, simili e maggiori de diversi geni.

CIC. Sì che, come Omero nel suo geno non fu poeta che pendesse da regole, ma è causa delle regole che serveno a coloro che son più atti ad imitare che ad inventare; e son state raccolte da colui che non era poeta di sorte alcuna, ma che seppe raccogliere le regole di quell'una sorte, cioè dell'omerica poesia, in serviggio di qualch'uno che volesse doventar non un altro poeta, ma un come Omero, non di propria musa, ma scimia de la musa altrui.

TANS. Conchiudi bene, che la poesia non nasce da le regole, se non per leggerissimo accidente; ma le regole derivano da le poesie: e però tanti son geni e specie de vere regole, quanti son geni e specie de veri poeti.

CIC. Or come dunque saranno conosciuti gli veramente poeti?

TANS. Dal cantar de versi; con questo che cantando o vegnano a delettare, o vegnano a giovare, o a giovare e delettare insieme.

CIC. A chi dunque servono le regole d'Aristotele?

TANS. A chi non potesse, come Omero, Exiodo, Orfeo ed altri, poetare senza le regole d'Aristotele; e che per non aver propria musa, vuolesse far l'amore con quella d'Omero.

CIC. Dunque, han torto certi pedantacci de tempi nostri, che excludeno dal numero de poeti alcuni, o perché non apportino favole e metafore conformi, o perché non hanno principii de libri e canti conformi a quei d'Omero e Vergilio, o perché non osservano la consuetudine di far l'invocazione, o perché intesseno una istoria o favola con l'altra, o perché finiscono gli canti epilogando di quel ch'è detto, e proponendo per quel ch'è da dire; e per mille altre maniere d'examine, per censure e regole in virtù di quel testo. Onde par che vogliano conchiudere ch'essi loro a un proposito (se gli venesse de fantasia) sarrebono gli veri poeti, ed arrivarebbono là, dove questi si forzano: e poi in fatto non son altro che vermi, che non san far cosa di buono, ma son nati solamente per rodere, insporcare e stercorar gli altrui studi e fatiche; e non possendosi render celebri per propria virtude ed ingegno, cercano di mettersi avanti o a dritto o a torto, per altrui vizio ed errore.

TANS. Or per non tornar là donde l'affezione n'ha fatto al quanto a lungo digredire, dico che sono e possono essere tante sorte de poeti, quante possono essere e sono maniere de sentimenti ed invenzioni umane, alli quali son possibili d'adattarsi ghirlande non solo da tutti geni e specie de piante, ma ed oltre d'altri geni e specie di materie. Però corone a' poeti non si fanno solamente de mirti e lauri, ma anco de pampino per versi fescennini, d'edera per baccanali, d'oliva per sacrifici e leggi, di pioppa, olmo e spighe per l'agricoltura, de cipresso per funerali, e d'altre innumerabili per altre tante occasioni; e, se vi piacesse, anco di quella materia che mostrò un galant'uomo, quando disse: O fra Porro, poeta da scazzate,

Ch'a Milano t'affibbi la ghirlanda

Di boldoni, busecche e cervellate.

CIC. Or dunque, sicuramente costui per diverse vene che mostra in diversi propositi e sensi, potrà infrascarsi de rami de diverse piante, e potrà degnamente parlar con le muse, perché sia appo loro sua aura con cui si conforte, àncora in cui si sustegna, e porto al qual si retire nel tempo de fatiche, exagitazioni e tempeste. Onde dice: O monte Parnaso dove abito, Muse con le quali converso, fonte eliconio o altro dove mi nodrisco, monte che mi doni quieto alloggiamento, Muse che m'inspirate profonda dottrina, fonte che mi fai ripolito e terso, monte dove ascendendo inalzo il core, Muse con le quali versando avvivo il spirito, fonte sotto li cui arbori poggiando adorno la fronte, cangiate la mia morte in vita, gli miei cipressi in lauri e gli miei inferni in cieli: cioè destinatemi immortale, fatemi poeta, rendetemi illustre, mentre canto di morte, cipressi ed inferni.

TANS. Bene; perché a color che son favoriti dal cielo, gli più gran mali si converteno in beni tanto maggiori: perché le necessitadi parturiscono le fatiche e studi, e questi per il più de le volte la gloria d'immortal splendore.

CIC. E la morte d'un secolo fa vivo in tutti gli altri. Séguita.

TANS. Dice appresso:

In luogo e forma di Parnaso ho 'l core,

Dove per scampo mio convien ch'io monte,

Son mie muse i pensier ch'a tutte l'ore

Mi fan presenti le bellezze conte;

Onde sovente versan gli occhi fore

Lacrime molte, ho l'Eliconio fonte:

Per tai montagne, per tai ninfe ed acqui,

Com'ha piaciuto al ciel poeta nacqui.

Or non alcun de reggi,

Non favorevol man d'imperatore,

Non sommo sacerdote e gran pastore

Mi dien tai grazie, onori e privileggi;

Ma di lauro m'infronde

Mio cor, gli miei pensieri e le mie onde.

Qua dechiara prima qual sia il suo monte, dicendo esser l'alto affetto del suo core; secondo, quai sieno le sue muse, dicendo esser le bellezze e prorogative del suo oggetto; terzo, quai sieno gli fonti, e questi dice esser le lacrime. In quel monte s'accende l'affetto, da quelle bellezze si concepe il furore, e da quelle lacrime il furioso affetto si dimostra. Cossì se stima di non posser essere meno illustremente coronato per via del suo core, pensieri e lacrime, che altri per man de regi, imperadori e papi.

CIC. Dechiarami quel ch'intende per ciò che dice: il core in forma di Parnaso.

TANS. Perché cossì il cuor umano ha doi capi, che vanno a terminarsi a una radice, e spiritualmente da uno affetto del core procede l'odio ed amore di doi contrarii, come ave sotto due teste una base il monte Parnaso.

CIC. A l'altro.

TANS. Dice:

Chiama per suon di tromba il capitano

Tutti gli suoi guerrier sott'un'insegna;

Dove s'avvien che per alcun in vano

Udir si faccia, perché pronto vegna,

Qual nemico l'uccide, o a qual insano

Gli dona bando dal suo campo e 'l sdegna:

Cossì l'alma i dissegni non accolti

Sott'un stendardo o gli vuol morti, o tolti.

Un oggetto riguardo;

Chi la mente m'ingombra, è un sol viso.

Ad una beltà sola io resto affiso,

Chi sì m'ha punto il cor, è un sol dardo,

Per un sol fuoco m'ardo,

E non conosco più ch'un paradiso.

Questo capitano è la voluntade umana, che siede in poppa de l'anima, con un picciol temone de la raggione governando gli affetti d'alcune potenze interiori contra l'onde degli émpiti naturali. Egli con il suono de la tromba, cioè della determinata elezione, chiama tutti gli guerrieri, cioè provoca tutte le potenze (le quali s'appellano guerriere per esserno in continua ripugnanza e contrasto), o pur gli effetti di quelle, che sono gli contrarii pensieri, de quali altri verso l'una, altri verso l'altra parte inchinano; e cerca constituirgli tutti sott'un'insegna d'un determinato fine. Dove s'accade ch'alcun d'essi vegna chiamato in vano a farsi prontamente vedere ossequioso (massime quei che procedeno dalle potenze naturali, quali o nullamente o poco ubediscono alla raggione), al meno, forzandosi d'impedir gli loro atti e dannar quei che non possono essere impediti, viene a mostrarsi come uccidesse quelli e donasse bando a questi, procedendo contra gli altri con la spada de l'ira, ed altri con la sferza del sdegno.

Qua un oggetto riguarda, a cui è volto con l'intenzione; per un viso, con cui s'appaga, ingombra la mente; in una sola beltade si diletta e compiace, e dicesi restarvi affiso, perché l'opra d'intelligenza non è operazion di moto, ma di quiete. E da là solamente concepe quel dardo che l'uccide, cioè che gli constituisce l'ultimo fine di perfezione. Arde per un sol fuoco, cioè dolcemente si consuma in uno amore.

CIC. Perché l'amore è significato per il fuoco?

TANS. Lascio molte altre caggioni, bastiti per ora questa: perché cossì la cosa amata l'amore converte ne l'amante, come il fuoco, tra tutti gli elementi attivissimo, è potente a convertere tutti quell'altri semplici e composti in se stesso.

CIC. Or séguita.

TANS. Conosce un paradiso, cioè un fine principale; perché paradiso comunmente significa il fine, il qual si distingue in quello ch'è absoluto, in verità ed essenza, e l'altro ch'è in similitudine, ombra e participazione. Del primo modo non può essere più che uno, come non è più che uno l'ultimo ed il primo bene; del secondo modo sono infiniti.

Amor, sorte, l'oggetto e gelosia

M'appaga, affanna, contenta e sconsola.

Il putto irrazional, la cieca e ria,

L'alta bellezza, la mia morte sola,

Mi mostra il paradiso, il toglie via, Ogni ben mi presenta, me l'invola;

Tanto ch'il cor, la mente, il spirto, l'alma

Ha gioia, ha noia, ha refrigerio, ha salma.

Chi mi torrà di guerra?

Chi mi farà fruir mio ben in pace?

Chi quel ch'annoia e quel che sì mi piace,

....

Farà lungi disgionti,

Per gradir le mie fiamme e gli miei fonti?

 Mostra la caggion ed origine onde si concepe il furore e nasce l'entusiasmo, per solcar il campo de le muse, spargendo il seme de suoi pensieri, aspirando a l'amorosa messe, scorgendo in sé il fervor de gli affetti in vece del sole, e l'umor de gli occhi in luogo de le piogge. Mette quattro cose avanti: l'amore, la sorte, l'oggetto, la gelosia. Dove l'amore non è un basso, ignobile ed indegno motore, ma un eroico signor e duce de lui; la sorte non è altro che la disposizion fatale ed ordine d'accidenti, alli quali è suggetto per il suo destino; l'oggetto è la cosa amabile ed il correlativo de l'amante; la gelosia è chiaro che sia un zelo de l'amante circa la cosa amata, il quale non bisogna donarlo a intendere a chi ha gustato amore, ed in vano ne forzaremo dechiararlo ad altri. L'amore appaga, perché a chi ama, piace l'amare; e colui che veramente ama, non vorrebbe non amare. Onde non voglio lasciar de referire quel che ne mostrai in questo mio sonetto:

Cara, suave ed onorata piaga

Del più bel dardo, che mai scelse Amore,

Alto, leggiadro e precioso ardore,

Che gir fai l'alma di sempr'arder vaga;

Qual forza d'erba e virtù d'arte maga

Ti torrà mai dal centro del mio core;

Se chi vi porge ognor fresco vigore,

Quanto più mi tormenta, più m'appaga?

Dolce mio duol, novo nel mondo e raro,

Quando del peso tuo girò mai scarco,

S'il rimedio m'è noia, e 'l mal diletto?

Occhi, del mio signor facelle ed arco,

Doppiate fiamme a l'alma e strali al petto,

Poich'il languir m'è dolce e l'ardor caro.

La sorte affanna per non felici e non bramati successi, o perché faccia stimar il suggetto men degno de la fruizion de l'oggetto, e men proporzionato a la dignità di quello; o perché non faccia reciproca correlazione; o per altre caggioni ed impedimenti che s'attraversano. L'oggetto contenta il suggetto, che non si pasce d'altro, altro non cerca, non s'occupa in altro e per quello bandisce ogni altro pensiero. La gelosia sconsola, perché, quantunque sia figlia dell'amore da cui deriva, compagna di quello con cui va sempre insieme, segno del medesimo, perché quello s'intende per necessaria consequenza dove lei si dimostra (come sen può far esperienza nelle generazioni intiere, che per freddezza di regione e tardezza d'ingegno meno apprendono, poco amano e niente hanno di gelosia), tutta volta con la sua figliolanza, compagnia e significazione vien a perturbar ed attossicare tutto quel che si trova di bello e buono nell'amore. Là onde dissi in un altro mio sonetto:

O d'invidia ed amor figlia sì ria,

Che le gioie del padre volgi in pene,

Caut'Argo al male, e cieca talpa al bene,

Ministra di tormento, Gelosia,

Tisifone infernal fetid'Arpia,

Che l'altrui dolce rapi ed avvelene;

Austro crudel, per cui languir conviene

Il più bel fior de la speranza mia;

31

Fiera da te medesma disamata,

Augel di duol, non d'altro mai, presago,

Pena, ch'entri nel cor per mille porte:

Se si potesse a te chiuder l'entrata,

Tant'il regno d'amor saria più vago,

Quant'il mondo senz'odio e senza morte.

Giongi a quel ch'è detto, che la Gelosia non sol tal volta è la morte e ruina de l'amante, ma per le spesse volte uccide l'istesso amore, massime quando parturisce il sdegno: perciochè viene ad essere talmente dal suo figlio affetta, che spinge l'amore e mette in dispreggio l'oggetto, anzi non lo fa più essere oggetto.

CIC. Dechiara ora l'altre particole che siegueno, cioè perché l'amore si dice putto irrazionale?

TANS. Dirò tutto. Putto irrazionale si dice l'amore, non perché egli per sé sia tale; ma per ciò, che per il più fa tali suggetti, ed è in suggetti tali: atteso che, in qualunque è più intellettuale e speculativo, inalza più l'ingegno e più purifica l'intelletto, facendolo svegliato, studioso e circonspetto, promovendolo ad un'animositate eroica ed emulazion di virtudi e grandezza per il desìo di piacere e farsi degno della cosa amata; in altri poi (che son la massima parte) s'intende pazzo e stolto, perché le fa uscir de proprii sentimenti, e le precipita a far delle extravaganze, perché ritrova il spirito, anima e corpo mal complessionati ed inetti a considerar e distinguere quel che gli è decente, da quel che le rende più sconci, facendoli suggetti di dispreggio, riso e vituperio.

CIC. Dicono volgarmente e per proverbio, che l'amor fa dovenir gli vecchi pazzi, e gli giovani savii.

TANS. Questo inconveniente non accade a tutti vecchi, né quel conveniente a tutti giovani; ma è vero de quelli ben complessionati, e de mal complessionati quest'altri. E con questo è certo, che chi è avezzo nella gioventù d'amar circonspettamente, amarà vecchio senza straviare. Ma il spasso e riso è di quelli alli quali nella matura etade l'amor mette l'alfabeto in mano.

CIC. Ditemi adesso, perché cieca e ria se dice la sorte o fato?

TANS. Cieca e ria si dice la sorte ancora, non per sé, perché è l'istesso ordine de numeri e misure de l'universo; ma per raggion de suggetti si dice ed è cieca, perché le rende ciechi al suo riguardo, per esser ella incertissima. E detta similmente ria, perché nullo de mortali è che in qualche maniera lamentandosi e querelandosi di lei, non la incolpe. Onde disse il pugliese poeta:

Che vuol dir, Mecenate, che nessuno

Al mondo appar contento de la sorte,

Che gli ha porgiuta la raggion o cielo?

Cossì chiama l'oggetto alta bellezza, perché a lui è unico e più eminente ed efficace per tirarlo a sé; e però lo stima più degno, più nobile; e però sel sente predominante e superiore; come lui gli vien fatto suddito e cattivo. La mia morte sola dice de la gelosia; perché come l'amore non ha più stretta compagna che costei, cossì anco non ha senso di maggior nemica; come nessuna cosa è più nemica al ferro che la ruggine, che nasce da lui medesimo.

CIC. Or poi ch'hai cominciato a far cossì, séguita a mostrar parte per parte quel che resta.

TANS. Cossì farò. Dice a presso de l'amore: Mi mostra il paradiso; onde fa veder che l'amore non è cieco in sé, e per sé non rende ciechi alcuni amanti, ma per l'ignobili disposizioni del suggetto; qualmente avviene che gli ucelli notturni dovegnon ciechi per la presenza del sole. Quanto a sé, dunque, l'amore illustra, chiarisce, apre l'intelletto e fa penetrar il tutto e suscita miracolosi effetti.

CIC. Molto mi par che questo il Nolano lo dimostre in un altro suo sonetto:

Amor, per cui tant'alto il ver discerno,

Ch'apre le porte di diamante nere,

Per gli occhi entra il mio nume, e per vedere

Nasce, vive, si nutre, ha regno eterno;

Fa scorger quanto ha 'l ciel, terra ed inferno,

Fa presenti d'absenti effiggie vere,

Repiglia forze, e col trar dritto, fere,

E impiaga sempr'il cor, scuopre l'interno.

O dunque, volgo vile, al vero attendi,

Porgi l'orecchio al mio dir non fallace,

Apri, apri, se puoi, gli occhi, insano e bieco:

Fanciullo il credi, perché poco intendi;

Perché ratto ti cangi, ei par fugace;

Per esser orbo tu, lo chiami cieco.

Mostra dunque il paradiso amore, per far intendere, capire ed effettuar cose altissime; o perché fa grandi, almeno in apparenza le cose amate. Il toglie via, dice de la sorte; perché questa sovente, a mal grado de l'amante, non concede quel tanto che l'amor dimostra, e quel che vede e brama, gli è lontano ed adversario. Ogni ben mi presenta, dice de l'oggetto; perché questo che vien dimostrato da l'indice de l'amore, gli par la cosa unica, principale ed il tutto. Me l'invola, dice della Gelosia, non già per non farlo presente, togliendolo d'avanti gli occhi; ma in far ch'il bene non sia bene, ma un angoscioso male; il dolce non sia dolce, ma un angoscioso languire. Tanto ch'il cor, cioè la volontà, ha gioia nel suo volere per forza d'amore, qualunque sia il successo. La mente, cioè la parte intellettuale, ha noia, per l'apprension de la sorte, qual non aggradisce l'amante. Il spirito, cioè l'affetto naturale, ha refrigerio, per esser rapito da quell'oggetto che dà gioia al core, e potrebbe aggradir la mente. L'alma, cioè la sustanza passibile e sensitiva, ha salma, cioè si trova oppressa dal grave peso de la gelosia, che la tormenta.

Appresso la considerazion del stato suo, soggionge il lacrimoso lamento, e dice: Chi mi torrà di guerra, e metterammi in pace; o chi disunirà quel che m'annoia e danna da quel che sì mi piace ed apremi le porte del cielo, perché gradite sieno le fervide fiamme del mio core, e fortunati i fonti de gli occhi miei? Appresso, continuando il suo proposito, soggionge:

Premi, oimè, gli altri, o mia nemica sorte

Vatten via, Gelosia, dal mondo fore:

Potran ben soli con sua diva corte

Far tutto nobil faccia e vago amore.

Lui mi tolga de vita, lei de morte,

Lei me l'impenne, lui brugge il mio core,

Lui me l'ancide, lei ravvive l'alma,

Lei mio sustegno, lui mia grieve salma.

Ma che dich'io d'amore?

Se lui e lei son un suggetto o forma,

Se con medesmo imperio ed una norma

Fanno un vestigio al centro del mio core?

Non son doi dunque; è una

Che fa gioconda e triste mia fortuna.

Quattro principii ed estremi de due contrarietadi vuol ridurre a doi principii ed una contrarietade. Dice dunque: Premi, oimè, gli altri; cioè basti a te, o mia sorte, d'avermi sin a tanto oppresso, e (perché non puoi essere senza il tuo essercizio) volta altrove il tuo sdegno. E vatten via fuori del mondo, tu, Gelosia; perché uno di que' doi altri che rimagnono, potrà supplire alle vostre vicende ed offici: se pur tu, mia sorte, non sei altro ch'il mio Amore, e tu, Gelosia, non sei estranea dalla sustanza del medesimo. Reste dunque lui per privarmi de vita, per bruggiarmi, per donarmi la morte, e per salma de le mie ossa: con questo che lei mi tolga di morte, mi impenne, mi avvive e mi sustente. Appresso, doi principii ed una contrarietade riduce ad un principio ed una efficacia, dicendo: ma che dich'io d'Amore? Se questa faccia, questo oggetto è l'imperio suo, e non par altro che l'imperio de l'amore; la norma de l'amore è la sua medesima norma; l'impression d'amore ch'appare nella sustanza del cor mio, non è certo altra impression che la sua: perché dunque dopo aver detto nobil faccia, replico dicendo vago amore?

Parte prima, dialogo secondo

 TANS. Or qua comincia il furioso a mostrar gli affetti suoi e discuoprir le piaghe che sono per segno nel corpo, ed in sustanza o in essenza nell'anima; e dice cossì: Io che porto d'amor l'alto vessillo,

Gelate ho spene e gli desir cuocenti:

A un tempo triemo, agghiaccio, ardo e sfavillo,

Son muto, e colmo il ciel de strida ardenti:

Dal cor scintillo, e dagli occhi acqua stillo;

E vivo e muoio e fo riso e lamenti:

Son vive l'acqui, e l'incendio non more,

Ché a gli occhi ho Teti, ed ho Vulcan al core,

Altr'amo, odio me stesso;

Ma s'io m'impiumo, altri si cangia in sasso;

Poggi'altr'al cielo, s'io mi ripogno al basso;

Sempre altri fugge, s'io seguir non cesso;

S'io chiamo, non risponde;

E quant'io cerco più, più mi s'asconde.

A proposito di questo voglio seguitar quel che poco avanti ti dicevo, che non bisogna affatigarsi per provare quel che tanto manifestamente si vede: cioè che nessuna cosa è pura e schetta (onde diceano alcuni, nessuna cosa composta esser vero ente; come l'oro composto non è vero oro, il vino composto non è puro vero e mero vino); appresso, tutte le cose constano de contrarii; da onde avviene, che gli successi de li nostri affetti per la composizione ch'è nelle cose, non hanno mai delettazion alcuna senza qualch'amaro; anzi dico e noto di più, che se non fusse l'amaro nelle cose, non sarrebe la delettazione, atteso che la fatica fa che troviamo delettazione nel riposo; la separazione è causa che troviamo piacere nella congiunzione; e generalmente essaminando, si trovarà sempre che un contrario è caggione che l'altro contrario sia bramato e piaccia.

CIC. Non è dunque delettazione senza contrarietà?

TANS. Certo non, come senza contrarietà non è dolore; qualmente manifesta quel pitagorico Poeta, quando dice: Hinc metuunt cupiuntque, dolent gaudentque, nec auras Respiciunt, clausae tenebris et carcere caeco.

Ecco dunque quel che caggiona la composizion de le cose. Quindi aviene che nessuno s'appaga del stato suo, eccetto qualch'insensato e stolto, e tanto più quanto più si ritrova nel maggior grado del fosco intervallo de la sua pazzia: allora ha poca o nulla apprension del suo male, gode l'esser presente senza temer del futuro, gioisce di quel ch'è, e per quello in che si trova, e non ha rimorso o cura di quel ch'è o può essere, ed in fine non ha senso della contrarietade, la quale è figurata per l'arbore della scienza del bene e del male.

CIC. Da qua si vede che l'ignoranza è madre della felicità e beatitudine sensuale; e questa medesima è l'orto del paradiso de gli animali; come si fa chiaro nelli dialogi de la Cabala del cavallo Pegaseo e per quel che dice il sapiente Salomone: chi aumenta sapienza, aumenta dolore.

TANS. Da qua avviene che l'amore eroico è un tormento, perché non gode del presente, come il brutale amore; ma e del futuro e de l'absente, e del contrario sente l'ambizione, emulazione, suspetto e timore. Indi dicendo una sera dopo cena un certo de nostri vicini: - Giamai fui tanto allegro quanto sono adesso; - gli rispose Gioan Bruno, padre del Nolano: - Mai fuste più pazzo che adesso.

CIC. Volete dunque, che colui che è triste, sia savio, e quell'altro ch'è più triste, sia più savio?

TANS. Non, anzi intendo in questi essere un'altra specie di pazzia, ed oltre peggiore.

CIC. Chi dunque sarà savio, se pazzo è colui ch'è contento, e pazzo è colui ch'è triste?

TANS. Quel che non è contento, né triste.

CIC. Chi? quel che dorme? quel ch'è privo di sentimento? quel ch'è morto?

TANS. No; ma quel ch'è vivo, vegghia ed intende; il quale considerando il male ed il bene, stimando l'uno e l'altro come cosa variabile e consistente in moto, mutazione e vicissitudine (di sorte ch'il fine d'un contrario è principio de l'altro, e l'estremo de l'uno è cominciamento de l'altro), non si dismette, né si gonfia di spirito, vien continente nell'inclinazioni e temperato nelle voluptadi; stante ch'a lui il piacere non è piacere, per aver come presente il suo fine. Parimente la pena non gli è pena, perché con la forza della considerazione ha presente il termine di quella. Cossì il sapiente ha tutte le cose mutabili come cose che non sono, ed afferma quelle non esser altro che vanità ed un niente; perché il tempo a l'eternità ha proporzione come il punto a la linea.

CIC. Sì che mai possiamo tener proposito d'esser contenti o mal contenti, senza tener proposito de la nostra pazzia, la qual espressamente confessiamo; là onde nessun che ne raggiona, e per consequenza nessun che n'è participe, sarà savio; ed infine tutti gli omini saran pazzi.

TANS. Non tendo ad inferir questo; perché dirò massime savio colui che potesse veramente dire talvolta il contrario di quel che quell'altro: - Giamai fui men allegro che adesso; - over: - Giamai fui men triste che ora. -

CIC. Come? non fai due contrarie qualitadi dove son doi affetti contrarii? perché, dico, intendi come due virtudi, e non come un vizio ed una virtude l'esser minimamente allegro e l'esser minimamente triste?

TANS. Perché ambi doi li contrarii in eccesso (cioè per quanto vanno a dar su quel più) son vizii, perché passano la linea; e gli medesimi in quanto vanno a dar sul meno, vegnono ad esser virtude, perché si contegnono e rinchiudono intra gli termini.

CIC. Come l'esser men contento e l'esser men triste non son una virtù ed un vizio, ma son due virtudi?

TANS. Anzi dico che son una e medesima virtude; perché il vizio è là dove è la contrarietade; la contrarietade è massime là dove è l'estremo; la contrarietà maggiore è la più vicina all'estremo; la minima o nulla è nel mezzo, dove gli contrarii convegnono e son uno ed indifferente: come tra il freddissimo e caldissimo è il più caldo ed il più freddo, e nel mezzo puntuale è quello che puoi dire o caldo e freddo, o né caldo né freddo, senza contrarietade. In cotal modo chi è minimamente contento e minimamente allegro, è nel grado della indifferenza, si trova nella casa della temperanza, e là dove consiste la virtude e condizion d'un animo forte, che non vien piegato da l'Austro né da l'Aquilone.

Ecco dunque, per venir al proposito, come questo furor eroico, che si chiarisce nella presente parte, è differente dagli altri furori più bassi, non come virtù dal vizio, ma come un vizio ch'è in un suggetto più divino o divinamente, da un vizio ch'è in un suggetto più ferino o ferinamente: di maniera che la differenza è secondo gli suggetti e modi differenti, e non secondo la forma de l'esser vizio.

CIC. Molto ben posso, da quel ch'avete detto, conchiudere la condizion di questo eroico furore che dice: gelate ho spene, e li desir cuocenti; perché non è nella temperanza della mediocrità, ma nell'eccesso delle contrarietadi; ha l'anima discordevole, se triema nelle gelate speranze, arde negli cuocenti desiri; è per l'avidità stridolo, mutolo per il timore; sfavilla dal core per cura d'altrui, e per compassion di sé versa lacrime da gli occhi; muore ne l'altrui risa, vive ne' proprii lamenti; e (come colui che non è più suo) altri ama, odia se stesso: perché la materia, come dicono gli fisici, con quella misura ch'ama la forma absente, odia la presente. E cossì conclude nell'ottava la guerra ch'ha l'anima in se stessa; e poi quando dice ne la sestina, ma s'io m'impiumo, altri si cangia in sasso, e quel che séguita, mostra le sue passioni per la guerra ch'essercita con li contrarii esterni.

Mi ricordo aver letto in Iamblico, dove tratta degli Egizii misterii, questa sentenza: Impius animam dissidentem habet: unde nec secum ipse convenire potest neque cum aliis.

TANS. Or odi un altro sonetto di senso consequente al detto:

Ahi, qual condizion, natura, o sorte:

In viva morte morta vita vivo!

A mor m'ha morto (ahi lasso!) di tal morte,

Che son di vita insieme e morte privo.

Voto di spene, d'inferno a le porte,

E colmo di desio al ciel arrivo:

Talché suggetto a doi contrarii eterno,

Bandito son dal ciel e da l'inferno.

Non han mie pene triegua,

Perché in mezzo di due scorrenti ruote,

De quai qua l'una, là l'altra mi scuote,

Qual Ixion convien mi fugga e siegua,

Perché al dubbio discorso

Dan lezion contraria il sprone e 'l morso.

Mostra qualmente patisca quel disquarto e distrazione in se medesimo: mentre l'affetto, lasciando il mezzo e meta de la temperanza, tende a l'uno e l'altro estremo; e talmente si trasporta alto o a destra, che anco si trasporta a basso ed a sinistra..

CIC. Come con questo che non è proprio de l'uno né de l'altro estremo, non viene ad essere in stato o termine di virtude?

TANS. Allora è in stato di virtude, quando si tiene al mezzo, declinando da l'uno e l'altro contrario: ma quando tende a gli estremi, inchinando a l'uno e l'altro di quelli, tanto gli manca de esser virtude, che è doppio vizio; il qual consiste in questo, che la cosa recede dalla sua natura, la perfezion della quale consiste nell'unità; e là dove convegnono gli contrarii, consta la composizione e consiste la virtude. Ecco dunque come è morto vivente, o vivo moriente; là onde dice: In viva morte morta vita vivo. Non è morto, perché vive ne l'oggetto; non è vivo, perché è morto in se stesso; privo di morte, perché parturisce pensieri in quello; privo di vita, perché non vegeta o sente in se medesimo. Appresso, è bassissimo per la considerazion de l'alto intelligibile e la compresa imbecillità della potenza. È altissimo per l'aspirazione dell'eroico desio che trapassa di gran lunga gli suoi termini; ed è altissimo per l'appetito intellettuale, che non ha modo e fine di gionger numero a numero; è bassissimo per la violenza fattagli dal contrario sensuale che verso l'inferno impiomba. Onde trovandosi talmente poggiar e descendere, sente ne l'alma il più gran dissidio che sentir si possa; e confuso rimane per la ribellion del senso, che lo sprona là d'onde la raggion l'affrena, e per il contrario. Il medesimo affatto si dimostra nella seguente sentenza, dove la raggione in nome de Filenio dimanda, ed il furioso risponde in nome di Pastore, che alla cura del gregge o armento de suoi pensieri si travaglia, quai pasce in ossequio e serviggio de la sua ninfa, ch'è l'affezione di quell'oggetto alla cui osservanza è fatto cattivo. F. Pastor! P. Che vuoi? F. Che fai? P. Doglio.

F. Perché?

P. Perché non m'ha per suo vita, né morte.

F. Chi fallo? P. Amor F. Quel rio? P. Quel rio. F.

Dov'è?

P. Nel centro del mio cor se tien sì forte.

F. Che fa? P. Fere. F. Chi? P. Me. F. Te? P. Sì.

F. Con che?

P. Con gli occhi, de l'inferno e del ciel porte.

F. Speri? P. Spero. F. Mercé? P. Mercé. F. Da chi?

P. Da chi sì mi martora nott'e dì.

F. Hanne? P. Non so. F. Sei folle.

P. Che, se cotal follia a l'alma piace?

F. Promette? P. No. F. Niega? P. Né meno. F. Tace?

P. Sì, perché ardir tant'onestà mi tolle.

F. Vaneggi. P. In che? F. Nei stenti.

P. Temo il suo sdegno, più che miei tormenti.

Qua dice che spasma: lamentasi dell'amore, non già perché ami (atteso che a nessuno veramente amante dispiace l'amare), ma perché infelicemente ami, mentre escono que' strali che son gli raggi di quei lumi, che medesimi, secondo che son protervi e ritrosi, overamente benigni e graziosi, vegnono ad esser porte che guidano al cielo, overamente a l'inferno. Con questo vien mantenuto in speranza di futura ed incerta mercé, ed in effetto di presente e certo martìre. E quantunque molto apertamente vegga la sua follia, non per tanto avvien che in punto alcuno si correga, o che almen possa conciperne dispiacere; perché tanto ne manca, che più tosto in essa si compiace, come mostra dove dice:

Mai fia che dell'amor io mi lamente,

Senza del qual non vogli'esser felice.

Appresso, mostra un'altra specie di furore, parturita da qualche lume di raggione, la qual suscita il timore e supprime la già detta, a fin che non proceda a fatto, che possa inasprir o sdegnar la cosa amata. Dice dunque la speranza esser fondata sul futuro, senza che cosa alcuna se gli prometta o nieghe: perché lui tace e non dimanda, per tema d'offender l'onestade. Non ardisce esplicarsi e proporsi, onde fia o con ripudio escluso, overamente con promessa accettato: perché nel suo pensiero più contrapesa quel che potrebbe esser di male in un caso, che bene in un altro. Mostrasi dunque disposto di suffrir più presto per sempre il proprio tormento, che di poter aprir la porta a l'occasione, per la quale la cosa amata si turbe e contriste.

CIC. Con questo dimostra l'amor suo esser veramente eroico, perché si propone per più principal fine la grazia del spirito e la inclinazion de l'affetto, che la bellezza del corpo, in cui non si termina quell'amor ch'ha del divino.

TANS. Sai bene che come il rapto platonico è di tre specie, de quali l'uno tende alla vita contemplativa o speculativa, l'altro a l'attiva morale, l'altro a l'ociosa e voluptuaria; cossì son tre specie d'amori, de quali l'uno dall'aspetto della forma corporale s'inalza alla considerazione della spirituale e divina; l'altro solamente persevera nella delettazion del vedere e conversare; l'altro dal vedere va a precipitarsi nella concupiscenza del toccare. Di questi tre modi si componeno altri, secondo che o il primo s'accompagna col secondo, o che s'accompagna col terzo, o che concorreno tutti tre modi insieme; de li quali ciascuno e tutti oltre si moltiplicano in altri, secondo gli affetti de furiosi che tendeno o più verso l'obietto spirituale, o più verso l'obietto corporale, o equalmente verso l'uno e l'altro. Onde avviene che di quei che si ritrovano in questa milizia e son compresi nelle reti d'amore, altri tendeno a fin del gusto che si prende dal raccôrre le poma da l'arbore de la corporal bellezza, senz'il qual ottento (o speranza al meno) stimano degno di riso e vano ogni amoroso studio; ed in cotal modo corrono tutti quei che son di barbaro ingegno, che non possono né cercano magnificarsi, amando cose degne, aspirando a cose illustri, e, più alto, a cose divine accomodando gli suoi studi e gesti, a i quali non è chi possa più ricca- e comodamente suppeditar l'ali, che l'eroico amore; altri si fanno avanti a fin del frutto della delettazione che prendeno da l'aspetto della bellezza e grazia del spirito che risplende e riluce nella leggiadria del corpo; e de tali alcuni, benché amino il corpo e bramino assai d'esser uniti a quello, della cui lontananza si lagnano e disunion s'attristano, tutta volta temeno che, presumendo in questo, non vegnan privi di quell'affabilità, conversazione, amicizia ed accordo, che gli è più principale: essendo che dal tentare non più può aver sicurezza di successo grato, che gran tema di cader da quella grazia, qual, come cosa tanto gloriosa e degna, gli versa avanti gli occhi del pensiero.

CIC. È cosa degna, o Tansillo, per molte virtudi e perfezioni, che quindi derivano nell'umano ingegno, cercar, accettar, nodrire e conservar un simile amore; ma si deve ancora aver gran cura di non abbattersi ad ubligarsi ad un oggetto indegno e basso, a fin che non vegna a farsi partecipe della bassezza ed indignità del medesimo, in proposito de quali intendo il conseglio del poeta ferrarese:

Chi mette il piè su l'amorosa pania,

Cerchi ritrarlo, e non v'inveschi l'ali.

TANS. A dir il vero, l'oggetto ch'oltre la bellezza del corpo non av'altro splendore, non è degno d'esser amato ad altro fine che di far, come dicono, la razza: e mi par cosa da porco o da cavallo di tormentarvisi su; ed io, per me, mai fui più fascinato da cosa simile, che potesse al presente esser fascinato da qualche statua o pittura, dalle quali mi pare indifferente. Sarebbe dunque un vituperio grande ad un animo generoso, se d'un sporco vile, bardo ed ignobile ingegno (quantunque sotto eccellente figura venesse ricuoperto) dica: Temo il suo sdegno più ch'il mio tormento.

Parte prima, dialogo terzo

TANS. Poneno, e sono, più specie de furori, li quali tutti si riducono a doi geni: secondo che altri non mostrano che cecità, stupidità ed impeto irrazionale che tende al ferino insensato; altri consisteno in certa divina abstrazione per cui dovegnono alcuni megliori, in fatto, che uomini ordinarii. E questi sono de due specie; perché altri, per esserno fatti stanza de dei o spiriti divini, dicono ed operano cose mirabile senza che di quelle essi o altri intendano la raggione; e tali per l'ordinario sono promossi a questo da l'esser stati prima indisciplinati ed ignoranti; nelli quali, come voti di proprio spirito e senso, come in una stanza purgata, s'intrude il senso e spirito divino. Il qual meno può aver luogo e mostrarsi in quei che son colmi de propria raggione e senso, perché tal volta vuole, che il mondo sappia certo che se quei non parlano per proprio studio ed esperienza, come è manifesto, séguite che parlino ed oprino per intelligenza superiore: e con questo la moltitudine de gli uomini in tali degnamente ha maggior admirazion e fede. Altri, per essere avezzi o abili alla contemplazione, e per aver innato un spirito lucido ed intellettuale, da uno interno stimolo e fervor naturale, suscitato dall'amor della divinitate, della giustizia, della veritate, della gloria, dal fuoco del desio e soffio dell'intenzione, acuiscono gli sensi; e nel solfro della cogitativa facultade accendono il lume razionale con cui veggono più che ordinariamente: e questi non vegnono, al fine, a parlar ed operar come vasi ed instrumenti, ma come principali artefici ed efficienti.

CIC. Di questi doi geni quali stimi megliori?

TANS. Gli primi hanno più dignità, potestà ed efficacia in sé, perché hanno la divinità; gli secondi son essi più degni, più potenti ed efficaci, e son divini. Gli primi son degni come l'asino che porta li sacramenti; gli secondi come una cosa sacra. Nelli primi si considera e vede in effetto la divinità; e quella s'admira, adora ed obedisce; ne gli secondi si considera e vede l'eccellenza della propria umanitade.

Or venemo al proposito. Questi furori de quali noi raggioniamo, e che veggiamo messi in execuzione in queste sentenze, non son oblio, ma una memoria; non son negligenze di se stesso, ma amori e brame del bello e buono con cui si procure farsi perfetto con trasformarsi ed assomigliarsi a quello. Non è un raptamento sotto le leggi d'un fato indegno, con gli lacci de ferine affezioni; ma un impeto razionale che siegue l'apprension intellettuale del buono e bello che conosce, a cui vorrebbe conformandosi parimente piacere; di sorte che della nobiltà e luce di quello viene ad accendersi ed investirsi de qualitade e condizione per cui appaia illustre e degno. Doviene un dio dal contatto intellettuale di quel nume oggetto; e d'altro non ha pensiero che de cose divine, e mostrasi insensibile ed impassibile in quelle cose che comunmente massime senteno, e da le quali più vegnon altri tormentati; niente teme, e per amor della divinitade spreggia gli altri piaceri, e non fa pensiero alcuno de la vita. Non è furor d'atra bile che fuor di conseglio, raggione ed atti di prudenza lo faccia vagare guidato dal caso e rapito dalla disordinata tempesta; come quei, ch'avendo prevaricato da certa legge de la divina Adrastia vegnono condannati sotto la carnificina de le Furie, acciò sieno essagitati da una dissonanza tanto corporale per sedizioni, ruine e morbi, quanto spirituale per la iattura dell'armonia delle potenze cognoscitive ed appetitive. Ma è un calor acceso dal sole intelligenziale ne l'anima e impeto divino che gl'impronta l'ali; onde più e più avvicinandosi al sole intelligenziale, rigettando la ruggine de le umane cure, dovien un oro probato e puro, ha sentimento della divina ed interna armonia, concorda gli suoi pensieri e gesti con la simmetria della legge insita in tutte le cose. Non come inebriato da le tazze di Circe va cespitando ed urtando or in questo, or in quell'altro fosso, or a questo or a quell'altro scoglio; o come un Proteo vago or in questa, or in quell'altra faccia cangiandosi, giamai ritrova loco, modo, né materia di fermarsi e stabilirsi. Ma senza distemprar l'armonia vince e supera gli orrendi mostri; e per tanto che vegna a dechinare, facilmente ritorna al sesto con quelli intimi instinti, che come nove muse saltano e cantano circa il splendor dell'universale Apolline; e sotto l'imagini sensibili e cose materiali va comprendendo divini ordini e consegli. È vero che tal volta avendo per fida scorta l'amore, ch'è gemino, e perché tal volta per occorrenti impedimenti si vede defraudato dal suo sforzo, allora come insano e furioso mette in precipizio l'amor di quello che non può comprendere; onde confuso da l'abisso della divinità tal volta dismette le mani, e poi ritorna pure a forzarsi con la voluntade verso là dove non può arrivare con l'intelletto. È vero pure che ordinariamente va spasseggiando, ed ora più in una, or più in un'altra forma del gemino Cupido si trasporta; perché la lezion principale che gli dona Amore, è che in ombra contemple (quando non puote in specchio) la divina beltade; e come gli proci di Penelope s'intrattegna con le fante, quando non gli lice conversar con la padrona. Or dunque, per conchiudere, possete da quel ch'è detto, comprendere qual sia questo furioso di cui l'imagine ne vien messa avanti, quando si dice:

Se la farfalla al suo splendor ameno

Vola, non sa ch'è fiamma al fin discara;

Se, quand'il cervio per sete vien meno,

Al rio va, non sa della freccia amara;

S'il lioncorno corre al casto seno,

Non vede il laccio che se gli prepara.

I' al lume, al fonte, al grembo del mio bene,

Veggio le fiamme, i strali e le catene.

S'è dolce il mio languire,

Perché quell'alta face sì m'appaga,

Perché l'arco divin sì dolce impiaga,

Perché in quel nodo è avvolto il mio desire,

Mi fien eterni impacci

Fiamme al cor, strali al petto, a l'alma lacci.

Dove dimostra l'amor suo non esser come de la farfalla, del cervio e del lioncorno, che fuggirebono s'avesser giudizio del fuoco, della saetta e de gli lacci, e che non han senso d'altro che del piacere; ma vien guidato da un sensatissimo e pur troppo oculato furore, che gli fa amare più quel fuoco che altro refrigerio, più quella piaga che altra sanità, più que' legami che altra libertade. Perché questo male non è absolutamente male; ma per certo rispetto al bene secondo l'opinione, e falso, quale il vecchio Saturno ha per condimento nel devorar che fa de proprii figli. Perché questo male absolutamente ne l'occhio de l'eternitade è compreso o per bene, o per guida che ne conduce a quello; atteso che questo fuoco è l'ardente desio de le cose divine, questa saetta è l'impression del raggio della beltade della superna luce, questi lacci son le specie del vero che uniscono la nostra mente alla prima verità, e le specie del bene che ne fanno uniti e gionti al primo e sommo bene. A quel senso io m'accostai, quando dissi:

D'un sì bel fuoco e d'un sì nobil laccio

Beltà m'accende, ed onestà m'annoda,

Ch'in fiamm'e servitù convien ch'io goda.

Fugga la libertade e tema il ghiaccio.

L'incendio è tal ch'io m'ardo e non mi sfaccio,

E 'l nodo è tal ch'il mondo meco il loda,

Né mi gela timor, né duol mi snoda;

Ma tranquillo è l'ardor, dolce l'impaccio.

Scorgo tant'alto il lume che m'infiamma,

E 'l laccio ordito di sì ricco stame,

Che nascendo il pensier, more il desio.

Poiché mi splend'al cor sì bella fiamma,

E mi stringe il voler sì bel legame,

Sia serva l'ombra, ed arda il cener mio.

Tutti gli amori (se sono eroici e non son puri animali, che chiamano naturali e cattivi alla generazione, come instrumenti de la natura in certo modo) hanno per oggetto la divinità, tendeno alla divina bellezza, la quale prima si comunica all'anime e risplende in quelle; e da quelle poi o, per dir meglio, per quelle poi si comunica alli corpi; onde è che l'affetto ben formato ama gli corpi o la corporal bellezza, per quel che è indice della bellezza del spirito. Anzi quello che n'innamora del corpo è una certa spiritualità che veggiamo in esso, la qual si chiama bellezza; la qual non consiste nelle dimensioni maggiori o minori, non nelli determinati colori o forme, ma in certa armonia e consonanza de membri e colori. Questa mostra certa sensibile affinità col spirito a gli sensi più acuti e penetrativi; onde séguita che tali più facilmente ed intensamente s'innamorano; ed anco più facilmente si disamorano, e più intensamente si sdegnano, con quella facilità ed intensione, che potrebbe essere nel cangiamento del spirito brutto, che in qualche gesto ed espressa intenzione si faccia aperto; di sorte che tal bruttezza trascorre da l'anima al corpo, a farlo non apparir oltre come gli apparia bello. La beltà dunque del corpo ha forza d'accendere, ma non già di legare e far che l'amante non possa fuggire, se la grazia, che si richiede nel spirito, non soccorre, come la onestà, la gratitudine, la cortesia, l'accortezza. Però dissi bello quel fuoco che m'accese, perché ancor fu nobile il laccio che m'annodava.

CIC. Non creder sempre cossì, Tansillo; perché qualche volta, quantunque discuopriamo vizioso il spirito, non lasciamo però di rimaner accesi ed allacciati; di maniera che, quantunque la raggion veda il male ed indignità di tale amore, non ha però efficacia d'alienar il disordinato appetito. Nella qual disposizion credo che fusse il Nolano, quando disse:

Oimè, che son constretto dal furore

D'appigliarmi al mio male,

49

Ch'apparir fammi un sommo ben Amore.

Lasso, a l'alma non cale,

Ch'a contrarii consigli unqua ritenti;

E del fero tiranno,

Che mi nodrisce in stenti,

E poté pormi da me stesso in bando,

Più che di libertade i' son contento.

Spiego le vele al vento,

Che mi suttraga a l'odioso bene,

E tempestoso al dolce danno amene.

TANS. Questo accade, quando l'uno e l'altro spirto è vizioso e son tinti come di medesimo inchiostro, atteso che dalla conformità si suscita, accende e si confirma l'amore. Cossì gli viziosi facilmente concordano in atti di medesimo vizio. E non voglio lasciar de dire ancora quel che per esperienza conosco: che quantunque in un animo abbia discuoperti vizii molto abominati da me, com'è dire una sporca avarizia, una vilissima ingordiggia sul danaio, irreconoscenza di ricevuti favori e cortesie, un amor di persone al tutto vili (de quali vizii quest'ultimo massime dispiace, perché toglie la speranza a l'amante, che per esser egli, o farsi, più degno, possa da lei esser più accettato); tutta volta non mancava ch'io ardesse per la beltà corporale. Ma che? io l'amavo senza buona volontà, essendo che non per questo m'arrei più contristato che allegrato delle sue disgrazie ed infortunii.

CIC. Però è molto propria ed a proposito quella distinzion che fanno intra l'amare e voler bene.

TANS. È vero; perché a molti vogliamo bene, cioè desideramo che siano savii e giusti, ma non le amiamo, perché sono iniqui ed ignoranti; molti amiamo, perché son belli, ma non gli vogliamo bene, perché non meritano. E tra l'altre cose che stima l'amante quello non meritare, la prima è d'essere amato; e però benché non possa astenersi d'amare, niente di meno gli ne rincresce e mostra il suo rincrescimento, come costui che diceva: Oimè, ch'io son costretto dal furore D'appigliarmi al mio male. In contraria disposizione fu, o per altro oggetto corporale in similitudine, o per suggetto divino in verità, quando disse:

Bench'a tanti martir mi fai suggetto.

Pur ti ringrazio, e assai ti deggio, Amore,

Che con sì nobil piaga apriste il petto,

E tal impadroniste del mio core,

Per cui fia ver, ch'un divo e viv'oggetto,

De Dio più bella imago 'n terra adore;

Pensi chi vuol ch'il mio destin sia rio,

Ch'uccid'in speme e fa viv'in desio.

Pascomi in alta impresa;

E bench'il fin bramato non consegua,

E 'n tanto studio l'alma si dilegua,

Basta che sia sì nobilment'accesa;

Basta ch'alto mi tolsi,

E da l'ignobil numero mi sciolsi.

L'amor suo qua è a fatto eroico e divino; e per tale voglio intenderlo, benché per esso si dica suggetto a tanti martìri; perché ogni amante, ch'è disunito e separato da la cosa amata (alla quale com'è congionto con l'affetto, vorrebe essere con l'effetto), si trova in cordoglio e pena, si crucia e si tormenta: non già perché ami, atteso che degnissima- e nobilissimamente sente impiegato l'amore; ma perché è privo di quella fruizione la quale otterebbe se fusse gionto a quel termine al qual tende. Non dole per il desio che l'avviva, ma per la difficultà del studio ch'il martora. Stiminlo dunque altri a sua posta infelice per questa apparenza de rio destino, come che l'abbia condannato a cotai pene; perché egli non lasciarà per tanto de riconoscer l'obligo ch'ave ad Amore, e rendergli grazie, perché gli abbia presentato avanti gli occhi de la mente una specie intelligibile, nella quale in questa terrena vita, rinchiuso in questa priggione de la carne, ed avvinto da questi nervi, e confirmato da queste ossa, li sia lecito di contemplar più altamente la divinitade, che se altra specie e similitudine di quella si fusse offerta.

CIC. Il divo dunque e vivo oggetto, ch'ei dice, è la specie intelligibile più alta che egli s'abbia possuto formar della divinità; e non è qualche corporal bellezza che gli adombrasse il pensiero, come appare in superficie del senso?

TANS. Vero, perché nessuna cosa sensibile, né specie di quella, può inalzarsi a tanta dignitade.

CIC. Come dunque fa menzione di quella specie per oggetto, se, come mi pare, il vero oggetto è la divinità istessa?

TANS. La è oggetto finale, ultimo e perfettissimo, non già in questo stato dove non possemo veder Dio se non come in ombra e specchio; e però non ne può esser oggetto se non in qualche similitudine; non tale qual possa esser abstratta ed acquistata da bellezza ed eccellenza corporea per virtù del senso; ma qual può esser formata nella mente per virtù de l'intelletto. Nel qual stato ritrovandosi, viene a perder l'amore ed affezion d'ogni altra cosa tanto sensibile quanto intelligibile; perché questa congionta a quel lume dovien lume essa ancora, e per consequenza si fa un Dio: perché contrae la divinità in sé, essendo ella in Dio per la intenzione con cui penetra nella divinità (per quanto si può), ed essendo Dio in ella, per quanto dopo aver penetrato viene a conciperla e (per quanto si può) a ricettarla e comprenderla nel suo concetto. Or di queste specie e similitudini si pasce l'intelletto umano da questo mondo inferiore, sin tanto che non gli sia lecito de mirar con più puri occhi la bellezza della divinitade. Come accade a colui che è gionto a qualch'edificio eccellentissimo ed ornatissimo, mentre va considerando cosa per cosa in quello, si aggrada, si contenta, si pasce d'una nobil maraviglia; ma se avverrà poi che vegga il signor di quelle imagini, di bellezza incomparabilmente maggiore, lasciata ogni cura e pensiero di esse, tutto è volto ed intento a considerar quell'uno. Ecco dunque come è differenza in questo stato dove veggiamo la divina bellezza in specie intelligibili tolte da gli effetti, opre, magisteri, ombre e similitudini di quella; ed in quell'altro stato dove sia lecito di vederla in propria presenza.

Dice appresso: Pascomi d'alt'impresa, perché (come notano gli pitagorici) cossì l'anima si versa e muove circa Dio, come il corpo circa l'anima.

CIC. Dunque, il corpo non è luogo de l'anima?

TANS. Non; perché l'anima non è nel corpo localmente, ma come forma intrinseca e formatore estrinseco; come quella che fa gli membri, e figura il composto da dentro e da fuori. Il corpo dunque è ne l'anima, l'anima nella mente, la mente o è Dio, o è in Dio, come disse Plotino: cossì come per essenza è in Dio che è la sua vita, similmente per l'operazione intellettuale e la voluntà conseguente dopo tale operazione, si referisce alla sua luce e beatifico oggetto. Degnamente dunque questo affetto de l'eroico furore si pasce de sì alta impresa. Né per questo che l'obietto è infinito, in atto simplicissimo, e la nostra potenza intellettiva non può apprendere l'infinito se non in discorso, o in certa maniera de discorso, com'è dire in certa raggione potenziale o aptitudinale, è come colui che s'amena a la consecuzion de l'immenso onde vegna a constituirse un fine dove non è fine.

CIC. Degnamente, perché l'ultimo fine non deve aver fine, atteso che sarebe ultimo. È dunque infinito in intenzione, in perfezione, in essenza ed in qualsivoglia altra maniera d'esser fine.

TANS. Dici il vero. Or in questa vita tal pastura è di maniera tale, che più accende, che possa appagar il desìo, come ben mostra quel divino poeta, che disse: Bramando è lassa l'alma a Dio vivente; ed in altro luogo: Attenuati sunt oculi mei suspicientes in excelsum. Però dice: E bench'il fin bramato non consegua, E 'n tanto studio l'alma si dilegua, Basta che sia sì nobilmente accesa: vuol dire, ch'in tanto l'anima si consola e riceve tutta la gloria che può ricevere in cotal stato, e che sia partecipe di quell'ultimo furor de l'uomo, in quanto uomo di questa condizione, nella qual si trova adesso, e come ne veggiamo.

CIC. Mi par che gli peripatetici (come esplicò Averroe) vogliano intender questo, quando dicono la somma felicità de l'uomo consistere nella perfezione per le scienze.speculative.

TANS. È vero, e dicono molto bene; perché noi in questo stato nel qual ne ritroviamo, non possiamo desiderar né ottener maggior perfezione che quella in cui siamo quando il nostro intelletto mediante qualche nobil specie intelligibile s'unisce o alle sustanze separate, come dicono costoro, o a la divina mente, come è modo de dir de platonici. Lascio per ora di raggionar de l'anima, o uomo in altro stato e modo di essere che possa trovarsi o credersi.

CIC. Ma che perfezione o satisfazione può trovar l'uomo in quella cognizione la quale non è perfetta?

TANS. Non sarà mai perfetta per quanto l'altissimo oggetto possa esser capito, ma per quanto l'intelletto nostro possa capire: basta che in questo ed altro stato gli sia presente la divina bellezza per quanto s'estende l'orizonte della vista sua.

CIC. Ma de gli uomini non tutti possono giongere a quello dove può arrivar uno o doi.

TANS. Basta che tutti corrano; assai è ch'ognun faccia il suo possibile; perché l'eroico ingegno si contenta più tosto di cascar o mancar degnamente e nell'alte imprese, dove mostre la dignità del suo ingegno, che riuscir a perfezione in cose men nobili e basse.

CIC. Certo che meglio è una degna ed eroica morte, che un indegno e vil trionfo.

TANS. A cotal proposito feci questo sonetto:

Poi che spiegat'ho l'ali al bel desio,

Quanto più sott'il piè l'aria mi scorgo,

Più le veloci penne al vento porgo,

E spreggio il mondo, e vers'il ciel m'invio.

Né del figliuol di Dedalo il fin rio

Fa che giù pieghi, anzi via più risorgo.

Ch'i' cadrò morto a terra, ben m'accorgo,

Ma qual vita pareggia al morir mio?

La voce del mio cor per l'aria sento:

- Ove mi porti, temerario? China,

Che raro è senza duol tropp'ardimento.

-Non temer, respond'io, l'alta ruina.

Fendi sicur le nubi, e muor contento,

S'il ciel sì illustre morte ne destina.

CIC. Io intendo quel che dice: basta ch'alto mi tolsi; ma non quando dice: e da l'ignobil numero mi sciolsi, s'egli non intende d'esser uscito fuor de l'antro platonico, rimosso dalla condizion della sciocca ed ignobilissima moltitudine; essendo che quei che profittano in questa contemplazione, non possono esser molti e numerosi.

TANS. Intendi molto bene. Oltre, per l'ignobil numero può intendere il corpo e sensual cognizione, dalla quale bisogna alzarsi e disciôrsi chi vuol unirsi alla natura di contrario geno.

CIC. Dicono gli platonici due sorte de nodi con gli quali l'anima è legata al corpo. L'uno è certo atto vivifico che da l'anima come un raggio scende nel corpo; l'altro è certa qualità vitale che da quell'atto risulta nel corpo. Or questo numero nobilissimo movente, ch'è l'anima, come.intendete che sia disciolto da l'ignobil numero, ch'è il corpo?

TANS. Certo non s'intendeva secondo alcun modo di questi; ma secondo quel modo con cui le potenze che non son comprese e cattivate nel grembo de la materia, e qualche volta come sopite ed inebriate si trovano quasi ancora esse occupate nella formazion della materia e vivificazion del corpo; talor come risvegliate e ricordate di se stesse, riconoscendo il suo principio e geno, si voltano alle cose superiori, si forzano al mondo intelligibile, come al natio soggiorno; quali tal volta da là, per la conversione alle cose inferiori, si son trabalsate sotto il fato e termini della generazione. Questi doi appolsi son figurati nelle due specie de metamorfosi espresse nel presente articolo che dice:

Quel dio che scuote il folgore sonoro,

Asterie vedde furtivo aquilone,

Mnemosine pastor, Danae oro,

Alcmena pesce, Antiopa caprone;

Fu di Cadmo a le suore bianco toro,

A Leda cigno, a Dolide dragone:

Io per l'altezza de l'oggetto mio

Da suggetto più vil dovegno un dio.

Fu cavallo Saturno,

Nettun delfin, e vitello si tenne

Ibi, e pastor Mercurio dovenne,

Un'uva Bacco, Apollo un corvo furno;

Ed io, mercé d'amore,

Mi cangio in dio da cosa inferiore.

Nella natura è una revoluzione ed un circolo per cui, per l'altrui perfezione e soccorso, le cose superiori s'inchinano all'inferiori, e per propria eccellenza e felicitade le cose inferiori s'inalzano alle superiori. Però vogliono i pitagorici e platonici esser donato a l'anima, ch'a certi tempi non solo per spontanea voluntà, la qual le rivolta alla comprension de le nature; ma ed anco della necessità d'una legge interna scritta e registrata dal decreto fatale vanno a trovar la propria sorte giustamente determinata. E dicono che l'anime non tanto per certa determinazione e proprio volere, come ribelle, declinano dalla divinità, quanto per certo ordine per cui vegnono affette verso la materia: onde, non come per libera intenzione, ma come per certa occolta conseguenza vegnono a cadere. E questa è l'inclinazion ch'hanno alla generazione, come a certo minor bene. (Minor bene dico, per quanto appartiene a quella natura particolare; non già per quanto appartiene alla natura universale, dove niente accade senza ottimo fine che dispone il tutto secondo la giustizia). Nella qual generazione ritrovandosi (per la conversione che vicissitudinalmente succede) de nuovo ritornano a gli abiti superiori.

CIC. Sì che vogliono costoro che l'anime sieno spinte dalla necessità del fato, e non hanno proprio consiglio che le guide a fatto?

TANS. Necessità, fato, natura, consiglio, voluntà nelle.cose giustamente e senza errore ordinate, tutti concorreno in uno. Oltre che, come riferisce Plotino, vogliono alcuni che certe anime possano fuggir quel proprio male, le quali prima che se gli confirme l'abito corporale, conoscendo il periglio, rifuggono alla mente. Perché la mente l'inalza alle cose sublimi, come l'imaginazion l'abbassa alle cose inferiori; la mente le mantiene nel stato ed identità come l'imaginazione nel moto e diversità; la mente sempre intende uno, come l'imaginazione sempre vassi fingendo varie imagini. In mezzo è la facultà razionale la quale è composta de tutto, come quella in cui concorre l'uno con la moltitudine, il medesimo col diverso, il moto col stato, l'inferiore col superiore.

Or questa conversione e vicissitudine è figurata nella ruota delle metamorfosi, dove siede l'uomo nella parte eminente, giace una bestia al fondo, un mezzo uomo e mezzo bestia descende dalla sinistra, ed un mezzo bestia e mezzo uomo ascende de la destra. Questa conversione si mostra dove Giove, secondo la diversità de affetti e maniere di quelli verso le cose inferiori, s'investisce de diverse figure, dovenendo in forma de bestie; e cossì gli altri dei transmigrano in forme basse ed aliene. E per il contrario, per sentimento della propria nobiltà, ripigliano la propria e divina forma: come il furioso eroico, inalzandosi per la conceputa specie della divina beltà e bontade, con l'ali de l'intelletto e voluntade intellettiva s'inalza alla divinitade, lasciando la forma de suggetto più basso. E però disse: Da suggetto più vil dovegno un Dio, Mi cangio in Dio da cosa inferiore.

Parte prima, dialogo quarto

TANS. Cossì si descrive il discorso de l'amor eroico, per quanto tende al proprio oggetto, ch'è il sommo bene, e l'eroico intelletto che giongersi studia al proprio oggetto, che è il primo vero o la verità absoluta. Or nel primo discorso apporta tutta la somma di questo e l'intenzione; l'ordine della quale vien descritto in cinque altri seguenti. Dice dunque:

Alle selve i mastini e i veltri slaccia

Il giovan Atteon, quand'il destino

Gli drizz'il dubio ed incauto camino,

Di boscareccie fiere appo la traccia.

Ecco tra l'acqui il più bel busto e faccia,

Che veder poss'il mortal e divino,

In ostro ed alabastro ed oro fino

Vedde; e 'l gran cacciator dovenne caccia.

Il cervio ch'a' più folti

Luoghi drizzav'i passi più leggieri,

Ratto vorâro i suoi gran cani e molti.

I' allargo i miei pensieri

Ad alta preda, ed essi a me rivolti

Morte mi dàn con morsi crudi e fieri.

Atteone significa l'intelletto intento alla caccia della divina sapienza, all'apprension della beltà divina. Costui slaccia i mastini ed i veltri. De quai questi son più veloci, quelli più forti. Perché l'operazion de l'intelletto precede l'operazion della voluntade; ma questa è più vigorosa ed efficace che quella; atteso che a l'intelletto umano è più amabile che comprensibile la bontade e bellezza divina, oltre che l'amore è quello che muove e spinge l'intelletto acciò che lo preceda, come lanterna. Alle selve, luoghi inculti e solitarii, visitati e perlustrati da pochissimi, e però dove non son impresse l'orme de molti uomini. Il giovane poco esperto e prattico, come quello di cui la vita è breve ed instabile il furore, nel dubio camino de l'incerta ed ancipite raggione ed affetto designato nel carattere di Pitagora, dove si vede più spinoso, inculto e deserto il destro ed arduo camino, e per dove costui slaccia i veltri e mastini appo la traccia di boscareccie fiere, che sono le specie intelligibili de' concetti ideali; che sono occolte, perseguitate da pochi, visitate da rarissimi, e che non s'offreno a tutti quelli che le cercano. Ecco tra l'acqui, cioè nel specchio de le similitudini, nell'opre dove riluce l'efficacia della bontade e splendor divino: le quali opre vegnon significate per il suggetto de l'acqui superiori ed inferiori, che son sotto e sopra il firmamento; vede il più bel busto e faccia, cioè potenza ed operazion esterna che veder si possa per abito ed atto di contemplazione ed applicazion di mente mortal o divina, d'uomo o dio alcuno.

CIC. Credo che non faccia comparazione, e pona come in medesimo geno la divina ed umana apprensione quanto al modo di comprendere il quale è diversissimo, ma quanto al.suggetto che è medesimo.

TANS. Cossì è. Dice in ostro alabastro ed oro, perché quello che in figura nella corporal bellezza è vermiglio, bianco e biondo, nella divinità significa l'ostro della divina vigorosa potenza, l'oro della divina sapienza, l'alabastro della beltade divina, nella contemplazion della quale gli pitagorici, Caldei, platonici ed altri, al meglior modo che possono, s'ingegnano d'inalzarsi. Vedde il gran cacciator: comprese, quanto è possibile e dovenne caccia: andava per predare e rimase preda questo cacciator per l'operazion de l'intelletto con cui converte le cose apprese in sé.

CIC. Intendo, perché forma le specie intelligibili a suo modo e le proporziona alla sua capacità, perché son ricevute a modo de chi le riceve.

TANS. E questa caccia per l'operazion della voluntade, per atto della quale lui si converte nell'oggetto.

CIC. Intendo, perché lo amore transforma e converte nella cosa amata.

TANS. Sai bene che l'intelletto apprende le cose intelligibilmente, idest secondo il suo modo; e la voluntà perseguita le cose naturalmente, cioè secondo la raggione con la quale sono in sé. Cossì Atteone con que' pensieri, quei cani che cercavano estra di sé il bene, la sapienza, la beltade, la fiera boscareccia, ed in quel modo che giunse alla presenza di quella, rapito fuor di sé da tanta bellezza, dovenne preda, veddesi convertito in quel che cercava; e s'accorse che de gli suoi cani, de gli suoi pensieri egli medesimo venea ad essere la bramata preda, perché già avendola contratta in sé, non era necessario di cercare fuor di sé la divinità.

CIC. Però ben si dice il regno de Dio esser in noi, e la divinitade abitar in noi per forza del riformato intelletto e voluntade.

TANS. Cossì è. Ecco dunque come l'Atteone, messo in preda de suoi cani, perseguitato da proprii pensieri, corre e drizza i novi passi; è rinovato a procedere divinamente e più leggiermente, cioè con maggior facilità e con una più efficace lena, a' luoghi più folti, alli deserti, alla reggion de cose incomprensibili; da quel ch'era un uom volgare e commune, dovien raro ed eroico, ha costumi e concetti rari, e fa estraordinaria vita. Qua gli dàn morte i suoi gran cani e molti: qua finisce la sua vita secondo il mondo pazzo, sensuale, cieco e fantastico, e comincia a vivere intellettualmente; vive vita de dei, pascesi d'ambrosia e inebriasi di nettare. - Appresso sotto forma d'un'altra similitudine descrive la maniera con cui s'arma alla ottenzion de l'oggetto, e dice:

Mio passar solitario, a quella parte

Che adombr'e ingombra tutt'il mio pensiero,

Tosto t'annida ivi ogni tuo mestiero

Rafferma, ivi l'industria spendi e l'arte.

Rinasci là, là su vogli allevarte

Gli tuoi vaghi pulcini omai ch'il fiero

Destin av'espedit'il cors'intiero.

Contro l'impresa, onde solea ritrarte.

Va', più nobil ricetto

Bramo ti godi, e arai per guida un dio

Che da chi nulla vede, è cieco detto.

Va', ti sia sempre pio

Ogni nume di quest'ampio architetto,

E non tornar a me se non sei mio.

Il progresso sopra significato per il cacciator che agita gli suoi cani, vien qua ad esser figurato per un cuor alato che è inviato da la gabbia, in cui si stava ocioso e quieto, ad annidarsi alto, ad allievar gli pulcini, suoi pensieri, essendo venuto il tempo in cui cessano gli impedimenti che da fuori mille occasioni, e da dentro la natural imbecillità subministravano. Licenzialo dunque, per fargli più magnifica condizione, applicandolo a più alto proposito ed intento, or che son più fermamente impiumate quelle potenze de l'anima significate anco da platonici per le due ali. E gli commette per guida quel dio che dal cieco volgo è stimato insano e cieco, cioè l'Amore; il qual per mercé e favor del cielo è potente di trasformarlo come in quell'altra natura alla quale aspira o quel stato dal quale va peregrinando bandito. Onde disse: E non tornar a me che non sei mio, di sorte che non con indignità possa io dire con quell'altro:

Lasciato m'hai, cuor mio,

E lume d'occhi miei, non sei più meco.

Appresso descrive la morte de l'anima, che da cabalisti è chiamata morte di bacio, figurata nella Cantica di Salomone, dove l'amica dice:

Che mi bacie col bacio de sua bocca,

Perché col suo ferire

Un troppo crudo amor mi fa languire;

da altri è chiamata sonno, dove dice il Salmista:

S'avverrà, ch'io dia sonno a gli occhi miei,

E le palpebre mie dormitaransi,

Arrò 'n colui pacifico riposo.

Dice, dunque, cossì l'alma, come languida per esser morta in sé, e viva ne l'oggetto:

Abbiate cura, o furiosi, al core;

Ché tropp'il mio, da me fatto lontano,

Condotto in crud'e dispietata mano,

Lieto soggiorn'ove si spasma e muore.

Co i pensier mel richiamo a tutte l'ore;

Ed ei rubello, qual girfalco insano,

Non più conosce quell'amica mano,

Onde, per non tornar, è uscito fore.

Bella fera, ch'in pene

Tante contenti, il cor, spirto, alma annodi

Con tue punte, tuoi vampi e tue catene,

De sguardi, accenti e modi;

Quel che languisc'ed arde, e non riviene,

Chi fia che saldi, refrigere e snodi?

Ivi l'anima dolente non già per vera discontentezza, ma con affetto di certo amoroso martìre parla come drizzando il suo sermone a gli similmente appassionati: come se non a felice suo grado abbia donato congedo al core, che corre.dove non può arrivare, si stende dove non può giongere, e vuol abbracciare quel che non può comprendere; e con ciò perché in vano s'allontane da lei, mai sempre più e più va accendendosi verso l'infinito.

CIC. Onde procede, o Tansillo, che l'animo in tal progresso s'appaga del suo tormento? onde procede quel sprone ch'il stimola sempre oltre quel che possiede?

TANS. Da questo, che ti dirò adesso. Essendo l'intelletto divenuto all'apprension d'una certa e definita forma intelligibile, e la volontà all'affezione commensurata a tale apprensione, l'intelletto non si ferma là; perché dal proprio lume è promosso a pensare a quello che contiene in sé ogni geno de intelligibile ed appetibile, sin che vegna ad apprendere con l'intelletto l'eminenza del fonte de l'idee, oceano d'ogni verità e bontade. Indi aviene che qualunque specie gli vegna presentata e da lei vegna compresa, da questo che è presentata e compresa, giudica che sopra essa è altra maggiore e maggiore, con ciò sempre ritrovandosi in discorso e moto in certa maniera. Perché sempre vede che quel tutto che possiede, è cosa misurata, e però non può essere bastante per sé, non buono da per sé, non bello da per sé; perché non è l'universo, non è l'ente absoluto, ma contratto ad esser questa natura, ad esser questa specie, questa forma rapresentata a l'intelletto e presente a l'animo. Sempre dunque dal bello compreso, e per conseguenza misurato, e conseguentemente bello per participazione, fa progresso verso quello che è veramente bello, che non ha margine e circonscrizione alcuna.

CIC. Questa prosecuzione mi par vana.

TANS. Anzi non, atteso che non è cosa naturale né conveniente che l'infinito sia compreso, né esso può donarsi finito, percioché non sarrebe infinito; ma è conveniente e naturale che l'infinito, per essere infinito, sia infinitamente perseguitato, in quel modo di persecuzione il quale non ha raggion di moto fisico, ma di certo moto metafisico; ed il quale non è da imperfetto al perfetto, ma va circuendo per gli gradi della perfezione, per giongere a quel centro infinito, il quale non è formato né forma.

CIC. Vorrei sapere come circuendo si può arrivare al centro?

TANS. Non posso saperlo.

CIC. Perché lo dici?

TANS. Perché posso dirlo e lasciarvel considerare.

CIC. Se non volete dire che quel che perséguita l'infinito, è come colui che discorrendo per la circonferenza cerca il centro, io non so quel che vogliate dire.

TANS. Altro.

CIC. Or se non vuoi dechiararti, io non voglio intenderti. Ma dimmi, se ti piace: che intende per quel che dice il core esser condotto in cruda e dispietata mano?

TANS. Intende una similitudine o metafora tolta da quel, che comunmente si dice crudele chi non si lascia fruire o non pienamente fruire, e che è più in desio che in possessione; onde per quel che possiede alcuno, non al tutto lieto soggiorna, perché brama, si spasma e muore.

CIC. Quali son quei pensieri che il richiamano a dietro, per ritrarlo da sì generosa impresa?

TANS. Gli affetti sensitivi ed altri naturali che guardano al regimento del corpo.

CIC. Che hanno a far quelli di questo che in modo alcuno non può aggiutargli, né favorirgli?

TANS. Non hanno a far di lui, ma de l'anima; la quale, essendo troppo intenta ad una opra o studio, dovien remissa e poco sollecita ne l'altra.

CIC. Perché lo chiama qual insano?

TANS. Perché soprasape.

CIC. Sogliono esser chiamati insani quei che men sanno.

TANS. Anzi insani son chiamati quelli che non sanno secondo l'ordinario, o che tendano più basso per aver men senso, o che tendano più alto per aver più intelletto.

CIC. M'accorgo che dici il vero. Or dimmi appresso: quai sono le punte, gli vampi e le catene?

TANS. Punte son quelle nuove che stimulano e risvegliano l'affetto perché attenda; vampi son gli raggi della bellezza presente che accende quel che gli attende; catene son le parti e circonstanze che tegnono fissi gli occhi de l'attenzione ed uniti insieme gli oggetti e le potenze.

CIC. Che son gli sguardi, accenti e modi?

38 TANS. Sguardi son le raggioni con le quali l'oggetto (come ne mirasse) ci si fa presente; accenti son le raggioni con le quali ci inspira ed informa; modi son le

circonstanze con le quali ci piace sempre ed aggrada. Di sorte ch'il cor che dolcemente languisce, suavemente arde e constantemente nell'opra persevera, teme che la sua ferita si salde, ch'il suo incendio si smorze e che si sciolga il suo laccio.

CIC. Or recita quel che séguita.

TANS. Alti, profondi e desti miei pensieri,

Ch'uscir volete da materne fasce

De l'afflitt'alma, e siete acconci arcieri

Per tirar al versaglio onde vi nasce

L'alto concetto; in questi erti sentieri

Scontrarvi a cruda fiera il ciel non lasce.

Sovvengav'il tornar, e richiamate

Il cor ch'in man di dea selvaggia late.

Armatevi d'amore

Di domestiche fiamme, ed il vedere

Reprimete sì forte, che straniere

Non vi rendan, compagni del mio core.

Al men portate nuova

Di quel ch'a lui diletta e giova.

Qua descrive la natural sollecitudine de l'anima attenta circa la generazione per l'amicizia ch'ha contratta con la materia. Ispedisce gli armati pensieri che, sollecitati e spinti dalla querela della natura inferiore, son inviati a richiamar il core. L'anima l'instruisce come si debbano portare, perché invaghiti ed attratti da l'oggetto non facilmente vegnano anch'essi sedotti a rimaner cattivi e compagni del core. Dice dunque che s'armino d'amore: di quello amore che accende con domestiche fiamme, cioè quello che è amico de la generazione alla quale son ubligati, e nella cui legazione, ministerio e milizia si ritrovano. Appresso li dà ordine che reprimano il vedere chiudendo gli occhi, perché non mirino altra beltade o bontade che quella qual gli è presente, amica e madre. E conchiude al fine che se per altro ufficio non vogliono farsi rivedere, rivegnano al manco per donargli saggio delle raggioni e stato del suo core.

CIC. Prima che procediate ad altro, vorrei intender da voi, che è quello che intende l'anima quando dice a gli pensieri: il vedere reprimete sì forte?

TANS. Ti dirò. Ogni amore procede dal vedere: l'amore intelligibile dal vedere intelligibilmente; il sensibile dal vedere sensibilmente. Or questo vedere ha due significazioni: perché o significa la potenza visiva, cioè la vista, che è l'intelletto, overamente senso; o significa l'atto di quella potenza, cioè quell'applicazione che fa l'occhio o l'intelletto a l'oggetto materiale o intellettuale. Quando dunque si consegliano gli pensieri di reprimere il vedere, non s'intende del primo modo, ma del secondo; perché questo è il padre della seguente affezione de l'appetito sensitivo o intellettivo.

CIC. Questo è quello ch'io volevo udir da voi. Or se l'atto della potenza visiva è causa del male o bene che procede dal vedere, onde avviene che amiamo e desideramo di vedere? Ed onde avviene che nelle cose divine abbiamo più amore che notizia?

TANS. Desideriamo il vedere, perché in qualche modo veggiamo la bontà del vedere, perché siamo informati che per l'atto del vedere le cose belle s'offreno: però desideramo quell'atto perché desideriamo le cose belle.

CIC. Desideriamo il bello e buono; ma il vedere non è bello, né buono, anzi più tosto quello è paragone o luce per cui veggiamo non solamente il bello e buono, ma anco il rio e brutto. Però mi pare ch'il vedere tanto può esser bello o buono, quanto la vista può esser bianco o nero: se dunque la vista (la quale è atto) non è bello né buono, come può cadere in desiderio?

TANS. Se non per sé, certamente per altro è desiderata, essendo che l'apprension di quell'altro senza lei non si faccia.

CIC. Che dirai, se quell'altro non è in notizia di senso, né d'intelletto? Come, dico, può esser desiderato almanco d'esser visto, se di esso non è notizia alcuna, se verso quello né l'intelletto, né il senso ha esercitato atto alcuno, anzi è in dubio se sia intelligibile o sensibile, se sia cosa corporea o incorporea, se sia uno o doi o più, d'una o d'un'altra maniera?

TANS. Rispondo che nel senso e l'intelletto è un appetito ed appulso al sensibile in generale; perché l'intelletto vuol intender tutto il vero, perché s'apprenda poi tutto quello che è bello o buono intelligibile: la potenza sensitiva vuol informarsi de tutto il sensibile, perché s'apprenda poi quanto è buono o bello sensibile. Indi aviene che non meno desideramo vedere le cose ignote e mai viste, che le cose conosciute e viste. E da questo non séguita ch'il desiderio non proceda da la cognizione, e che qualche cosa desideriamo che non è conosciuta; ma dico che sta pur rato e fermo che non desideriamo cose incognite. Perché se sono occolte quanto all'esser particulare, non sono occolte quanto a l'esser generale; come in tutta la potenza visiva si trova tutto il visibile in attitudine, nella intellettiva tutto l'intelligibile. Però come ne l'attitudine è l'inclinazione a l'atto, aviene che l'una e l'altra potenza è inchinata a l'atto in universale, come a cosa naturalmente appresa per buona. Non parlava dunque a sordi o ciechi l'anima, quando consultava con suoi pensieri de reprimere il vedere, il quale quantunque non sia causa prossima del volere è però causa prima e principale.

CIC. Che intendete per questo ultimamente detto?

TANS. Intendo che non è la figura o la specie sensibilmente o intelligibilmente representata, la quale per sé muove; perché mentre alcuno sta mirando la figura manifesta a gli occhi, non viene ancora ad amare; ma da quello instante che l'animo concipe in se stesso quella figurata non più visibile ma cogitabile, non più dividua ma individua, non più sotto specie di cosa, ma sotto specie di buono o bello, allora subito nasce l'amore. Or questo è quel vedere dal quale l'anima vorrebbe divertir gli occhi de suoi pensieri. Qua la vista suole promuovere l'affetto ad amar più che non è quel che vede; perché, come poco fa ho detto, sempre considera (per la notizia universale che tiene del bello e buono) che, oltre li gradi della compresa specie de buono e bello, sono altri ed altri in infinito.

CIC. Onde procede che dopo che siamo informati de la specie del bello la quale è conceputa nell'animo, pure desideriamo di pascere la vista esteriore?

TANS. Da quel che l'animo vorrebbe sempre amare quel che ama, vuol sempre vedere quel che vede. Però vuole che quella specie, che gli è stata parturita dal vedere, non vegna ad attenuarsi, snervarsi e perdersi. Vuol dunque sempre oltre ed oltre vedere, perché quello che potrebe oscurarsi nell'affetto interiore, vegna spesso illustrato dall'aspetto esteriore; il quale come è principio de l'essere, bisogna che sia principio del conservare. Proporzionalmente accade ne l'atto de l'intendere e considerare; perché come la vista si referisce alle cose visibili, cossì l'intelletto alle cose intelligibili. Credo dunque ch'intendiate a che fine ed in che modo l'anima intenda quando dice: reprimete il vedere.

CIC. Intendo molto bene. Or seguitate a riportar quel ch'avvenne di questi pensieri.

TANS. Séguita la querela de la madre contra gli detti figli li quali, per aver contra l'ordinazion sua aperti gli occhi, ed affissigli al splendor de l'oggetto, erano rimasi in compagnia del core. Dice dunque:

E voi ancor, a me figli crudeli,

Per più inasprir mia doglia, mi lasciaste,

E perché senza fin più mi quereli,

Ogni mia spene con voi n'amenaste.

A che il senso riman, o avari cieli?

A che queste potenze tronche e guaste,

Se non per farmi materia ed essempio

De sì grave martir, sì lungo scempio?

Deh, per Dio, cari figli,

Lasciate pur mio fuoco alato in preda,

E fate ch'io di voi alcun riveda

Tornato a me da que' tenaci artigli.

-Lassa, nessun riviene

Per tardo refrigerio de mie pene.

Eccomi misera, priva del core, abandonata da gli pensieri, lasciata da la speranza, la qual tutta avevo fissa in essi. Altro non mi rimane che il senso della mia povertà, infelicità e miseria. E perché non son oltre lasciata da questo? perché non mi soccorre la morte, ora che son priva de la vita? A che mi trovo le potenze naturali prive de gli atti suoi? Come potrò io sol pascermi di specie intelligibili, come di pane intellettuale, se la sustanza di questo supposito è composta? Come potrò io trattenirmi nella domestichezza di queste amiche e care membra, che m'ho intessute in circa, contemprandole con la simmetria de le qualitadi elementari, se mi abandonano gli miei pensieri tutti ed affetti, intenti verso la cura del pane immateriale e divino? Su, su, o miei fugaci pensieri, o mio rubelle cuore: viva il senso di cose sensibili e l'intelletto de cose intelligibili. Soccorrasi al corpo con la materia e suggetto corporeo, e l'intelletto con gli suoi oggetti s'appaghe; a fin che conste questa composizione, non si dissolva questa machina, dove per mezzo del spirito l'anima è unita al corpo. Come, misera, per opra domestica più tosto che per esterna violenza, ho da veder quest'orribil divorzio ne le mie parti e membra? Perché l'intelletto s'impaccia di donar legge al senso e privarlo de suoi cibi? e questo, per il contrario, resiste a quello, volendo vivere secondo gli proprii e non secondo l'altrui statuti? Perché questi e non quelli possono mantenerlo e bearlo, percioché deve essere attento alla sua comoditade e vita, non a l'altrui. Non è armonia e concordia dove è unità, dove un essere vuol assorbir tutto l'essere; ma dove è ordine ed analogia di cose diverse; dove ogni cosa serva la sua natura. Pascasi dunque il senso secondo la sua legge de cose sensibili, la carne serva alla legge de la carne, il spirito alla legge del spirito, la raggione a la legge de la raggione: non si confondano, non si conturbino. Basta che uno non guaste o pregiudiche alla legge de l'altro, se non è giusto che il senso oltragge alla legge della raggione. È pur cosa vituperosa che quella tirannegge su la legge di questo, massime dove l'intelletto è più peregrino e straniero, ed il senso è più domestico e come in propria patria.

Ecco dunque, o miei pensieri, come di voi altri son ubligati di rimanere alla cura di casa, ed altri possono andar a procacciare altrove. Questa è legge di natura, questa per conseguenza è legge dell'autore e principio della natura. Peccate dunque, or che tutti, sedotti dalla vaghezza de l'intelletto, lasciate al periglio de la morte l'altra parte di me. Onde vi è nato questo malencolico e perverso umore di rompere le certe e naturali leggi de la vita vera che sta nelle vostre mani, per una incerta e che non è se non in ombra oltre gli limiti del fantastico pensiero? Vi par cosa naturale che non vivano animale- ed umanamente, ma divina-, se elli non sono dei ma uomini ed animali?

È legge del fato e della natura che ogni cosa s'adopre secondo la condizion de l'esser suo. Perché, dunque, mentre perseguitate il nettare avaro de gli dei, perdete il vostro presente e proprio, affligendovi forse sotto la vana speranza de l'altrui? Credete che non si debba sdegnar la natura di donarvi l'altro bene, se quello che presentaneamente v'offre, tanto stoltamente dispreggiate?

Sdegnarà il ciel dar il secondo bene

A chi 'l primiero don caro non tiene.

Con queste e simili raggioni l'anima, prendendo la causa de la parte più inferna, cerca de richiamar gli pensieri alla cura del corpo. Ma quelli, benché al tardi, vegnono a mostrarsegli non già di quella forma con cui si partîro, ma sol per dechiarargli la sua ribellione, e forzarla tutta a seguitarli. Là onde in questa forma si lagna la dolente:

Ahi, cani d'Atteon, o fiere ingrate,

Che drizzai al ricetto de mia diva,

E voti di speranza mi tornate,

Anzi venendo a la materna riva,

Tropp'infelice fio mi riportate:

Mi sbranate, e volete ch'i' non viva.

Lasciami, vita, ch'al mio sol rimonte,

Fatta gemino rio senz'il mio fonte!

Quando il mio pondo greve

Converrà che natura mi disciolga?

Quand'avverrà ch'anch'io da qua mi tolga,

E ratto l'alt'oggetto mi sulleve?

E insieme col mio core

E i communi pulcini ivi dimore?

Vogliono gli platonici, che l'anima, quanto alla parte superiore, sempre consista ne l'intelletto, dove ha raggione d'intelligenza più che de anima; atteso che anima è nomata per quanto vivifica il corpo e lo sustenta. Cossì qua la medesima essenza che nodrisce e mantiene li pensieri in alto, insieme col magnificato cuore se induce dalla parte inferiore contristarsi e richiamar quelli come ribelli.

CIC. Sì che non sono due essenze contrarie, ma una suggetta a doi termini di contrarietade?

TANS. Cossì è a punto. Come il raggio del sole il quale quindi tocca la terra ed è gionto a cose inferiori ed oscure, che illustra, vivifica ed accende; indi è gionto a l'elemento del fuoco, cioè a la stella da cui procede, ha principio, è diffuso ed in cui ha propria ed originale sussistenza; cossì l'anima che è nell'orizonte della natura corporea ed incorporea, ha con che s'inalze alle cose superiori ed inchine a cose inferiori. E ciò puoi vedere non accadere per raggion ed ordine di moto locale, ma solamente per appulso d'una e d'un'altra potenza o facultade. Come quando il senso monta all'imaginazione, l'imaginazione alla raggione, la raggione a l'intelletto, l'intelletto a la mente, allora l'anima tutta si converte in Dio ed abita il mondo intelligibile. Onde per il contrario descende per conversion al mondo sensibile per via de l'intelletto, raggione, imaginazione, senso, vegetazione.

CIC. È vero ch'ho inteso che per trovarsi l'anima nell'ultimo grado de cose divine, meritamente descende nel corpo mortale, e da questo risale di nuovo alli divini gradi; e che son tre gradi d'intelligenze: perché son altre nelle quali l'intellettuale supera l'animale, quali dicono essere l'intelligenze celesti; altre nelle quali l'animale supera l'intellettuale, quali son l'intelligenze umane; altre sono nelle quali l'uno e l'altro si portano ugualmente, come quelle de demoni o eroi.

TANS. Nell'apprender dunque che fa la mente, non può desiderare se non quanto gli è vicino, prossimo, noto e familiare. Cossì il porco non può desiderar esser uomo, né quelle cose che son convenienti all'appetito umano. Ama più d'isvoltarsi per la luta che per un letto de bissino; ama d'unirsi ad una scrofa, non a la più bella donna che produca la natura: perché l'affetto séguita la raggion della specie. E tra gli uomini si può vedere il simile, secondo che altri son più simili a una specie de bruti animali, altri ad un'altra: questi hanno del quadrupede, quelli del volatile, e forse hanno qualche vicinanza (la qual non voglio dire) per cui si son trovati quei che sono affetti a certe sorte di bestie. Or a la mente (che trovasi oppressa dalla material congionzione de l'anima) se fia lecito di alzarsi alla contemplazione d'un altro stato in cui l'anima può arrivare, potrà certo far differenza da questo a quello, e per il futuro spreggiar il presente. Come se una bestia avesse senso della differenza che è tra le sue condizioni e quelle de l'uomo, e l'ignobiltà del stato suo dalla nobiltà del stato umano, al quale non stimasse impossibile di poter pervenire; amarebbe più la morte che li donasse quel camino ed ispedizione, che la vita, quale l'intrattiene in quell'esser presente. Qua dunque, quando l'anima si lagna dicendo: O cani d'Atteon, viene introdotta come cosa che consta di potenze inferiori solamente, e da cui la mente è ribellata con aver menato seco il core, cioè gl'intieri affetti con tutto l'exercito de pensieri: là onde per apprension del stato presente ed ignoranza d'ogni altro stato, il quale non più lo stima essere, che da lei possa esser conosciuto, si lamenta de pensieri, li quali al tardi convertendosi a lei vegnono per tirarla su più tosto che a farsi ricettar da lei. E qua per la distrazione che patisce dal commune amore della materia e di cose intelligibili, si sente lacerare e sbranare di sorte che bisogna al fine di cedere a l'appulso più vigoroso e forte. Qua se per virtù di contemplazione ascende o è rapita sopra l'orizonte de gli affetti naturali, onde con più puro occhio apprenda la differenza de l'una e l'altra vita, allora vinta da gli alti pensieri, come morta al corpo, aspira ad alto; e benché viva nel corpo, vi vegeta come morta, e vi è presente in atto de animazione, ed absente in atto d'operazioni; non perché non vi operi mentre il corpo è vivo, ma perché l'operazioni del composto sono rimesse, fiacche e come dispenserate.

CIC. Cossì un certo Teologo (che si disse rapito sin al terzo cielo), invaghito da la vista di quello, disse che desiderava la dissoluzione dal suo corpo.

TANS. In questo modo, dove prima si lamentava del core e querelavasi de pensieri, ora desidera d'alzarsi con quelli in alto, e mostra il rincrescimento suo per la communicazione e familiarità contratta con la materia corporale, e dice: Lasciami vita corporale, e non m'impacciar ch'io rimonti al mio più natio albergo, al mio sole: lasciami ormai che più non verse pianto da gli occhi miei, o perché mal posso soccorrerli, o perché rimagno divisa dal mio bene; lasciami, ché non è decente, né possibile che questi doi rivi scorrano senza il suo fonte, cioè senza il core: non bisogna, dico, che io faccia doi fiumi de lacrime qua basso, se il mio core, il quale è fonte de tai fiumi, se n'è volato ad alto con le sue ninfe, che son gli miei pensieri. Cossì a poco a poco, da quel disamore e rincrescimento procede a l'odio de cose inferiori; come quasi dimostra dicendo: Quand'il mio pondo greve converrà che natura mi disciolga? e quel che seguita appresso.

CIC. Intendo molto bene questo, e quello che per questo volete inferire a proposito della principale intenzione: cioè che son gli gradi de gli amori, affezioni e furori, secondo gli gradi di maggior o minore lume di cognizione ed intelligenza.

TANS. Intendi bene. Da qua devi apprendere quella dottrina che comunmente, tolta da' pitagorici e platonici vuole che l'anima fa gli doi progressi d'ascenso e descenso per la cura ch'ha di sé e de la materia; per quel ch'è mossa dal proprio appetito del bene, e per quel ch'è spinta da la providenza del fato.

CIC. Ma di grazia, dimmi brevemente quel che intendi de l'anima del mondo, se ella ancora non può ascendere né descendere?

TANS. Se tu dimandi del mondo secondo la volgar significazione, cioè in quanto significa l'universo, dico che quello, per essere infinito e senza dimensione o misura, viene a essere inmobile ed inanimato ed informe, quantunque sia luogo de mondi infiniti mobili in esso, ed abbia spacio infinito, dove son tanti animali grandi, che son chiamati astri. Se dimandi secondo la significazione che tiene appresso gli veri filosofi, cioè in quanto significa ogni globo, ogni astro, come è questa terra, il corpo del sole, luna ed altri, dico che tal anima non ascende né descende, ma si volta in circolo. Cossì essendo composta de potenze superiori ed inferiori, con le superiori versa circa la divinitade, con l'inferiori circa la mole la qual vien da essa vivificata e mantenuta intra gli tropici della generazione e corrozione de le cose viventi in essi mondi, servando la propria vita eternamente: perché l'atto della divina providenza sempre con misura ed ordine medesimo, con divino calore e lume le conserva nell'ordinario e medesimo essere.

CIC. Mi basta aver udito questo a tal proposito.

TANS. Come dunque accade che queste anime particolari diversamente, secondo diversi gradi d'ascenso e descenso, vegnono affette quanto a gli abiti ed inclinazioni, cossì vegnono a mostrar diverse maniere ed ordini de furori, amori e sensi; non solamente nella scala de la natura, secondo gli ordini de diverse vite che prende l'anima in diversi corpi, come vogliono espressamente gli pitagorici, Saduchimi ed altri, ed implicitamente Platone ed alcuni che più profondano in esso; ma ancora nella scala de gli affetti umani, la quale è cossì numerosa de gradi, come la scala della natura; atteso che l'uomo in tutte le sue potenze mostra tutte le specie de lo ente.

CIC. Però da le affezioni si possono conoscer gli animi, se vanno alto o basso, o se vegnono da alto o da basso, se procedeno ad esser bestie o pur ad essere divini, secondo lo essere specifico, come intesero gli pitagorici; o secondo la similitudine de gli affetti solamente, come comunmente si crede: non dovendo la anima umana posser essere anima di bruto, come ben disse Plotino, ed altri platonici secondo la sentenza del suo principe.

TANS. Bene. Or per venire al proposito, da furor animale questa anima descritta è promossa a furor eroico, se la dice: Quando averrà ch'a l'alto oggetto mi sulleve, ed ivi dimore in compagnia del mio core e miei e suoi pulcini? Questo medesimo proposito continova quando dice:

Destin, quando sarà ch'io monte monte,

Qual per bearm'a l'alte porte porte,

Che fan quelle bellezze conte, conte,

E 'l tenace dolor conforte forte

Chi fe' le membra me disgionte, gionte,

Né lascia mie potenze smorte morte?

Mio spirto più ch'il suo rivale vale;

S'ove l'error non più l'assale, sale.

Se dove attende, tende,

E là 've l'alto oggett'ascende, ascende:

E se quel ben ch'un sol comprende, prende,

Per cui convien che tante emende mende,

Esser falice lice,

Come chi sol tutto predice dice.

O destino, o fato, o divina inmutabile providenza, quando sarà, ch'io monte a quel monte, cioè ch'io vegna a tanta altezza di mente, che mi faccia toccar transportandomi quegli alti aditi e penetrali, che mi fanno evidenti e come comprese e numerate quelle conte, cioè rare bellezze? Quando sarà, che forte ed efficacemente conforte il mio dolore (sciogliendomi da gli strettissimi lacci de le cure, nelle quali mi trovo) colui che fe' gionte ed unite le mie membra, ch'erano disunite e sgionte: cioè l'amore che ha unito insieme queste corporee parti, ch'erano divise quanto un contrario è diviso da l'altro, e che ancora queste potenze intellettuali, quali ne gli atti suoi son smorte, non le lascia a fatto morte, facendole alquanto respirando aspirar in alto? Quando, dico, mi confortarà a pieno, donando a queste libero ed ispedito il volo, per cui possa la mia sustanza tutta annidarsi là dove, forzandomi, convien ch'io emende tutte le mende mie? dove pervenendo il mio spirito, vale più ch'il rivale; perché non v'è oltraggio che li resista, non è contrarietà ch'il vinca, non v'è error che l'assaglia. Oh se tende ed arriva là dove forzandosi attende; ed ascende e perviene a quell'altezza, dove ascende, vuol star montato, alto ed elevato il suo oggetto; se fia che prenda quel bene che non può esser compreso da altro che da uno, cioè da se stesso (atteso che ogni altro l'ave in misura della propria capacità; e quel solo in tutta pienezza): allora avverrammi l'esser felice in quel modo che dice chi tutto predice, cioè dice quella altezza nella quale il dire tutto e far tutto è la medesima cosa; in quel modo che dice o fa chi tutto predice, cioè chi è de tutte cose efficiente e principio, di cui il dir e preordinare è il vero fare e principiare. Ecco come per la scala de cose superiori ed inferiori procede l'affetto de l'amore, come l'intelletto o sentimento procede da questi oggetti intelligibili o conoscibili a quelli; o da quelli a questi.

CIC. Cossì vogliono la più gran parte de sapienti la natura compiacersi in questa vicissitudinale circolazione che si vede ne la vertigine de la sua ruota.

Parte prima, dialogo quinto

CIC. Fate pure ch'io veda, perché da me stesso potrò considerar le condizioni di questi furori, per quel ch'appare esplicato nell'ordine, in questa milizia, qua descritto.

TANS. Vedi come portano l'insegne de gli suoi affetti o fortune. Lasciamo di considerar su gli lor nomi ed abiti; basta che stiamo su la significazion de l'imprese ed intelligenza de la scrittura, tanto quella che è messa per forma del corpo de la imagine, quanto l'altra ch'è messa per il più de le volte a dechiarazion de l'impresa.

CIC. Cossì farremo. Or ecco qua il primo che porta un scudo distinto in quattro colori, dove nel cimiero è depinta la fiamma sotto la testa di bronzo, da gli forami della quale esce a gran forza un fumoso vento, e vi è scritto in circa: At regna senserunt tria.

TANS. Per dichiarazion di questo direi che per essere ivi il fuoco che, per quel che si vede, scalda il globo, dentro il quale è l'acqua, avviene che questo umido elemento, essendo rarefatto ed attenuato per la virtù del calore, e per consequenza risoluto in vapore, richieda molto maggior spacio per esser contenuto. Là onde se non trova facile exito, va con grandissima forza, strepito e ruina a crepare il vase. Ma se vi è loco o facile exito donde possa evaporare, indi esce con violenza minore a poco a poco; e secondo la misura con cui l'acqua se risolve in vapore, soffiando svapora in aria. Qua vien significato il cor del furioso, dove, come in esca ben disposta attaccato l'amoroso foco, accade che della sustanza vitale altro sfaville in fuoco, altro si veda in forma de lacrimoso pianto boglier nel petto, altro per l'exito di ventosi suspiri accender l'aria.

E però dice: At regna senserunt tria. Dove quello At ha virtù di supponere differenza o diversità o contrarietà; quasi dicesse che l'altro è che potrebbe aver senso del medesimo, e non l'ave. Il che è molto bene esplicato ne le rime seguenti sotto la figura:

Dal mio gemino lume io, poca terra,

Soglio non parco umor porgere al mare;

Da quel che dentr'il petto mi si serra,

Spirto non scarso accolgon l'aure avare;

E 'l vampo che dal cor mi si disserra,

Si può senza scemars'al ciel alzare:

Con lacrime, suspiri ed ardor mio

A l'acqua, a l'aria, al fuoco rendo il fio.

Accogli' acqua, aria, foco

Qualche parte di me; ma la mia dea

Si dimostra cotant'iniqua e rea,

Che né mio pianto appo lei trova loco,

Né la mia voce ascolta,

Né pietos'al mi' ardor unqua si volta.

Qua la suggetta materia significata per la terra è la sustanza del furioso; versa dal gemino lume, cioè da gli occhi, copiose lacrime che fluiscono al mare; manda dal petto la grandezza e moltitudine de suspiri a l'aria capacissimo: ed il vampo del suo core non come picciola favilla o debil fiamma nel camino de l'aria s'intepidisce, infuma e trasmigra in altro essere, ma come potente e vigoroso (più tosto acquistando de l'altrui che perdendo del proprio) gionge alla congenea sfera.

CIC. Ho ben compreso il tutto. A l'altro.

TANS. Appresso è designato un che ha nel suo scudo, parimente destinto in quattro colori, il cimiero, dove è un sole che distende gli raggi nel dorso de la terra; e vi è una nota, che dice: Idem semper ubique totum.

CIC. Vedo che non può esser facile l'interpretazione.

TANS. Tanto il senso è più eccellente, quanto è men volgare: il qual vedrete essere solo, unico e non stiracchiato. Dovete considerare che il sole, benché al rispetto de diverse regioni de la terra per ciascuna sia diverso, a tempi a tempi, a loco a loco, a parte a parte; al riguardo però del globo tutto, come medesimo, sempre ed in cadaun loco fa tutto; atteso che, in qualunque punto de l'eclittica ch'egli si trove, viene a far l'inverno, l'estade, l'autunno e la primavera; e l'universal globo de la terra a ricevere in sé le dette quattro tempeste. Perché mai è caldo a una parte che non sia freddo a l'altra; come quando fia a noi nel tropico del Cancro caldissimo, è freddissimo al tropico del Capricorno; di sorte che è a medesima raggione l'inverno a quella parte, con cui a questa è l'estade, ed a quelli che son nel mezzo, è temperato, secondo la disposizion vernale o autumnale. Cossì la terra sempre sente le piogge, li venti, gli calori, gli freddi; anzi non sarebbe umida qua, se non disseccasse in un'altra parte, e non la scalderebe da questo lato il sole, se non avesse lasciato d'iscaldarla da quell'altro.

CIC. Prima che finisci ad conchiudere, io intendo quel che volete dire. Intendeva egli che, come il sole sempre dona tutte le impressioni a la terra, e questa sempre le riceve intiere e tutte, cossì l'oggetto del furioso col suo splendore attivamente lo fa suggetto passivo de lacrime, che son l'acqui; de ardori, che son gl'incendii; e de suspiri, quai son certi vapori, che son mezzi che parteno dal fuoco e vanno a l'acqui, o partono da l'acqui e vanno al fuoco.

TANS. Assai bene s'esplica appresso:

Quando declin'il sol al Capricorno,

Fan più ricco le piogge ogni torrente;

Se va per l'equinozio o fa ritorno,

Ogni postiglion d'Eolo più si sente;

E scalda più col più prolisso giorno,

Nel tempo che rimonta al Cancro ardente

Non van miei pianti, suspiri ed ardori

Con tai freddi, temperie e calori.

Sempre equalmente in pianto,

Quantunqu' intensi sien suspiri e fiamme.

E benché troppo m'inacqui ed infiamme,

Mai avvien ch'io suspire men che tanto:

Infinito mi scaldo,

Equalmente ai suspiri e pianger

saldo.

CIC. Questo non tanto dechiara il senso de la divisa, come il precedente discorso faceva, quanto più tosto dice la consequenza di quello, o l'accompagna.

TANS. Dite megliore, che la figura è latente ne la prima parte, ed il motto è molto esplicato ne la seconda; come l'uno e l'altro è molto propriamente significato nel tipo del sole e de la terra.

CIC. Passamo al terzo.

TANS. Il terzo nel scudo porta un fanciullo ignudo disteso sul verde prato, e che appoggia la testa sullevata sul braccio, con gli occhi rivoltati verso il cielo a certi edificii de stanze, torri, giardini ed orti che son sopra le nuvole; e vi è un castello di cui la materia è fuoco; ed in mezzo è la nota che dice: Mutuo fulcimur.

CIC. Che vuol dir questo?

TANS. Intendi quel furioso significato per il fanciullo ignudo, come semplice, puro ed esposto a tutti gli accidenti di natura e di fortuna, qualmente con la forza del pensiero edifica castegli in aria; e tra l'altre cose una torre di cui l'architettore è l'amore, la materia l'amoroso foco, ed il fabricatore egli medesimo, che dice: Mutuo fulcimur: cioè io vi edifico e vi sustegno là con il pensiero, e voi mi sustenete qua con la speranza: voi non sareste in essere se non fusse l'imaginazione ed il pensiero con cui vi formo e sustegno; ed io non sarrei in vita, se non fusse il refrigerio e conforto che per vostro mezzo ricevo.

CIC. È vero che non è cosa tanto vana e tanto chimerica fantasia, che non sia più reale, e vera medicina d'un furioso cuore, che qualsivoglia erba, pietra, oglio o altra specie che produca la natura.

TANS. Più possono far gli maghi per mezzo della fede, che gli medici per via de la verità: e ne gli più gravi morbi più vegnono giovati gl'infermi con credere quel tanto che quelli dicono, che con intendere quel tanto che questi facciono. Or legansi le rime.

Sopra de nubi, a l'eminente loco,

Quando tal volta vaneggiando avvampo,

Per di mio spirto refrigerio e scampo,

Tal formo a l'aria castel de mio foco:

S'il mio destin fatale china un poco,

A fin ch'intenda l'alta grazia il vampo,

In cui mi muoio, e non si sdegne o adire,

O felice mia pena e mio morire!

Quella de fiamme e lacci

Tuoi, o garzon, che gli uomini e gli divi

Fan suspirar, e soglion far cattivi,

L'ardor non sente, né prova gl'impacci;

Ma può 'ntrodurti, o Amore,

Man di pietà, se mostri il mio dolore.

CIC. Mostra che quel che lo pasce in fantasia, e gli fomenta il spirito, è che (essendo lui tanto privo d'ardire d'esplicarsi a far conoscere la sua pena, quanto profondamente suggetto a tal martìre), se avvenesse ch'il fato rigido e rubelle chinasse un poco (perché voglia il.destino al fin rasserenargli il volto), con far che senza sdegno o ira de l'alto oggetto gli venesse manifesto, non stima egli gioia tanto felice, né vita tanto beata, quanto per tal successo lui stime felice la sua pena, e beato il suo morire.

TANS. E con questo viene a dechiarar a l'Amore che la raggion per cui possa aver adito in quel petto, non è quell'ordinaria de le armi con le quali suol cattivar uomini e dei; ma solamente con fargli aperto il cuor focoso ed il travagliato spirito de lui; a la vista del quale fia necessario che la compassion possa aprirgli il passo ed introdurlo a quella difficil stanza.

CIC. Che significa qua quella mosca che vola fiamma e sta quasi quasi per bruggiarsi? e che vuol dir quel motto: Hostis non hostis?

TANS. Non è molto difficile la significazione de la farfalla, che sedotta dalla vaghezza del splendore, innocente ed amica, va ad incorrere nelle mortifere fiamme: onde hostis sta scritto per l'effetto del fuoco; non hostis per l'affetto de la mosca. Hostis, la mosca, passivamente; non hostis, attivamente. Hostis, la fiamma, per l'ardore; non hostis, per il splendore.

CIC. Or che è quel che sta scritto nella tabella?

TANS.

Mai fia che de l'amor io mi lamente,

Senza del qual non voglio esser felice;

Sia pur ver che per lui penoso stente,

Non vo' non voler quel che sì me lice.

Sia chiar o fosco il ciel, fredd'o ardente,

Sempr'un sarò ver l'unica fenice.

Mal può disfar altro destin o sorte

Quel nodo che non può sciorre la morte.

Al cor, al spirto, a l'alma

Non è piacer, o libertade, o vita,

Qual tanto arrida, giove e sia gradita,

Qual più sia dolce, graziosa ed alma,

Ch'il stento, giogo e morte,

Ch'ho per natura, voluntade e sorte.

Qua nella figura mostra la similitudine che ha il furioso con la farfalla affetta verso la sua luce; ne gli carmi poi mostra più differenza e dissimilitudine che altro: essendo che comunmente si crede che se quella mosca prevedesse la sua ruina, non tanto ora séguita la luce, quanto allora la fuggirebbe, stimando male di perder l'esser proprio, risolvendosi in quel fuoco nemico. Ma a costui non men piace svanir nelle fiamme de l'amoroso ardore, che essere abstratto a contemplar la beltà di quel raro splendore, sotto il qual per inclinazion di natura, per elezion di voluntade e disposizion del fato stenta, serve e muore, più gaio, più risoluto e più gagliardo, che sotto qualsivogli'altro piacer che s'offra al core, libertà che si conceda al spirito, e vita che si ritrove ne l'alma.

CIC. Dimmi, perché dice: Sempre un sarò?

TANS. Perché gli par degno d'apportar raggione della sua constanza, atteso che il sapiente non si muta con la luna,.il stolto si muta come la luna. Cossì questo è unico con la fenice unica.

CIC. Bene; ma che significa quella frasca di palma, circa la quale è il motto: Caesar adest?

TANS. Senza molto discorrere, tutto potrassi intendere per quel che è scritto nella tavola:

Trionfator invitto di Farsaglia,

Essendo quasi estinti i tuoi guerrieri,

Al vederti, fortissimi 'n battaglia

Sorser, e vinser suoi nemici altieri.

Tal il mio ben, ch'al ben del ciel s'agguaglia,

Fatto a la vista de gli miei pensieri,

Ch'eran da l'alma disdegnosa spenti,

Le fa tornar più che l'amor possenti.

La sua sola presenza,

O memoria di lei, sì le ravviva,

Che con imperio e potestade diva

Dóman ogni contraria violenza.

La mi governa in pace;

Né fa cessar quel laccio e quella face.

Tal volta le potenze de l'anima inferiori, come un gagliardo e nemico essercito, che si trova nel proprio paese, prattico, esperto ed accomodato, insorge contra il peregrino adversario che dal monte de la intelligenza scende a frenar gli popoli de le valli e palustri pianure; dove dal rigor della presenza de nemici e difficultà de precipitosi fossi vansi perdendo, e perderiansi a fatto, se non fusse certa conversione al splendor de la specie intelligibile, mediante l'atto della contemplazione, mentre da gli gradi inferiori si converte a gli gradi superiori.

CIC. Che gradi son questi?

TANS. Li gradi della contemplazione son come li gradi della luce, la quale nullamente è nelle tenebre; alcunamente è ne l'ombra; megliormente è ne gli colori secondo gli suoi ordini da l'un contrario, ch'è il nero, a l'altro, che è il bianco; più efficacemente è nel splendor diffuso sugli corpi tersi e trasparenti, come nel specchio o nella luna; più vivamente ne gli raggi sparsi dal sole; altissima e principalissimamente nel sole istesso. Or essendo cossì ordinate le potenze apprensive ed affettive, de le quali sempre la prossima conseguente ave affinità con la prossima antecedente, e per la conversione a quella che la sulleva, viene a rinforzarsi contra l'inferior che la deprime (come la raggione, per la conversione a l'intelletto, non è sedotta o vinta dalla notizia o apprensione e affetto sensitivo, ma più tosto, secondo la legge di quello, viene a domar e correger questo): accade che quando l'appetito razionale contrasta con la concupiscenza sensuale, se a quello per atto di conversione si presente a gli occhi la luce intelligenziale, viene a repigliar la smarrita virtude, rinforzar i nervi, spaventa e mette in rotta gli nemici.

CIC. In che maniera intendete che si faccia cotal conversione?

TANS. Con tre preparazioni che nota il contemplativo Plotino nel libro Della bellezza intelligibile; de le quali.la prima è proporsi de conformarsi d'una similitudine divina, divertendo la vista da cose che sono infra la propria perfezione, e commune alle specie uguali ed inferiori; secondo è l'applicarsi con tutta l'intenzione ed attenzione alle specie superiori; terzo il cattivar tutta la voluntade ed affetto a Dio. Perché da qua avverrà che senza dubio gl'influisca la divinità la qual da per tutto è presente e pronta ad ingerirsi a chi se gli volta con l'atto de l'intelletto, ed aperto se gli espone con l'affetto de la voluntade.

CIC. Non è dunque corporal bellezza quella che invaghisce costui?

TANS. Non certo; perché la non è vera né constante bellezza, e però non può caggionar vero né constante amore.

La bellezza che si vede ne gli corpi, è una cosa accidentale ed umbratile, e come l'altre che sono assorbite, alterate e guaste per la mutazione del suggetto, il quale sovente da bello si fa brutto, senza che alterazion veruna si faccia ne l'anima. La raggion dunque apprende il più vero bello per conversione a quello che fa la beltade nel corpo, e viene a formarlo bello; e questa è l'anima che l'ha talmente fabricato e infigurato. Appresso l'intelletto s'inalza più, ed apprende bene che l'anima è incomparabilmente bella sopra la bellezza che possa esser ne gli corpi; ma non si persuade che sia bella da per sé e primitivamente: atteso che non accaderebbe quella differenza che si vede nel geno de le anime; onde altre son savie, amabili e belle; altre stolte, odiose e brutte. Bisogna dunque alzarsi a quello intelletto superiore il quale da per sé è bello e da per sé è buono. Questo è quell'unico e supremo capitano, qual solo, messo alla presenza de gli occhi de militanti pensieri, le illustra, incoraggia, rinforza e rende vittoriosi sul dispreggio d'ogni altra bellezza e ripudio di qualsivogli'altro bene. Questa dunque è la presenza che fa superar ogni dificultà e vincere ogni violenza.

CIC. Intendo tutto. Ma che vuol dire: La mi governa in pace, Né fa cessar quel laccio e quella face?

TANS. Intende e prova, che qualsivoglia sorta d'amore quanto ha maggior imperio e più certo domìno, tanto fa sentir più stretti i lacci, più fermo il giogo e più ardenti le fiamme. Al contrario de gli ordinarii prencipi e tiranni, che usano maggior strettezza e forza, dove veggono aver minore imperio.

CIC. Passa oltre.

TANS. Appresso veggio descritta la fantasia d'una fenice volante, alla quale è volto un fanciullo che bruggia in mezzo le fiamme, e vi è il motto: Fata obstant. Ma perché s'intenda meglior, leggasi la tavoletta:

Unico augel del sol, vaga Fenice,

Ch'appareggi col mondo gli anni tui,

Quai colmi ne l'Arabia felice,

Tu sei chi fuste, io son quel che non fui.

Io per caldo d'amor muoio infelice;

Ma te ravviv'il sol co' raggi sui.

Tu bruggi 'n un, ed io in ogni loco;

Io da Cupido, hai tu da Febo il foco.

Hai termini prefissi

Di lunga vita, e io ho breve fine,

Che pronto s'offre per mille ruine;

Né so quel che vivrò, né quel che vissi:

Me cieco fato adduce,

Tu certo torni a riveder tua luce.

Dal senso de gli versi si vede che nella figura si disegna l'antitesi de la sorte de la fenice e del furioso, e che il motto: Fata obstant, non è per significar che gli fati siano contrarii o al fanciullo, o a la Fenice, o a l'uno e l'altro; ma che non son medesimi, ma diversi ed opposti gli decreti fatali de l'uno e gli fatali decreti de l'altro. Perché la fenice è quel che fu, essendoché la medesima materia per il fuoco si rinova ad esser corpo di fenice, e medesimo spirito ed anima viene ad informarla; il furioso è quel che non fu, perché il suggetto che è d'uomo, prima fu di qualch'altra specie secondo innumerabili differenze. Di sorte che si sa quel che fu la fenice, e si sa quel che sarà: ma questo suggetto non può tornar se non per molti ed incerti mezzi ad investirsi de medesima o simil forma naturale. Appresso, la fenice al cospetto del sole cangia la morte con la vita; e questo nel cospetto d'amore muta la vita con la morte. Oltre, quella su l'aromatico altare accende il foco; e questo il trova e mena seco, ovunque va. Quella ancora ha certi termini di lunga vita; ma costui per infinite differenze di tempo ed innumerabili caggioni de circonstanze ha di breve vita termini incerti. Quella s'accende con certezza, questo con dubio de riveder il sole.

CIC. Che cosa credete voi che possa figurar questo?

TANS. La differenza ch'è tra l'intelletto inferiore, che chiamano intelletto di potenza o possibile o passibile, il quale è incerto, moltivario e moltiforme; e l'intelletto superiore, forse quale è quel che da peripatetici è detto infima de l'intelligenze, e che immediatamente influisce sopra tutti gl'individui dell'umana specie, e dicesi intelletto agente ed attuante. Questo intelletto unico specifico umano che ha influenza in tutti li individui, è come la luna la quale non prende altra specie che quella unica, la qual sempre se rinova per la conversion che fa al sole, che è la prima ed universale intelligenza: ma l'intelletto umano individuale e numeroso viene, come gli occhi, a voltarsi ad innumerabili e diversissimi oggetti; onde, secondo infiniti gradi, che son secondo tutte le forme naturali, viene informato. Là onde accade che sia furioso, vago ed incerto questo intelletto particulare, come quello universale è quieto, stabile e certo, cossì secondo l'appetito, come secondo l'apprensione. O pur quindi (come da per te stesso puoi facilmente desciferare) vien significata la natura dell'apprensione ed appetito vario, vago, inconstante ed incerto del senso, e del concetto ed appetito definito, fermo e stabile de l'intelligenza; la differenza de l'amor sensuale che non ha certezza né discrezion de oggetti, da l'amor intellettivo il qual ha mira ad un certo e solo, a cui si volta, da cui è illuminato nel concetto, onde è acceso ne l'affetto, s'infiamma, s'illustra ed è mantenuto nell'unità, identità e stato.

CIC. Ma che vuol significare quell'imagine del sole con un circolo dentro, ed un altro da fuori, con il motto Circuit?

TANS. La significazione di questo son certo che mai arrei compresa, se non fusse che l'ho intesa dal medesimo figuratore. Or è da sapere che quel Circuit si referisce al moto del sole che fa per quel circolo, il quale gli vien descritto dentro e fuori; a significare che quel moto insieme insieme si fa ed è fatto; onde per consequenza il sole viene sempre ad ritrovarsi in tutti gli punti di quello: perché s'egli si muove in uno instante, séguita che insieme si muove ed è mosso, e che è per tutta la circonferenza del circolo equalmente, e che in esso convegna in uno il moto e la quiete.

CIC. Questo ho compreso nelli dialogi De l'infinito, universo e mondi innumerabili, e dove si dechiara come la divina sapienza è mobilissima (come disse Salomone) e che la medesima sia stabilissima, come è detto ed inteso da tutti quelli che intendono. Or séguita a farmi comprendere il proposito.

TANS. Vuol dire che il suo sole non è come questo, che (come comunmente si crede) circuisce la terra col moto diurno in vintiquattro ore, e col moto planetare in dodeci mesi; laonde fa distinti gli quattro tempi de l'anno, secondo che a termini di quello si trova in quattro punti cardinali del Zodiaco; ma è tale, che, per essere la eternità istessa e conseguentemente una possessione insieme tutta e compita, insieme insieme comprende l'inverno, la primavera, l'estade, l'autunno, insieme insieme il giorno e la notte: perché è tutto per tutti ed in tutti gli punti e luoghi.

51 CIC. Or applicate quel che dite alla figura.

TANS. Qua, perché non è possibile designar il sol tutto in tutti gli punti del circolo, vi son delineati doi circoli: l'un che 'l comprenda, per significar che si muove per quello: l'altro che sia da lui compreso, per mostrar che è mosso per quello.

CIC. Ma questa demostrazione non è troppo aperta e propria.

TANS. Basta che sia la più aperta e propria che lui abbia possuta fare. Se voi la possete far megliore, vi si dà autorità di toglier quella e mettervi quell'altra; perché questa è stata messa solo a fin che l'anima non fusse senza corpo.

CIC. Che dite di quel Circuit?

TANS. Quel motto, secondo tutta la sua significazione, significa la cosa quanto può essere significata: atteso che significa, che volta e che è voltato; cioè, il moto presente e perfetto.

CIC. Eccellentemente. E però quei circoli li quali malamente significano la circonstanza del moto e quiete tale, possiamo dire che son messi a significar la sola circulazione. E cossì vegno contento del suggetto e de la forma de l'impresa eroica. Or legansi le rime.

TANS.

Sol, che dal Tauro fai temprati lumi,

E dal Leon tutto maturi e scaldi,

E quando dal pungente Scorpio allumi,

De l'ardente vigor non poco faldi;

Poscia dal fier Deucalion consumi

Tutto col freddo, e i corp'umidi saldi:

De primavera, estade, autunno, inverno

Mi scald', accend', ard', avvamp'in eterno.

Ho sì caldo il desio,

Che facilmente a remirar m'accendo

Quell'alt'oggetto, per cui tant'ardendo

Fo sfavillar a gli astri il vampo mio.

Non han momento gli anni,

Che vegga variar miei sordi affanni.

Qua nota che gli quattro tempi de l'anno son significati non per quattro segni mobili che son Ariete, Cancro, Libra e Capricorno, ma per gli quattro che chiamano fissi, cioè Tauro, Leone, Scorpione ed Aquario, per significare la perfezione, stato e fervor di quelle tempeste. Nota appresso, che in virtù di quelle apostrofi, che son nel verso ottavo, possete leggere mi scaldo, accendo, ardo, avampo; over, scaldi, accendi, ardi, avampi; over, scalda, accende, arde, avvampa. Hai oltre da considerare che questi non son quattro sinonimi, ma quattro termini diversi che significano tanti gradi de gli effetti del fuoco. Il qual prima scalda, secondo accende, terzo bruggia, quarto infiamma o invampa quel ch'ha scaldato, acceso e bruggiato. E cossì son denotate nel furioso il desio, l'attenzione, il studio, l'affezione, le quali in nessun momento sente variare.

CIC. Perché le mette sotto titolo d'affanni?

TANS. Perché l'oggetto, ch'è la divina luce, in questa vita è più in laborioso voto che in quieta fruizione; perché la nostra mente verso quella è come gli occhi de gli uccelli notturni al sole.

CIC. Passa, perché ora da quel ch'è detto, posso comprender tutto.

TANS. Nel cimiero seguente vi sta depinta una luna piena col motto: Talis mihi semper et astro. Vuol dir che a l'astro, cioè al sole, ed a lui sempre è tale, come si mostra qua piena e lucida nella circonferenza intiera del circolo: il che acciò che meglio forse intendi, voglio farti udire quel ch'è scritto nella tavoletta.

Luna inconstante, luna varia, quale

Con corna or vote e talor piene svalli,

Or l'orbe tuo bianco, or fosco risale,

Or Bora e de' Rifei monti le valli

Fai lustre, or torni per tue trite scale

A chiarir l'Austro e di Libia le spalli.

La luna mia, per mia continua pena,

Mai sempre è ferma, ed è mai sempre piena.

È tale la mia stella,

Che sempre mi si toglie e mai si rende,

Che sempre tanto bruggia e tanto splende,

Sempre tanto crudele e tanto bella;

Questa mia nobil face

Sempre sì mi martora, e sì mi piace.

Mi par che voglia dire che la sua intelligenza particulare alla intelligenza universale è sempre tale; cioè da quella viene eternamente illuminata in tutto l'emisfero: benché alle potenze inferiori e secondo gl'influssi de gli atti suoi or viene oscura, or più e meno lucida. O forse vuol significare che l'intelletto suo speculativo (il quale è sempre in atto invariabilmente) è sempre volto ed affetto verso l'intelligenza umana significata per la luna. Perché come questa è detta infima de tutti gli astri ed è più vicina a noi, cossì l'intelligenza illuminatrice de tutti noi (in questo stato) è l'ultima in ordine de l'altre intelligenze, come nota Averroe ed altri più sottili peripatetici. Quella a l'intelletto in potenza or tramonta, per quanto non è in atto alcuno, or come svallasse, cioè sorgesse dal basso de l'occolto emispero, si mostra or vacua, or piena, secondo che dona più o meno lume d'intelligenza; or ha l'orbe oscuro, or bianco, perché talvolta mostra per ombra, similitudine e vestigio, tal volta più e più apertamente; or declina a l'Austro, or monta a Borea, cioè or ne si va più e più allontanando, or più e più s'avvicina. Ma l'intelletto in atto con sua continua pena (percioché questo non è per natura e condizione umana in cui si trova cossì travaglioso, combattuto, invitato, sollecitato, distratto e come lacerato dalle potenze inferiori) sempre vede il suo oggetto fermo, fisso e constante, e sempre pieno e nel medesimo splendor di bellezza. Cossì sempre se gli toglie per quanto non se gli concede, sempre se gli rende per quanto se gli concede. Sempre tanto lo bruggia ne l'affetto, come sempre tanto gli splende nel pensiero; sempre è tanto crudele in suttrarsi per quel che si suttrae, come sempre è tanto bello in comunicarsi per quel che gli se presenta. Sempre lo martora, percioch'è diviso per differenza locale da lui, come sempre gli piace, percioché gli è congionto con l'affetto.

CIC. Or applicate l'intelligenza al motto.

TANS. Dice dunque: Talis mihi semper; cioè, per la mia continua applicazione secondo l'intelletto, memoria e volontade (perché non voglio altro ramentare, intendere, né desiderare) sempre mi è tale e, per quanto posso capirla, al tutto presente, e non m'è divisa per distrazion de pensiero, né me si fa più oscura per difetto d'attenzione, perché non è pensiero che mi divertisca da quella luce, e non è necessità di natura qual m'oblighi perché meno attenda. Talis mihi semper dal canto suo, perché la è invariabile in sustanza, in virtù, in bellezza ed in effetto verso quelle cose che sono constanti ed invariabili verso lei. Dice appresso: ut astro, perché al rispetto del sole illuminator de quella sempre è ugualmente luminosa, essendo che sempre ugualmente gli è volta, e quello sempre parimente.diffonde gli suoi raggi: come fisicamente questa luna che veggiamo con gli occhi, quantunque verso la terra or appaia tenebrosa, or lucente, or più or meno illustrata ed illustrante, sempre però dal sole vien lei ugualmente illuminata; perché sempre piglia gli raggi di quello al meno nel dorso del suo emispero intiero. Come anco questa terra sempre è illuminata nell'emisfero equalmente; quantunque da l'acquosa superficie cossì inequalmente a volte a volte mande il suo splendore alla luna (quai, come molti altri astri innumerabili, stimiamo un'altra terra), come aviene che quella mande a lei, atteso la vicissitudine ch'hanno insieme de ritrovarsi or l'una or l'altra più vicina al sole.

CIC. Come questa intelligenza è significata per la luna che luce per l'emisfero?

TANS. Tutte l'intelligenze son significate per la luna, in quanto che son partecipi d'atto e di potenza, per quanto, dico, che hanno la luce materialmente, e secondo participazione, ricevendola da altro; dico, non essendo luci per sé e per sua natura, ma per risguardo del sole ch'è la prima intelligenza, la quale è pura ed absoluta luce, come anco è puro ed absoluto atto.

CIC. Tutte dunque le cose che hanno dependenza e che non sono il primo atto e causa, sono composte come di luce e tenebra, come di materia e forma, di potenza ed atto?

TANS. Cossì è. Oltre, l'anima nostra, secondo tutta la sustanza, è significata per la luna la quale splende per l'emispero delle potenze superiori, onde è volta alla luce del mondo intelligibile; ed è oscura per le potenze inferiori, onde è occupata al governo della materia.

CIC. E mi par, che a quel ch'ora è detto abbia certa consequenza e simbolo l'impresa ch'io veggio nel seguente scudo, dov'è una ruvida e ramosa quercia piantata, contra la quale è un vento che soffia, ed ha circonscritto il motto: Ut robori robur. Ed appresso è affissa la tavola che dice:

Annosa quercia, che gli rami spandi

A l'aria, e fermi le radici 'n terra;

Né terra smossa, né gli spirti grandi,

Che da l'aspro Aquilon il ciel disserra,

Né quanto fia ch'il vern'orrido mandi,

Dal luogo ove stai salda, mai ti sferra; Mostri della mia fé ritratto vero,

Qual smossa mai strani accidenti fêro.

Tu medesmo terreno

Mai sempre abbracci, fai colto e comprendi,

E di lui per le viscere distendi

Radici grate al generoso seno:

I' ad un sol oggetto

Ho fisso il spirto, il senso e l'intelletto.

TANS. Il motto è aperto, per cui si vanta il furioso d'aver forza e robustezza, come la rovere; e come quell'altro, essere sempre uno al riguardo da l'unica fenice; e come il prossimo precedente conformarsi a quella luna che sempre tanto splende, e tanto è bella; o pur non assomigliarsi a questa antictona tra la nostra terra ed il sole, in quanto ch'è varia a' nostri occhi, ma in quanto sempre riceve ugual porzion del splendor solare in se stessa; e per ciò cossì rimaner constante e fermo contra gli Aquiloni e tempestosi inverni per la fermezza ch'ha nel suo astro in cui è piantato con l'affetto ed intenzione, come la detta radicosa pianta tiene intessute le sue radici con le vene de la terra.

CIC. Più stimo io l'essere in tranquillità e fuor di molestia che trovarsi in una sì forte toleranza.

95

TANS. È sentenza d'epicurei la qual, se sarà bene intesa, non sarà giudicata tanto profana quanto la stimano gli ignoranti; atteso che non toglie che quel ch'io ho detto sia virtù, né pregiudica alla perfezione della constanza, ma più tosto aggionge a quella perfezione che intendeno gli volgari: perché lui non stima vera e compita virtù di fortezza e constanza quella che sente e comporta gl'incommodi, ma quella che non sentendoli le porta; non stima compìto amor divino ed eroico quello che sente il sprone, freno o rimorso o pena per altro amore, ma quello ch'a fatto non ha senso de gli altri affetti; onde talmente è gionto ad un piacere che non è potente dispiacere alcuno a distorlo o far cespitare in punto. E questo è toccar la somma beatitudine in questo stato, l'aver la voluptà e non aver senso di dolore.

CIC. La volgare opinione non crede questo senso d'Epicuro.

TANS. Perché non leggono gli suoi libri, né quelli che senza invidia apportano le sue sentenze, al contrario di color che leggono il corso de sua vita ed il termine de la sua morte; dove con queste paroli dettò il principio del suo testamento: Essendo ne l'ultimo e medesimo felicissimo giorno de nostra vita, abbiamo ordinato questo con mente quieta, sana e tranquilla; perché quantunque grandissimo dolor de pietra ne tormentasse da un canto, quel tormento tutto venea assorbito dal piacere de le nostre invenzioni e la considerazion del fine. Ed è cosa manifesta, che non ponea felicità più che dolore nel mangiare, bere, posare e generare, ma in non sentir fame, né sete, né fatica, né libidine. Da qua considera qual sia secondo noi la perfezion de la constanza: non già in questo che l'arbore non si fracasse, rompa o pieghe; ma in questo che né manco si muova: alla cui similitudine costui tien fisso il spirto, senso ed intelletto, là dove non ha sentimento di tempestosi insulti.

CIC. Volete dunque che sia cosa desiderabile il comportar de tormenti, perché è cosa da forte?

TANS. Questo che dite comportare è parte di constanza e non è la virtude intiera; ma questo che dico fortemente comportare ed Epicuro disse non sentire. La qual privazion di senso è caggionata da quel che tutto è stato absorto dalla cura della virtude, vero bene e felicitade. Qualmente Regolo non ebbe senso de l'arca, Lucrezia del pugnale, Socrate del veleno, Anaxarco de la pila, Scevola del fuoco, Cocle de la voragine, ed altri virtuosi d'altre cose che massime tormentano e dànno orrore a persone ordinarie e.vili.

CIC. Or passate oltre.

TANS. Guarda, in quest'altro ch'ha la fantasia di quella incudine e martello, circa la quale è il motto: Ab Aetna. Ma prima che la consideriamo, leggemo la stanza. Qua s'introduce di Vulcano la prosopopea:

Or non al monte mio siciliano

Torn'ove tempri i folgori di Giove;

Qua mi rimagno scabroso Vulcano,

Qua più superbo gigante si smuove,

Che contra il ciel s'infiamm'e stizza in vano,

Tentando nuovi studii e varie prove;

Qua trovo meglior fabri e Mongibello,

Meglior fucina, incudine e martello,

Dov'un petto ha suspiri,

Che quai mantici avvivan la fornace,

U' l'alm'a tante scosse sottogiace

Di que' sì lunghi scempii e gran martiri;

E manda quel concento

Che fa volgar sì aspro e rio tormento.

Qua si mostrano le pene ed incomodi che son ne l'amore, massime nell'amor volgare, il quale non è altro che la fucina di Vulcano, quel fabro che forma i folgori de Giove che tormentano l'anime delinquenti. Perché il disordinato amore ha in sé il principio della sua pena; atteso che Dio è vicino, è nosco, è dentro di noi. Si trova in noi certa sacrata mente ed intelligenza, cui subministra un proprio affetto che ha il suo vendicatore, che col rimorso di certa sinderesi al meno, come con certo rigido martello, flagella il spirito prevaricante. Quella osserva le nostre azioni ed affetti, e come è trattata da noi, fa che noi vengamo trattati da lei. In tutti gli amanti: dico, è questo fabro Vulcano, come non è uomo che non abbia Dio in sé, non è amante che non abbia questo dio. In tutti è Dio certissimamente; ma qual dio sia in ciascuno, non si sa cossì facilmente; e se pur si può examinare e distinguere, altro non potrei credere che possa chiarirlo che l'amore; come quello che spinge gli remi, gonfia la vela e modera questo composto, onde vegna bene o malamente affetto.

Dico bene o malamente affetto quanto a quel che mette in execuzione per l'azioni morali e contemplazione; perché del resto tutti gli amanti comunmente senteno qualch'incomodo: essendoché come le cose son miste, non essendo bene alcuno sotto concetto ed affetto a cui non sia gionto o opposto il male, come né alcun vero a cui non sia apposto e gionto il falso; cossì non è amore senza timore, zelo, gelosia, rancore ed altre passioni che procedeno dal contrario che ne perturba, se l'altro contrario ne appaga. Talmente venendo l'anima in pensiero di ricovrar la bellezza naturale, studia purgarsi, sanarsi, riformarsi: e però adopra il fuoco; perché essendo come oro trameschiato a la terra ed informe, con certo rigor vuol liberarsi da impurità; il che s'effettua quando l'intelletto, vero fabro di Giove, vi mette le mani, essercitandovi gli atti dell'intellettive potenze..

CIC. A questo mi par che si riferisca quel che si trova nel Convito di Platone, dove dice, che l'Amore da la madre Penìa ha ereditato l'esser arido, magro, pallido, discalzo, summisso, senza letto e senza tetto. Per le quali circonstanze vien significato il tormento ch'ha l'anima travagliata da gli contrarii affetti.

TANS. Cossì è; perché il spirito affetto di tal furore viene da profondi pensieri distratto, martellato da cure urgenti, scaldato da ferventi desii, insoffiato da spesse occasioni. Onde trovandosi l'anima suspesa, necessariamente viene ad essere men diligente ed operosa al governo del corpo per gli atti della potenza vegetativa. Quindi il corpo è macilento, mal nodrito, estenuato, ha difetto de sangue, copia di malancolici umori, li quali se non saranno instrumenti de l'anima disciplinata o pure d'un spirito chiaro e lucido, menano ad insania, stoltizia e furor brutale; o al meno a certa poca cura di sé e dispreggio de l'esser proprio, il qual vien significato da Platone per gli piedi discalzi. Va summisso l'amore e vola come rependo per la terra, quando è attaccato a cose basse; vola alto, quando vien intento a più generose imprese. In conclusione ed a proposito, qualunque sia l'amore, sempre è travagliato e tormentato di sorte che non possa mancar d'esser materia nelle focine di Vulcano; perché l'anima essendo cosa divina, e naturalmente non serva, ma signora della materia corporale, viene a conturbarsi ancor in quel che voluntariamente serve al corpo, dove non trova cosa che la contente; e quantunque fissa nella cosa amata, sempre gli aviene, che altre tanto vegna ad essagitarsi e fluttuar in mezzo gli soffii de le speranze, timori, dubii, zeli, conscienze, rimorsi, ostinazioni, pentimenti ed altri manigoldi che son gli mantici, gli carboni, l'incudini, gli martelli, le tenaglie ed altri stormenti che si ritrovano nella bottega di questo sordido e sporco consorte di Venere.

CIC. Or assai è stato detto a questo proposito. Piacciavi di veder che cosa séguita appresso.

TANS. Qua è un pomo d'oro ricchissimamente, con diverse preciosissime specie, smaltato; ed ha il motto in circa che dice: Pulchriori detur.

CIC. L'allusione al fatto delle tre dee che si sottoposero al giudicio de Paride, è molto volgare. Ma leggansi le rime che più specificatamente ne facciano capaci de l'intenzione del furioso presente.

TANS.

Venere, dea del terzo ciel, e madre

Del cieco arciero, domator d'ognuno;

L'altra, ch'ha 'l capo giovial per padre,

E di Giove la moglie altera, Giuno,

Il troiano pastor chiaman, che squadre

De chi de lor più bella è l'aureo muno.

Se la mia diva al paragon s'appone,

Non di Venere, Pallade, o Giunone.

Per belle membra è vaga

La cipria dea, Minerva per l'ingegno,

E la Saturnia piace con quel degno.

Splendor d'altezza, ch'il Tonante appaga;

Ma quest'ha quanto aggrade

Di bel, d'intelligenza e maestade.

Ecco qualmente fa comparazione dal suo oggetto il quale contiene tutte le circonstanze, condizioni e specie di bellezza come in un suggetto, ad altri che non ne mostrano più che una per ciascuno; e tutte poi per diversi suppositi: come avvenne nel geno solo della corporal bellezza di cui le condizioni tutte non le poté approvare Apelle in una ma in più vergini. Or qua dove son tre geni di beltade, benché avvegna che tutti si troveno in ciascuna de le tre dee, perché a Venere non manca sapienza e maestade, in Giunone non è difetto di vaghezza e sapienza, ed in Pallade è pur notata la maestà con la vaghezza: tutta volta aviene che l'una condizione supera le altre, onde quella viene ad esser stimata come proprietà, e l'altre come accidenti communi, atteso che di que' tre doni l'uno predomina in una, e viene ad mostrarla ed intitularla sovrana de l'altre. E la caggion di cotal differenza è lo aver queste raggioni non per essenza e primitivamente, ma per participazione e derivativamente. Come in tutte le cose dependenti sono le perfezioni secondo gli gradi de maggiore e minore, più e meno.

Ma nella simplicità della divina essenza è tutto totalmente, e non secondo misura: e però non è più sapienza che bellezza e maestade, non è più bontà che fortezza; ma tutti gli attributi sono non solamente uguali, ma ancora medesimi ed una istessa cosa. Come nella sfera tutte le dimensioni sono non solamente uguali (essendo tanta la lunghezza quanta è la profondità e larghezza) ma anco medesime, atteso che quel che chiami profondo, medesimo puoi chiamar lungo e largo della sfera. Cossì è nell'altezza de la sapienza divina, la quale è medesimo che la profondità de la potenza e latitudine de la bontade. Tutte queste perfezioni sono uguali, perché sono infinite. Percioché necessariamente l'una è secondo la grandezza de l'altra, atteso che, dove queste cose son finite, avviene che sia più savio che bello e buono, più buono e bello che savio, più savio e buono che potente, e più potente che buono e savio. Ma dove è infinita sapienza, non può essere se non infinita potenza; perché altrimente non potrebbe saper infinitamente. Dove è infinita bontà, bisogna infinita sapienza; perché altrimente non saprebbe essere infinitamente buono. Dove è infinita potenza, bisogna che sia infinita bontà e sapienza, perché tanto ben si possa sapere e si sappia possere. Or dunque vedi come l'oggetto di questo furioso, quasi inebriato di bevanda de dei, sia più alto incomparabilmente che gli altri diversi da quello: come, voglio dire, la specie intelligibile della divina essenza comprende la perfezione de tutte l'altre specie altissimamente, di sorte che, secondo il grado che può esser partecipe di quella forma, potrà intender tutto e far tutto, ed esser cossì amico d'una che vegna ad aver a dispreggio e tedio ogni altra bellezza. Però a quella si deve esser consecrato il sferico pomo, come chi è tutto in tutto; non a Venere bella che da Minerva è superata in sapienza e da Giunone in maestà; non a Pallade di cui Venere è più bella e l'altra più magnifica; non a Giunone che non è la dea dell'intelligenza ed amore ancora.

CIC. Certo come son gli gradi delle nature ed essenze, cossì proporzionalmente son gli gradi delle specie intelligibili e magnificenze de gli amorosi affetti e furori.

CIC. Il seguente porta una testa, ch'ha quattro faccia che soffiano verso gli quattro angoli del cielo; e son quattro venti in un suggetto, alli quali soprastanno due stelle, ed in mezzo il motto che dice: Novae ortae Aeoliae. Vorrei sapere che cosa vegna significata.

TANS. Mi pare ch'il senso di questa divisa è conseguente di quello de la prossima superiore. Perché come là è predicata una infinita bellezza per oggetto, qua vien protestata una tanta aspirazione, studio, affetto e desio. Percioch'io credo che questi venti son messi a significar gli suspiri; il che conosceremo, se verremo a leggere la stanza:

Figli d'Astreo Titan e de l'Aurora,

Che conturbate il ciel, il mar e terra,

Quai spinti fuste dal Litigio fuora,

Perché facessi a' dei superba guerra:

Non più a l'Eolie spelunche dimora

Fate, ov'imperio mio vi frena e serra:

Ma rinchiusi vi siet'entr'a quel petto,

Ch'i' veggo a tanto sospirar costretto.

Voi, socii turbulenti

De le tempeste d'un ed altro mare,

Altro non è che vagli' asserenare,

Che que' omicidi lumi ed innocenti:

Quegli aperti ed ascosi

Vi renderan tranquilli ed orgogliosi.

Aperto si vede ch'è introdotto Eolo parlar a i venti, quali non più dice esser da lui moderati ne l'Eolie caverne, ma da due stelle nel petto di questo furioso. Qua le due stelle non significano gli doi occhi che son ne la bella fronte; ma le due specie apprensibili della divina bellezza e bontade di quell'infinito splendore, che talmente influiscono nel desio intellettuale e razionale, che lo fanno venire ad aspirar infinitamente, secondo il modo con cui infinitamente grande, bello e buono apprende quell'eccellente lume. Perché l'amore, mentre sarà finito, appagato e fisso a certa misura, non sarà circa le specie della divina bellezza, ma altra formata; ma, mentre verrà sempre oltre ed oltre aspirando, potrassi dire che versa circa l'infinito.

CIC. Come comodamente l'aspirare è significato per il spirare? che simbolo hanno i venti col desiderio?

TANS. Chi de noi in questo stato aspira, quello suspira, quello medesimo spira. E però la veemenza dell'aspirare è notata per quell'ieroglifico del forte spirare.

CIC. Ma è differenza tra il suspirare e spirare.

TANS. Però non vien significato l'uno per l'altro, come.medesimo per il medesimo; ma come simile per il simile.

CIC. Seguitate dunque il vostro proposito.

TANS. L'infinita aspirazion dunque mostrata per gli suspiri, e significata per gli venti, è sotto il governo non d'Eolo nell'Eolie, ma di detti doi lumi; li quali non solo innocente-, ma e benignissimamente uccidono il furioso, facendolo per il studioso affetto morire al riguardo d'ogni altra cosa: con ciò che quelli, che, chiusi e ascosi lo rendono tempestoso, aperti, lo renderan tranquillo; atteso che nella staggione che di nuvoloso velo adombra gli occhi de l'umana mente in questo corpo, aviene che l'alma con tal studio vegna più tosto turbata e travagliata, come, essendo quello stracciato e spinto, doverrà tant'altamente quieta, quanto baste ad appagar la condizion di sua natura.

CIC. Come l'intelletto nostro finito può seguitar l'oggetto infinito?

TANS. Con l'infinita potenza ch'egli ha.

CIC. Questa è vana, se mai sarrà in effetto.

TANS. Sarrebe vana, se fusse circa atto finito, dove l'infinita potenza sarrebe privativa; ma non già circa l'atto infinito, dove l'infinita potenza è positiva perfezione.

CIC. Se l'intelletto umano è una natura ed atto finito, come e perché ha potenza infinita?

TANS. Perché è eterno, ed acciò sempre si dilette e non abbia fine né misura la sua felicità; e perché, come è finito in sé, cossì sia infinito nell'oggetto.

CIC. Che differenza è tra la infinità de l'oggetto ed infinità della potenza?

TANS. Questa è finitamente infinita, quello infinitamente infinito. Ma torniamo a noi. Dice, dunque, là il motto: Novae partae Aeoliae, perché par si possa credere che tutti gli venti (che son negli antri voraginosi d'Eolo) sieno convertiti in suspiri, se vogliamo numerar quelli che procedeno da l'affetto che senza fine aspira al sommo bene ed infinita beltade.

CIC. Veggiamo appresso la significazione di quella face ardente, circa la quale è scritto: Ad vitam, non ad horam.

TANS. La perseveranza in tal amore ed ardente desio del vero bene, in cui arde in questo stato temporale il furioso. Questo credo che mostra la seguente tavola:

Partesi da la stanza il contadino,

Quando il sen d'Oriente il giorno sgombra;

E quand'il sol ne fere più vicino,

Stanco e cotto da caldo siede a l'ombra:

Lavora poi e s'affatica insino

Ch'atra caligo l'emisfer ingombra;

Indi si posa. Io sto a continue botte

Mattina, mezo giorno, sera e notte.

Questi focosi rai,

Ch'escon da que' doi archi del mio sole,

De l'alma mia (com'il mio destin vuole)

Da l'orizonte non si parton mai,

Bruggiand'a tutte l'ore

Dal suo meridian l'afflitto core.

CIC. Questa tavola più vera- che propriamente esplica il senso de la figura.

TANS. Non ho d'affaticarmi a farvi veder queste proprietadi, dove il vedere non merita altro che più attenta considerazione. Gli rai del sole son le raggioni con le quali la divina beltade e bontade si manifesta a noi. E son focosi, perché non possono essere appresi da l'intelletto, senza che conseguentemente scaldeno l'affetto. Doi archi del sole son le due specie di revelazione che gli scolastici teologi chiamano matutina e vespertina; onde l'intelligenza illuminatrice di noi, come aere mediante, ne adduce quella specie o in virtù che la admira in se stessa, o in efficacia che la contempla ne gli effetti. L'orizonte de l'alma in questo luogo è la parte delle potenze superiori, dove a l'apprensione gagliarda de l'intelletto soccorre il vigoroso appulso de l'affetto, significato per il core, che bruggiando a tutte l'ore s'afflige; perché tutti gli frutti d'amore che possiamo raccôrre in questo stato, non son sì dolci che non siano più gionti a certa afflizione: quella almeno che procede da l'apprension di non piena fruizione. Come specialmente accade ne gli frutti de l'amor naturale, la condizion de gli quali non saprei meglio esprimere, che come fe' il poeta Epicureo:

Ex hominis vero facie pulchroque colore

Nil datur in corpus praeter simulacra fruendum

Tenuia, quae vento spes captat saepe misella.

Ut bibere in somnis sitiens cum quaerit, et humor

Non datur, ardorem in membris qui stinguere possit;

Sed laticum simulacra petit frustraque laborat

In medioque sitit torrenti flumine potans:

Sic in amore Venus simulacris ludit amantis,

Nec satiare queunt spectando corpora coram,

Nec manibus quicquam teneris abradere membris

Possunt, errantes incerti corpore toto.

Denique cum membris conlatis flore fruuntur

Aetatis; dum iam praesagit gaudia corpus,

Atque in eo est Venus, ut muliebria conserat arva,

Adfigunt avide corpus iunguntque salivas

Oris et inspirant pressantes dentibus ora,

Nequicquam, quoniam nihil inde abradere possunt,

Nec penetrare et abire in corpus corpore toto.

Similmente giudica nel geno del gusto che qua possiamo aver de cose divine: mentre a quelle ne forziamo penetrare ed unirci, troviamo aver più afflizione nel desio che piacer nel concetto. E per questo può aver detto quel savio Ebreo, che chi aggionge scienza, aggionge dolore; perché dalla maggior apprensione nasce maggior e più alto desio, e da questo séguita maggior dispetto e doglia per la privazione della cosa desiderata. Là onde l'Epicureo che seguita la più tranquilla vita, disse in proposito de l'amor volgare:

Sed fugitare decet simulacra et pabula amoris

Abstergere sibi atque alio convertere mentem,

Nec servare sibi curam certumque dolorem:

Ulcus enim virescit et inveterascit alendo,

Inque dies gliscit furor atque aerumna gravescit.

Nec Veneris fructu caret is qui vitat amorem,

Sed potius quae sunt sine paena commoda sumit.

CIC. Che intende per il meridiano del core?

TANS. La parte o region più alta e più eminente de la volontà, dove più illustre-, forte-, efficace- e rettamente è riscaldata. Intende che tale affetto non è come in principio che si muova, né come in fine che si quiete, ma come al mezzo dove s'infervora.

CIC. Ma che significa quel strale infocato che ha le fiamme in luogo di ferrigna punta, circa il quale è avolto un laccio ed ha il motto: Amor instat ut instans? Dite che ne intendete?

TANS. Mi par che voglia dire che l'amor mai lo lascia, e che eterno parimente l'affliga.

CIC. Vedo bene laccio, strale e fuoco; intendo quel che sta scritto: Amor instat; ma quel che séguita, non posso capirlo, cioè che l'amor come istante o insistente, inste: che ha medesima penuria di proposito, che se uno dicesse: questa impresa costui la ha finta come finta, la porta come la porta, la intendo come la intendo, la vale come la vale, la stimo come un che la stima.

TANS. Più facilmente determina e condanna chi manco considera. Quello instans non significa adiettivamente dal verbo instare; ma è nome sustantivo preso per l'instante del tempo.

CIC. Or che vuol dir che l'amor insta come l'instante?

TANS. Che vuol dire Aristotele nel suo libro Del tempo, quando dice che l'eternità è uno instante, e che in tutto il tempo non è che uno instante?

CIC. Come questo può essere, se non è tanto minimo tempo che non abbia più instanti? Vuol egli forse che in uno instante sia il diluvio, la guerra di Troia e noi che siamo adesso? Vorrei sapere come questo instante se divide in tanti secoli ed anni? e se per medesima proporzione non possiamo dire che la linea sia un punto?

TANS. Sì come il tempo è uno, ma è in diversi suggetti temporali, cossì l'instante è uno in diverse e tutte le parti del tempo. Come io son medesimo che fui, sono e sarò; io medesimo son qua in casa, nel tempio, nel campo e per tutto dove sono.

CIC. Perché volete che l'instante sia tutto il tempo?

TANS. Perché se non fusse l'instante, non sarrebe il tempo: però il tempo in essenza e sustanza non è altro che instante. E questo baste, se l'intendi (perché non ho da pedanteggiar sul quarto de la Fisica). Onde comprendi che voglia dire, che l'amor gli assista non meno che il tempo tutto; perché questo instans non significa punto del tempo.

CIC. Bisogna che questa significazione sia specificata in qualche maniera, se non vogliamo far che sia il motto vicioso in equivocazione, onde possiamo liberamente intendere ch'egli voglia dire, che l'amor suo sia d'uno instante, idest d'un atomo di tempo e d'un niente: o che voglia dire che sia, come voi interpretate, sempre.

TANS. Certo se vi fussero inplicati questi doi sensi contrarii, il motto sarrebe una baia. Ma non è cossì, se ben consideri; atteso che in uno instante, che è atomo o punto, che l'amore inste o insista, non può essere; ma bisogna necessariamente intendere l'instante in altra significazione. E per uscir di scuola, leggasi la stanza:

Un tempo sparge, ed un tempo raccoglie;

Un edifica, un strugge; un piange, un ride:

Un tempo ha triste, un tempo ha liete voglie;

Un s'affatica, un posa; un stassi, un side:

Un tempo porge, un tempo si ritoglie;

Un muove, un ferma; un fa vivo, un occide;

In tutti gli anni, mesi, giorni ed ore

M'attende, fere, accend'e lega amore.

Continuo mi disperge,

Sempre mi strugg'e mi ritien in pianto,

È mio triste languir ogn'or pur tanto,

In ogni tempo mi travaglia ed erge,

Tropp'in rubbarmi è forte,

Mai non mi scuote, mai non mi dà morte.

CIC. Assai bene ho compreso il senso; e confesso che tutte le cose accordano molto bene. Però mi par tempo di procedere a l'altro.

TANS. Qua vedi un serpe ch'a la neve languisce dove l'avea gittato un zappatore, ed un fanciullo ignudo acceso in mezzo al fuoco, con certe altre minute e circonstanze, con il motto che dice: Idem, itidem, non idem. Questo mi par più presto enigma che altro; però non mi confido d'esplicarlo a fatto: pur crederei che voglia significar medesimo fato molesto, che medesimamente tormenta l'uno e l'altro (cioè intentissimamente, senza misericordia, a morte), con diversi instrumenti o contrarii principii, mostrandosi medesimo freddo e caldo. Ma questo mi par che richieda più lunga e distinta considerazione.

CIC. Un'altra volta! Leggete la rima:

TANS.

Languida serpe, a quell'umor sì denso

Ti ritorci, contrai, sullevi, inondi;

E per temprar il tuo dolor intenso,

Al freddo or questa or quella parte ascondi:

S'il ghiaccio avesse per udirti senso,

Tu voce che propona o che rispondi,

Credo ch'areste efficace argumento

Per renderlo piatoso al tuo tormento.

Io ne l'eterno foco

Mi dibatto, mi struggo, scaldo, avvampo,

E al ghiaccio de mia diva per mio scampo

Né amor di me, né pietà trova loco,

Lasso! perché non sente

Quant'è il rigor de la mia fiamma ardente.

Angue, cerchi fuggir, sei impotente;

Ritenti a la tua buca, ell'è disciolta;

Proprie forze richiami, elle son spente;

Attendi al sol, l'asconde nebbia folta;

Mercé chiedi al villan, odia 'l tuo dente;

Fortuna invochi, non t'ode la stolta:

Fuga, luogo, vigor, astro, uom o sorte

Non è per darti scampo da la morte.

Tu addensi, io liquefaccio;

Io miro al rigor tuo, tu a l'ardor mio;

Tu brami questo mal, io quel desio;

Né io posso te, né tu me tôr d'impaccio.

Or chiariti a bastanza

Del fato rio, lasciamo ogni speranza.

CIC. Andiamone, perché per il camino vedremo di snodar questo intrico, se si può.

TANS. Bene.

Parte seconda, dialogo primo

Interlocutori: Cesarino, Maricondo.

CES. Cossì dicono che le cose megliori e più eccellenti sono nel mondo, quando tutto l'universo da ogni parte risponde eccellentemente. E questo stimano allor che tutti gli pianeti ottegnono l'Ariete, essendo che quello de l'ottava sfera ancora ottegna quello del firmamento invisibile e superiore dove è l'altro zodiaco. Le cose peggiori e più basse vogliono che abbiano loco quando domina la contraria disposizione ed ordine: però per forza di vicissitudine accadeno le eccessive mutazioni dal simile al dissimile, dal contrario a l'altro. La revoluzion dunque, ed anno grande del mondo, è quel spacio di tempo in cui da abiti ed effetti diversissimi per gli oppositi mezzi e contrarii si ritorna al medesimo: come veggiamo ne gli anni particolari, qual è quello del sole, dove il principio d'una disposizione contraria è fine de l'altra, ed il fine di questa è principio di quella. Però ora che siamo stati nella feccia delle scienze, che hanno parturita la feccia delle opinioni, le quali son causa della feccia de gli costumi ed opre, possiamo certo aspettare de ritornare a meglior stati.

MAR. Sappi, fratel mio, che questa successione ed ordine de le cose è verissima e certissima: ma al nostro riguardo sempre, in qualsivoglia stato ordinario, il presente più ne affligge che il passato, ed ambi doi insieme manco possono appagarne che il futuro, il quale è sempre in aspettazione e speranza, come ben puoi veder designato in questa figura la quale è tolta dall'antiquità de gli Egizii, che fêrno cotal statua che sopra un busto simile a tutti tre puosero tre teste, l'una di lupo che remirava a dietro, l'altra di leone che avea la faccia volta in mezzo, e la terza di cane che guardava innanzi; per significare che le cose passate affligono col pensiero, ma non tanto quanto le cose presenti che in effetto ne tormentano, ma sempre per l'avenire ne promettono meglio. Però là è il lupo che urla, qua il leon che rugge, appresso il cane che applaude.

CES. Che contiene quel motto ch'è sopra scritto?

MAR. Vedi che sopra il lupo è Iam, sopra il leone Modo, sopra il cane Praeterea, che son dizioni che significano le tre parti del tempo.

CES. Or leggete quel ch'è nella tavola.

MAR. Cossì farò.

Un alan, un leon, un can appare

A l'auror, al dì chiaro, al vespr'oscuro.

Quel che spesi, ritegno e mi procuro,

Per quanto mi si dié, si dà, può dare.

Per quel che feci, faccio ed ho da fare

Al passato, al presente ed al futuro,

Mi pento, mi tormento, m'assicuro,

Nel perso, nel soffrir, nell'aspettare.

Con l'agro, con l'amaro, con il dolce

L'esperienza, i frutti, la speranza

Mi minacciò, m'amigono, mi molce.

L'età che vissi, che vivo, ch'avanza

Mi fa tremante, mi scuote, mi folce,

In absenza, presenza e lontananza.

Assai, troppo, a bastanza

Quel di già, quel di ora, quel d'appresso

M'hanno in timor, martir e spene messo.

CES. Questa a punto è la testa d'un furioso amante; quantunque sia de quasi tutti gli mortali, in qualunque maniera e modo siano malamente affetti; perché non doviamo, né possiamo dire che questo quadre a tutti stati in generale, ma a quelli che furono e sono travagliosi: atteso che ad un ch'ha cercato un regno ed ora il possiede, conviene il timor di perderlo; ad un ch'ha lavorato per acquistar gli frutti de l'amore, come è la particular grazia de la cosa amata, conviene il morso della gelosia e suspizione. E quanto a gli stati del mondo, quando ne ritroviamo nelle tenebre e male, possiamo sicuramente profetizar la luce e prosperitade; quando siamo nella felicità e disciplina, senza dubio possiamo aspettar il successo de l'ignoranze e travagli: come avvenne a Mercurio Trimigisto che per veder l'Egitto in tanto splendor de scienze e divinazioni, per le quali egli stimava consorti de gli demoni e dei, e per conseguenza religiosissimi, fece quel profetico lamento ad Asclepio, dicendo che doveano succedere le tenebre de nove religioni e culti, e de cose presenti non dover rimaner altro che favole e materia di condannazione. Cossì gli Ebrei, quando erano schiavi nell'Egitto e banditi nelli deserti, erano confortati da lor profeti con l'aspettazione de libertà ed acquisto di patria; quando furono in stato di domìno e tranquillità, erano minacciati de dispersione e cattività; oggi che non è male né vituperio a cui non siano suggetti, non è bene né onore che non si promettano. Similmente accade a tutte l'altre generazioni e stati: li quali se durano e non sono annichilati a fatto, per forza della vicissitudine delle cose, è necessario dal male vegnano al bene, dal bene al male, dalla bassezza a l'altezza, da l'altezza alla bassezza, da le oscuritadi al splendore, dal splendor alle oscuritadi. Perché questo comporta l'ordine naturale; oltre il qual ordine, se si ritrova altro che lo guaste o corregga, io lo credo, e non ho da disputarne, perché non raggiono con altro spirito che naturale.

MAR. Sappiamo che non fate il teologo ma filosofo, e che trattate filosofia non teologia.

CES. Cossì è. Ma veggiamo quel che séguita.

CES. Veggio appresso un fumante turribolo che è sustenuto da un braccio; ed il motto che dice: Illius aram; ed appresso l'articolo seguente:

Or chi quell'aura de mia nobil brama

D'un ossequio divin credrà men degna

s'in diverse tabelle ornata vegna

Da voti miei nel tempio de la fama?

Perch'altra impresa eroica mi richiama,

Chi pensarà giamai che men convegna

Ch'al suo culto cattivo mi ritegna.

Quella ch'il ciel onora tanto ed ama?

Lasciatemi, lasciate, altri desiri,

Importuni pensier, datemi pace.

Perché volete voi ch'io mi ritiri

Da l'aspetto del sol che sì mi piace?

Dite di me piatosi: - Perché miri

Quel che per remirar sì ti disface?

Perché di quella face

Sei vago sì? - Perché mi fa contento,

Più ch'ogn'altro piacer, questo tormento.

MAR. A proposito di questo io ti dicevo che, quantunque un rimagna fisso su una corporal bellezza e culto esterno, può onorevolmente e degnamente trattenirsi; purché dalla bellezza materiale, la quale è un raggio e splendor della forma ed atto spirituale, di cui è vestigio ed ombra, vegna ad inalzarsi alla considerazion e culto della divina bellezza, luce e maestade; di maniera che da queste cose visibili vegna a magnificar il core verso quelle che son tanto più eccellenti in sé e grate a l'animo ripurgato, quanto son più rimosse da la materia e senso. Oimè, dirà, se una bellezza umbratile, fosca, corrente, depinta nella superficie de la materia corporale, tanto mi piace e tanto mi commuove l'affetto, m'imprime nel spirito non so che riverenza di maestade, mi si cattiva e tanto dolcemente mi lega e mi s'attira, ch'io non trovo cosa che mi vegna messa avanti da gli sensi che tanto m'appaghe; che sarà di quello che sustanzialmente, originalmente, primitivamente è bello? che sarà de l'anima mia, dell'intelletto divino, della regola de la natura? Conviene dunque, che la contemplazione di questo vestigio di luce mi amene mediante la ripurgazion de l'animo mio all'imitazione, conformità e participazione di quella più degna ed alta, in cui mi transforme ed a cui mi unisca; perché son certo che la natura che mi ha messa questa bellezza avanti gli occhi, e mi ha dotato di senso interiore, per cui posso argumentar bellezza più profonda ed incomparabilmente maggiore, voglia ch'io da qua basso vegna promosso a l'altezza ed eminenza di specie più eccellenti. Né credo che il mio vero nume, come me si mostra in vestigio ed imagine, voglia sdegnarsi che in imagine e vestigio vegna ad onorarlo, a sacrificargli, con questo ch'il mio core ed affetto sempre sia ordinato, e rimirare più alto; atteso che chi può esser quello che possa onorarlo in essenza e propria sustanza, se in tal maniera non può comprenderlo?

CES. Molto ben dimostri come a gli uomini di eroico spirito tutte le cose si converteno in bene, e si sanno servire della cattività in frutto di maggior libertade, e l'esser vinto una volta convertiscono in occasione di maggior vittoria. Ben sai che l'amor di bellezza corporale a color che son ben disposti, non solamente non apporta ritardamento da imprese maggiori, ma più tosto viene ad improntargli l'ali per venire a quelle; allor che la necessità de l'amore è convertita in virtuoso studio, per cui l'amante si forza di venire a termine nel quale sia degno della cosa amata, e forse di cosa maggiore, megliore e più bella ancora; onde sia o che vegna contento d'aver guadagnato quel che brama, o sodisfatto dalla sua propria bellezza, per cui degnamente possa spregiar l'altrui che viene ad esser da lui vinta e superata: onde o si ferma quieto, o si volta ad aspirare ad oggetti più eccellenti e magnifichi. E cossì sempre verrà tentando il spirito eroico, sin tanto che non si vede inalzato al desiderio della divina bellezza in se stessa, senza similitudine, figura, imagine e specie, se sia possibile; e più, se sa arrivare a tanto.

MAR. Vedi dunque, Cesarino, come ha raggione questo furioso di risentirsi contra coloro che lo riprendono come cattivo de bassa bellezza a cui sparga voti e appenda tabelle; di maniera che quindi non viene rubelle dalle voci che lo richiamano a più alte imprese: essendo che, come queste basse cose derivano da quelle ed hanno dependenza, cossì da queste si può aver accesso a quelle come per proprii gradi. Queste, se non son Dio, son cose divine, sono imagini sue vive: nelle quali non si sente offeso, se si vede adorare; perché abbiamo ordine del superno spirito che dice: Adorate scabellum pedum eius. Ed altrove disse un divino imbasciatore: Adorabimus ubi steterunt pedes eius.

CES. Dio, la divina bellezza e splendore riluce ed è in tutte le cose; però non mi pare errore d'admirarlo in tutte le cose, secondo il modo che si comunica a quelle. Errore sarà certo, se noi donaremo ad altri l'onor che tocca a lui solo. Ma che vuol dir quando dice: Lasciatemi, lasciate, altri desiri?

MAR. Bandisce da sé gli pensieri, che gli appresentano altri oggetti che non hanno forza di commoverlo tanto, e che gli vogliono involar l'aspetto del sole, il qual può presentarsegli da questa fenestra più che da l'altre.

CES. Come, importunato da pensieri, si sta constante a remirar quel splendor che lo disface, e non lo fa di maniera contento che ancora non vegna fortemente a tormentarlo?

MAR. Perché tutti gli nostri conforti in questo stato di controversia non sono senza gli suoi disconforti cossì grandi come magnifici son gli conforti. Come più grande è il timore d'un re che consiste su la perdita d'un regno, che di un mendico che consiste sul periglio di perdere dieci danaii; è più urgente la cura d'un prencipe sopra una republica, che d'un rustico sopra un grege de porci; come gli piaceri e delicie di quelli forse son più grandi che le delicie di questi. Però l'amare ed aspirar più alto mena seco maggior gloria e maestà con maggior cura, pensiero e doglia: intendo in questo stato dove l'un contrario sempre è congionto a l'altro, trovandosi la massima contrarietade sempre nel medesimo geno, e per consequenza circa medesimo suggetto, quantunque gli contrarii non possano essere insieme. E cossì proporzionalmente nell'amor di Cupido superiore, come dechiarò l'Epicureo poeta nel cupidinesco volgare e animale, quando disse:

Fluctuat incertis erroribus ardor amantum,

Nec constat quid primum oculis manibusque fruantur:

Quod petiere, premunt arte, faciuntque dolorem

Corporis, et dentes inlidunt saepe labellis

Osculaque adfigunt, quia non est pura voluptas.

Et stimuli subsunt qui instigant laedere id ipsum,

Quodcunque est, rabies, unde illa haec germina surgunt.

Sed leviter paenas frangit Venus inter amorem,

Blandaque refraenat morsus admixta voluptas;

Namque in eo spes est, unde est ardoris origo,

Restingui quoque posse ab eodem corpore flammam.

Ecco dunque con quali condimenti il magistero ed arte della natura fa che un si strugga sul piacer di quel che lo disface, e vegna contento in mezzo del tormento, e tormentato in mezzo de tutte le contentezze; atteso che nulla si fa absolutamente da un pacifico principio, ma tutto da contrarii principii per vittoria e domìno d'una parte della contrarietade; e non è piacere di generazione da un canto senza dispiacere di corrozione da l'altro; e dove queste cose che si generano e corrompono, sono congionte e come in medesimo suggetto composto, si trova il senso di delettazione e tristizia insieme. Di sorte che vegna nominata più presto delettazione che tristizia, se aviene che la sia predominante, e con maggior forza possa sollecitare il senso.

CES. Or consideriamo sopra questa imagine seguente, ch'è d'una fenice che arde al sole, e con il suo fumo va quasi a oscurar il splendor di quello, dal cui calore vien infiammata; ed evvi la nota che dice: Neque simile, nec par.

MAR. Leggasi l'articolo prima:

Questa fenice ch'al bel sol s'accende,

E a dramma a dramma consumando vassi,

Mentre di splendor cint'ardendo stassi,

Contrario fio al suo pianeta rende;

Perché quel che da lei al ciel ascende,

Tepido fumo ed atra nebbia fassi,

Ond'i raggi a' nostri occhi occolti lassi

E quello avvele, per cui arde e splende.

Tal il mio spirto (ch'il divin splendore

Accende e illustra) mentre va spiegando

Quel che tanto riluce nel pensiero,

Manda da l'alto suo concetto fore

Rima, ch'il vago sol vad'oscurando,

Mentre mi struggo e liquefaccio intiero.

Oimè! questo adro e nero

Nuvol di foco infosca col suo stile

Quel ch'aggrandir vorrebbe, e 'l rend'umile.

CES. Dice dunque costui che, come questa fenice, venendo dal splendor del sole accesa ed abituata di luce e di fiamma, vien ella poi ad inviar al cielo quel fumo che oscura quello che l'ha resa lucente; cossì egli, infiammato ed illuminato furioso, per quel che fa in lode di tanto illustre suggetto che gli ave acceso il core e gli splende nel pensiero, viene più tosto ad oscurarlo, che ritribuirgli luce per luce, procedendo quel fumo, effetto di fiamme in cui si risolve la sustanza di lui.

MAR. Io senza che metta in bilancio e comparazione gli studi di costui, torno a dire quel che ti dicevo l'altr'ieri, che la lode è uno de gli più gran sacrificii.che possa far un affetto umano ad un oggetto. E per lasciar da parte il proposito del divino, ditemi: chi conoscerebbe Achille, Ulisse e tanti altri greci e troiani capitani; chi arrebe notizia de tanti grandi soldati, sapienti ed eroi de la terra, se non fussero stati messi alle stelle e deificati per il sacrificio de laude, che nell'altare del cor de illustri poeti ed altri recitatori ave acceso il fuoco, con questo che comunmente montasse al cielo il sacrificatore, la vittima ed il canonizato divo, per mano e voto di legitimo e degno sacerdote?

CES. Ben dici di degno e legitimo sacerdote; perché degli apposticci n'è pieno oggi il mondo, li quali, come sono per ordinario indegni essi loro, cossì vegnono sempre a celebrar altri indegni, di sorte che asini asinos fricant. Ma la providenza vuole che, in luogo d'andar gli uni e gli altri al cielo, sen vanno giontamente alle tenebre de l'Orco; onde fia vana e la gloria di quel che celebra, e di quel ch'è celebrato; perché l'uno ha intessuta una statua di paglia, o insculpito un tronco di legno, o messo in getto un pezzo di calcina, e l'altro, idolo d'infamia e vituperio, non sa che non gli bisogna aspettar gli denti de l'evo e la falce di Saturno per esser messo giù; stante che dal suo encomico medesimo vien sepolto vivo all'ora all'ora propria che vien lodato, salutato, nominato, presentato. Come per il contrario è accaduto alla prudenza di quel tanto celebrato Mecenate, il quale, se non avesse avuto altro splendore che de l'animo inchinato alla protezione e favor delle Muse, sol per questo meritò che gl'ingegni de tanti illustri poeti gli dovenessero ossequiosi a metterlo nel numero de più famosi eroi che abbiano calpestrato il dorso de la terra. Gli propri studii ed il proprio splendore l'han reso chiaro e nobilissimo, e non l'esser nato d'atavi regi, non l'esser gran secretario e consegliero d'Augusto. Quello, dico, che l'ha fatto illustrissimo, è l'aversi fatto degno dell'execuzion della promessa di quel poeta che disse:

Fortunati ambo, si quid mea carmina possunt,

Nulla dies unquam memori vos eximet aevo,

Dum domus Aeneae Capitoli immobile saxum

Accolet, imperiumque pater Romanus habebit.

MAR. Mi sovviene di quel che dice Seneca in certa epistola dove referisce le paroli d'Epicuro ad un suo amico, che son queste: Se amor di gloria ti tocca il petto, più noto e chiaro ti renderanno le mie lettere che tutte quest'altre cose che tu onori, e dalle quali sei onorato, e per le quali ti puoi vantare. Similmente arria possuto dire Omero, se si gli fusse presentato avanti Achille o Ulisse, Vergilio a Enea ed alla sua progenia; perciò che, come ben suggionse quel filosofo morale, è più conosciuto Domenea per le lettere di Epicuro, che tutti gli megistani satrapi e regi, dalli quali pendeva il titolo di Domenea e la memoria de gli quali venia suppressa dall'alte tenebre de l'oblio. Non vive Attico per essere genero d'Agrippa e progenero de Tiberio, ma per l'epistole de Tullio; Druso, pronepote di Cesare, non si trovarebbe nel numero de' nomi tanto grandi, se non vi l'avesse inserito Cicerone. Oh che ne sopraviene al capo una profonda altezza di tempo, sopra la quale non molti ingegni rizzaranno il capo. Or per venire al proposito di questo furioso, il quale, vedendo una fenice accesa al sole, si rammenta del proprio studio, e duolsi che come quella, per luce ed incendio che riceve, gli rimanda oscuro e tepido fumo di lode all'olocausto della sua liquefatta sustanza. Qualmente giamai possiamo non sol raggionare, ma e né men pensare di cose divine che non vengamo a detraergli più tosto che aggiongergli di gloria, di sorte che la maggior cosa che farsi possa al riguardo di quelle, è che l'uomo in presenza de gli altri uomini vegna più tosto a magnificar se stesso per il studio ed ardire, che donar splendore ed altro per qualche compita e perfetta azione. Atteso che cotale non può aspettarsi dove si fa progresso all'infinito, dove l'unità ed infinità son la medesima cosa; e non possono essere perseguitate da l'altro numero, perché non è unità, né da altra unità, perché non è numero, né da altro numero ed unità perché non sono medesimo absoluto ed infinito. Là onde ben disse un teologo che, essendo che il fonte della luce non solamente gli nostri intelletti, ma ancora gli divini di gran lunga sopraavanza, è cosa conveniente che non con discorsi e paroli, ma con silenzio vegna ad esser celebrata.

CES. Non già col silenzio de gli animali bruti ed altri che sono ad imagine e similitudine d'uomini, ma di quelli, il silenzio de quali è più illustre che tutti gli cridi, rumori e strepiti di costoro che possano esser uditi.

MAR. Ma procediamo oltre a vedere quel che significa il resto.

CES. Dite se avete prima considerato e visto quel che voglia dir questo fuoco in forma di core con quattro ali, de le quali due hanno gli occhi, dove tutto il composto è cinto de luminosi raggi, ed hassi incirca scritta la questione: Nitimur in cassum?

MAR. Mi ricordo ben che significa il stato de la mente, core, spirito ed occhi del furioso; ma leggiamo l'articolo:

Questa mente ch'aspira al splendor santo,

Tant'alti studi disvelar non ponno;

Il cor, che recrear que' pensier vonno,

Da guai non può ritrarsi più che tanto;

Il spirto che devria posarsi alquanto

D'un momento al piacer, non si fa donno;

Gli occhi ch'esser derrian chiusi dal sonno,

Tutta la notte son aperti al pianto.

Oimè, miei lumi, con qual studio ed arte

Tranquillar posso i travagliati sensi?

Spirto mio, in qual tempo ed in quai parti

Mitigarò gli tuoi dolori intensi?

E tu, mio cor, come potrò appagarti

Di quel ch'al grave tuo suffrir compensi?

Quand'i debiti censi

Daratti l'alma, o travagliata mente,

Col cor, col spirto e con gli occhi dolente?

Perché la mente aspira al splendor divino, fugge il consorzio de la turba, si ritira dalla commune opinione: non solo, dico, e tanto s'allontana dalla multitudine di suggetti, quanto dalla communità de studii, opinioni e sentenze; atteso che per contraer vizii ed ignoranze tanto è maggior periglio, quanto è maggior il popolo a cui s'aggionge. Nelli publici spettacoli, disse il filosofo morale, mediante il piacere più facilmente gli vizii s'ingeriscono. Se aspira al splendor alto, ritiresi quanto può all'unità, contraasi quanto è possibile in se stesso, di sorte che non sia simile a molti, perché son molti; e non sia nemico de molti, perché son dissimili, se possibil sia serbar l'uno e l'altro bene; altrimente s'appiglie a quel che gli par megliore.

Conversa con quelli gli quali o lui possa far megliori, o da gli quali lui possa esser fatto megliore, per splendor che possa donar a quelli, o da quelli possa ricever lui. Contentesi più d'uno idoneo che de l'inetta moltitudine. Né stimarà d'aver acquistato poco, quando è dovenuto a tale che sia savio per sé, sovvenendogli quel che dice Democrito: Unus mihi pro populo est, et populus pro uno; e che disse Epicuro ad un consorte de suoi studii, scrivendo: Haec tibi, non multis; satis enim magnum alter alteri theatrum sumus.

La mente dunque ch'aspira alto, per la prima lascia la cura della moltitudine, considerando che quella luce spreggia la fatica, e non si trova se non dove è l'intelligenza; e non dove è ogni intelligenza, ma quella che è tra le poche, principali e prime la prima, principale ed una.

CES. Come intendi che la mente aspira alto? verbi grazia, con guardar sempre alle stelle? al cielo empireo? sopra il cristallino?

MAR. Non certo, ma procedendo al profondo della mente, per cui non fia mistiero massime aprir gli occhi al cielo, alzar alto le mani, menar i passi al tempio, intonar l'orecchie de simulacri, onde più si vegna exaudito; ma venir al più intimo di sé, considerando che Dio è vicino, con sé e dentro di sé più ch'egli medesimo esser non si possa; come quello ch'è anima de le anime, vita de le vite, essenza de le essenze: atteso poi che quello che vedi alto o basso, o incirca (come ti piace dire) degli astri, son corpi, son fatture simili a questo globo in cui siamo noi, e nelli quali non più né meno è la divinità presente che in questo nostro, o in noi medesimi. Ecco dunque come bisogna fare primeramente de ritrarsi dalla moltitudine in se stesso. Appresso deve dovenir a tale che non stime ma spreggie ogni fatica, di sorte che quanto più gli affetti e vizii combattono da dentro, e gli viziosi nemici contrastano di fuori, tanto più deve respirar e risorgere, e con uno spirito (se possibil fia) superar questo clivoso monte. Qua non bisognano altre armi e scudi che la grandezza d'un animo invitto e toleranza de spirito che mantiene l'equalità e tenor della vita, che procede dalla scienza, ed è regolato da l'arte di specolar le cose alte e basse, divine ed umane, dove consiste quel sommo bene. Per cui disse un filosofo morale, che scrisse a Lucilio: non bisogna tranar le Scille, le Cariddi, penetrar gli deserti de Candavia ed Apennini, o lasciarsi a dietro le Sirti; perché il camino è tanto sicuro e giocondo quanto la natura medesima abbia possuto ordinare. Non è, dice egli, l'oro ed argento che faccia simile a Dio, perché non fa tesori simili; non gli vestimenti, perché Dio è nudo; non la ostentazione e fama, perché si mostra a pochissimi, e forse che nessuno lo conosce, e certo molti, e più che molti hanno mala opinion de lui; non tante e tante altre condizioni de cose che noi ordinariamente admiriamo, perché non queste cose delle quali si desidera la copia, ne rendeno talmente ricchi, ma il dispreggio di quelle.

CES. Bene: ma dimmi appresso, in qual maniera costui Tranquillarà gli sensi, mitigarà gli dolori del spirito, appagarà il core e darà gli proprii censi a la mente, di sorte che con questo suo aspirare e studii non debba dire: Nitimur in cassum?

MAR. Talmente trovandosi presente al corpo che con la meglior parte di sé sia da quello absente, farsi come con indissolubil sacramento congionto ed alligato alle cose divine, di sorte che non senta amor né odio di cose mortali, considerando d'esser maggiore che esser debba servo e schiavo del suo corpo; al quale non deve altrimente riguardare che come carcere che tien rinchiusa la sua libertade, vischio che tiene impaniate le sue penne, catena che tien strette le sue mani, ceppi che han fissi gli suoi piedi, velo che gli tien abbagliata la vista. Ma con ciò non sia servo, cattivo, inveschiato, incatenato, discioperato, saldo e cieco; perché il corpo non gli può più tiranneggiare ch'egli medesimo si lasce: atteso che cossì il spirito proporzionalmente gli è preposto, come il mondo corporeo e materia è suggetta alla divinitade ed a la natura. Cossì farassi forte contra la fortuna, magnanimo contra l'ingiurie, intrepido contra la povertà, morbi e persecuzioni.

CES. Bene instituito è il furioso eroico!

CES. Appresso veggasi quel che séguita. Ecco la ruota del tempo affissa, che si muove circa il centro proprio, e vi è il motto: Manens moveor. Che intendete per quella?

MAR. Questo vuol dire, che si muove in circolo; dove il moto concorre con la quiete, atteso che nel moto orbiculare sopra il proprio asse e circa il proprio mezzo si comprende la quiete e fermezza secondo il moto retto; over quiete del tutto e moto, secondo le parti; e da le parti che si muoveno in circolo, si apprendeno due differenze di lazione, in quanto che successivamente altre parti montano alla sommità, altre dalla sommità descendeno al basso; altre ottegnono le differenze medianti, altre tegnono l'estremo dell'alto e del fondo. E questo tutto mi par che comodamente viene a significar quel tanto che s'esplica nel seguente articolo:

Quel ch'il mio cor aperto e ascoso tiene,

Beltà m'imprime ed onestà mi cassa,

Zelo ritiemmi, altra cura mi passa

Per là d'ond'ogni studio a l'alma viene:

Quando penso suttrarmi da le pene,

Speme sustienmi, altrui rigor mi lassa;

Amor m'inalza, e riverenz'abbassa,

.Allor ch'aspiro a l'alt'e sommo bene.

Alto pensier, pia voglia, studio intenso

De l'ingegno, del cor, de le fatiche,

A l'oggetto inmortal, divin, inmenso

Fate ch'aggionga, m'appiglie e nodriche;

Né più la mente, la raggion, il senso

In altro attenda, discorra, s'intriche;

Onde di me si diche:

Costui or ch'av'affissi gli occhi al sole,

Che fu rival d'Endimion, si duole.

Cossì come il continuo moto d'una parte suppone e mena seco il moto del tutto, di maniera che dal ributtar le parti anteriori sia conseguente il tirar de le parti posteriori; cossì il motivo de le parti superiori resulta necessariamente nell'inferiori, e dal poggiar d'una potenza opposita séguita l'abbassar de l'altra opposita. Quindi viene il cor (che significa tutti l'affetti in generale) ad essere ascoso ed aperto, ritenuto dal zelo, sullevato da magnifico pensiero, rinforzato da la speranza, indebolito dal timore. Ed in questo stato e condizione si vederà sempre che trovarassi sotto il fato della generazione.

CES. Tutto va bene. Vengamo a quel che séguita. Veggio una nave inchinata su l'onde; ed ha le sarte attaccate a lido ed ha il motto: Fluctuat in portu. Argumentate quel che può significare; e se ne siete risoluto, esplicate.

MAR. E la figura ed il motto ha certa parentela col precedente motto e figura, come si può facilmente comprendere, se alquanto si considera. Ma leggiamo l'articolo:

Se da gli eroi, da gli dei, da le genti

Assicurato son che non desperi;

Né tema, né dolor, né impedimenti

De la morte, del corpo, de piaceri

Fia ch'oltre apprendi, che soffrisca e senti;

E perché chiari vegga i miei sentieri,

Faccian dubio, dolor, tristezza spenti

Speranza, gioia e gli diletti intieri.

Ma se mirasse, facesse, ascoltasse

Miei pensier, miei desii e mie raggioni,

Chi le rende sì 'ncerti, ardenti e casse,

Sì graditi concetti, atti, sermoni,

Non sa, non fa, non ha qualunque stassi

De l'orto, vita e morte a le maggioni.

Ciel, terr', orco s'opponi;

S'ella mi splend'e accend'ed èmmi a lato,

Farammi illustre, potente e beato.

Da quel che ne gli precedenti discorsi abbiamo considerato e detto si può comprendere il sentimento di ciò, massime dove si è dimostrato che il senso di cose basse è attenuato ed annullato dove le potenze superiori sono gagliardamente intente ad oggetto più magnifico ed eroico. È tanta la virtù della contemplazione (come nota Iamblico) che accade tal volta non solo che l'anima riposo da gli atti inferiori, ma, ed oltre, lascie il corpo a fatto. Il che non voglio intendere altrimente che in tante maniere, quali sono esplicate nel libro De' trenta sigilli, dove son prodotti tanti modi di contrazione; de quali alcune vituperosa-, altre eroicamente fanno che non s'apprenda tema di morte, non si soffrisca dolor di corpo, non si sentano impedimenti di piaceri; onde la speranza, la gioia e gli diletti del spirto superiore siano di tal sorte intenti, che faccian spente le passioni tutte che possano aver origine da dubbio, dolore e tristezza alcuna.

CES. Ma che cosa è quella da cui richiede che mire a que' pensieri ch'ha resi cossì incerti, compisca gli suoi desii che fa sì ardenti, ed ascolte le sue raggioni che rende sì casse?

127

MAR. Intende l'oggetto il quale allora il mira, quando esso se gli fa presente; atteso che veder la divinità è l'esser visto da quella, come vedere il sole concorre con l'esser visto dal sole. Parimente essere ascoltato dalla divinità è a punto ascoltar quella, ed esser favorito da quella è il medesimo esporsegli: dalla quale una medesima ed immobile procedeno pensieri incerti e certi, desii ardenti ed appagati, e raggioni exaudite e casse, secondo che degna o indegnamente l'uomo se gli presenta con l'intelletto, affetto ed azioni. Come il medesimo nocchiero vien detto caggione della summersione o salute della nave, per quanto che o è a quella presente, overo da quella trovasi absente; eccetto che il nocchiero per suo diffetto o compimento ruina e salva la nave; ma la divina potenza che è tutta in tutto, non si porge o suttrae se non per altrui conversione o aversione.

MAR. Con questa dunque mi par ch'abbia gran concatenazione e conseguenza la figura seguente, dove son due stelle in forma de doi occhi radianti con il suo motto che dice: Mors et vita.

CES. Leggete dunque l'articolo.

MAR. Cossì farò:

Per man d'amor scritto veder potreste

Nel volto mio l'istoria de mie pene;

Ma tu (perché il tuo orgoglio non si affrene,

Ed io infelice eternamente reste)

A le palpebre belle a me moleste

Asconder fai le luci tant'amene,

Ond'il turbato ciel non s'asserene,

Né caggian le nemiche ombre funeste.

Per la bellezza tua, per l'amor mio,

Ch'a quella, benché tanta, è forse uguale,

Rendite a la pietà, diva, per Dio.

Non prolongar il troppo intenso male,

Ch'è del mio tanto amar indegno fio;

Non sia tanto rigor con splendor tale.

Se, ch'io viva, ti cale,

Del grazioso sguardo apri le porte;

Mirami, o bella, se vuoi darmi morte.

Qua il volto in cui riluce l'istoria de sue pene, è l'anima, in quanto che è esposta alla recepzion de doni superiori, al riguardo de quali è in potenza ed attitudine, senza compimento di perfezione ed atto, il qual aspetta la ruggiada divina. Onde ben fu detto: Anima mea sicut terra sine aqua tibi. Ed altrove: Os meum aperui et attraxi spiritum, quia mandata tua desiderabam. Appresso, l'orgoglio che non s'affrena, è detto per metafora e similitudine (come de Dio tal volta si dice gelosia, ira, sonno); e quello significa la difficultà con la quale egli fa copia di far vedere al meno le sue spalli, che è il farsi conoscere mediante le cose posteriori ed effetti. Cossì copre le luci con le palpebre, non asserena il turbato cielo de la mente umana, per togler via l'ombra de gli enigmi e similitudini.

Oltre (perché non crede che tutto quel che non è, non possa essere) priega la divina luce che - per la sua bellezza la quale non deve essere a tutti occolta, almeno secondo la capacità de chi la mira, e per il suo amore che forse a tanta bellezza è uguale (uguale intende de la beltade, in quanto che la se gli può far comprensibile), - che si renda alla pietà, cioè che faccia come quelli che son piatosi, quali da ritrosi e schivi si fanno graziosi ed affabili; e che non prolonghe il male che avviene da quella privazione, e non permetta che il suo splendor per cui è desiderata, appaia maggiore che il suo amore con cui si communiche: stante che tutte le perfezioni in lei non solamente sono uguali, ma ancor medesime.

Al fine la ripriega che non oltre l'attriste con la privazione; perché potrà ucciderlo con la luce de suoi sguardi, e con que' medesimi donargli la vita: e però non lo lasce a la morte con ciò che le amene luci siano ascose da le palpebre.

CES. Vuol dire quella morte de amanti che procede da somma gioia, chiamata da cabalisti mors osculi? la qual medesima è vita eterna, che l'uomo può aver in disposizione in questo tempo ed in effetto nell'eternità?

MAR. Cossì è.

CES. Ma è tempo di procedere a considerar il seguente dissegno simile a questi prossimi avanti rapportati, con li quali ha certa conseguenza. Vi è un'aquila che con due ali s'appiglia al cielo; ma non so come e quanto vien ritardata dal pondo d'una pietra che tien legata a un piede. Ed evvi il motto: Scinditur incertum. E certo significa la moltitudine, numero e volgo delle potenze de l'anima; alla significazion della quale è preso quel verso:

Scinditur incertum studia in contraria vulgus.

Il quale volgo tutto generalmente è diviso in due fazioni (quantunque, subordinate a queste, non mancano de l'altre); de le quali altre invitano a l'alto dell'intelligenza e splendore di giustizia, altre allettano, incitano e forzano in certa maniera al basso, alle sporcizie delle voluttadi e compiacimenti de voglie naturali. Onde dice l'articolo:

Bene far voglio, e non mi vien permesso;

Meco il mio sol non è, bench'io sia seco,

Che per esser con lui, non son più meco,

Ma da me lungi, quanto a lui più presso.

Per goder una volta, piango spesso;

Cercando gioia, afflizion mi reco;

Perché veggio tropp'alto, son sì cieco;

Per acquistar mio ben, perdo me stesso.

Per amaro diletto e dolce pena

Impiombo al centro, e vers'il ciel m'appiglio;

Necessità mi tien, bontà mi mena;

Sorte m'affonda, m'inalza il consiglio;

Desio mi sprona, ed il timor m'affrena;

Cura m'accende, e fa tardo il periglio.

Qual diritto o divertiglio

Mi darà pace, e mi torrà de lite,

S'avvien ch'un sì mi scacce, e l'altro invite?

L'ascenso procede nell'anima dalla facultà ed appulso ch'è nell'ali, che son l'intelletto ed intellettiva volontade, per le quali essa naturalmente si referisce ed ha la sua mira a Dio, come a sommo bene e primo vero, come all'absoluta bontà e bellezza; cossì come ogni cosa naturalmente ha impeto verso il suo principio regressivamente, e progressivamente verso il suo fine e perfezione, come ben disse Empedocle. Da la cui sentenza mi par che si possa inferire quel che disse il Nolano in questa ottava:

Convien ch'il sol, donde parte, raggiri,

E al suo principio i discorrenti lumi;

E 'l ch'è di terra, a terra si retiri,

E al mar corran dal mar partiti fiumi,

Ed ond'han spirto e nascon i desiri

Aspiren, come a venerandi numi.

Cossì dalla mia diva ogni pensiero

Nato, che torne a mia diva è mistiero.

 La potenza intellettiva mai si quieta, mai s'appaga in verità compresa, se non sempre oltre ed oltre procede alla verità incomprensibile. Cossì la volontà che séguita l'apprensione, veggiamo che mai s'appaga per cosa finita. Onde per consequenza non si referisce l'essenza de l'anima ad altro termine che al fonte della sua sustanza ed entità. Per le potenze poi naturali, per le quali è convertita al favore e governo della materia, viene a referirse ed aver appulso, a giovare ed a comunicar de la sua perfezione a cose inferiori per la similitudine che ha con la divinità, che per la sua bontade si comunica o infinitamente producendo, idest communicando l'essere a l'universo infinito e mondi innumerabili in quello; o finitamente, producendo solo questo universo suggetto alli nostri occhi e comun raggione. Essendo dunque che nella essenza unica de l'anima se ritrovano questi doi geni de potenze, secondo che è ordinata ed al proprio e l'altrui bene, accade che si depinga con un paio d'ali, mediante le quali è potente verso l'oggetto delle prime ed immateriali potenze; e con un greve sasso, per cui è atta ed efficace verso gli oggetti delle seconde e materiali potenze. Là onde procede che l'affetto intiero del furioso sia ancipite, diviso, travaglioso e messo in facilità de inchinare più al basso, che di forzarsi ad alto: atteso che l'anima si trova nel paese basso e nemico, ed ottiene la regione lontana dal suo albergo più naturale, dove le sue forze son più sceme..

 CES. Credi che a questa difficultà si possa riparare?

 MAR. Molto bene; ma il principio è durissimo, e secondo che si fa più e più fruttifero progresso di contemplazione, si doviene a maggiore e maggior facilità. Come avviene a chi vola in alto che, quanto più s'estoglie da la terra, vien ad aver più aria sotto che lo sustenta, e consequentemente meno vien fastidito dalla gravità; anzi, tanto può volar alto, che, senza fatica de divider l'aria, non può tornar al basso, quantunque giudicasi che più facil sia divider l'aria profondo verso la terra, che alto verso l'altre stelle.

CES. Tanto che col progresso in questo geno s'acquista sempre maggiore e maggiore facilità di montare in alto?

MAR. Cossì è; onde ben disse il Tansillo:

Quanto più sott'il piè l'aria mi scorgo,

Più le veloci penne al vento porgo,

E spreggio il mondo, e verso il ciel m'invio.

Come ogni parte de corpi e detti elementi quanto più s'avvicina al suo luogo naturale, tanto con maggior impeto e forza va, sin tanto che al fine (o voglia o non) bisogna che vi pervegna. Qualmente dunque veggiamo nelle parti de corpi a gli proprii corpi, cossì doviamo giudicare de le cose intellettive verso gli proprii oggetti, come proprii luoghi, patrie e fini. Da qua facilmente possete comprendere il senso intiero significato per la figura, per il motto e per gli carmi.

CES. Di sorte che quanto vi s'aggiongesse, tanto mi parrebe soverchio.

CES. Vedasi ora quel che vien presentato per quelle due saette radianti sopra una targa, circa la quale è scritto Vicit instans.

MAR. La guerra continua tra l'anima del furioso; la qual gran tempo per la maggiore familiarità che avea con la materia, era più dura ed inetta ad esser penetrata da gli raggi del splendor della divina intelligenza e spezie della divina bontade; per il qual spacio dice ch'il cor smaltato de diamante, cioè l'affetto duro ed inetto ad esser riscaldato e penetrato, ha fatto riparo a gli colpi d'amore che aportavano gli assalti da parti innumerabili. Vuol dire, non ha sentito impiagarsi da quelle piaghe de vita eterna de le quali parla la Cantica quando dice: Vulnerasti cor meum, o dilecta, vulnerasti cor meum. Le quali piaghe non son di ferro, o d'altra materia, per vigor e forza de nervi; ma son freccie de Diana o di Febo: cioè o della dea de gli deserti della contemplazione de la Veritade, cioè della Diana, che è l'ordine di seconde intelligenze che riportano il splendor ricevuto dalla prima, per comunicarlo a gli altri che son privi de più aperta visione; o pur del nume più principale, Apollo, che con il proprio e non improntato splendore manda le sue saette, cioè gli suoi raggi, da parti innumerabili, tali e tante che son tutte le specie delle cose; le quali son indicatrici della divina bontà, intelligenza, beltade e sapienza, secondo diversi ordini dall'apprension dovenir furiosi amanti, percioché l'adamantino suggetto non ripercuota dalla sua superficie il lume impresso, ma, rammollato e domato dal calore e lume, vegna a farsi tutto in sustanza luminoso, tutto luce, con ciò che vegna penetrato entro l'affetto e concetto. Questo non è subito nel principio della generazione, quando l'anima di fresco esce ad essere inebriata di Lete ed imbibita de l'onde de l'oblio e confusione; onde il spirito vien più cattivato al corpo e messo in essercizio della vegetazione, ed a poco a poco si va digerendo per esser atto a gli atti della sensitiva facultade, sin tanto che per la razionale e discorsiva vegna a più pura intellettiva, onde può introdursi a la mente e non più sentirsi annubilata per le fumositadi di quell'umore che per l'exercizio di contemplazione non s'è putrefatto nel stomaco, ma è maturamente digesto.

Nella qual disposizione il presente furioso mostra aver durato sei lustri, nel discorso de quali non era venuto a quella purità di concetto, che potesse farsi capace abitazione delle specie peregrine, che offrendosi a tutte ugualmente batteno sempre alla porta de l'intelligenza. Al fine l'amore che da diverse parti ed in diverse volte l'avea assaltato come in vano (qualmente il sole in vano se dice lucere e scaldare a quelli che son nelle viscere de la terra ed opaco profondo), per essersi accampato in quelle luci sante, cioè per aver mostrato per due specie intelligibili la divina bellezza, la quale con la raggione di verità gli legò l'intelletto e con la raggione di bontà scaldogli l'affetto, vennero superati gli studi materiali e sensitivi che altre volte soleano come trionfare, rimanendo (a mal grado de l'eccellenza de l'anima) intatti; perché quelle luci che facea presente l'intelletto agente illuminatore e sole d'intelligenza, ebbero facile entrata per le sue luci: quella della verità per la porta de la potenza intellettiva; quella della bontà per la porta della potenza appetitiva al core, cioè alla sustanza del generale affetto. Questo fu quel doppio strale che venne come da man de guerriero irato; cioè più pronto, più efficace, più ardito, che per tanto tempo innanzi s'era dimostrato come più debole o negligente. Allora quando primieramente fu sì scaldato ed illuminato nel concetto, fu quello vittorioso punto e momento, per cui è detto:

Vicit instans. Indi possete intendere il senso della proposta figura, motto ed articolo che dice:

Forte a' colpi d'Amor feci riparo

Quando assalti da parti varie e tante

Sofferse il cor smaltato di diamante;

Ond'i miei studi de' suoi trionfâro.

Al fin (come gli cieli destinâro)

Un dì accampossi in quelle luci sante,

Che per le mie, sole tra tutte quante,

Facil entrata al cor mio ritrovâro.

Indi mi s'avventò quel doppio strale,

Che da man di guerriero irato venne,

Qual sei lustri assalir mi seppe male.

Notò quel luogo, e forte vi si tenne,

Piantò 'l trofeo di me là d'onde vale

Tener ristrette mie fugaci penne.

Indi con più sollenne.

Apparecchio, mai cessano ferire

Mio cor del mio dolce nemico l'ire.

Singular instante fu il termine del cominciamento e perfezione della vittoria; singulari gemine specie furon quelle, che sole tra tutte quante trovâro facile entrata; atteso che quelle contegnono in sé l'efficacia e virtù de tutte l'altre; atteso che qual forma megliore e più eccellente può presentarsi che di quella bellezza, bontà e verità, la quale è il fonte d'ogni altra verità, bontà, beltade? Notò quel luogo, prese possessione de l'affetto, rimarcollo, impressevi il carattere di sé; e forte vi si tenne, e se l'ha confirmato, stabilito, sancito di sorte che non possa più perderlo: percioché è impossibile che uno possa voltarsi ad amar altra cosa, quando una volta ha compreso nel concetto la bellezza divina; ed è impossibile che possa far di non amarla, come è impossibile che nell'appetito cada altro che bene o specie di bene. E però massimamente deve convenire l'appetenzia del sommo bene. Cossì ristrette son le penne che soleano esser fugaci, concorrendo giù col pondo della materia. Cossì da là mai cessano ferire, sollecitando l'affetto e risvegliando il pensiero le dolci ire, che son gli efficaci assalti del grazioso nemico, già tanto tempo ritenuto escluso, straniero e peregrino. È ora unico ed intiero possessore e disponitor de l'anima; perché ella non vuole, né vuol volere altro; né gli piace, né vuol che gli piaccia altro, onde sovente dica: Dolci ire, guerra dolce, dolci dardi, Dolci mie piaghe, miei dolci dolori.

CES. Non mi par che rimagna cosa da considerar oltre in proposito di questo. Veggiamo ora questa faretra ed arco d'amore, come mostrano le faville che sono in circa, ed il nodo del laccio che pende, con il motto che è: Subito, clam.

MAR. Assai mi ricordo d'averlo veduto espresso ne l'articolo. Però leggiamolo prima:

Avida di trovar bramato pasto,

L'aquila vers'il ciel ispiega l'ali,

Facend'accorti tutti gli animali,

Ch'al terzo volo s'apparecchia al guasto.

E del fiero leon ruggito vasto

Fa da l'alta spelunca orror mortali,

Onde le belve, presentendo i mali,

Fuggon a gli antri il famelico impasto.

E 'l ceto, quando assalir vuol l'armento

Muto di Proteo da gli antri di Teti,

Pria fa sentir quel spruzzo violento.

Aquile in ciel, leoni in terra e i ceti

Signor' in mar, non vanno a tradimento:

Ma gli assalti d'amor vegnon secreti.

Lasso, que' giorni lieti

Troncommi l'efficacia d'un instante,

Che fêmmi a lungo infortunato amante.

Tre sono le regioni de gli animanti composti de più elementi: la terra, l'acqua, l'aria. Tre son gli geni de quelli: fiere, pesci ed ucelli. In tre specie sono gli princìpi conceduti e definiti dalla natura: ne l'aria l'aquila, ne la terra il leone, ne l'acqua il ceto: de quali ciascuno, come dimostra più forza ed imperio che gli altri, viene anco a far aperto atto di magnanimità, o simile alla magnanimità. Percioché è osservato che il leone, prima che esca a la caccia, manda un ruggito forte che fa rintonar tutta la selva, come de l'erinnico cacciatore nota il poetico detto:

At saeva e speculis tempus dea nacta nocendi,

Ardua tecta petit, stabuli et de culmine summo

Pastorale canit signum, cornuque recurvo

Tartaream intendit vocem, qua protinus omne

Contremuit nemus, et silvae intonuere profundae.

De l'aquila ancora si sa che, volendo procedere alla sua venazione, prima s'alza per dritto dal nido per linea perpendicolare in alto, e quasi per l'ordinario la terza volta si balza da alto con maggior impeto e prestezza che se volasse per linea piana; onde dal tempo in cui cerca il vantaggio della velocità del volo, prende anco comodità di specular da lungi la preda, della quale o despera o si risolve dopo fatte tre remirate.

CES. Potremmo conietturare per qual caggione, se alla prima si presentasse a gli occhi la preda, non viene subito a lanciarsegli sopra?

MAR. Non certo. Ma forse che ella sin tanto distingue, se si gli possa presentar megliore, o più comoda preda. Oltre non credo che ciò sia sempre, ma per il più ordinario. Or venemo a noi. Del ceto o balena è cosa aperta, che per essere un machinoso animale, non può divider l'acqui se non con far che la sua presenza sia presentita dal ributto de l'onde, senza questo, che si trovano assai specie di questo pesce che con il moto e respirar che fanno, egurgitano una ventosa tempesta di spruzzo acquoso. Da tutte dunque le tre specie de princìpi animali hanno facultà di prender tempo di scampo gli animali inferiori; di sorte che non procedeno come subdoli e traditori. Ma l'Amor che è più forte e più grande, e che ha domino supremo in cielo, in terra ed in mare, e che per similitudine di questi forse derrebe mostrar tanto più eccellente magnanimità, quanto ha più forza, niente di manco assalta e fere a l'improvisto e subito.

Labitur totas furor in medullas,

Igne furtivo populante venas,

Nec habet latam data plaga frontem;

Sed vorat tectas penitus medullas,

Virginum ignoto ferit igne pectus.

Come vedete, questo tragico poeta lo chiama furtivo fuoco, ignote fiamme; Salomone lo chiama acqui furtive, Samuele lo nomò sibilo d'aura sottile. Li quali tre significano con qual dolcezza, lenità ed astuzia in mare, in terra, in cielo viene costui a come tiranneggiar l'universo.

CES. Non è più grande imperio, non è tirannide peggiore, non è meglior domìno, non è potestà più necessaria, non è cosa più dolce e suave, non si trova cibo che sia più austero ed amaro, non si vede nume più violento, non è dio più piacevole, non agente più traditore e finto, non autor più regale e fidele; e, per finirla, mi par che l'amor sia tutto e faccia tutto; e de lui si possa dir tutto e tutto possa attribuirsi a lui.

MAR. Voi dite molto bene. L'amor dunque (come quello che opra massime per la vista, la quale è spiritualissimo de tutti gli sensi, perché subito monta sin alli appresi margini del mondo, e senza dilazion di tempo si porge a tutto l'orizonte della visibilità) viene ad esser presto, furtivo, improvisto e subito. Oltre è da considerare quel che dicono gli antichi, che l'amor precede tutti gli altri dei; però non fia mestiero de fingere che Saturno gli mostre il camino, se non con seguitarlo. Appresso, che bisogna cercar se l'amore appaia e facciasi prevedere di fuori, se il suo allogiamento è l'anima medesima, il suo letto è l'istesso core, e consiste nella medesima composizione de nostra sustanza, nel medesimo appulso de nostre potenze. Finalmente, ogni cosa naturalmente appete il bello e buono, e però non vi bisogna argumentare e discorrere perché l'affetto si informe e conferme; ma subito ed in uno instante l'appetito s'aggionge a l'appetibile, come la vista al visibile.

CES. Veggiamo appresso che voglia dir quella ardente saetta circa la quale è avolto il motto: Cui nova plaga loco? Dechiarate che luogo cerca questa per ferire.

MAR. Non bisogna far altro che leggere l'articolo, che dice cossì:

Che la bogliente Puglia o Libia mieta

Tante spiche ed areste tante a i venti

Commetta, e mande tanti rai lucenti

Da sua circonferenza il gran pianeta,

Quanti a gravi dolor quest'alma lieta

(Che sì triste si gode in dolci stenti)

Accoglie da due stelle strali ardenti,

Ogni senso e raggion creder mi vieta.

Che tenti più, dolce nemico, Amore?

Qual studio a me ferir oltre ti muove,

Or ch'una piaga è fatto tutto il core?

Poiché né tu, né l'altro ha un punto, dove,

Per stampar cosa nuova, o punga, o fore,

Volta, volta sicur or l'arco altrove.

Non perder qua tue prove,

Perché, o bel dio, se non in vano, a torto

Oltre tenti amazzar colui ch'è morto.

Tutto questo senso è metaforico come gli altri, e può esser inteso per il sentimento di quelli. Qua la moltitudine de strali che hanno ferito e feriscono il core, significa gl'innumerabili individui e specie de cose, nelle quali riluce il splendor della divina beltade, secondo gli gradi di quelle, ed onde ne scalda l'affetto del proposto e appreso bene. De quali l'un e l'altro, per le raggioni de potenzia ed atto, de possibilità ed effetto, e cruciano e consolano, e donano senso di dolce e fanno sentir l'amaro. Ma dove l'affetto intiero è tutto convertito a Dio, cioè all'idea de le idee, dal lume de cose intelligibili la mente viene exaltata alla unità superessenziale, è tutta amore, tutta una, non viene ad sentirsi sollecitata da diversi oggetti che la distraano, ma è una sola piaga, nella quale concorre tutto l'affetto, e che viene ad essere la sua medesima affezione. Allora non è amore o appetito di cosa particolare che possa sollecitare, né almeno farsi innanzi a la voluntade; perché non è cosa più retta ch'il dritto, non è cosa più bella che la bellezza, non è più buono che la bontà, non si trova più grande che la grandezza, né cosa più lucida che quella luce, la quale con la sua presenza oscura e cassa gli lumi tutti.

CES. Al perfetto, se è perfetto, non è cosa che si possa aggiongere: però la volontà non è capace d'altro appetito, quando fiagli presente quello ch'è del perfetto, sommo e massimo. Intendere dunque posso la conclusione, dove dice a l'amore: Non perder qua tue prove; perché, se non in vano, a torto (si dice per certa similitudine e metafora) tenti amazzar colui ch'è morto; cioè quello che non ha più vita né senso circa altri oggetti, onde da quelli possa esser punto o forato; a che oltre viene ad essere esposto ad altre specie? E questo lamento accade a colui che, avendo gusto de l'ottima unità, vorrebe essere al tutto exempto ed abstratto dalla moltitudine.

MAR. Intendete molto bene.

CES. Or ecco appresso un fanciullo dentro un battello che sta ad ora ad ora per essere assorbito da l'onde tempestose, che languido e lasso ha abandonati gli remi. Ed evvi circa lo motto: Fronti nulla fides. Non è dubio che questo significhe che lui dal sereno aspetto de l'acqui fu invitato a solcar il mare infido; il quale a l'improviso avendo inturbidato il volto, per estremo e mortal spavento, e per impotenza di romper l'impeto, gli ha fatto dismetter il capo, braccia e la speranza. Ma veggiamo il resto:

Gentil garzone, che dal lido scioglieste

La pargoletta barca, e al remo frale,

Vago del mar, l'indotta man porgeste,

Or sei repente accorto del tuo male.

Vedi del traditor l'onde funeste

La prora tua, ch'o troppo scende o sale;

Né l'alma, vinta da cure moleste,

Contra gli obliqui e gonfii flutti vale.

Cedi gli remi al tuo fiero nemico,

E con minor pensier la morte aspetti,

Che per non la veder gli occhi ti chiudi.

Se non è presto alcun soccorso amico,

Sentirai certo or or gli ultimi effetti

De tuoi sì rozzi e curiosi studi.

Son gli miei fati crudi

Simili a' tuoi, perché, vago d'Amore,

Sento il rigor del più gran traditore.

In qual maniera e perché l'amore sia traditore e frodulento, l'abbiamo poco avanti veduto. Ma perché veggio il seguente senza imagine e motto, credo che abbia conseguenza con il presente: però continuamo leggendolo:

Lasciato il porto per prova e per poco,

Feriando da studi più maturi,.

Ero messo a mirar quasi per gioco,

Quando viddi repente i fati duri.

Quei sì m'han fatto violento il foco,

Ch'in van ritento a i lidi più sicuri,

In van per scampo man piatosa invoco,

Perché al nemico mio ratto mi furi.

Impotente a suttrarmi, roco e lasso,

Io cedo al mio destino, e non più tento

Di far vani ripari a la mia morte.

Facciami pur d'ogni altra vita casso,

E non più tarde l'ultimo tormento,

Che m'ha prescritto la mia fera sorte.

Tipo di mio mal forte

È quel che si commese per trastullo

Al sen nemico, improvido fanciullo.

 Qua non mi confido de intendere o determinar tutto quel che significa il furioso. Pure è molto espressa una strana condizione d'un animo dismesso dall'apprension della difficultà de l'opra, grandezza de la fatica, vastità del lavoro, da un canto; e da un altro, l'ignoranza, privazion de l'arte, debolezza de nervi e periglio di morte. Non ha consiglio atto al negocio; non si sa d'onde e dove debba voltarsi, non si mostra luogo di fuga o di rifugio; essendo che da ogni parte minacciano l'onde de l'impeto spaventoso e mortale. Ignoranti portum nullus suus ventus est. Vede colui, che molto e pur troppo s'è commesso a cose fortuite, s'aver edificato la perturbazione, il carcere, la ruina, la summersione. Vede come la fortuna si gioca di noi; la qual ciò che ne mette con gentilezza in mano, o lo fa rompere facendolo versar da le mani istesse, o fa che da l'altrui violenza ne sia tolto, e fa che ne suffoche ed avvelene, o ne sollecita con la suspizione, timore e gelosia, a gran danno e ruina del possessore. Fortunae an ulla putatis dona carere dolis? Or, perché la fortezza che non può far esperienza di sé, è cassa; la magnanimità che non può prevalere, è nulla, ed è vano il studio senza frutto; vede gli effetti del timore del male, il quale è peggio ch'il male istesso. Peior est morte timor ipse mortis. Già col timore patisce tutto quel che teme de patire, orror ne le membra, imbecillità ne gli nervi, tremor del corpo, anxia del spirito; e si fa presente quel che non gli è sopragionto ancora, ed è certo peggiore che sopragiongere gli possa. Che cosa più stolta che dolere per cosa futura, absente e la qual presente non si sente?

CES. Queste son considerazioni su la superficie e l'istoriale de la figura. Ma il proposito del furioso eroico penso che verse circa l'imbecillità de l'ingegno umano, il quale, attento a la divina impresa, in un subito talvolta si trova ingolfato nell'abisso della eccellenza incomprensibile; onde il senso ed imaginazione vien confusa ed assorbita, che non sapendo passar avanti, né tornar a dietro, né dove voltarsi, svanisce e perde l'esser suo; non altrimente che una stilla d'acqua che svanisce nel mare, o un picciol spirito che s'attenua perdendo la propria sustanza nell'aere spacioso ed inmenso.

MAR. Bene, ma andiamone discorrendo verso la stanza, perché è notte.

Parte seconda, dialogo secondo

MAR. Qua vedete un giogo fiammeggiante ed avolto de lacci, circa il quale è scritto: Levius aura; che vuol significar come l'amor divino non aggreva, non trasporta il suo servo, cattivo e schiavo al basso, al fondo; ma l'inalza, lo sulleva, il magnifica sopra qualsivoglia libertade.

CES. Priegovi, leggiamo presto l'articolo, perché con più ordine, proprietà e brevità possiamo considerar il senso, se pur in quello non si trova altro.

MAR. Dice cossì:

Chi fêmmi ad altro amor la mente desta,

Chi fêmmi ogni altra diva e vile e vana,

In cui beltade e la bontà sovrana

Unicamente più si manifesta

Quell'è ch'io viddi uscir da la foresta,

Cacciatrice di me, la mia Diana,

Tra belle ninfe su l'aura Campana,

Per cui dissi ad Amor: - Mi rendo a questa.

-Ed egli a me: - O fortunato amante!

O dal tuo fato gradito consorte!

Ché colei sola che tra tante e tante,

Quai ha nel grembo la vita e la morte,

Più adorna il mondo con le grazie sante,

Ottenesti per studio e per sorte;

Ne l'amorosa corte

Sì altamente felice cattivo,

Che non invidii a sciolto altr'uomo o divo.

Vedi quanto sia contento sotto tal giogo, tal coniugio, tal soma che l'ha cattivato a quella che vedde uscir da la foresta, dal deserto, da la selva; cioè da parti rimosse dalla moltitudine, dalla conversazione, dal volgo, le quali son lustrate da pochi. Diana, splendor di specie intelligibili, è cacciatrice di sé, perché con la sua bellezza e grazia l'ha ferito prima e se l'ha legato poi; e tienlo sotto il suo imperio più contento che mai altrimente avesse potuto essere. Questa dice tra belle ninfe, cioè tra la moltitudine d'altre specie, forme ed idee; e su l'aura Campana, cioè quello ingegno e spirito che si mostrò a Nola, che giace al piano de l'orizonte Campano. A quella si rese, quella più ch'altra gli venne lodata da l'amore, che per lei vuol che si tegna tanto fortunato, come quella che, tra tutte quante si fanno presenti ed absenti da gli occhi de mortali, più altamente adorna il mondo, fa l'uomo glorioso e bello. Quindi dice aver sì desta la mente ad eccellente amore, che apprende ogni altra diva, cioè cura ed osservanza d'ogni altra specie, vile e vana.

Or in questo che dice aver desta la mente ad amor alto, ne porge essempio de magnificar tanto alto il core per gli pensieri, studii ed opre, quanto più possibil fia, e non intrattenerci a cose basse e messe sotto la nostra facultade, come accade a coloro che o per avarizia, o per negligenza, o pur altra dapocagine rimagnono in questo breve spacio de vita attaccati a cose indegne.

CES. Bisogna che siano arteggiani,, meccanici, agricoltori, servidori, pedoni, ignobili, vili, poveri, pedanti ed altri simili: perché altrimente non potrebono essere filosofi, contemplativi, coltori degli animi, padroni, capitani, nobili, illustri, ricchi, sapienti ed altri che siano eroici simili a gli dei. Però a che doviamo forzarci di corrompere il stato della natura il quale ha distinto l'universo in cose maggiori e minori, superiori ed inferiori, illustri ed oscure, degne ed indegne, non solo fuor di noi, ma ed ancora dentro di noi, nella nostra sustanza medesima, sin a quella parte di sustanza che s'afferma inmateriale; come delle intelligenze altre son suggette, altre preminenti, altre serveno ed ubediscono, altre comandano e governano? Però io crederei che questo non deve esser messo per essempio, a fin che, li sudditi volendo essere superiori, e gl'ignobili uguali a gli nobili, non vegna a pervertirsi e confondersi l'ordine delle cose, che al fine succeda certa neutralità e bestiale equalità, quale si ritrova in certe deserte ed inculte republiche. Non vedete oltre in quanta iattura siano venute le scienze per questa caggione, che gli pedanti hanno voluto essere filosofi, trattar cose naturali, intromettersi a determinar di cose divine? Chi non vede quanto male è accaduto ed accade per averno simili fatte ad alti amori le menti deste? Chi ha buon senso, e non vede del profitto che fe' Aristotele, che era maestro de lettere umane ad Alessandro, quando applicò alto il suo spirito a contrastare e muover guerra a la dottrina pitagorica e quella de' filosofi naturali, volendo con il suo raciocinio logicale ponere diffinizioni, nozioni, certe quinte entitadi ed altri parti ed aborsi de fantastica cogitazione per principii e sustanza di cose, studioso più della fede del volgo e sciocca moltitudine, che viene più incaminata e guidata con sofismi ed apparenze che si trovano nella superficie delle cose, che della verità che è occolta nella sustanza di quelle ed è la sustanza medesima loro? Fece egli la mente desta non a farsi contemplatore, ma giudice e sentenziatore di cose che non aveva studiate mai, né bene intese. Cossì a' tempi nostri quel tanto di buono ch'egli apporta, e singulare di raggione inventiva, indicativa e di metafisica, per ministerio d'altri pedanti che lavorano col medesimo sursum corda, vegnono instituite nove dialettiche e modi di formar la raggione tanto più vili di quello d'Aristotele, quanto forse la filosofia d'Aristotele è incomparabilmente più vile di quella de gli antichi. Il che è pure avvenuto da quel che certi grammatisti, dopo che sono invecchiati nelle culine de fanciulli e notomie de frasi e de vocaboli, han voluto destar la mente a far nuove logiche e metafisiche, giudicando e sentenziando quelle che mai studiorno ed ora non intendono. Là onde cossì questi, col favore della ignorante moltitudine (al cui ingegno son più conformi), potranno cossì ben donar il crollo alle umanitadi e raziocinii d'Aristotele, come questo fu carnefice delle altrui divine filosofie. Vedi dunque a che suol promovere questo consiglio, se tutti aspireno al splendor santo, ed abbiano altre imprese vili e vane.

MAR.

Ride, si sapis, o puella, ride,

Pelignus, puto, dixerat poeta;

Sed non dixerat omnibus puellis;

Et si dixerit omnibus puellis,

Non dixit tibi. Tu puella non es.

Cossì il sursum corda non è intonato a tutti, ma a quelli ch'hanno l'ali. Veggiamo bene che mai la pedantaria è stata più in exaltazione per governare il mondo, che a' tempi nostri; la quale fa tanti camini de vere specie intelligibili ed oggetti de l'unica veritade infallibile, quanti possano essere individui pedanti. Però a questo tempo massime denno esser isvegliati gli ben nati spiriti, armati dalla verità ed illustrati dalla divina intelligenza, di prender l'armi contra la fosca ignoranza, montando su l'alta rocca ed eminente torre della contemplazione. A costoro conviene d'aver ogni altra impresa per vile e vana.

Questi non denno in cose leggieri e vane spendere il tempo la cui velocità è infinita; essendo che sì mirabilmente precipitoso scorra il presente, e con la medesima prestezza s'accoste il futuro. Quel che abbiamo vissuto è nulla, quel che viviamo è un punto, quel ch'abbiamo a vivere non è ancora un punto, ma può essere un punto, il quale insieme sarà e sarà stato. E tra tanto questo s'intesse la memoria di genealogie, quello attende a desciferar scritture, quell'altro sta occupato a moltiplicar sofismi da fanciulli. Vedrai, verbi grazia, un volume pieno di:

Cor est fons vitae,

Nix est alba;

Ergo cornix est fons vitae alba.

Quell'altro garrisce, se il nome fu prima o il verbo; l'altro, se il mare o gli fonti; l'altro vuol rinovare gli vocaboli absoleti che, per esserno venuti una volta in uso e proposito d'un scrittore antico, ora de nuovo le vuol far montar a gli astri; l'altro sta su la falsa e vera ortografia; altri ed altri sono sopra altre ed altre simili frascarie; le quali molto più degnamente son spreggiate che intese. Qua diggiunano, qua ismagriscono, qua intisichiscono, qua arrugano la pelle, qua allungano la barba, qua marciscono, qua poneno l'àncora del sommo bene. Con questo spreggiano la fortuna, con questo fan riparo e poneno il scudo contra le lanciate del fato. Con tali e simili vilissimi pensieri credeno montar a gli astri, esser pari a gli dei, e comprendere il bello e buono che promette la filosofia.

CES. È gran cosa certo che il tempo, che non può bastarci manco alle cose necessarie, quantunque diligentissimamente guardato, viene per la maggior parte ad esser speso in cose superflue, anzi cose vili e vergognose.

Non è da ridere di quello che fa lodabile Archimede o altro appresso alcuni, che a tempo che la cittade andava sottosopra, tutto era in ruina, era acceso il fuoco ne la sua stanza, gli nemici gli erano dentro la camera a le spalli, nella discrezion ed arbitrio de quali consisteva de fargli perdere l'arte, il cervello e la vita; e lui tra tanto avea perso il senso e proposito di salvar la vita, per averlo lasciato a dietro a perseguitar forse la proporzione de la curva a la retta, del diametro al circolo o altre simili matesi, tanto degne per giovanetti quanto indegne d'uno che, se posseva, devrebbe essere invecchiato ed attento a cose più degne d'esser messe per fine de l'umano studio.

MAR. In proposito di questo, mi piace quello che voi medesimo poco avanti dicesti, che bisogna ch'il mondo sia pieno de tutte sorte de persone, e che il numero degl'imperfetti, brutti, poveri, indegni e scelerati sia maggiore; ed in conclusione, non debba essere altrimente che come è. La età lunga e vechiaia d'Archimede, Euclide, di Prisciano, di Donato ed altri, che da la morte son stati trovati occupati sopra li numeri, le linee, le dizioni, le concordanze, scritture, dialecti, sillogismi formali, metodi, modi de scienze, organi ed altre isagogie, è stata ordinata al servizio della gioventù e de' fanciulli, gli quali apprender possano e ricevere gli frutti della matura età di quelli, come conviene che siano mangiati da questi nella lor verde etade; a fin che più adulti vegnano senza impedimento atti e pronti a cose maggiori.

CES. Io non son fuor del proposito che poco avanti ho mosso; essendo in proposito di quei che fanno studio d'involar la fama e luogo de gli antichi con far nove opre o peggiori, o non megliori de le già fatte, e spendeno la vita su le considerazioni da mettere avanti la lana di capra o l'ombra de l'asino; ed altri che in tutto il tempo de la vita studiano di farsi esquisiti in que' studii che convegnono alla fanciullezza, e per la massima parte il fanno senza proprio ed altrui profitto.

MAR. Or assai è detto circa quelli che non possono né debbono ardire d'aver ad alto amor la mente desta. Venemo ora a considerare della volontaria cattività e dell'ameno giogo sotto l'imperio de la detta Diana: quel giogo, dico, senza il quale l'anima è impotente de rimontar a quella altezza, da la qual cadìo, percioché la rende più leggiera ed agile; e gli lacci la fanno più ispedita e sciolta.

CES. Discorrete dunque.

MAR. Per cominciar, continuar e conchiudere con ordine, considero che tutto quel che vive, in quel modo che vive, conviene che in qualche maniera si nodrisca, si pasca. Però a la natura intellettuale non quadra altra pastura che intellettuale, come al corpo non altra che corporale: atteso che il nodrimento non si prende per altro fine, eccetto perché vada in sustanza de chi si nodrisce. Come dunque il corpo non si trasmuta in spirito, né il spirito si trasmuta in corpo (perché ogni trasmutazione si fa quando la materia che era sotto la forma de uno, viene ad essere sotto la forma de l'altro), cossì il spirito ed il corpo non hanno materia commune, di sorte che quello ch'era soggetto a uno, possa dovenire ad essere soggetto de l'altro.

CES. Certo se l'anima se nodrisse de corpo, si portarebe meglio dove è la fecondità della materia (come argumenta.Iamblico); di sorte che, quando ne si fa presente un corpo grasso e grosso, potremmo credere che sia vase d'un animo gagliardo, fermo, pronto, eroico, e dire: O anima grassa, o fecondo spirito, o bello ingegno, o divina intelligenza, o mente illustre, o benedetta ipostasi da far un convito a gli leoni, over un banchetto a i dogs. Cossì un vecchio, come appare marcido, debole e diminuito de forze, debba esser stimato de poco sale, discorso e raggione. Ma seguitate.

MAR. Or l'esca de la mente bisogna dire che sia quella sola che sempre da lei è bramata, cercata, abbracciata e volentieri più ch'altra cosa gustata; per cui s'empie, s'appaga, ha prò e dovien megliore: cioè la verità alla quale in ogni tempo, in ogni etade ed in qualsivoglia stato che si trove l'uomo, sempre aspira, e per cui suol spreggiar qualsivoglia fatica, tentar ogni studio, non far caso del corpo ed aver in odio questa vita. Perché la verità è cosa incorporea; perché nessuna, o sia fisica, o sia metafisica, o sia matematica, si trova nel corpo; perché vedete che l'eterna essenza umana non è ne gl'individui li quali nascono e muoiono. È la unità specifica, disse Platone, non la moltitudine numerale che comporta la sustanza de le cose. Però chiamò l'idea uno e molti, stabile e mobile; perché, come specie incorrottibile, è cosa intelligibile ed una; e come si communica alla materia ed è sotto il moto e generazione, è cosa sensibile e molti. In questo secondo modo ha più de non ente che di ente: atteso che sempre è altro ed altro, e corre eterno per la privazione. Nel primo modo è ente e vero.

Vedete appresso che gli matematici hanno per conceduto che le vere figure non si trovano ne gli corpi naturali, né vi possono essere per forza di natura, né di arte. Sapete ancora che la verità de sustanze sopranaturali è sopra la materia.

Conchiudesi dunque, che a chi cerca il vero, bisogna montar sopra la raggione de cose corporee. Oltre di ciò è da considerare che tutto quel che si pasce, ha certa mente e memoria naturale del suo cibo, e sempre (massime quando fia più necessario) ha presente la similitudine e specie di quello, tanto più altamente, quanto è più alto e glorioso chi ambisce, e quello che si cerca. Da questo, che ogni cosa ha innata la intelligenza de quelle cose che appartegnono alla conservazione de l'individuo e specie, ed oltre alla perfezion sua finale, depende la industria di cercare il suo pasto per qualche specie di venazione.

Conviene, dunque, che l'anima umana abbia il lume, l'ingegno e gl'instrumenti atti alla sua caccia. Qua soccorre la contemplazione, qua viene in uso la logica, attissimo organo alla venazione della verità, per distinguere, trovare e giudicare. Quindi si va lustrando la selva de le cose naturali, dove son tanti oggetti sotto l'ombra e manto; e come in spessa, densa e deserta solitudine la verità suol aver gli antri e cavernosi ricetti, fatti intessuti de spine, conchiusi de boscose, ruvide e frondose piante, dove con le raggioni più degne ed eccellenti maggiormente s'asconde, s'avvela e si profonda con diligenza maggiore; come noi sogliamo gli tesori più grandi celare con maggior diligenza e cura, accioché dalla moltitudine e varietà de cacciatori (de quali altri son più exquisiti ed exercitati, altri meno) non vegna senza gran fatica discuoperta. Qua andò Pitagora cercandola per le sue orme e vestigii impressi nelle cose naturali, che son gli numeri li quali mostrano il suo progresso, raggioni, modi ed operazioni in certo modo; perché in numero de moltitudine, numero de misure e numero de momento o pondo la verità e l'essere si trova in tutte le cose. Qua andò Anaxagora ed Empedocle che, considerando che la omnipotente ed omniparente divinità empie il tutto, non trovavano cosa tanto minima che non volessero che sotto quella fusse occolta secondo tutte le raggioni, benché procedessero sempre ver là dove era predominante ed espressa secondo raggion più magnifica ed alta. Qua gli Caldei la cercavano per via di suttrazione, non sapendo che cosa di quella affirmare; e procedèvano senza cani de demostrazioni e sillogismi; ma solamente si forzâro di profondare rimovendo, zappando, isboscando per forza di negazione de tutte specie e predicati comprensibili e secreti. Qua Platone andava come isvoltando, spastinando e piantando ripari; perché le specie labili e fugaci rimanessero come nella rete, e trattenute da le siepe de le definizioni, considerando le cose superiori essere participativamente, e secondo similitudine speculare nelle cose inferiori, e queste in quelle secondo maggior dignità ed eccellenza; e la verità essere ne l'une e l'altre secondo certa analogia, ordine e scala, nella quale sempre l'infimo de l'ordine superiore conviene con il supremo de l'ordine inferiore. E cossì si dava progresso da l'infimo della natura al supremo, come dal male al bene, dalle tenebre alla luce, dalla pura potenza al puro atto, per gli mezzi. Qua Aristotele si vanta pure da le orme e vestigii impressi di posser pervenire alla desiderata preda, mentre da gli effetti vuol amenarsi a le cause; benché egli per il più (massime che tutti gli altri ch'hanno occupato il studio a questa venazione) abbia smarrito il camino per non saper a pena distinguere de le pedate.

Qua alcuni teologi, nodriti in alcune de le sette, cercano la verità della natura in tutte le forme naturali specifiche, nelle quali considerano l'essenza eterna e specifico sustantifico perpetuator della sempiterna generazione e vicissitudine de le cose, che son chiamate dei conditori e fabricatori, sopra gli quali soprasiede la forma de le forme, il fonte de la luce, verità de le veritadi, dio de gli dei, per cui tutto è pieno de divinità, verità, entità, bontà. Questa verità è cercata come cosa inaccessibile, come oggetto inobiettabile, non sol che incomprensibile. Però a nessun pare possibile de vedere il sole, l'universale Apolline e luce absoluta per specie suprema ed eccellentissima; ma sì bene la sua ombra, la sua Diana, il mondo, l'universo, la natura che è nelle cose, la luce che è nell'opacità della materia, cioè quella in quanto splende nelle tenebre. De molti dunque, che per dette vie ed altre assai discorreno in questa deserta selva, pochissimi son quelli che s'abbattono al fonte de Diana. Molti rimagnono contenti de caccia de fiere salvatiche e meno illustri, e la massima parte non trova da comprendere avendo tese le reti al vento, e trovandosi le mani piene di mosche. Rarissimi, dico, son gli Atteoni alli quali sia dato dal destino di posser contemplar la Diana ignuda, e dovenir a tale che dalla bella disposizione del corpo della natura invaghiti in tanto, e scorti da que' doi lumi del gemino splendor de divina bontà e bellezza,

152

vegnano trasformati in cervio, per quanto non siano più cacciatori ma caccia. Perché il fine ultimo e finale di questa venazione è de venire allo acquisto di quella fugace e selvaggia preda, per cui il predator dovegna preda, il cacciator doventi caccia; perché in tutte le altre specie di venaggione che si fa de cose particolari, il cacciatore viene a cattivare a sé l'altre cose, assorbendo quelle con la bocca de l'intelligenza propria; ma in quella divina ed universale viene talmente ad apprendere che resta necessariamente ancora compreso, assorbito, unito. Onde da volgare, ordinario, civile e populare doviene salvatico come cervio ed incola del deserto; vive divamente sotto quella procerità di selva, vive nelle stanze non artificiose di cavernosi monti, dove admira gli capi de gli gran fiumi, dove vegeta intatto e puro da ordinarie cupiditadi, dove più liberamente conversa la divinità, alla quale aspirando tanti uomini che in terra hanno volsuto gustar vita celeste, dissero con una voce: Ecce elongavi fugiens, et mansi in solitudine. Cossì gli cani, pensieri de cose divine, vòrano questo Atteone, facendolo morto al volgo, alla moltitudine, sciolto dalli nodi de perturbati sensi, libero dal carnal carcere della materia; onde non più vegga come per forami e per fenestre la sua Diana, ma avendo gittate le muraglie a terra, è tutto occhio a l'aspetto de tutto l'orizonte. Di sorte che tutto guarda come uno, non vede più per distinzioni e numeri, che secondo la diversità de sensi, come de diverse rime fanno veder ed apprendere in confusione. Vede l'Anfitrite, il fonte de tutti numeri, de tutte specie, de tutte raggioni, che è la monade, vera essenza de l'essere de tutti; e se non la vede in sua essenza, in absoluta luce, la vede nella sua genitura che gli è simile, che è la sua imagine: perché dalla monade che è la divinitade, procede questa monade che è la natura, l'universo, il mondo; dove si contempla e specchia, come il sole nella luna, mediante la quale ne illumina trovandosi egli nell'emisfero delle sustanze intellettuali. Questa è la Diana, quello uno che è l'istesso ente, quello ente che è l'istesso vero, quello vero che è la natura comprensibile, in cui influisce il sole ed il splendor della natura superiore, secondo che la unità è destinta nella generata e generante, o producente e prodotta. Cossì da voi medesimo potrete conchiudere il modo, la dignità ed il successo più degno del cacciatore e de la caccia. Onde il furioso si vanta d'esser preda della Diana, a cui si rese, per cui si stima gradito consorte, e più felice cattivo e suggiogato, che invidiar possa ad altro uomo che non ne può aver ch'altre tanto, o ad altro divo che ne ave in tal specie quale è impossibile d'essere ottenuta da natura inferiore, e per consequenza non è conveniente d'essere desiata, né meno può cadere in appetito.

CES. Ho ben compreso quanto avete detto, e m'avete più che mediocremente satisfatto. Or è tempo di ritornar a casa.

MAR. Bene.

Parte seconda, dialogo terzo

Interlocutori: Liberio, Laodonio.

LIB. Posando sotto l'ombra d'un cipresso il furioso, e trovandosi l'alma intermittente da gli altri pensieri (cosa mirabile), avvenne che (come fussero animali e sustanze de distinte raggioni e sensi) si parlassero insieme il core e gli occhi, l'uno de l'altro lamentandosi come quello che era principio di quel faticoso tormento che consumava l'alma.

LAOD. Dite, se vi ricordate, le raggioni e le paroli.

LIB. Cominciò il dialogo il core, il qual, facendosi udir dal petto, proruppe in questi accenti:

Prima proposta del core a gli occhi.

Come, occhi miei, sì forte mi tormenta

Quel che da voi deriva ardente foco,

Ch'al mio mortal suggetto mai allenta

Di serbar tal incendio, ch'ho per poco

L'umor dell'Oceàn e di più lenta

Artica stella il più gelato loco,

Perché ivi in punto si reprima il vampo,

O al men mi si prometta ombra di scampo?

Voi mi fêste cattivo

D'una man che mi tiene, e non mi vuole;

Per voi son entro al corpo, e fuor col sole;

Son principio de vita, e non son vivo;

Non so quel che mi sia,

Ch'appartegno a quest'alma, e non è mia.

LAOD. Veramente l'intendere, il vedere, il conoscere è quello che accende il desio, e per consequenza, per ministerio de gli occhi, vien infiammato il core: e quanto a quelli fia presente più alto e degno oggetto, tanto più forte è il foco e più vivaci son le fiamme. Or qual esser deve quella specie per cui tanto si sente acceso il core, che non spera che temprar possa il suo ardore tanto più fredda quanto più lenta stella che sia conchiusa nell'artico cerchio, né rallentar il vampo l'umor intiero de l'Oceano? Quanta deve essere l'eccellenza di quello oggetto che l'ha reso nemico de l'esser suo, rubello a l'alma propria, e contento di tal ribellione e nemicicia, quantunque sia cattivo d'una man che 'l dispreggia e non lo vuole? Ma fatemi udire se gli occhi risposero e che cosa dissero.

LIB. Quelli, per il contrario, si lagnavano del core, come quello che era principio e caggione per cui versassero tante lacrime. Però a l'incontro gli proposero in questo tenore:

Prima proposta de gli occhi al core.

Come da te sorgon tant'acqui, o core,

Da quante mai Nereidi alzar la fronte

Ch'ogni giorno al bel sol rinasce e muore?

A par de l'Anfitrite il doppio fonte

Versar può sì gran fiumi al mondo fore,

Che puoi dir che l'umor tanto surmonte,

Che gli fia picciol rio chi Egitto inonda,

Scorrend'al mar per sette doppia sponda.

Dié natura doi lumi

A questo picciol mondo per governo;

Tu, perversor di quell'ordin eterno,

Le convertiste in sempiterni fiumi.

E questo il ciel non cura,

Ché il natìo passa, e 'l violento dura.

LAOD. Certo ch'il cor acceso e compunto fa sorger lacrime da gli occhi, onde, come quelli accendeno le fiamme in questo, quest'altro viene a rigar quelli d'umore. Ma mi maraviglio de sì forte exaggerazione, per cui dicono che le Nereidi non alzano tanto bagnata fronte a l'oriente sole, quanta possa appareggiar queste acqui. Ed oltre agguagliansi all'Oceano, non perché versino, ma perché versar possano questi doi fonti fiumi tali e tanti, che, computato a loro, il Nilo apparirebbe una picciola lava distinta in sette canali.

LIB. Non ti maravigliar della forte exaggerazione e di quella potenza priva de l'atto; perché tutto intenderete dopo intesa la conchiusione de raggionamenti loro. Or odi come prima il core risponde alla proposta de gli occhi.

LAOD. Priegovi, fatemi intendere.

LIB.

Prima risposta del core a gli occhi.

Occhi, s'in me fiamma immortal s'alluma,

Ed altro non son io che fuoco ardente,

Se quel ch'a me s'avvicina s'infuma,

E veggio per mio incendio il ciel fervente;

Come il gran vampo mio non vi consuma,

Ma l'effetto contrario in voi si sente?

Come vi bagno, e più tosto non cuoco,

Se non umor, ma è mia sustanza fuoco?

Credete, ciechi voi,

Che da sì ardente incendio derivi

El doppio varco, e que' doi fonti vivi

Da Vulcan abbian gli elementi suoi,

Come tal volt'acquista

Forza un contrario, se l'altro resista?

Vede, come non possea persuadersi il core di posser da contraria causa e principio procedere forza di contrario effetto, sin a questo che non vuol affirmare il modo possibile, quando per via d'antiperistasi, che significa il vigor che acquista il contrario da quel che, fuggendo l'altro, viene ad unirsi, inspessarsi, inglobarsi e concentrarsi verso l'individuo della sua virtute, la qual, quanto più s'allontana dalle dimensioni, tanto si rende efficace di vantaggio.

LAOD. Dite ora come gli occhi risposero al core.

LIB. Prima risposta de gli occhi al core.

Ahi, cor, tua passion sì ti confonde,

Ch'hai smarrito il sentier di tutt'il vero.

Quanto si vede in noi, quanto s'asconde,

E semenza de' mari; onde l'intero

Nettun potrà ricovrar non altronde,

Se per sorte perdesse il grand'impero;

Come da noi deriva fiamma ardente,

Che siam del mare il gemino parente?

Sei sì privo di senso,

Che per noi credi la fiamma trapasse,

E tant'umide porte a dietro lasse,

Per far sentir a te l'ardor immenso?

Come splendor per vetri,

Crederai forse che per noi penétri?

Qua non voglio filosofare circa la coincidenza de contrarii, de la quale ho studiato nel libro De principio ed uno; e voglio supponere quello che comunmente si suppone, che gli contrarii nel medesimo geno son distantissimi, onde vegna più facilmente appreso il sentimento di questa risposta, dove gli occhi si dicono semi o fonti, nella virtual potenza de quali è il mare; di sorte che, se Nettuno perdesse tutte l'acqui, le potrebbe richiamar in atto dalla potenza loro, dove sono come in principio agente e materiale. Però non metteno urgente necessità, quando dicono non posser essere che la fiamma per la lor stanza e cortile trapasse al core con lasciarsi tant'acqui a dietro, per due caggioni: prima perché tal impedimento in atto non può essere, se non posti in atto tali oltraggiosi ripari; secondo perché, per quanto l'acqui sono attualmente ne gli occhi, possono donar via al calore come alla luce; essendo che l'esperienza dimostra che senza scaldar il specchio viene il luminoso raggio ad accendere per via di reflessione qualche materia che gli vegna opposta; e per un vetro, cristallo, o altro vase pieno d'acqua, passa il raggio ad accendere una cosa sottoposta senza che scalde il spesso corpo tramezzante: come è verisimile ed anco vero che caggione secche ed aduste impressioni nelle concavitadi del profondo mare. Talmente per certa similitudine, se non per raggioni di medesimo geno, si può considerare come sia possibile che per il senso lubrico ed oscuro de gli occhi possa esser scaldato ed acceso di quella luce l'affetto, la quale secondo medesima raggione non può essere nel mezzo. Come la luce del sole, secondo altra raggione, è nell'aria tramezzante, altra nel senso vicino ed altra nel senso commune ed altra ne l'intelletto, quantunque da un modo proceda l'altro modo di essere.

LAOD. Sonvi altri discorsi?

LIB. Sì; perché l'uno e l'altro tentano di saper con qual modo quello contegna tante fiamme, e quelli tante acqui. Fa, dunque, il core la seconda proposta:

Seconda proposta del core.

S'al mar spumoso fan concorso i fiumi,

E da fiumi del mar il cieco varco

Vien impregnato: ond'è che da voi, lumi,

Non è doppio torrente al mondo scarco,

Che cresca il regno a gli marini numi,

Scemando ad altri il glorioso incarco?

Perché non fia che si vegga quel giorno,

Ch'a i monti fa Deucalion ritorno?

Dove gli rivi sparsi?

Dove il torrente che mia fiamma smorze,

O per ciò non posser, più la

rinforze? Goccia non scende a terra ad inglobarsi,

Per cui fia ch'io non pensi

Che sia cossì, come mostrano i sensi?

Dimanda: qual potenza è questa che non si pone in atto? Se tante son l'acqui, perché Nettuno non viene a tiranneggiar su l'imperio de gli altri elementi? Ove son gli inondanti rivi? Ove chi dia refrigerio al fuoco ardente? Dove è una stilla onde io possa affirmar de gli occhi quel tanto che niegano i sensi? - Ma gli occhi di pari fanno un'altra dimanda:

Seconda proposta de gli occhi al core.

Se la materia convertita in foco

Acquista il moto di lieve elemento,

E se ne sale a l'eminente loco,

Onde avvien che, veloce più che vento,

Tu ch'incendio d'amor senti non poco,

Non ti fai gionto al sole in un momento?

Perché soggiorni peregrino al basso,

Non t'aprendo per noi e l'aria il passo?

Favilla non si scorge

Uscir a l'aria aperto da quel busto,

Né corpo appar incenerit'o adusto,

Né lacrimoso fumo ad alto sorge:

Tutt'è nel proprio intiero,

Né di fiamma è raggion, senso o pensiero.

LAOD. Non ha più né meno efficacia questa che quell'altra proposta. Ma vengasi presto alle risposte, se vi sono.

LIB. Vi son certamente e piene di succhio. Udite:

Seconda risposta del core a gli occhi.

Sciocco è colui che sol per quanto appare

Al senso ed oltre a la raggion non crede:

Il fuoco mio non puote alto volare,

E l'infinito incendio non si vede,

Perché de gli occhi han sopraposto il mare,

E un infinito l'altro non eccede:

La natura non vuol ch'il tutto pera,

Se basta tanto fuoco a tanta sfera.

Ditemi, occhi, per Dio,

Qual mai partito prenderemo noi,

Onde far possa aperto o io, o voi,

Per scampo suo, de l'alma il fato rio,

Se l'un e l'altro ascoso

Mai potrà fargli il bel nume piatoso?

LAOD. Se non è vero, è molto ben trovato: se non è cossì, è molto bene iscusato l'uno per l'altro; se, stante che dove son due forze, de quali l'una non è maggior de l'altra, bisogna che cesse l'operazion di questa e quella, essendo che tanto questa può resistere quanto quella insistere; non meno quella ripugna che possa oppugnar questa: se dunque è infinito il mare ed inmensa la forza de le lacrime che sono ne gli occhi, non faranno giamai ch'appar possa favillando o isvampando l'impeto del fuoco ascoso nel petto; né quelli mandar potranno il gemino torrente al mare, se con altretanto di vigore gli fa riparo il core. Però accade che il bel nume per apparenza di lacrima che stille da gli occhi, o favilla che si spicche dal petto, non possa esser invitato ad esser piatoso a l'alma afflitta.

LIB. Or notate la conseguente risposta de gli occhi:

Seconda risposta de gli occhi al core.

Ahi, per versar a l'elemento ondoso,

L'émpito de noi fonti al tutt'è casso;

Ché contraria potenza il tien ascoso,

Acciò non mande a rotilon per basso.

L'infinito vigor del cor focoso

A i pur tropp'alti niega il passo;

Quindi gemino varco al mar non corre,

Ch'il coperto terren natura aborre.

Or dinne, afflitto core,

Che puoi opporti a noi con altre tanto

Vigor: chi fia giamai che porte il vanto

D'esser precon di sì 'nfelice amore,

S'il tuo e nostro male

Quant'è più grande, men mostrarsi vale?

Per essere infinito l'un e l'altro male, come doi ugualmente vigorosi contrarii si ritegnono, si supprimeno; e non potrebbe esser cossì, se l'uno e l'altro fusse finito, atteso che non si dà equalità puntuale nelle cose naturali, né ancora sarebbe cossì, se l'uno fusse finito e l'altro infinito; ma certo questo assorbirebbe quello, ed avverrebe che si mostrarebbono ambi doi o al men l'uno per l'altro. Sotto queste sentenze, la filosofia naturale ed etica che vi sta occolta, lascio cercarla, considerarla e comprenderla a chi vuole e puote. Sol questo non voglio lasciare, che non senza raggione l'affezion del core è detta infinito mare dall'apprension de gli occhi. Perché essendo infinito l'oggetto de la mente, ed a l'intelletto non essendo definito oggetto proposto, non può essere la volontade appagata de finito bene; ma se oltre a quello si ritrova altro, il brama, il cerca, perché (come è detto commune) il summo della specie inferiore è infimo e principio della specie superiore, o si prendano gli gradi secondo le forme le quali non possiamo stimar che siano infinite, o secondo gli modi e raggioni di quelle, nella qual maniera, per essere infinito il sommo bene, infinitamente credemo che si comunica secondo la condizione delle cose alle quali si diffonde. Però non è specie definita a l'universo (parlo secondo la figura e mole), non è specie definita a l'intelletto, non è definita la specie de l'affetto.

LAOD. Dunque queste due potenze de l'anima mai sono, né essere possono perfette per l'oggetto, se infinitamente si referiscono a quello.

LIB. Cossì sarrebe se questo infinito fusse per privazion negativa o negazion privativa de fine, come è per più positiva affirmazione de fine infinito ed interminato.

LAOD. Volete dir dunque due specie d'infinità: l'una privativa, la qual può essere verso qualche cosa che è potenza, come infinite son le tenebre, il fine delle quali è posizione di luce; l'altra perfettiva, la quale è circa l'atto e perfezione, come infinita è la luce, il fine della quale sarebbe privazione e tenebre. In questo dunque che l'intelletto concepe la luce, il bene, il bello, per quanto s'estende l'orizonte della sua capacità, e l'anima che beve del nettare divino e de la fonte de vita eterna, per quanto comporta il vase proprio; si vede che la luce è oltre la circunferenza del suo orizonte, dove può andar sempre più e più penetrando; ed il nettare e fonte d'acqua viva è infinitamente fecondo, onde possa sempre oltre ed oltre inebriarsi.

LIB. Da qua non séguita imperfezione nell'oggetto né poca satisfazione nella potenza; ma che la potenza sia compresa da l'oggetto e beatificamente assorbita da quello. Qua gli occhi imprimeno nel core, cioè nell'intelligenza, suscitano nella volontà un infinito tormento di suave amore; dove non è pena, perché non s'abbia quel che si desidera, ma è felicità, perché sempre vi si trova quel che si cerca: ed in tanto non vi è sazietà, per quanto sempre s'abbia appetito, e per consequenza gusto; acciò non sia come nelli cibi del corpo, il quale con la sazietà perde il gusto, e non ha felicità prima che guste, né dopo ch'ha gustato, ma nel gustar solamente; dove se passa certo termine e fine, viene ad aver fastidio e nausea.

Vedi, dunque, in certa similitudine qualmente il sommo bene deve essere infinito, e l'appulso de l'affetto verso e circa quello esser deggia anco infinito, acciò non vegna talvolta a non esser bene: come il cibo che è buono al corpo, se non ha modo, viene ad essere veleno. Ecco come l'umor de l'Oceano non estingue quel vampo, ed il rigor de l'Artico cerchio non tempra quell'ardore. Cossì è cattivo d'una mano che il tiene e non lo vuole: il tiene, perché l'ha per suo; non lo vuole, perché (come lo fuggesse) tanto più se gli fa alto quanto più ascende a quella, quanto più la séguita tanto più se gli mostra lontana per raggion di eminentissima eccellenza, secondo quel detto: Accedet homo ad cor altum, et exaltabitur Deus.

Cotal felicità d'affetto comincia da questa vita, ed in questo stato ha il suo modo d'essere. Onde può dire il core d'essere entro con il corpo, e fuori col sole, in quanto che l'anima con la gemina facultade mette in execuzione doi uffici: l'uno de vivificare ed attuare il corpo animabile, l'altro de contemplare le cose superiori; perché cossì lei è in potenza receptiva da sopra, come è verso sotto al corpo in potenza attiva. Il corpo è come morto e cosa privativa a l'anima la quale è sua vita e perfezione; e l'anima è come morta e cosa privativa alla superiore illuminatrice intelligenza da cui l'intelletto è reso in abito e formato in atto. Quindi si dice il core essere prencipe di vita, e non esser vivo; si dice appartenere a l'alma animante, e quella non appartenergli: perché è infocato da l'amor divino, è convertito finalmente in fuoco, che può accendere quello che si gli avicina; atteso che avendo contratta in sé la divinitade, è fatto divo; e conseguentemente con la sua specie può innamorar altri: come nella luna può essere admirato e magnificato il splendor del sole. Per quel poi ch'appartiene al considerar de gli occhi, sapete che nel presente discorso hanno doi ufficii: l'uno de imprimere nel core, l'altro de ricevere l'impressione dal core; come anco questo ha doi ufficii: l'uno de ricevere l'impressioni da gli occhi, l'altro di imprimere in quelli. Gli occhi apprendono le specie e le proponeno al core, il core le brama ed il suo bramare presenta a gli occhi: quelli concepeno la luce, la diffondeno ed accendeno il fuoco in questo; questo, scaldato ed acceso, invia il suo amore a quelli, perché lo digeriscano. Cossì primieramente la cognizione muove l'affetto, ed appresso l'affetto muove la cognizione. Gli occhi, quando moveno, sono asciutti, perché fanno ufficio di specchio e di ripresentatore; quando poi son mossi, son turbati ed alterati; perché fanno ufficio de studioso executore: atteso che con l'intelletto speculativo prima si vede il bello e buono, poi la voluntà l'appetisce, ed appresso l'intelletto industrioso lo procura, séguita e cerca. Gli occhi lacrimosi significano la difficultà de la separazione della cosa bramata dal bramante, la quale acciò non sazie, non fastidisca, si porge come per studio infinito, il quale sempre ha e sempre cerca: atteso che la felicità de' dei è descritta per il bevere non per l'aver bevuto il nettare, per il gustare non per aver gustato l'ambrosia, con aver continuo affetto al cibo ed alla bevanda, e non con esser satolli e senza desio de quelli. Indi, hanno la sazietà come in moto ed apprensione, non come in quiete e comprensione; non son satolli senza appetito, né sono appetenti senza essere in certa maniera satolli.

LAOD. Esuries satiata, satietas esuriens.

LIB. Cossì a punto.

LAOD. Da qua posso intendere come senza biasimo, ma con gran verità ed intelletto è stato detto, che il divino amore piange con gemiti inenarrabili, perché con questo che ha tutto, ama tutto, e con questo che ama tutto, ha tutto.

LIB. Ma vi bisognano molte glose, se volessimo intendere de l'amor divino che è la istessa deità; e facilmente s'intende de l'amor divino per quanto si trova ne gli effetti e nella subalternata natura; non dico quello che dalla divinità si diffonde alle cose, ma quello delle cose che aspira alla divinità.

LAOD. Or di questo ed altro raggionaremo a più aggio appresso. Andiamone.

Parte seconda, dialogo quarto

Interlocutori: Severino, Minutolo.

SEV. Vedrete dunque la raggione de nove ciechi, li quali apportano nove principii e cause particolari de sua cecità, benché tutti convegnano in una causa generale d'un comun furore.

MIN. . Cominciate dal primo.

SEV. Il primo di questi, benché per natura sia cieco, nulladimeno per amore si lamenta, dicendo a gli altri che non può persuadersi la natura esser stata più discortese a essi che a lui; stante che, quantunque non veggono, hanno però provato il vedere, e sono esperti della dignità del senso e de l'eccellenza del sensibile, onde son dovenuti orbi: ma egli è venuto come talpa al mondo a esser visto e non vedere, a bramar quello che mai vedde.

MIN. . Si son trovati molti innamorati per sola fama.

SEV. Essi, dice egli, aver pur questa felicità de ritener quella imagine divina nel conspetto de la mente, de maniera che, quantunque ciechi, hanno pure in fantasia quel che lui non puote avere. Poi nella sestina si volta alla sua guida, pregandola che lo mene in qualche precipizio, a fin che non sia oltre orrido spettacolo del sdegno di natura. Dice dunque:

Parla il primo cieco.

Felici che talvolta visto avete,

Voi per la persa luce ora dolenti

Compagni che doi lumi conoscete.

Questi accesi non fûro, né son spenti;

Però più grieve mal che non credete

È il mio, e degno de più gran lamenti:

Perché, che fusse torva la natura

Più a voi ch'a me, non è chi m'assicura.

Al precipizio, o duce,

Conducime, se vuoi darmi contento,

Perché trove rimedio il mio tormento,

Ch'ad esser visto, e non veder la luce,

Qual talpa uscivi al mondo,

E per esser di terra inutil pondo.

Appresso séguita l'altro, che, morsicato dal serpe de la gelosia, è venuto infetto nell'organo visuale. Va senza guida, se pur non ha la gelosia per scorta. Priega alcun de circonstanti, che se non è rimedio del suo male, faccia per pietà che non oltre aver possa senso del suo male, facendo cossì lui occolto a se medesimo, come se gli è fatta occolta la sua luce, con sepelir lui col proprio male. Dice Parla il secondo cieco.

Da la tremenda chioma ha svelto Aletto

L'infernal verme, che col fiero morso

Hammi sì crudament'il spirto infetto,

Ch'a tôrmi il senso principal è corso,

Privando de sua guida l'intelletto;

Ch'in vano l'alma chiede altrui soccorso,

Sì cespitar mi fa per ogni via.

Quel rabido rancor di gelosia.

Se non magico incanto,

Né sacra pianta, né virtù de pietra,

Né soccorso divin scampo m'impetra,

Un di voi sia, per Dio, piatoso in tanto,

Che a me mi faccia occolto:

Con far meco il mio mal tosto sepolto.

Succede l'altro, il qual dice esser dovenuto cieco per essere repentinamente promosso dalle tenebre a veder una gran luce; atteso che essendo avezzo de mirar bellezze ordinarie, venne subito a presentarsegli avanti gli occhi una beltà celeste, un divo sole: onde non altrimenti si gli è stemprata la vista e smorzatosegli il lume gemino che splende in prora a l'alma (perché gli occhi son come doi fanali che guidano la nave), ch'accader suole a un allievato nelle oscuritadi Cimmerie, se subito immediatamente affiga gli occhi al sole. E nella sestina priega che gli sia donato libero passagio a l'inferno, perché non altro che tenebre convegnono ad un supposito tenebroso. Dice dunque cossì: Parla il terzo cieco.

S'appaia il gran pianeta di repente

A un uom nodrito in tenebre profonde,

O sott'il ciel de la Cimmeria gente,

Onde lungi suoi rai il sol diffonde;

Gli spenge il lume gemino splendente

In prora a l'alma, e nemico s'asconde.

Cossì stemprate fur mie luci avezze

A mirar ordinarie bellezze,

Fatemi a l'orco andare;

Perché morto discorro tra le genti?

Perché ceppo infernal tra voi viventi

Misto men vo? Perché l'aure discare

Sorbisco, in tante pene

Messo per aver visto il sommo bene?

Fassi innanzi il quarto cieco per simile, ma non già per medesima caggione orbo, con cui si mostra il primo. Perché, come quello per repentino sguardo della luce, cossì questo con spesso e frequente remirare, o pur per avervi troppo fissati gli occhi, ha perso il senso de tutte l'altre luci, e non si dice cieco per consequenza al risguardo di quella unica che l'ha occecato. E dice il simile del senso de la vista a quello ch'aviene al senso dell'udito; essendo che coloro che han fatte l'orecchie a gran strepiti e rumori, non odeno gli strepiti minori, come è cosa famosa de gli popoli Cataduppici, che son là d'onde il gran fiume Nilo da una altissima montagna scende precipitoso alla pianura.

MIN. Cossì tutti color ch'hanno avezzo il corpo, l'animo a cose più difficili e grandi, non sogliono sentir fastidio dalle difficultadi minori. E costui non deve esser discontento della sua cecità.

SEV. Non certo. Ma si dice volontario orbo, a cui piace che ogni altra cosa gli sia ascosa, come l'attedia col divertirlo da mirar quello che vuol unicamente mirare.

Ed in questo mentre priega gli viandanti che si degnino de non farlo capitar male per qualche mal rancontro, mentre va.sì attento e cattivato ad un oggetto principale.

MIN. Riferite le sue paroli.

SEV.

Parla il quarto cieco.

Precipitoso d'alto al gran profondo

Il Nil d'ogni altro suon il senso ha spento

De' Cataduppi al popolo ingiocondo.

Cossì stand'io col spirto intiero attento

Alla più viva luce ch'abbia il mondo,

Tutti i minor splendori unqua non sento:

Or mentr'ella gli splende, l'altre cose

Sien pur a l'orbo volontario ascose.

Priegovi, da le scosse

Di qualche sasso, o fiera irrazionale,

Fatemi accorto, e se si scende o sale;

Perché non caggian queste misere osse

In luogo cavo e basso,

Mentre privo de guida meno il passo.

Al cieco che séguita per il molto lacrimare accade che siano talmente appannati gli occhi, che non si può stendere il raggio visuale a compararsi le specie visibili, e principalmente per riveder quel lume ch'a suo malgrado, per raggion di tante doglie, una volta vedde. Oltre che si stima la sua cecità non esser più disposizionale, ma abituale, ed al tutto privativa; perché il fuoco luminoso che accende l'alma nella pupilla, troppo gran tempo e molto gagliardamente è stato riprimuto ed oppresso dal contrario umore; de maniera che, quantunque cessasse il lacrimare, non si persuade che per ciò conseguisca il bramato vedere. Ed udirete quel che dice appresso alle brigate, perché lo facessero oltrepassare:

Parla il quinto cieco.

Occhi miei, d'acqui sempre mai pregnanti,

Quando fia che del raggio visuale

La scintilla se spicche fuor de tanti

E sì densi ripari, e vegna tale,

Che possa riveder que' lumi santi,

Che fur principio del mio dolce male?

Lasso! credo che sia al tutto estinta,

Sì a lungo dal contrario oppressa e vinta.

Fate passar il cieco,

E voltate vostr'occhi a questi fonti,

Che vincon gli altri tutti uniti e gionti;

E s'è chi ardisce disputarne meco,

È chi certo lo rende

Ch'un de' miei occhi un Ocean comprende.

Il sesto orbo è cieco, perché per il soverchio pianto ha mandate tante lacrime che non gli è rimasto umore, fin al ghiacio ed umor per cui come per mezzo diafano il raggio visuale era transmesso e s'intromettea la luce esterna e specie visibile, di sorte che talmente fu compunto il core che tutta l'umida sustanza (il cui ufficio è de tener unite ancora le parti diverse varie e contrarie) è digerita; ed egli è rimasta l'amorosa affezione senza l'effetto de le lacrime, perché l'organo è stemprato per la vittoria degli altri elementi, ed è rimasto consequentemente senza vedere e senza constanza de le parti del corpo insieme. Poi propone a gli circonstanti quel che intenderete:

Parla il sesto cieco.

Occhi non occhi; fonti, non più fonti,

Avete sparso già l'intiero umore,

Che tenne il corpo, il spirto e l'alma gionti.

E tu, visual ghiaccio, che di fore

Facevi tanti oggetti a l'alma conti,

Sei digerito dal piagato core:

Cossì ver l'infernale ombroso speco

Vo menando i miei passi, arido cieco.

Deh, non mi siate scarsi

A farmi pronto andar, di me piatosi,

Che tanti fiumi, a i giorni tenebrosi,

Sol de mio pianto m'appagando, ho sparsi:

Or ch'ogni umor è casso,

Verso il profondo oblio datemi il passo.

Sopragionge il seguente che ha perduta la vista da l'intenso vampo che procedendo dal core è andato prima a consumar gli occhi, ed appresso a leccar tutto il rimanente umore de la sustanza de l'amante, de maniera che tutto incinerito e messo in fiamma non è più lui; perché dal fuoco, la cui virtù è de dissolvere gli corpi tutti ne gli loro atomi, è convertito in polve non compaginabile, se per virtù de l'acqua sola gli atomi d'altri se inspessano e congiongono a far un subsistente composto. Con tutto ciò non è privo del senso de l'intensissime fiamme. Però nella sestina con questo vuol farsi dar largo da passare; ché, se qualch'uno venesse tocco da le fiamme sue, dovenerebbe a tale che non arrebe più senso delle fiamme infernali come di cosa calda, che come di fredda neve. Dice dunque:

Parla il settimo cieco.

La beltà che per gli occhi scórse al core,

Formò nel petto mio l'alta fornace

Ch'assorbì prima il visuale umore,

Sgorgand'in alt'il suo vampo tenace;

E poi vorando ogni altro mio liquore,

Per metter l'elemento secco in pace,

M'ha reso non compaginabil polve,

Chi ne gli atomi suoi tutto dissolve,

Se d'infinito male

Avete orror, datemi piazza, o gente;

Guardatevi dal mio foco cuocente;

Che se contagion di quel v'assale,

Crederete che inverno Sia ritrovars'al fuoco de l'inferno.

Succede l'ottavo, la cecità del quale vien caggionata dalla saetta che Amore gli ha fatto penetrare da gli occhi al core. Onde si lagna non solamente come cieco, ma, ed oltre, come ferito ed arso tanto altamente quanto non crede ch'altro esser possa. Il cui senso è facilmente espresso in questa sentenza: Parla l'ottavo cieco.

Assalto vil, ria pugna, iniqua palma,

Punt'acuta, esca edace, forte nervo,

Aspra ferita, empio ardor, cruda salma,

Stral, fuoco e laccio di quel dio protervo,

Che punse gli occhi, arse il cor, legò l'alma

E fêmmi a un punto cieco, amante e servo,

Tal che orbo de mia piaga, incendio e nodo

Ho 'l senso in ogni tempo, loco e modo.

Uomini, eroi e dei,

Che siete in terra, o appresso Dite o Giove,

Dite, vi priego, quando, come e dove

Provaste, udiste o vedeste unqua omei

Medesmi o tali o tanti

Tra oppressi, tra dannati, tra gli amanti?

Viene al fine l'ultimo, il quale è ancor muto: perché non possendo (per non aver ardire) dir quello che massime vorrebe senza offendere o provocar sdegno, è privo di parlar di qualsivogli'altra cosa. Però non parla lui, ma la sua guida produce la raggione circa la quale, per esser facile, non discorro, ma solamente apporto la sentenza.

Parla la guida del nono cieco.

Fortunati voi altri ciechi amanti,

Che la caggion del vostro mal spiegate:

Esser possete, per merto de pianti,

Graditi d'accoglienze caste e grate;

Di quel ch'io guido, qual tra tutti quanti

Più altamente spasma, il vampo late,

Muto forse per falta d'ardimento

Di far chiaro a sua diva il suo tormento.

Aprite, aprite il passo,

Siate benigni a questo vacuo volto

De tristi impedimenti, o popol folto,

Mentre ch'il busto travagliato e lasso

Va picchiando le porte

Di men penosa e più profonda morte.

Qua son significate nove caggioni per le quali accade che l'umana mente sia cieca verso il divino oggetto, perché non possa fissar gli occhi a quello. De le quali:

La prima, allegorizata per il primo cieco, è la natura della propria specie, che per quanto comporta il grado in cui si trova, in quello aspira per certo più alto che apprender possa.

MIN. Perché nessun desiderio naturale è vano, possiamo certificarci de stato più eccellente che conviene a l'anima fuor di questo corpo in cui gli fia possibile d'unirsi o avvicinarsi più altamente al suo oggetto.

SEV. Dici molto bene che nessuna potenza ed appulso naturale è senza gran raggione, anzi è l'istessa regola di natura la quale ordina le cose. Per tanto è cosa verissima e certissima a' ben disposti ingegni, che l'animo umano (qualunque si mostre mentre è nel corpo) per quel medesimo che fa apparire in questo stato, fa espresso il suo esser peregrino in questa regione; perché aspira alla verità e bene universale, e non si contenta di quello che viene a proposito e profitto della sua specie.

La seconda, figurata per il secondo cieco, procede da.qualche perturbata affezione, come in proposito de l'amore è la gelosia, la quale è come tarlo che ha medesimo suggetto nemico e padre, cioè che rode il panno o legno di cui è generato.

MIN. Questa non mi par ch'abbia luogo nell'amor eroico.

SEV. Vero, secondo medesima raggione che vedesi nell'amor volgare; ma io intendo secondo altra raggione proporzionale a quella la quale accade in color che amano la verità e bontà; e si mostra quando s'adirano tanto contra quelli che la vogliono adulterare, guastare, corrompere o che in altro modo indegnamente vogliono trattarla, come son trovati di quelli che si son ridutti sino alla morte, alle pene ed esser ignominiosamente trattati da gli popoli ignoranti e sette volgari.

MIN. Certo, nessuno ama veramente il vero e buono che non sia iracondo contra la moltitudine: come nessuno volgarmente ama che non sia geloso e timido per la cosa amata.

SEV. E con questo vien ad esser cieco in molte cose veramente; ed affatto affatto, secondo l'opinion commune, è stolto e pazzo.

MIN. Ho notato un luogo che dice esser stolti e pazzi tutti quelli che hanno senso fuor ed estravagante dal senso universale de gli altri uomini. Ma cotal estravaganza è di due maniere, secondo che si va estra o con ascender più alto che tutti e la maggior parte sagliano o salir possano: e questi son gli inspirati de divino furore; o con descendere più basso dove si trovano coloro che hanno difetto di senso e di raggione più che aver possano gli molti, gli più e gli ordinarii; ed in cotal specie di pazzia, insensazione e cecità non si trovarà eroico geloso.

SEV. Quantunque gli vegna detto che le molte lettere lo fanno pazzo, non gli si può dire ingiuria da dovero.

La terza, figurata nel terzo cieco, procede da che la divina verità, secondo raggione sopranaturale detta metafisica, mostrandosi a que' pochi alli quali si mostra, non proviene con misura di moto e tempo, come accade nelle scienze fisiche (cioè quelle che s'acquistano per lume naturale, le quali, discorrendo da una cosa nota secondo il senso o la raggione, procedeno alla notizia d'altra cosa ignota; il qual discorso è chiamato argumentazione); ma subito e repentinamente, secondo il modo che conviene a tale efficiente. Onde disse un divino: Attenuati sunt oculi mei suspicientes in excelsum. Onde non è richiesto van discorso di tempo, fatica de studio ed atto d'inquisizione per averla, ma cossì prestamente s'ingerisce, come proporzionalmente il lume solare senza dimora si fa presente a chi se gli volta e se gli apre.

MIN. Volete dunque che gli studiosi e filosofi non siano più atti a questa luce che gli quantunque ignoranti?

SEV. In certo modo non ed in certo modo sì. Non è differenza quando la divina mente per sua providenza viene a comunicarsi senza disposizione del suggetto, voglio dire quando si communica, perché ella cerca ed eligge il suggetto; ma è gran differenza quando aspetta e vuol esser cercata e poi, secondo il suo beneplacito, vuol farsi ritrovare. In questo modo non appare a tutti, né può apparir ad altri che a color che la cercano. Onde è detto: Qui quaerunt me invenient me; ed in altro loco: Qui sitit, veniat et bibat.

MIN. Non si può negare che l'apprensione del secondo modo si faccia in tempo.

SEV. Voi non distinguete tra la disposizione alla divina luce e la apprensione di quella. Certo non niego che al disporsi bisogna tempo, discorso, studio e fatica, ma, come diciamo che la alterazione si fa in tempo e la generazione in instante, e come veggiamo che con tempo s'aprono le fenestre ed il sole entra in un momento, cossì accade proporzionalmente al proposito.

La quarta, significata nel seguente, non è veramente indegna, come quella che proviene dalla consuetudine di credere a false opinioni del volgo il quale è molto rimosso dalle opinioni de filosofi, o pur deriva dal studio de filosofie volgari le quali son dalla moltitudine tanto più stimate vere quanto più accostano al senso commune. E questa consuetudine è uno de grandissimi e fortissimi inconvenienti che trovar si possano: perché (come exemplificò Alcazele ed Averroe) similmente accade a essi, che come a color che da puerizia e gioventù sono consueti a mangiar veneno, quai son dovenuti a tale, che se gli è convertito in suave e proprio nutrimento, e per il contrario abominano le cose veramente buone e dolci secondo la comun natura. Ma è dignissima, perché è fondata sopra la consuetudine de mirar la vera luce (la qual consuetudine non può venir in uso alla moltitudine, come è detto). Questa cecità è eroica, ed è tale, per quale degnamente contentare si possa il presente furioso cieco, il qual tanto manca che si cure di quella, che viene veramente a spreggiare ogni altro vedere, e da la comunità non vorrebe impetrar altro che libero passagio e progresso di contemplazione, come per ordinario suole patir insidie e se gli sogliono opporre intoppi mortali.

La quinta, significata nel quinto, procede dalla improporzionalità delli mezzi de nostra cognizione al cognoscibile; essendo che, per contemplar le cose divine, bisogna aprir gli occhi per mezzo de figure, similitudini ed altre raggioni che gli peripatetici comprendono sotto il nome de fantasmi, o per mezzo de l'essere procedere alla speculazion de l'essenza, per via de gli effetti alla notizia della causa; gli quali mezzi tanto manca che vagliano per l'assecuzion di cotal fine, che più tosto è da credere che siano impedimenti, se creder vogliamo che la più alta e profonda cognizion de cose divine sia per negazione e non per affirmazione, conoscendo che la divina beltà e bontà non sia quello che può cader e cade sotto il nostro concetto, ma quello che è oltre ed oltre incomprensibile; massime in questo stato detto speculator de fantasmi dal filosofo, e dal teologo vision per similitudine speculare ed enigma; perché veggiamo non gli effetti veramente e le vere specie de le cose, o la sustanza de le idee, ma le ombre, vestigii e simulacri de quelle, come color che son dentro l'antro ed hanno da nativ ità le spalli volte da l'entrata della luce, e la faccia opposta al fondo; dove non vedeno quel che è veramente, ma le ombre de ciò che fuor de l'antro sustanzialmente si trova.

Però per la aperta visione la quale ha persa, e conosce aver persa, un spirito simile o meglior di quel di Platone piange, desiderando l'exito da l'antro, onde non per reflessione, ma per immediata conversazione possa riveder sua luce.

MIN. Parmi che questo cieco non versa circa la difficultà che procede dalla vista reflessiva, ma da quella che è caggionata dal mezzo tra la potenza visiva e l'oggetto.

SEV. Questi doi modi, quantunque siano distinti nella cognizion sensitiva o vision oculare, tutta volta però concorreno in una nella cognizione razionale o intellettiva.

MIN. Parmi aver inteso e letto che in ogni visione si richiede il mezzo over intermedio tra la potenza ed oggetto. Perché, come per mezzo della luce diffusa ne l'aere e la similitudine della cosa che in certa maniera procede da quel che è visto a quel che vede, si mette in effetto l'atto del vedere; cossì nella regione intellettuale dove splende il sole dell'intelletto agente mediante la specie intelligibile formata e come procedente da l'oggetto, viene a comprendere de la divinità l'intelletto nostro o altro inferiore a quella. Perché come l'occhio nostro (quando veggiamo) non riceve la luce del foco ed oro in sustanza, ma in similitudine; cossì l'intelletto, in qualunque stato che si trove, non riceve sustanzialmente la divinità onde sieno sustanzialmente tanti dei quante sono intelligenze, ma in similitudine; per cui non formalmente son dei, ma denominativamente divini, rimanendo la divinità e divina bellezza una ed exaltata sopra le cose tutte.

SEV. Voi dite bene; ma per vostro dire bene non è mistiero ch'io mi ritratte, perché non ho detto il contrario; ma bisogna che io dechiare ed expliche. Però prima dechiaro che la visione immediata, detta da noi ed intesa, non toglie quella sorte di mezzo che è la specie intelligibile, né quella che è la luce; ma quella che è proporzionale alla spessezza e densità del diafano, o pur corpo al tutto opaco tramezzante; come aviene a colui che vede per mezzo de le acqui più e meno turbide, o aria nimboso e nebbioso; il quale s'intenderebbe veder come senza mezzo, quando gli venesse concesso de mirar per l'aria puro, lucido e terso. Il che tutto avete come esplicato dove si dice: Spicche fuor di tanti e sì densi ripari. Ma ritorniamo al nostro principale.

La sesta, significata nel sequente, non è altrimente caggionata che dalla inbecillità ed insubsistenza del corpo, il quale è in continuo moto, mutazione ed alterazione; e le operazioni del quale bisogna che seguiteno la condizione della sua facultà, la quale è consequente dalla condizione della natura ed essere. Come volete voi che la immobilità, la sussistenza, la entità, la verità sia compresa da quello che è sempre altro ed altro, e sempre fa ed è fatto altri-ed altrimente? Che verità, che ritratto può star depinto ed impresso dove le pupille de gli occhi si dispergono in acqui, l'acqui in vapore, il vapore in fiamma, la fiamma in aura, e questa in altro ed altro, senza fine discorrendo il suggetto del senso e cognizione per la ruota delle mutazioni in infinito?

MIN. Il moto è alterità, quel che si muove sempre è altro ed altro, quel che è tale sempre altri- ed altrimente si porta ed opra, perché il concetto ed affetto séguita la raggione e condizione del suggetto. E quello che altro ed altro, altri- ed altrimente mira, bisogna necessariamente che sia a fatto cieco al riguardo di quella bellezza che è sempre una ed unicamente, ed è l'istessa unità ed entità, identità.

44 SEV. Cossì è.

La settima, contenuta allegoricamente nel sentimento del settimo cieco, deriva dal fuoco dell'affezione, onde alcuni si fanno impotenti ed inabili ad apprendere il vero, con far che l'affetto precorra a l'intelletto. Questi son coloro che prima hanno l'amare che l'intendere: onde gli avviene che tutte le cose gli appaiano secondo il colore della sua affezione; stante che chi vuole apprendere il vero per via di contemplazione, deve essere ripurgatissimo nel pensiero.

MIN. In verità si vede che sì come è diversità de contemplatori ed inquisitori per quel che altri (secondo gli abiti de loro prime e fondamentali discipline) procedeno per via de numeri, altri per via de figure, altri per via de ordini o disordini, altri per via di composizione e divisione, altri per via di separazione e congregazione, altri per via de inquisizion e dubitazione, altri per via de discorso e definizione, altri per via de interpretazioni e desciferazion de voci, vocaboli e dialecti: onde altri son filosofi matematici, altri metafisici, altri logici, altri grammatici: cossì è diversità de contemplatori che con diverse affezioni si metteno ad studiare ed applicar l'intenzione alle sentenze scritte; onde si doviene sin a questo che medesima luce di verità espressa di un medesimo libro per medesime paroli viene a servire al proposito di sette tanto numerose, diverse e contrarie.

SEV. Per questo è da dire che gli affetti molto sono potenti per impedir l'apprension del vero, quantunque gli pazienti non se ne possano accorgere; qualmente aviene ad un stupido ammalato che non dice il suo gusto amaricato, ma il cibo amaro.

Or tal specie de cecità è notata per costui, gli occhi del quale son alterati e privi dal suo naturale, per quel che dal core è stato inviato ed impresso, potente non solo ad alterar il senso, ma, ed oltre, l'altre tutte facultadi de l'alma, come la presente figura dimostra.

Al significato per l'ottavo, cossì l'eccellente intelligibile oggetto ave occecato l'intelletto, come l'eccellente sopraposto sensibile a costui ha corrotto il senso. Cossì avviene a chi vede Giove in maestà, che perde la vita e per consequenza perde il senso. Cossì avviene che chi alto guarda, tal volta vegna oppresso da la maestà. Oltre quando viene a penetrar la specie divina, la passa come strale. Onde dicono gli teologi il verbo divino essere più penetrativo che qual si voglia punta di spada o di coltello. Indi deriva la formazione ed impressione del proprio vestigio, sopra il quale altro non è che possa essere impresso o sigillato; là onde essendo tal forma ivi confirmata, e non possendo succedere la peregrina e nova senza che questa ceda, consequentemente può dire che non ha più facultà di prendere altro, se ha chi la riempie o la disgrega per la necessaria improporzionalitade.

La nona caggione è notata per il nono che è cieco per inconfidenza, per la deiezion de spirito, la quale è administrata e caggionata pure da grande amore, perché con lo ardire teme de offendere. Onde disse la Cantica: Averte oculos tuos a me, quia ipsi me avolare fecere. E cossì supprime gli occhi da non vedere quel che massime desidera e gode di vedere; come raffrena la lingua da non parlare con chi massime brama di parlare, per tema che difetto di sguardo o difettosa parola non lo avvilisca, o per qualche modo non lo metta in disgrazia. E questo suol procedere da l'apprensione de l'excellenza de l'oggetto sopra de la sua facultà potenziale: onde gli più profondi e divini teologi dicono che più si onora ed ama Dio per silenzio che per parola, come si vede più per chiuder gli occhi alle specie representate che per aprirli: onde è tanto celebre la teologia negativa de Pitagora e Dionisio sopra quella demostrativa de Aristotele e scolastici dottori.

MIN. Andiamone raggionando per il camino.

SEV. Come ti piace.

Parte seconda, dialogo quinto

Interlocutori: Laodomia, Giulia.

LAOD. Un'altra volta, o sorella, intenderai quel che apporta tutto il successo di questi nove ciechi; quali eran prima nove bellissimi ed amorosi giovani, che essendo tanto ardenti della vaghezza del vostro viso e non avendo speranza de ricevere il bramato frutto de l'amore e temendo che tal desperazione le riducesse a qualche final ruina, partironsi dal terreno della Campania felice, e d'accordo (quei che prima erano rivali) per la tua beltade giurôrno di non lasciarsi mai sin che avessero tentato tutto il possibile per ritrovar cosa più de voi bella, o simile almeno; con ciò che scuoprir si potesse in lei accompagnata quella mercé e pietade che non si trovava nel vostro petto armato di fierezza; perché questo giudicavano unico rimedio che divertir le potesse da quella cruda cattivitade. Il terzo giorno dopo la lor sollenne partita, passando vicini al monte Circeo, gli piacque d'andar a veder quelle antiquitadi de gli antri e fani di quella dea. Dove essendo gionti, dalla maestà del luogo ermo, de le ventose, eminenti e fragose rupi, del mormorìo de l'onde maritime che vanno a frangersi in quelle cavitadi, e di molte altre circonstanze che mostrava il luogo e la staggione, vennero tutti come inspiritati: tra' quali un (che ti dirò), più ardito, espresse queste paroli: - Oh se piacesse al cielo che a questi tempi ne si fesse presente, come fu in altri secoli più felici, qualche maga Circe che con le piante, minerali, veneficii ed incanti era potente di mettere come il freno alla natura; certo crederei che ella, quantunque fiera, piatosa pur sarebbe al nostro male. Ella, molto sollecitata da nostri supplichevoli lamenti, condescenderebbe o a darne rimedio, over a concederne grata vendetta contra la crudeltà di nostra nemica. - A pena avea finito di proferir queste paroli, che a tutti si presentò visibile un palaggio, il quale chiunque ave ingegno di cose umane, possea facilmente comprendere che non era manifattura d'uomo, né di natura; de la figura e descrizion de la quale ti dirò un'altra volta. Onde percossi da gran maraviglia, e tôcchi da qualche speranza che qualche propizio nume (il qual ciò gli mise avanti) volesse definire il stato de la lor fortuna, dissero ad una voce che peggio non posseano incorrere che il morire, il quale stimavano minor male che vivere in tale e tanta passione. Però vi entrâro dentro, non trovando porta che fermata gli fusse, o portinaio che gli dimandasse raggione; sin che si ritrovâro in una richissima ed ornatissima sala, dove in quella regia maestade, che puoi dire che Apolline fusse stato ritrovato da Fetonte, apparve quella ch'è chiamata sua figlia; con l'apparir de la quale veddero sparire le imagini de molti altri numi che gli administravano. Là con grazioso volto accettati e confortati, si fêro avanti; e vinti dal splendor di quella maestade, piegâro le ginocchia in terra, e tutti insieme con quella diversità de note che gli dettava il diverso ingegno, esposero gli lor voti alla dea. Dalla quale in conclusione furono talmente trattati, che ciechi, raminghi ed infortunatamente laboriosi hanno varcati tutti mari, passati tutti fiumi, superati tutti monti, discorse tutte pianure, per spacio de diece anni; al termine de quali entrati sotto quel temperato cielo de l'isola Britannica, gionti al conspetto de le belle e graziose ninfe del padre Tamesi, dopoi aver essi fatti gli atti di conveniente umiltade, ed accettati da quelle con gesti d'onestissima cortesia, uno tra loro, il principale, che altre volte ti sarà nomato, con tragico e lamentevole accento espose la causa commune in questo modo:

Di que', madonne, che col chiuso vase

Si fan presenti, ed han trafitt'il core,

Non per commesso da natura errore,

Ma d'una cruda sorte

Ch'in sì vivace morte

Le tien astretti, ogn'un cieco rimase.

Siam nove spirti che molti anni, erranti,

Per brama di saper, molti paesi

Abbiam discorsi, e fummo un dì surpresi

D'un rigid'accidente,

Per cui, se siete attente

Direte: O degni, ed o infelici amanti!

Un'empia Circe, che si don'il vanto

D'aver questo bel sol progenitore,

Ne accolse dopo vario e lungo errore;

E un certo vase aperse,

De le acqui insperse

Noi tutti, ed a quel far giunse l'incanto.

Noi aspettand'il fine di tal opra,

Eravam con silenzio muto attenti,

Sin al punto che disse: - O voi dolenti,

Itene ciechi in tutto;

Raccogliete quel frutto,

Che trovan troppo attenti al che gli è sopra, -

- Figlia e madre di tenebre ed orrore,

(Disse ogn'un, fatto cieco di repente),

Dunque ti piacque cossì fieramente

Trattar miseri amanti,

Che ti si fêro avanti,

Facili forse a consecrart'il core?

-Ma poi ch'a i lassi fu sedato alquanto

Quel subito furor, ch'il novo caso

Porse, ciascun più accolto in sé rimaso,

Mentre ira al dolor cede,

Voltossi alla mercede,

Con tali accenti accompagnand'il pianto:

- Or dunque, s'a voi piace, o nobil maga,

Che zel di gloria forse il cor ti punga,

O liquor di pietà il lenisca ed unga,

Farti piatosa a noi

Co' medicami tuoi,

Saldand'al nostro cuor l'impressa piaga;

Se la man bella è di soccorrer vaga,

Deh, non sia tanto la dimora lunga,

Che di noi triste alcun a morte giunga

Pria che per gesti tuoi

Possiam unqua dir noi:

Tanto ne tormentò, ma più ne appaga.

-E lei soggiunse: - O curiosi ingegni,

Prendete un altro mio vase fatale,

Che mia mano medesma aprir non vale;

Per largo e per profondo

Peregrinate il mondo,

Cercate tutti i numerosi regni:

Perché vuol il destin che discuoperto

Mai vegna, se non quando alta saggezza

E nobil castità giunte a bellezza

V'applicaran le mani;

D'altri i studi son vani

Per far questo liquor al ciel aperto.

Allor, s'avvien ch'aspergan le man belle

Chiunque a lor per remedio s'avicina,

Provar potrete la virtù divina

Ch'a mirabil contento

Cangiando il rio tormento,

Vedrete due più vaghe al mondo stelle.

Tra tanto alcun di voi non si contriste,

Quantunque a lungo in tenebre profonde

Quant'è sul firmamento se gli asconde;

Perché cotanto bene

Per quantunque gran pene

Mai degnamente avverrà che s'acquiste.

Per quell'a cui cecità vi conduce,

Dovete aver a vil ogni altro avere

E stimar tutti strazii un gran piacere;

Ché sperando mirare

Tai grazie uniche o rare,

Ben potrete spreggiar ogni altra luce.

-Lassi! è troppo gran tempo che raminghe

Per tutt'il terren globo nostre membra

Son ite, sì ch'al fine a tutti sembra

Che la fiera sagace

Di speranza fallace

Il petto n'ingombrò con sue lusinghe.

Miseri! ormai siam (bench'al tardi) avisti,

Ch'a quella maga, per più nostro male,

Tenerci a bada eternamente cale;

Certo perché lei crede

Che donna non si vede

Sott'il manto del ciel con tanti acquisti,

Or benché sappiam vana ogni speranza,

Cedemo al destin nostro e siam contenti

Di non ritrarci da penosi stenti,

E mai fermando i passi

(Benché trepidi e lassi),

Languir tutta la vita che n'avanza.

Leggiadre Ninfe, ch'a l'erbose sponde

Del Tamesi gentil fate soggiorno,

Deh, per Dio, non abiate, o belle, a scorno

Tentar voi anco in vano

Con vostra bianca mano

Di scuoprir quel ch'il nostro vase asconde.

Chi sa? forse che in queste spiagge, dove

Con le Nereidi sue questo torrente

Si vede che cossì rapidamente

Da basso in su rimonte,

Riserpendo al suo fonte,

Ha destinat'il ciel ch'ella si trove.

 Prese una de le Ninfe il vaso in mano, e senza altro tentare, offrillo ad una per una, di sorte che non si trovò chi ardisse provar prima; ma tutte de commun consentimento, dopo averlo solamente remirato, il riferivano e proponevano per rispetto e riverenza ad una sola; la quale finalmente non tanto per far pericolo di sua gloria, quanto per pietà e desìo di tentar il soccorso di questi infelici, mentre dubbia lo contrattava, - come spontaneamente, s'aperse da se stesso. Che volete ch'io vi referisca quanto fusse e quale l'applauso de le Ninfe? Come possete credere ch'io possa esprimere l'estrema allegrezza de nove ciechi, quando udîro del vase aperto, si sentîro aspergere dell'acqui bramate, aprîro gli occhi e veddero gli doi soli, e trovarono aver doppia felicitade: l'una della ricovrata già persa luce, l'altra della nuovamente discuoperta, che sola possea mostrargli l'imagine del sommo bene in terra? Come, dico, volete ch'io possa esprimere quella allegrezza e tripudio de voci, di spirto e di corpo, che lor medesimi, tutti insieme, non posseano esplicare? Fu per un pezzo il veder tanti furiosi debaccanti, in senso di color che credono sognare, ed in vista di quelli che non credeno quello che apertamente veggono; sin tanto che tranquillato essendo alquanto l'impeto del furore, se misero in ordine di ruota, dove

 il primo cantava e sonava la citara in questo tenore:

O rupi, o fossi, o spine, o sterpi, o sassi,

O monti, o piani, o valli, o fiumi, o mari,

Quanto vi discuoprite grati e cari;

Ché mercé vostra e merto

N'ha fatto il ciel aperto!

O fortunatamente spesi passi!

 Il secondo con la mandòra sua sonò e cantò:

O fortunatamente spesi passi,

O diva Circe, o gloriosi affanni;

O quanti n'affligeste mesi ed anni,

Tante grazie divine,

Se tal è nostro fine

Dopo che tanto travagliati e lassi!

 Il terzo con la lira sonò e cantò:

Dopo che tanto travagliati e lassi,

Se tal porto han prescritto le tempeste,

Non fia ch'altro da far oltre ne reste

Che ringraziar il cielo,

Ch'oppose a gli occhi il velo,

Per cui presente al fin tal luce fassi.

 Il quarto con la viola cantò:

Per cui presente al fin tal luce fassi,

Cecità degna più ch'altro vedere,

Cure suavi più ch'altro piacere;

Ch'a la più degna luce

Vi siete fatta duce;

Con far men degni oggetti a l'alma cassi.

 Il quinto con un timpano d'Ispagna cantò:

Con far men degni oggetti a l'alma cassi,

Con condir di speranza alto pensiero,

Fu chi ne spinse a l'unico sentiero,

Per cui a noi si scuopra

Di Dio la più bell'opra.

Cossì fato benigno a mostrar vassi.

 Il sesto con un lauto cantò:

Cossì fato benigno a mostrar vassi;

Perché non vuol ch'il ben succeda al bene,

O presagio di pene sien le pene:

Ma svoltando la ruota,

Or inalze, ora scuota;

Com'a vicenda, il dì e la notte dassi.

 Il settimo con l'arpa d'Ibernia:

Come a vicenda, il dì e la notte dassi,

Mentre il gran manto de faci notturne

Scolora il carro de fiamme diurne:

Talmente chi governa

Con legge sempiterna

Supprime gli eminenti e inalza i bassi.

 L'ottavo con la viola ad arco:

Supprime gli eminenti e inalza i bassi

Chi l'infinite machini sustenta,

E con veloce, mediocre e lenta

Vertigine dispensa

In questa mole immensa

Quant'occolto si rende e aperto stassi.

 Il nono con una rebecchina:

Quant'occolto si rend'e aperto stassi,

O non nieghi, o confermi che prevagli

L'incomparabil fine a gli travagli

Campestri e montanari

De stagni, fiumi, mari,

De rupi, fossi, spine, sterpi, sassi.

Dopo che ciascuno in questa forma, singularmente sonando il suo instrumento, ebbe cantata la sua sestina, tutti, insieme ballando in ruota e sonando in lode de l'unica Ninfa con un suavissimo concento, cantarono una canzona, la quale non so se bene mi verrà a la memoria.

GIULIA Non mancar, ti priego, sorella, di farmi udire quel tanto che ti potrà sovvenire.

LAOD.

Canzone de gl'illuminati.

- Non oltre invidio, o Giove, al firmamento,

Dice il padre Ocean col ciglio altero,

Se tanto son contento

Per quel che godo nel proprio impero. -

- Che superbia è la tua? Giove risponde;

A le ricchezze tue che cosa è gionta?

O dio de le insan'onde,

Perché il tuo folle ardir tanto surmonta? -

- Hai, disse il dio de l'acqui, in tuo potere

Il fiammeggiante ciel, dov'è l'ardente

Zona, in cui l'eminente

Coro de tuoi pianeti puoi vedere.

Tra quelli tutt'il mondo admira il sole,

Qual ti so dir che tanto non risplende,

193

Quanto lei che mi rende

Più glorioso dio de la gran mole.

Ed io comprendo nel mio vasto seno,

Tra gli altri, quel paese ove il felice

Tamesi veder lice

Ch'ha di più vaghe ninfe il coro ameno;

Tra quelle ottegno tal fra tutte belle,

Per far del mar più che del ciel amante

Te, Giove altitonante,

Cui tanto il sol non splende tra le stelle.

-Giove responde: - O dio d'ondosi mari,

Ch'altro si trove più di me beato,

Non lo permetta il fato;

Ma miei tesori e tuoi corrano al pari.

Vagl'il sol tra tue ninfe per costei;

E per vigor de leggi sempiterne,

De le dimore alterne,

Costei vaglia per sol tra gli astri miei.

Credo averla riportata intieramente tutta.

GIULIA Il puoi conoscere, perché non vi manca sentenza che possa appartener alla perfezion del proposito; né rima che si richieda per compimento de le stanze. Or io, se per grazia del cielo ottenni d'esser bella, maggior grazia e favor credo che mi sia gionto; perché qualunque fusse la mia beltade, è stata in qualche maniera principio per far discuoprir quell'unica e divina. Ringrazio gli dei, perché in quel tempo che io fui sì verde, che le amorose fiamme non si posseano accendere nel petto mio, mediante la mia tanto restia quanto semplice ed innocente crudeltade, han preso mezzo per concedere incomparabilmente grazie maggiori a' miei amanti, che altrimente avessero possute ottenere per quantunque grande mia benignitade.

LAOD. Quanto a gli animi di quelli amanti, io ti assicuro ancora che, come non sono ingrati alla sua maga Circe, fosca cecitade, calamitosi pensieri ed aspri travagli per mezzo de quali son gionti a tanto bene; cossì non potranno di te esser poco ben riconoscenti.

GIULIA Cossì desidero e spero.

De l'infinito, universo e mondi (1584)

PROEMIALE EPISTOLA, SCRITTA ALL'ILLUSTRISSIMO SIGNOR MICHEL DI CASTELNOVO.

Signor di Mauvissiero, Concressalto e di Ionvilla, Cavallier de l'ordine del Re Cristianissimo, Conseglier del suo privato Conseglio, Capitano di 50 uomini d'arme ed Ambasciator alla Serenissima Regina d'Inghilterra.

Se io, illustrissimo Cavalliero, contrattasse l'aratro, pascesse un gregge, coltivasse un orto, rassettasse un vestimento, nessuno mi guardarebbe, pochi m'osservarebono, da rari sarei ripreso e facilmente potrei piacere a tutti. Ma per essere delineatore del campo de la natura, sollecito circa la pastura de l'alma, vago de la coltura de l'ingegno e dedalo circa gli abiti de l'intelletto, ecco che chi adocchiato me minaccia, chi osservato m'assale, chi giunto mi morde, chi compreso mi vora; non è uno, non son pochi, son molti, son quasi tutti. Se volete intendere onde sia questo, vi dico che la caggione è l'universitade che mi dispiace, il volgo ch'odio, la moltitudine che non mi contenta, una che m'innamora: quella per cui son libero in suggezione, contento in pena, ricco ne la necessitade e vivo ne la morte; quella per cui non invidio a quei che son servi nella libertà, han pena nei piaceri, son poveri ne le ricchezze e morti ne la vita, perché nel corpo han la catena che le stringe, nel spirto l'inferno che le deprime,

196

ne l'alma l'errore che le ammala, ne la mente il letargo che le uccide; non essendo magnanimità che le delibere, non longanimità che le inalze, non splendor che le illustre, non scienza che le avvive. Indi accade che non ritrao, come lasso, il piede da l'arduo camino; né, come desidioso, dismetto le braccia da l'opra che si presenta; né, qual disperato, volgo le spalli al nemico che mi contrasta; né, come abbagliato, diverto gli occhi dal divino oggetto; mentre, per il più, mi sento riputato sofista, più studioso d'apparir sottile che di esser verace; ambizioso, che più studia di suscitar nova e falsa setta che di confirmar l'antica e vera; ucellatore, che va procacciando splendor di gloria con porre avanti le tenebre d'errori; spirto inquieto, che subverte gli edificii de buone discipline e si fa fondator di machine di perversitade. Cossì, Signor, gli santi numi disperdano da me que' tutti che ingiustamente m'odiano, cossì mi sia propicio sempre il mio Dio, cossì favorevoli mi sieno tutti governatori del nostro mondo, cossì gli astri mi faccian tale il seme al campo ed il campo al seme ch'appaia al mondo utile e glorioso frutto del mio lavoro con risvegliar il spirto ed aprir il sentimento a quei che son privi di lume: come io certissimamente non fingo e, se erro, non credo veramente errare e, parlando e scrivendo, non disputo per amor de la vittoria per se stessa (perché ogni riputazione e vittoria stimo nemica a Dio, vilissima e senza punto di onore, dove non è la verità), ma per amor della vera sapienza e studio della vera contemplazione m'affatico, mi crucio, mi tormento. Questo manifestaranno gli argumenti demostrativi, che pendeno da vivaci raggioni, che derivano da regolato senso, che viene informato da non false specie che, come veraci ambasciatrici, si spiccano da gli suggetti de la natura, facendosi presenti a quei che le cercano, aperte a quei che le rimirano, chiare a chi le apprende, certe a chi le comprende. Or ecco, vi porgo la mia contemplazione circa l'infinito, universo e mondi innumerabili.

Argomento del primo dialogo. Avete dunque nel primo dialogo prima, che l'inconstanza del senso mostra che quello non è principio di certezza e non fa quella se non per certa comparazione e conferenza d'un sensibile a l'altro ed un senso a l'altro; e s'inferisce come la verità sia in diversi soggetti.

Secondo, si comincia a dimostrar l'infinitudine de l'universo, e si porta il primo argumento tolto da quel, che non si sa finire il mondo da quei che con l'opra de la fantasia vogliono fabricargli le muraglia. Terzo, da che è inconveniente dire che il mondo sia finito e che sia in se stesso, perché questo conviene al solo immenso, si prende il secondo argumento. Appresso si prende il terzo argumento dall'inconveniente ed impossibile imaginazione del mondo come sia in nessun loco, perché ad ogni modo seguitarrebe che non abbia essere, atteso che ogni cosa, o corporale o incorporal che sia, o corporale- o incorporalmente, è il loco. Il quarto argumento si toglie da una demostrazione o questione molto urgente che fanno gli epicurei:

Nimirum si iam finitum constituatur

omne quod est spacium, si quis procurrat ad oras

Ultimus extremas iaciatque volatile telum,

Invalidis utrum contortum viribus ire

Quo fuerit missum mavis longeque volare,

An prohibere aliquid censes obstareque posse?

Nam sive est aliquid quod prohibeat officiatque,

Quominu' quo missum est veniat finique locet se,

Sive foras fertur, non est ea fini profecto.

Quinto, da che la definizion del loco che poneva Aristotele non conviene al primo, massimo e comunissimo loco, e che non val prendere la superficie prossima ed immediata al contenuto, ed altre levitadi che fanno il loco cosa matematica e non fisica; lascio che tra la superficie del continente e contenuto che si muove entro quella, sempre è necessario spacio tramezante a cui conviene più tosto esser loco; e se vogliamo del spacio prendere la sola superficie, bisogna che si vada cercando in infinito un loco finito. Sesto, da che non si può fuggir il vacuo ponendo il mondo finito, se vacuo è quello nel quale è niente.

Settimo, da che, sicome questo spacio nel quale è questo mondo, se questo mondo non vi si trovasse, se intenderebbe vacuo; cossì dove non è questo mondo, se v'intende vacuo. Citra il mondo, dunque, è indifferente questo spacio da quello: dunque, l'attitudine ch'ha questo, ha quello; dunque, ha l'atto, perché nessuna attitudine è eterna senz'atto; e però eviternamente ha l'atto gionto; anzi essalei è atto, perché nell'eterno non è differente l'essere e posser essere.

Ottavo, da quel che nessun senso nega l'infinito, atteso che non lo possiamo negare per questo, che non lo comprendiamo col senso; ma da quel, che il senso viene compreso da quello e la raggione viene a confirmarlo lo doviamo ponere. Anzi se oltre ben consideriamo, il senso lo pone infinito; perché sempre veggiamo cosa compresa da cosa, e mai sentiamo, né con esterno né con interno senso, cosa non compresa da altra o simile.

Ante oculos etenim rem res finire videtur:

Aer dissepit colleis atque aera montes,

Terra mare et contra mare terras terminat omneis:

Omne quidem vero nihil est quod finiat extra.

Usque adeo passim patet ingens copia rebus,

Finibus exemptis, in cunctas undique parteis.

Per quel dunque, che veggiamo, più tosto doviamo argumentar infinito, perché non ne occorre cosa che non sia terminata ad altro e nessuna esperimentiamo che sia terminata da se stessa. Nono, da che non si può negare il spacio infinito se non con la voce, come fanno gli pertinaci, avendo considerato che il resto del spacio, dove non è mondo e che si chiama vacuo o si finge etiam niente, non si può intendere senza attitudine a contenere non minor di questa che contiene. Decimo, da quel che, sicome è bene che sia questo mondo, non è men bene che sia ciascuno de infiniti altri. Undecimo, da che la bontà di questo mondo non è comunicabile ad altro mondo che esser possa, come il mio essere non è comunicabile al di questo e quello. Duodecimo, da che non è raggione né senso che, come si pone un infinito individuo, semplicissimo e complicante, non permetta che sia un infinito corporeo ed esplicato. Terzodecimo, da che questo spacio del mondo che a noi par tanto grande, non è parte e non è tutto a riguardo dell'infinito, e non può esser suggetto de infinita operazione, ed a quella è un non ente quello che dalla nostra imbecillità si può comprendere, e si risponde a certa instanza, che noi non ponemo l'infinito per la dignità del spacio, ma per la dignità de le nature; perché per la raggione, da la quale è questo, deve essere ogni altro che può essere, la cui potenza non è attuata per l'essere di questo, come la potenza de l'essere di Elpino non è attuata per l'atto dell'essere di Fracastorio. Quartodecimo da che, se la potenza infinita attiva attua l'esser corporale e dimensionale, questo deve necessariamente essere infinito; altrimente si deroga alla natura e dignitade di chi può fare e di chi può essere fatto. Quintodecimo, da quel, che questo universo conceputo volgarmente non si può dir che comprende la perfezion di tutte cose altrimente che come io comprendo la perfezione di tutti gli miei membri e ciascun globo tutto quello che è in esso: come è dire, ognuno è ricco a cui non manca nulla di quel ch'ha. Sestodecimo, da quel, che in ogni modo l'efficiente infinito sarrebe deficiente senza l'effetto e non possiamo capir che tale effetto solo sia lui medesimo. Al che si aggiunge che per questo, se fusse o se è, niente si toglie di quel che deve essere in quello che è veramente effetto, dove gli teologi nominano azione ad extra e transeunte, oltre la immanente; perché cossì conviene che sia infinita l'una come l'altra.

Decimo settimo, da quel, che, dicendo il mondo interminato, nel modo nostro séguita quiete nell'intelletto, e dal contrario sempre innumerabilmente difficultadi ed inconvenienti. Oltre, si replica quel ch'è detto nel secondo e terzo. Decimo ottavo, da quel che, se il mondo è sferico, è figurato, è terminato, e quel termine che è oltre questo terminato e figurato (ancor che ti piaccia chiamarlo niente), è anco figurato di sorte che il suo concavo è gionto al di costui convesso; perché onde comincia quel tuo niente è una concavità indifferente almeno dalla convessitudinale superficie di questo mondo. Decimo nono, s'aggiunge a quel che è stato detto nel secondo. Ventesimo, si replica quello che è stato detto nel decimo.

Nella seconda parte di questo dialogo, quello ch'è dimostrato per la potenza passiva de l'universo, si mostra per l'attiva potenza de l'efficiente, con più raggioni: de le quali la prima si toglie da quel, che la divina efficacia non deve essere ociosa; e tanto più ponendo effetto extra la propria sustanza (se pur cosa gli può esser extra), e che non meno è ociosa ed invidiosa producendo effetto finito che producendo nulla. La seconda da la prattica, perché per il contrario si toglie la raggione della bontade e grandezza divina, e da questo non séguita inconveniente alcuno contra qualsivoglia legge e sustanza di teologia. La terza è conversiva con la duodecima de la prima parte; e si apporta la differenza tra il tutto infinito e totalmente infinito. La quarta, da che non meno per non volere che per non possere la omnipotenza vien biasimata d'aver fatto il mondo finito e di essere agente infinito circa suggetto finito. La quinta induce che, se non fa il mondo infinito, non lo può fare; e se non ha potenza di farlo infinito, non può aver vigore di conservarlo in infinito; e che, se lui secondo una raggione è finito, viene ad essere finito secondo tutte le raggioni, perché in lui ogni modo è cosa, e ogni cosa e modo è uno e medesimo con l'altra e l'altro. La sesta è conversiva de la decima de la prima parte. E s'apporta la causa per la quale gli teologi defendeno il contrario non senza espediente raggione, e de l'amicizia tra questi dotti e gli dotti filosofi.

La settima, dal proponere la raggione che distingue la potenza attiva da l'azioni diverse, e sciorre tale argumento. Oltre, si mostra la potenza infinita intensiva- ed estensivamente più altamente che la comunità di teologi abbia giamai fatto. La ottava, da onde si mostra che il moto di mondi infiniti non è da motore estrinseco ma da la propria anima, e come con tutto ciò sia un motore infinito. La nona, da che si mostra come il moto infinito intensivamente si verifica in ciascun de' mondi. Al che si deve aggiongere che da quel, che un mobile insieme insieme si muove ed è mosso, séguita che si possa vedere in ogni punto del circolo che fa col proprio centro; ed altre volte.sciorremo questa obiezione, quando sarà lecito d'apportar la dottrina più diffusa.

Argomento del secondo dialogo. Séguita la medesima conclusione il secondo dialogo. Ove, primo, apporta quattro raggioni, de quali la prima si prende da quel, che tutti gli attributi de la divinità sono come ciascuno. La seconda, da che la nostra imaginazione non deve posser stendersi più che la divina azione. La terza, da l'indifferenza de l'intelletto ed azion divina, e da che non meno intende infinito che finito. La quarta, da che, se la qualità corporale ha potenza infinita attiva, la qualità, dico, sensibile a noi, or che sarà di tutta che è in tutta la potenza attiva e passiva absoluta? Secondo, mostra da che cosa corporea non può esser finita da cosa incorporea, ma o da vacuo o da pieno; ed in ogni modo estra il mondo è spacio, il quale al fine non è altro che materia e l'istessa potenza passiva, dove la non invida ed ociosa potenza attiva deve farsi in atto. E si mostra la vanità dell'argomento d'Aristotele dalla incompossibilità delle dimensioni. Terzo, se insegna la differenza che è tra il mondo e l'universo, perché chi dice l'universo infinito uno, necessariamente distingue tra questi dui nomi. Quarto, si apportano le raggioni contrarie, per le quali si stima l'universo finito: dove Elpino referisce le sentenze tutte di Aristotele, e Filoteo le va essaminando. Quelle sono tolte altre dalla natura di corpi semplici, altre da la natura di corpi composti; e si mostra la vanità di sei argumenti presi dalla definizione de gli moti che non possono essere in infinito, e da altre simili proposizioni, le quali son senza proposto e supposito, come si vede per le nostre raggioni. Le quali più naturalmente faran vedere la raggione de le differenze e termino di moto, e, per quanto comporta l'occasione e loco, mostrano la più reale cognizione dell'appulso grave e lieve; perché per esse mostramo come il corpo infinito non è grave né lieve, e come il corpo finito riceve differenze tali, e come non. Ed indi si fa aperta la vanità de gli argomenti di Aristotele, il quale, argumentando contra quei che poneno il mondo infinito, suppone il mezzo e la circonferenza, e vuole che nel finito o infinito la terra ottegna il centro. In conclusione, non è proposito grande o picciolo che abbia amenato questo filosofo per destruggere l'infinità del mondo, tanto dal primo libro Del cielo e mondo quanto dal terzo De la fisica ascoltazione, circa il quale non si discorra assai più che a bastanza.

Argomento del terzo dialogo. Nel terzo dialogo primieramente si niega quella vil fantasia della figura, de le sfere e diversità di cieli; e s'affirma uno essere il cielo, che è uno spacio generale ch'abbraccia gl'infiniti mondi; benché non neghiamo più, anzi infiniti cieli, prendendo questa voce secondo altra significazione; per ciò che come questa terra ha il suo cielo, che è la sua regione nella quale si muove e per la quale discorre, cossì ciascuna di tutte l'altre innumerabili. Si manifesta onde sia accaduta la imaginazione di tali e tanti mobili deferenti e talmente figurati che abbiano due superficie esterne ed una cava interna; ed altre ricette e medicine che dànno nausea ed orrore agli medesimi che le ordinano e le esequiscono, e a que' miseri che se le inghiottiscono.

Secondo, si avertisce che il moto generale e quello de gli detti eccentrici e quanti possono riferirse al detto firmamento, tutti sono fantastici: che realmente pendeno da un moto che fa la terra con il suo centro per l'ecliptica e quattro altre differenze di moto che fa circa il centro de la propria mole. Onde resta, che il moto proprio di ciascuna stella si prende da la differenza che si può verificare suggettivamente in essa come mobile da per sé per il campo spacioso. La qual considerazione ne fa intendere, che tutte le raggioni del mobile e moto infinito son vane e fondate su l'ignoranza del moto di questo nostro globo. Terzo, si propone come non è stella che non si muova come questa ed altre che, per essere a noi vicine, ne fanno conoscere sensibilmente le differenze locali di moti loro; ma che altrimente se muoveno gli soli che son corpi dove predomina il foco, altrimente le terre ne le quali l'acqua è predominante; e quindi si manifesta onde proceda il lume che diffondeno le stelle, de quali altre luceno da per sé altre per altro.

Quarto, in qual maniera corpi distantissimi dal sole possano equalmente come gli più vicini participar il caldo; e si riprova la sentenza attribuita ad Epicuro, come che vuole un sole esser bastante all'infinito universo; e s'apporta la vera differenza tra quei astri che scintillano e quei che non. Quinto s'essamina la sentenza del Cusano circa la materia ed abitabilità di mondi e circa la raggion del lume. Sesto, come di corpi, benché altri sieno per sé lucidi e caldi, non per questo il sole luce al sole e la terra luce alla medesima terra ed acqua alla medesima acqua; ma sempre il lume procede dall'apposito astro, come sensibilmente veggiamo tutto il mar lucente da luoghi eminenti, come da monti; ed essendo noi nel mare, e quando siamo ne l'istesso campo, non veggiamo risplendere se non quanto a certa poca dimensione il lume del sole e della luna ne si oppone. Settimo, si discorre circa la vanità delle quinte essenze: e si dechiara che tutti corpi sensibili non sono altri e non costano d'altri prossimi e primi principii che questi, che non sono altrimente mobili tanto per retto quanto per circulare. Dove tutto si tratta con raggioni più accomodate al senso commune, mentre Fracastorio s'accomoda all'ingegno di Burchio; e si manifesta apertamente che non è accidente che si trova qua che non si presuppona là, come non è cosa che si vede di là da qua, la quale, se ben consideriamo, non si veda di qua da là; e conseguentemente, che quel bell'ordine e scala di natura è un gentil sogno ed una baia da vecchie ribambite. Ottavo, che, quantunque sia vera la distinzione de gli elementi, non è in nessun modo sensibile o intelligibile tal ordine di elementi quale volgarmente si pone; e secondo il medesimo Aristotele, gli quattro elementi sono equalmente parti o membri di questo globo, se non vogliamo dire che l'acqua eccede; onde degnamente gli astri son chiamati or acqua or fuoco tanto da veri naturali filosofi quanto da profeti divini e poeti; li quali, quanto a questo, non favoleggiano né metaforicheggiano, ma lasciano favoleggiare ed impuerire quest'altri sofossi. Cossì li mondi se intendeno essere questi corpi eterogenei, questi animali, questi grandi globi, dove non è la terra grave più che gli altri elementi, e le particelle tutte si muoveno e cangiano di loco e disposizione non altrimente che il sangue ed altri umori e spiriti e parte minime, che fluiscono, refluiscono, influiscono ed effluiscono in noi ed altri piccioli animali. A questo proposito s'amena la comparazione, per la quale si trova che la terra, per l'appulso al centro de la sua mole, non si trova più grave che altro corpo semplice che a tal composizion concorre; e che la terra da per sé non è grave né ascende né discende; e che l'acqua è quella che fa l'unione, densità, spessitudine e gravità.

Nono, da che è visto il famoso ordine de gli elementi vano, s'inferisce la raggione di questi corpi sensibili composti che, come tanti animali e mondi, sono nel spacioso campo che è l'aria o cielo o vacuo. Ove son tutti que' mondi che non meno contegnono animali ed abitatori che questo contener possa, atteso che non hanno minor virtù né altra natura. Decimo, dopo che è veduto come sogliano disputar gli pertinacemente additti ed ignoranti di prava disposizione, si fa oltre manifesto in che modo per il più delle volte sogliono conchiudere le disputazioni; benché altri sieno tanto circonspetti che, senza guastarsi punto, con un ghigno, con un risetto, con certa modesta malignità, quel che non vagliono aver provato con raggioni né lor medesimi possono donarsi ad intendere, con queste artecciuole di cortesi dispreggi, la ignoranza in ogni altro modo aperta vogliono non solo cuoprire, ma rigettarla al dorso dell'antigonista; perché non vegnono a disputar per trovare o cercar la verità, ma per la vittoria e parer più dotti e strenui defensori del contrario. E simili denno essere fuggiti da chi non ha buona corazza di pazienza.

Argumento del quarto dialogo. Nel seguente dialogo prima si replica quel ch'altre volte è detto, come sono infiniti gli mondi, come ciascun di quelli si muova e come sia formato. Secondo, nel modo con cui, nel secondo dialogo, si sciolsero le raggioni contra l'infinita mole o grandezza de l'universo, dopo che nel primo con molte raggioni fu determinato l'inmenso effetto dell'inmenso vigore e potenza; al presente, dopo che nel terzo dialogo è determinata l'infinita moltitudine de mondi, si scioglieno le molte raggioni d'Aristotele contro quella, benché altro significato abbia questa voce mondo appresso Aristotele, altro appresso Democrito, Epicuro ed altri.

Quello dal moto naturale e violento, e raggioni de l'uno e l'altro che son formate da lui, vuole che l'una terra si derrebe muovere a l'altra; e con risolvere queste persuasioni prima, si poneno fondamenti di non poca importanza per veder gli veri principii della natural filosofia. Secondo, si dechiara che, quantunque la superficie d'una terra fusse contigua a l'altra, non averrebe che le parti de l'una si potessero muovere a l'altra, intendendo de le parti eterogenee o dissimilari, non de gli atomi e corpi semplici; onde si prende lezione di meglio considerare circa la natura del grave e lieve. Terzo, per qual caggione questi gran corpi sieno stati disposti da la natura a tanta distanza, e non sieno più vicini gli uni e gli altri, di sorte che da l'uno si potesse far progresso a l'altro; e quindi, da chi profondamente vede, si prende raggione per cui non debbano esser mondi come nella circonferenza dell'etere, o vicini al vacuo tale in cui non sia potenza, virtù ed operazione; perché da un lato non potrebono prender vita e lume. Quarto, come la distanza locale muta la natura del corpo, e come non; ed onde sia che, posta una pietra equidistante da due terre, o si starebbe ferma, o determinarebbe di moversi più tosto a l'una che a l'altra. Quinto, quanto s'inganni Aristotele per quel che in corpi, quantunque distanti, intende appulso di gravità o levità de l'uno all'altro; ed onde proceda l'appetito di conservarsi nell'esser presente, quantunque ignobile, ne le cose: il quale appetito è causa della fuga e persecuzione. Sesto, che il moto retto non conviene né può esser naturale a la terra o altri corpi principali, ma a le parti di questi corpi che a essi da ogni differenza di loco, se non son molto discoste, si muoveno. Settimo, da le comete si prende argomento che non è vero che il grave, quantunque lontano, abbia appulso o moto al suo continente. La qual raggione corre non per gli veri fisici principii, ma dalle supposizioni della filosofia d'Aristotele, che le forma e compone da le parti che sono vapori ed exalazioni de la terra. Ottavo, a proposito d'un altro argomento, si mostra come gli corpi semplici, che sono di medesima specie in altri mondi innumerabili, medesimamente si muovano; e qualmente la diversità numerale pone diversità de luoghi, e ciascuna parte abbia il suo mezzo e si referisca al mezzo commune del tutto; il quale mezzo non deve essere cercato nell'universo. Nono, si determina che gli corpi e parti di quelli non hanno determinato su e giù, se non in quanto che il luogo della conversazione è qua o là. Decimo, come il moto sia infinito, e qual mobile tenda in infinito ed a composizioni innumerabili, e che non perciò séguita gravità o levità con velocità infinita; e che il moto de le parti prossime, in quanto che serbino il loro essere, non può essere infinito; e che l'appulso de parti al suo continente non può essere se non infra la regione di quello.

Argomento del quinto dialogo. Nel principio del quinto dialogo si presenta un dotato di più felice ingegno; il qual, quantunque nodrito in contraria dottrina, per aver potenza di giudicar sopra quello ch'ave udito e visto, può far differenza tra una ed un'altra disciplina, e facilmente si rimette e corregge. Si dice chi sieno quei a' quali Aristotele pare un miracolo di natura, atteso che coloro che malamente l'intendeno e hanno l'ingegno basso, magnificamente senteno di lui. Perché doviamo compatire a simili, e fuggir la lor disputazione, per ciò che con essi non vi è altro che da perdere.

Qua Albertino, nuovo interlocutore, apporta dodici argumenti, ne li quali consiste tutta la persuasione contraria alla pluralità e moltitudine di mondi. Il primo si prende da quel, che estra il mondo non s'intende loco né tempo né vacuo né corpo semplice, né composto. Il secondo, da l'unità del motore. Il terzo, da luoghi de corpi mobili. Il quarto, dalla distanza de gli orizonti dal mezzo. Il quinto, dalla contiguità de più mondi orbiculari. Il sesto, da spacii triangulari che causano con il suo contatto. Il settimo, dall'infinito in atto, che non è, e da un determinato numero, che non è più raggionevole che l'altro. Da la qual raggione noi possiamo non solo equalmente, ma e di gran vantaggio inferire, che per ciò il numero non deve essere determinato, ma infinito. L'ottavo, dalla determinazione di cose naturali e dalla potenza passiva de le cose, la quale alla divina efficacia ed attiva potenza non risponde. Ma qua è da considerare che è cosa inconvenientissima, che il primo ed altissimo sia simile ad uno ch'ha virtù di citarizare e, per difetto ci citara, non citareggia; e sia uno che può fare, ma non fa, perché quella cosa che può fare, non può esser fatta da lui. Il che pone una più che aperta contradizione, la quale non può essere non conosciuta, eccetto che da quei che conoscono niente. Il nono dalla bontà civile che consiste nella conversazione. Il decimo, da quel, che per la contiguità d'un mondo con l'altro séguita, che il moto de l'uno impedisca il moto de l'altro. L'undecimo, da quel, che, se questo mondo è compìto e perfetto, non è dovero che altro o altri se gli aggiunga o aggiungano.

Questi son que' dubii e motivi, nella soluzion delli quali consiste tanta dottrina, quanta sola basta a scuoprir gl'intimi e radicali errori de la filosofia volgare ed il pondo e momento de la nostra. Ecco qua la raggione, per cui non doviam temere che cosa alcuna diffluisca, che particolar veruno o si disperda o veramente inanisca o si diffonda in vacuo che lo dismembre in adni[c]hilazione. Ecco la raggion della mutazion vicissitudinale del tutto, per cui cosa non è di male da cui non s'esca, cosa non è di buono a cui non s'incorra, mentre per l'infinito campo, per la perpetua mutazione, tutta la sustanza persevera medesima ed una. Dalla qual contemplazione, se vi sarremo attenti, avverrà che nullo strano accidente ne dismetta per doglia o timore, e nessuna fortuna per piacere o speranza ne estoglia: onde aremo la via vera alla vera moralità, saremo magnanimi, spreggiatori di quel che fanciulleschi pensieri stimano; e verremo certamente più grandi che que' dei che il cieco volgo adora, perché dovenerremo veri contemplatori dell'istoria de la natura, la quale è scritta in noi medesimi, e regolati executori delle divine leggi, che nel centro del nostro core son inscolpite. Conosceremo che non è altro volare da qua al cielo che dal cielo qua, non altro ascendere da qua là che da là qua, né è altro descendere da l'uno a l'altro termine. Noi non siamo più circonferenziali a essi che essi a noi; loro non sono più centro a noi che noi a loro; non altrimente calcamo la stella e siamo compresi noi dal cielo, che essi loro.

Eccone, dunque, fuor d'invidia; eccone liberi da vana ansia e stolta cura di bramar lontano quel tanto bene che possedemo vicino e gionto. Eccone più liberi dal maggior timore che loro caschino sopra di noi, che messi in speranza che noi caschiamo sopra di loro; perché cossì infinito aria sustiene questo globo come quelli, cossì questo animale libero per il suo spacio discorre ed ottiene la sua reggione come ciascuno di quegli altri per il suo. Il che considerato e compreso che arremo, oh a quanto più considerare e comprendere ne diportaremo! Onde per mezzo di questa scienza otteneremo certo quel bene, che per l'altre vanamente si cerca.

Questa è quella filosofia che apre gli sensi, contenta il spirto, magnifica l'intelletto e riduce l'uomo alla vera beatitudine che può aver come uomo, e consistente in questa e tale composizione; perché lo libera dalla sollecita cura di piaceri e cieco sentimento di dolori, lo fa godere dell'esser presente, e non più temere che sperare del futuro; perché la providenza o fato o sorte, che dispone della vicissitudine del nostro essere particolare, non vuole né permette che più sappiamo dell'uno che ignoriamo dell'altro, alla prima vista e primo rancontro rendendoci dubii e perplessi. Ma mentre consideramo più profondamente l'essere e sustanza di quello in cui siamo inmutabili, trovaremo non esser morte, non solo per noi, ma né per veruna sustanza; mentre nulla sustanzialmente si sminuisce, ma tutto, per infinito spacio discorrendo, cangia il volto. E perché tutti soggiacemo ad ottimo efficiente, non doviamo credere, stimare e sperare altro, eccetto che come tutto è da buono; cossì tutto è buono, per buono ed a buono; da bene, per bene, a bene. Del che il contrario non appare se non a chi non apprende altro che l'esser presente, come la beltade dell'edificio non è manifesta a chi scorge una minima parte di quello, come un sasso, un cemento affisso, un mezzo parete; ma massime a colui che può vedere l'intiero e che ha facultà di far conferenza di parti a parti. Non temiamo che quello che è accumulato in questo mondo, per la veemenza di qualche spirito errante o per il sdegno di qualche fulmineo Giove, si disperga fuor di questa tomba o cupola del cielo, o si scuota ed emuisca come in polvere fuor di questo manto stellifero; e la natura de le cose non altrimente possa venire ad inanirsi in sustanza, che alla apparenza di nostri occhi quell'aria ch'era compreso entro la concavitade di una bolla, va in casso; perché ne è noto un mondo, in cui sempre cosa succede a cosa senza che sia ultimo profondo, da onde, come da la mano del fabro, irreparabilmente emuiscano in nulla. Non sono fini, termini, margini, muraglia che ne defrodino e suttragano la infinita copia de le cose. Indi feconda è la terra ed il suo mare; indi perpetuo è il vampo del sole, summministrandosi eternamente esca a gli voraci fuochi ed umori a gli attenuati mari; perché dall'infinito sempre nova copia di materia sottonasce. Di maniera che megliormente intese Democrito ed Epicuro che vogliono tutto per infinito rinovarsi e restituirsi, che chi si forza di salvare eterno la costanza de l'universo, perché medesimo numero a medesimo numero sempre succeda e medesime parti di materia con le medesime sempre si convertano. Or provedete, signori astrologi, con li vostri pedissequi fisici, per que' vostri cerchi che vi discriveno le fantasiate nove sfere mobili; con le quali venete ad impriggionarvi il cervello di sorte che me vi presentate non altrimente che come tanti papagalli in gabbia, mentre raminghi vi veggio ir saltellando, versando e girando entro quelli. Conoscemo che sì grande imperatore non ha sedia sì angusta, sì misero solio, sì arto tribunale, sì poco numerosa corte, sì picciolo ed imbecille simulacro, che un fantasma parturisca, un sogno fracasse, una mania ripare, una chimera disperda, una sciagura sminuisca, un misfatto ne toglia, un pensiero ne restituisca; che con un soffio si colme e con un sorso si svode; ma è un grandissimo ritratto, mirabile imagine, figura eccelsa, vestigio altissimo, infinito ripresentante di ripresentato infinito, e spettacolo conveniente all'eccellenza ed eminenza di chi non può esser capito, compreso, appreso. Cossì si magnifica l'eccellenza de Dio, si manifesta la grandezza de l'imperio suo: non si glorifica in uno, ma in soli innumerabili: non in una terra, un mondo, ma in diececento mila, dico in infiniti. Di sorte che non è vana questa potenza d'intelletto, che sempre vuole e puote aggiungere spacio a spacio, mole a mole, unitade ad unitade, numero a numero, per quella scienza che ne discioglie da le catene di uno angustissimo, e ne promove alla libertà d'un augustissimo imperio, che ne toglie dall'opinata povertà ed angustia alle innumerevoli ricchezze di tanto spacio, di sì dignissimo campo, di tanti coltissimi mondi; e non fa che circolo d'orizonte, mentito da l'occhio in terra e finto da la fantasia nell'etere spacioso, ne possa impriggionare il spirto sotto la custodia d'un Plutone e la mercé d'un Giove. Siamo exempti da la cura d'un tanto ricco possessore e poi tanto parco, sordido ed avaro elargitore, e dalla nutritura di sì feconda e tuttipregnante e poi sì meschina e misera parturiscente natura.

Altri molti sono i degni ed onorati frutti che da questi arbori si raccoglieno, altre le messe preciose e desiderabili che da questo seme sparso riportar si possono. Le quali, per non più importunamente sollecitar la cieca invidia de gli nostri adversarii, non ameniamo a mente, ma lasciamo comprendere dal giudizio di quei che possono comprendere e giudicare. Li quali, da per se medesimi, potranno facilmente a questi posti fondamenti sopraedificar l'intiero edificio de la nostra filosofia; gii cui membri, se cossì piacerà a chi ne governa e muove, e se l'incominciata impresa non ne verrà interrotta, ridurremo alla tanto bramata perfezione, a fine che quello, che è seminato ne gli dialogi De la causa, principio ed uno, per altri germoglie, per altri cresca, per altri si mature, per altri, mediante una rara mietitura, ne addite e, per quanto è possibile, ne contente; mentre (avendolo sgombrato de le veccie, de gli lolii e de le raccolte zizanie) di frumento meglior che possa produr terreno de la nostra coltura, verremo ad colmar il magazzino de studiosi ingegni.

Tra tanto, benché son certo che non è bisogno de lo raccomandarvi, non lasciarò pure, per far parte del debito mio, di procurar che vi sia veramente raccomandato quello che non intrattenete tra vostri familiari come uomo di cui avete bisogno, ma come persona che ha bisogno di voi per tante e tante caggioni che vedete; considerando che, per aver appresso di voi tanti che vi serveno, non siete differente da plebei, borsieri e mercanti; ma, per aver alcunamente degno che da voi sia promosso, difeso ed aggiutato, sète, come sempre vi siete mostrato e fuste, conforme a' principi magnanimi, eroi e Dei, li quali hanno ordinati pari vostri per la difesa de gli loro amici. E vi ricordo quel che so che non bisogna ricordarvi: che non potrete al fine esser tanto stimato dal mondo e gratificato da Dio, per essere amato e rispettato da principi quantosivoglia grandi de la terra, quanto per amare, difendere e conservare un di simili. Perché non è cosa che quelli che con la fortuna vi son superiori, possono fare a voi che molti di lor superate con la virtude, che possa durare più che gli vostri pareti e tapezzarie; ma tal cosa voi possete fare ad altri, che facilmente vegna scritta nel libro dell'eternitade, o sia quello che si vede in terra o sia quell'altro che si crede in cielo: atteso che quanto che ricevete da altri, è testimonio de l'altrui virtute, ma il tanto che fate ad altro, è segno ed indizio espresso de la vostra. Vale.

Mio passar solitario, a quelle parti,

A quai drizzaste già l'alto pensiero,

Poggia infinito, poi che fia mestiero

A l'oggetto agguagliar l'industrie e l'arti.

5 Rinasci là; là su vogli' allevarti

Gli tuoi vaghi pulcini, omai ch'il fiero

Destin av'ispedito il corso intiero

Contra l'impresa, onde solea ritrarti.

Vanne da me, che più nobil ricetto

Bramo ti godi; e arrai per guida un dio,

Che da chi nulla vede è cieco detto.

Il ciel ti scampi, e ti sia sempre pio

Ogni nume di questo ampio architetto;

E non tornar a me, se non sei mio.

Uscito de priggione angusta e nera,

Ove tant'anni error stretto m'avinse,

Qua lascio la catena, che mi cinse

La man di mia nemica invid'e fera.

Presentarmi a la notte fosca sera

Oltre non mi potrà, perché chi vinse

Il gran Piton, e del suo sangue tinse

L'acqui del mar, ha spinta mia Megera.

A te mi volgo e assorgo, alma mia voce:

Ti ringrazio, mio sol, mia diva luce;

Ti consacro il mio cor, eccelsa mano,

Che m'avocaste da quel graffio atroce,

Ch'a meglior stanze a me ti festi duce,

Ch'il cor attrito mi rendeste sano.

E chi mi impenna, e chi mi scalda il core?

Chi non mi fa temer fortuna o morte?

Chi le catene ruppe e quelle porte,

Onde rari son sciolti ed escon fore?

L'etadi, gli anni, i mesi, i giorni e l'ore

Figlie ed armi del tempo, e quella corte

A cui né ferro, né diamante è forte,

Assicurato m'han dal suo furore.

Quindi l'ali sicure a l'aria porgo;

Né temo intoppo di cristallo o vetro,

Ma fendo i cieli e a l'infinito m'ergo.

E mentre dal mio globo a gli altri sorgo,

E per l'eterio campo oltre penetro:

Quel ch'altri lungi vede, lascio al tergo.

Dialogo primo

Interlocutori: Elpino, Filoteo, Fracastorio, Burchio.

ELP. Come è possibile che l'universo sia infinito?

FIL. Come è possibile che l'universo sia finito?

ELP. Volete voi che si possa dimostrar questa infinitudine?

FIL. Volete voi che si possa dimostrar questa finitudine?

ELP. Che dilatazione è questa?

FIL. Che margine è questa?

FRAC. Ad rem, ad rem, si iuvat; troppo a lungo ne avete tenuto suspesi.

BUR. Venite presto a qualche raggione, Filoteo, perché io mi prenderò spasso de ascoltar questa favola o fantasia.

FRAC. Modestius, Burchio: che dirai, se la verità ti convincesse al fine?

BUR. Questo ancor che sia vero, io non lo voglio credere; perché questo infinito non è possibile che possa esser capito dal mio capo, né digerito dal mio stomaco; benché, per dirla, pure vorrei che fusse cossì come dice Filoteo, perché se, per mala sorte, avenesse che io cascasse da questo mondo, sempre trovarei di paese.

ELP. Certo, o Filoteo, se noi vogliamo far il senso giudice o pur donargli quella prima che gli conviene per quel che ogni notizia prende origine da lui, trovaremo forse che non è facile di trovar mezzo per conchiudere quel che tu dici, più tosto che il contrario. Or, piacendovi, cominciate a farmi intendere.

FIL. Non è senso che vegga l'infinito, non è senso da cui si richieda questa conchiusione; perché l'infinito non può essere oggetto del senso; e però chi dimanda di conoscere questo per via di senso, è simile a colui che volesse veder con gli occhi la sustanza e l'essenza; e chi negasse per questo la cosa, perché non è sensibile o visibile, verebe a negar la propria sustanza ed essere. Però deve esser modo circa il dimandar testimonio del senso; a cui non doniamo luogo in altro che in cose sensibili, anco non senza suspizione, se non entra in giudizio gionto alla raggione. A l'intelletto conviene giudicare e render raggione de le cose absenti e divise per distanza di tempo ed intervallo di luoghi. Ed in questo assai ne basta ed assai sufficiente testimonio abbiamo dal senso per quel, che non è potente a contradirne e che oltre fa evidente e confessa la sua imbecillità ed insufficienza per l'apparenza de la finitudine che caggiona per il suo orizonte, in formar della quale ancora si vede quanto sia incostante. Or, come abbiamo per esperienza, che ne inganna nella superficie di questo globo in cui ne ritroviamo, molto maggiormente doviamo averlo suspetto quanto a quel termine che nella stellifera concavità ne fa comprendere.

ELP. A che dunque ne serveno gli sensi? Dite.

FIL. Ad eccitar la raggione solamente, ad accusare, ad indicare e testificare in parte, non a testificare in tutto, né meno a giudicare, né a condannare. Perché giamai, quantunque perfetti, son senza qualche perturbazione. Onde la verità, come da un debile principio, è da gli sensi in picciola parte, ma non è nelli sensi.

ELP. Dove dunque?

FIL. Ne l'oggetto sensibile come in un specchio, nella raggione per modo di argumentazione e discorso, nell'intelletto per modo di principio o di conclusione, nella mente in propria e viva forma.

ELP. Su dunque, fate vostre raggioni.

FIL. Cossì farò. Se il mondo è finito ed estra il mondo è nulla, vi dimando: ove è il mondo? ove è l'universo? Risponde Aristotele: è in se stesso. Il convesso del primo cielo è loco universale; e quello, come primo continente, non è in altro continente, perché il loco non è altro che superficie ed estremità di corpo continente; onde chi non ha corpo continente, non ha loco. - Or che vuoi dir tu, Aristotele, per questo, che "il luogo è in se stesso?", che mi conchiuderai per "cosa estra il mondo?". Se tu dici che non v'è nulla; il cielo, il mondo, certo, non sarà in parte alcuna;

FRAC. Nullibi ergo erit mundis. Omne erit in nihilo.

FIL. - il mondo sarà qualcosa che non si trova. Se dici (come certo mi par che vogli dir qualche cosa, per fuggir il vacuo ed il niente) che estra il mondo è uno ente intellettuale e divino, di sorte che Dio venga ad esser luogo di tutte le cose, tu medesimo sarai molto impacciato per farne intendere come una cosa incorporea, intelligibile e senza dimensione possa esser luogo di cosa dimensionata. Che se dici quello comprendere come una forma ed al modo con cui l'anima comprende il corpo, non rispondi alla questione dell'estra ed alla dimanda di ciò che si trova oltre e fuor de l'universo. E se tu vuoi escusare con dire, che dove è nulla e dove non è cosa alcuna, non è anco luogo, non è oltre, né extra, per questo non mi contentarai; perché queste sono paroli ed iscuse che non possono entrare in pensiero. Perché è a fatto impossibile che con qualche senso o fantasia (anco se si ritrovassero altri sensi ed altre fantasie) possi farmi affirmare, con vera intenzione, che si trove tal superficie, tal margine, tal estremità, extra la quale non sia o corpo o vacuo: anco essendovi Dio, perché la divinità non è per impire il vacuo, e per conseguenza non è in raggione di quella, in modo alcuno, di terminare il corpo; perché tutto lo che se dice terminare, o è forma esteriore, o è corpo continente. Ed in tutti i modi che lo volessi dire, sareste stimato pregiudicatore alla dignità della natura divina ed universale.

BUR. Certo, credo che bisognarebe dire a costui che, se uno stendesse la mano oltre quel convesso, che quella non verrebe essere in loco, e non sarebe in parte alcuna, e per consequenza non arebe l'essere.

FIL. Giongo a questo qualmente non è ingegno che non concepa questo dire peripatetico come una implicata contradizione. Aristotele ha definito il loco, non come corpo continente, non come certo spacio, ma come una superficie di continente corpo; e poi il primo e principal e massimo luogo è quello a cui meno ed a fatto niente conviene tal diffinizione. Quello è la superficie convessa del primo cielo, la quale è superficie di corpo; e di tal corpo, il quale contiene solamente, e non è contenuto. Or a far che quella superficie sia luogo, non si richieda che sia di corpo contenuto, ma che sia di corpo continente. Se è superficie di corpo continente, e non è gionta e continuata a corpo contenuto, è un luogo senza locato; atteso che al primo cielo non conviene esser luogo, se non per la sua su[per]ficie concava, la qual tocca la convessa del secondo. Ecco, dunque, come quella definizione è vana e confusa ed interemptiva di se stessa.

Alla qual confusione si viene per aver quell'inconveniente, che vuol che estra il cielo sia posto nulla.

ELP. Diranno i peripatetici che il primo cielo è corpo continente per la superficie concava, e non per la convessa; e, secondo quella, è luogo.

FRAC. Ed io soggiongo che dunque si trova superficie di corpo continente la quale non è loco.

FIL. In somma, per venir direttamente al proposito, mi par cosa ridicola il dire che estra il cielo sia nulla, e che il cielo sia in se stesso, e locato per accidente, e loco per accidente, idest per le sue parti. Ed intendasi quel che si voglia per il suo per accidente; che non può fuggir che non faccia de uno doi; perché sempre è altro ed altro quel che è continente e quel che è contenuto; e talmente altro ed altro che, secondo lui medesimo, il continente è incorporeo ed il contenuto è corpo; il continente è inmobile, il contenuto è mobile; il continente matematico, il contenuto fisico. Or sia che si voglia di quella superficie, constantemente dimandarò: che cosa è oltre quella? Se si risponde che è nulla, questo dirò io esser vacuo, essere inane; e tal vacuo e tal inane che non ha modo, né termine alcuno olteriore; terminato però citeriormente. E questo è più difficile ad imaginare, che il pensar l'universo essere infinito ed immenso. Perché non possiamo fuggire il vacuo, se vogliamo ponere l'universo finito. Veggiamo adesso, se conviene che sia tal spacio in cui sia nulla. In questo spacio infinito si trova questo universo (o sia per caso o per necessità o per providenza, per ora non me ne impaccio). Dimando se questo spacio che contiene il mondo, ha maggiore aptitudine di contenere un mondo, che altro spacio che sia oltre.

FRAC. Certo mi par che non; perché dove è nulla, non è differenza alcuna; dove non è differenza, non è altra ed altra aptitudine: e forse manco è attitudine alcuna dove non è cosa alcuna.

ELP. Né tampoco inepzia alcuna. E delle due più tosto quella che questa.

FIL. Voi dite bene. Cossì dico io che, come il vacuo ed inane (che si pone necessariamente con questo peripatetico dire) non ha aptitudine alcuna a ricevere, assai meno la deve avere a ributtare il mondo. Ma di queste due attitudini noi ne veggiamo una in atto, e l'altra non la possiamo vedere a fatto, se non con l'occhio della raggione. Come dunque in questo spacio, equale alla grandezza del mondo (il quale da platonici è detto materia), è questo mondo, cossì un altro può essere in quel spacio ed in innumerabili spacii oltre questo equali a questo.

FRAC. Certo, più sicuramente possiamo giudicar in similitudine di quel che veggiamo e conoscemo, che in modo contrario di quel che veggiamo e conoscemo. Onde, perché per il nostro vedere ed esperimentare l'universo non si finisce, né termina a vacuo ed inane e di quello non è nuova alcuna, raggionevolmente doviamo conchiuder cossì; perché, quando tutte l'altre raggioni fussero equali, noi veggiamo che l'esperimento è contrario al vacuo e non al pieno. Con dir questo, saremo sempre iscusati; ma con dir altrimente, non facilmente fugiremo mille accusazioni ed inconvenienti. Seguitate, Filoteo.

FIL. Dunque, dal canto del spacio infinito, conosciamo certo che è attitudine alla recepzione di corpo, e non sappiamo altrimente. Tutta volta mi bastarà avere che non ripugna a quella; almeno per questa caggione, che dove è nulla, nulla oltraggia. Resta ora vedere se è cosa conveniente che tutto il spacio sia pieno, o non. E qua, se noi consideriamo tanto in quello che può essere quanto in quello che può fare, trovaremo sempre non sol raggionevole, ma ancora necessario, che sia. Questo acciò sia manifesto, vi dimando se è bene che questo mondo sia.

ELP. Molto bene.

FIL. Dunque è bene che questo spacio, che è equale alla dimension del mondo (il quale voglio chiamar vacuo, simile ed indifferente al spacio, che tu direste esser niente oltre la convessitudine del primo cielo), sia talmente ripieno. &R ELP. Cossì è.

FIL. Oltre, te dimando: credi tu che sicome in questo spacio si trova questa machina, detta mondo, che la medesima arebe possuto o potrebe essere in altro spacio di questo inane?

ELP. Dirò de sì, benché non veggio come nel niente e vacuo possiamo dire differenza di altro ed altro.

FRAC. Io son certo che vedi, ma non ardisci di affirmare, perché ti accorgi dove ti vuol menare.

ELP. Affirmatelo pur sicuramente; perché è necessario dire ed intendere che questo mondo è in un spacio; il quale, se il mondo non fusse, sarebe indifferente da quello che è oltre il primo vostro mobile.

FRAC. Seguitate.

FIL. Dunque, sicome può ed ha possuto ed è necessariamente perfetto questo spacio per la continenza di questo corpo universale, come dici; niente meno può ed ha possuto esser perfetto tutto l'altro spacio.

ELP. Il concedo; che per questo? Può essere, può avere: dunque è? dunque ha?

FIL. Io farò che, se vuoi ingenuamente confessare, che tu dica che può essere e che deve essere e che è. Perché come sarebe male che questo spacio non fusse pieno, cioè che questo mondo non fusse; non meno, per la indifferenza, è male che tutto il spacio non sia pieno; e per consequenza l'universo sarà di dimensione infinita e gli mondi saranno innumerabili.

ELP. La causa perché denno essere tanti, e non basta uno?

FIL. Perché, se è male che questo mondo non sia o che questo pieno non si ritrove, è al riguardo di questo spacio o di altro spacio equale a questo?

ELP. Io dico che è male al riguardo di quel che è in questo spacio, che indifferentemente si potrebe ritrovare in altro spacio equale a questo.

FIL. Questo, se ben consideri, viene tutto ad uno; perché la bontà di questo essere corporeo che è in questo spacio o potrebe essere in altro equale a questo, rende raggione e riguarda a quella bontà conveniente e perfezione che può essere in tale e tanto spacio, quanto è questo, o altro equale a questo, e non ad quella che può essere in innumerabili altri spacii, simili a questo. Tanto più che, se è raggione che sia un buono finito, un perfetto terminato; improporzionalmente è raggione che sia un buono infinito; perché, dove il finito bene è per convenienza e raggione, l'infinito è per absoluta necessità.

ELP. L'infinito buono certamente è, ma è incorporeo.

FIL. In questo siamo concordanti, quanto a l'infinito incorporeo. Ma che cosa fa che non sia convenientissimo il buono, ente, corporeo infinito? O che repugna che l'infinito, implicato nel simplicissimo ed individuo primo principio, non venga esplicato più tosto in questo suo simulacro infinito ed interminato, capacissimo de innumerabili mondi, che venga esplicato in sì anguste margini, di sorte che par vituperio il non pensare che questo corpo, che a noi par vasto e grandissimo, al riguardo della divina presenza non sia che un punto, anzi un nulla?

ELP. Come la grandezza de Dio non consiste nella dimensione corporale in modo alcuno (lascio che non li aggionge nulla il mondo), cossì la grandezza del suo simulacro non doviamo pensare che consista nella maggiore e minore mole di dimensioni.

FIL. Assai bene dite, ma non rispondete al nervo della raggione; perché io non richiedo il spacio infinito, e la natura non ha spacio infinito, per la dignità della dimensione o della mole corporea, ma per la dignità delle nature e specie corporee; perché incomparabilmente meglio in innumerabili individui si presenta l'eccellenza infinita, che in quelli che sono numerabili e finiti. Però, bisogna che di un inaccesso volto divino sia un infinito simulacro, nel quale, come infiniti membri, poi si trovino mondi innumerabili, quali sono gli altri. Però, per la raggione de innumerabili gradi di perfezione, che denno esplicare la eccellenza divina incorporea per modo corporeo, denno essere innumerabili individui, che son questi grandi animali (de quali uno è questa terra, diva madre che ne ha parturiti ed alimenta e che oltre non ne riprenderà), per la continenza di questi innumerabili si richiede un spacio infinito. Nientemeno dunque è bene che siano, come possono essere, innumerabili mondi simili a questo, come ha possuto e può essere ed è bene che sia questo.

ELP. Diremo che questo mondo finito, con questi finiti astri, comprende la perfezione de tutte cose.

FIL. Possete dirlo, ma non già provarlo; perché il mondo che è in questo spacio finito, comprende la perfezione di tutte quelle cose finite che son in questo spacio; ma non già dell'infinite che possono essere in altri spacii innumerabili.

FRAC. Di grazia, fermiamoci, e non facciamo come i sofisti li quali disputano per vencere, e mentre rimirano alla lor palma, impediscono che essi ed altri non comprendano il vero. Or io credo che non sia perfidioso tanto pertinace, che voglia oltre calunniare, che per la raggion del spacio che può infinitamente comprendere, e per la raggione della bontà individuale e numerale de infiniti mondi che possono essere compresi niente meno che questo uno che noi conosciamo, hanno ciascuno di essi raggione di convenientemente essere. Perché infinito spacio ha infinita attitudine, ed in quella infinita attitudine si loda infinito atto di existenza; per cui l'efficiente infinito non è stimato deficiente, e per cui l'attitudine non è vana. Contentati dunque, Elpino, di ascoltar altre raggioni, se altre occorreno a Filoteo.

ELP. Io veggio bene, a dire il vero, che dire il mondo, come dite voi l'universo, interminato non porta seco inconveniente alcuno, e ne viene a liberar da innumerabili angustie nelle quali siamo avilupati dal contrario dire. Conosco particolarmente che ne bisogna con i peripatetici tal volta dir cosa che nella nostra intenzione non tiene fondamento alcuno: come, dopo aver negato il vacuo, tanto fuori quanto dentro l'universo, vogliamo pur rispondere alla questione che cerca dove sia l'universo; e dire quello essere ne le sue parti, per tema di dire che lo non sia in loco alcuno; come è dire nullibi, nusquam. Ma non si può togliere che in quel modo è bisogno di dire le parti ritrovarsi in qualche loco, e l'universo non essere in loco alcuno né in spacio; il qual dire, come ognun vede, non può essere fondato sopra intenzione alcuna, ma significa espressamente una pertinace fuga, per non confessar la verità con ponere il mondo ed universo infinito, o con ponere il spacio infinito; da le quali ambe posizioni séguita gemina confusione a chi le tiene. Affermo dunque che, se il tutto è un corpo, e corpo sferico, e per consequenza figurato e terminato, bisogna che sia terminato in spacio infinito; nel quale, se vogliamo dire che sia nulla, è necessario concedere che sia il vero vacuo: il quale, se è, non ha minor raggione in tutto che in questa parte che qua veggiamo capace di questo mondo; se non è, deve essere il pieno, e consequentemente l'universo infinito. E non meno insipidamente siegue il mondo essere alicubi, avendo detto che estra quello è nulla, e che vi è nelle sue parti, che se uno dicesse Elpino essere alicubi, perché la sua mano è nel suo braccio, l'occhio nel suo volto, il piè nella gamba, il capo nel suo busto. Ma, per venire alla conclusione e per non portarmi da sofista fissando il piè su l'apparente difficoltadi, e spendere il tempo in ciancie, affermo quel che non posso negare: cioè, che nel spacio infinito o potrebono essere infiniti mondi simili a questo, o che questo universo stendesse la sua capacità e comprensione di molti corpi, come son questi, nomati astri; ed ancora che (o simili o dissimili che sieno questi mondi) non con minor raggione sarebe bene a l'uno l'essere che a l'altro; perché l'essere de l'altro non ha minor raggione che l'essere de l'uno, e l'essere di molti non minor che de l'uno e l'altro, e l'essere de infiniti che di molti. Là onde, come sarebe male la abolizione ed il non essere di questo mondo, cossì non sarebe buono il non essere de innumerabili altri.

FRAC. Vi esplicate molto bene, e mostrate di comprender bene le raggioni e non esser sofista, perché accettate quel che non si può negare.

ELP. Pure vorei udire quel che resta di raggione del principio e causa efficiente eterna: se a quella convegna questo effetto di tal sorte infinito, e se per tanto in fatto tale effetto sia.

FIL. Questo è quel che io dovevo aggiongere. Perché, dopo aver detto l'universo dover essere infinito per la capacità ed attitudine del spacio infinito, e per la possibilità e convenienza dell'essere di innumerabili mondi, come questo; resta ora provarlo e dalle circostanze dell'efficiente che deve averlo produtto tale, o, per parlar meglio, produrlo sempre tale, e dalla condizione del modo nostro de intendere. Possiamo più facilmente argumentare che infinito spacio sia simile a questo che veggiamo, che argumentare che sia tale quale non lo veggiamo né per essempio né per similitudine né per proporzione né anco per imaginazione alcuna la quale al fine non destrugga se medesima. Ora, per cominciarla: perché vogliamo o possiamo noi pensare che la divina efficacia sia ociosa? perché vogliamo che la divina bontà la quale si può communicare alle cose infinite e si può infinitamente diffondere, voglia essere scarsa ed astrengersi in niente, atteso che ogni cosa finita al riguardo de l'infinito è niente? perché volete quel centro della divinità, che può infinitamente in una sfera (se cossì si potesse dire) infinita amplificarse, come invidioso, rimaner più tosto sterile che farsi comunicabile, padre fecondo, ornato e bello? voler più tosto comunicarsi diminutamente e, per dir meglio, non comunicarsi, che secondo la raggione della gloriosa potenza ed esser suo? perché deve esser frustrata la capacità infinita, defraudata la possibilità de infiniti mondi che possono essere, pregiudicata la eccellenza della divina imagine che deverebe più risplendere in uno specchio incontratto e secondo il suo modo di essere infinito, immenso? perché doviamo affirmar questo che, posto, mena seco tanti inconvenienti e, senza faurir leggi, religioni, fede o moralità in modo alcuno, destrugge tanti principii di filosofia? Come vuoi tu che Dio, e quanto alla potenza e quanto a l'operazione e quanto a l'effetto (che in lui son medesima cosa), sia determinato, e come termino della convessitudine di una sfera, più tosto che, come dir si può, termino interminato di cosa interminata? Termino, dico, senza termine, per esser differente la infinità dell'uno da l'infinità dell'altro: perché lui è tutto l'infinito complicatamente e totalmente, ma l'universo è tutto in tutto (se pur in modo alcuno si può dir totalità, dove non è parte né fine) explicatamente, e non totalmente; per il che l'uno ha raggion di termine, l'altro ha raggion di terminato, non per differenza di finito ed infinito, ma perché l'uno è infinito e l'altro è finiente secondo la raggione del totale e totalmente essere in tutto quello che, benché sia tutto infinito, non è però totalmente infinito; perché questo ripugna alla infinità dimensionale.

ELP. Io vorrei meglio intender questo. Però mi farete piacere di esplicarvi alquanto per quel che dite essere tutto in tutto totalmente, e tutto in tutto l'infinito e totalmente infinito.

FIL. Io dico l'universo tutto infinito, perché non ha margine, termino, né superficie; dico l'universo non essere totalmente infinito, perché ciascuna parte che di quello possiamo prendere, è finita, e de mondi innumerabili che contiene, ciascuno è finito. Io dico Dio tutto infinito, perché da sé esclude ogni termine ed ogni suo attributo è uno ed infinito; e dico Dio totalmente infinito, perché tutto lui è in tutto il mondo, ed in ciascuna sua parte infinitamente e totalmente: al contrario dell'infinità de l'universo, la quale è totalmente in tutto, e non in queste parti (se pur, referendosi all'infinito, possono esser chiamate parti) che noi possiamo comprendere in quello.

ELP. Io intendo. Or seguite il vostro proposito.

FIL. Per tutte le raggioni, dunque, per le quali se dice esser conveniente, buono, necessario questo mondo compreso come finito, deve dirse esserno convenienti e buoni tutti gli altri innumerabili; a li quali, per medesima raggione, l'omnipotenza non invidia l'essere; e senza li quali quella, o per non volere o per non possere, verrebe ad esser biasimata per lasciar un vacuo o, se non vuoi dir vacuo, un spacio infinito; per cui non solamente verrebe suttratta infinita perfezione dello ente, ma anco infinita maestà attuale allo efficiente nelle cose fatte se son fatte, o dependenti se sono eterne. Qual raggione vuole che vogliamo credere, che l'agente che può fare un buono infinito, lo fa finito? E se lo fa finito, perché doviamo noi credere che possa farlo infinito, essendo in lui il possere ed il fare tutto uno? Perché è inmutabile, non ha contingenzia nella operazione, né nella efficacia, ma da determinata e certa efficacia depende determinato e certo effetto inmutabilmente; onde non può essere altro che quello che è; non può esser tale quale non è; non può posser altro che quel che può; non può voler altro che quel che vuole; e necessariamente non può far altro che quel che fa; atteso che l'aver potenza distinta da l'atto conviene solamente a cose mutabili.

FRAC. Certo, non è soggetto di possibilità o di potenza quello che giamai fu, non è e giamai sarà; e veramente, se il primo efficiente non può voler altro che quel che vuole, non può far altro che quel che fa. E non veggo come alcuni intendano quel che dicono della potenza attiva infinita, a cui non corrisponda potenza passiva infinita, e che quello faccia uno e finito che può far innumerabili ne l'infinito ed inmenso, essendo l'azion sua necessaria, perché procede da tal volontà quale, per essere inmutabilissima, anzi la immutabilità istessa, è ancora la istessa necessità; onde sono a fatto medesima cosa libertà, volontà, necessità, ed oltre il fare col volere, possere ed essere.

FIL. Voi consentite, e dite molto bene. Adunque, bisogna dir una de due: o che l'efficiente, possendo dependere da lui l'effetto infinito, sia riconosciuto come causa e principio d'uno inmenso universo che contiene mondi innumerabili; e da questo non siegue inconveniente alcuno, anzi tutti convenienti, e secondo la scienza e secondo le leggi e fede; o che, dependendo da lui un finito universo, con questi mondi (che son gli astri) di numero determinato, sia conosciuto di potenza attiva finita e determinata, come l'atto è finito e determinato; perché quale è l'atto, tale è la volontà, tale è la potenza.

FRAC. Io completto ed ordino un paio di sillogismi in questa maniera. Il primo efficiente, se volesse far altro che quel che vuol fare, potrebe far altro che quel che fa; ma non può voler far altro che quel che vuol fare; dunque non può far altro che quel che fa. Dunque, chi dice l'effetto finito, pone l'operazione e la potenza finita. Oltre (che viene al medesimo): il primo efficiente non può far se non quel che vuol fare; non vuol fare se non quel che fa; dunque, non può fare se non quel che fa. Dunque, chi nega l'effetto infinito, nega la potenza infinita.

FIL. Questi, se non son semplici, sono demostrativi sillogismi. Tutta volta lodo che alcuni degni teologi non le admettano; perché, providamente considerando, sanno che gli rozzi popoli ed ignoranti con questa necessità vegnono a non posser concipere come possa star la elezione e dignità e meriti di giusticia; onde, confidati o desperati sotto certo fato, sono necessariamente sceleratissimi. Come talvolta certi corrottori di leggi, fede e religione, volendo parer savii, hanno infettato tanti popoli, facendoli dovenir più barbari e scelerati che non eran prima, dispreggiatori del ben fare ed assicuratissimi ad ogni vizio e ribaldaria, per le conclusioni che tirano da simili premisse. Però non tanto il contrario dire appresso gli sapienti è scandaloso e detrae alla grandezza ed eccellenza divina, quanto quel che è vero, è pernicioso alla civile conversazione e contrario al fine delle leggi, non per esser vero, ma per esser male inteso, tanto per quei che malignamente il trattano, quanto per quei che non son capaci de intenderlo senza iattura di costumi.

FRAC. Vero. Non si è trovato giamai filosofo, dotto ed uomo da bene che, sotto specie o pretesto alcuno, da tal proposizion avesse voluto tirar la necessità delli effetti umani e destruggere l'elezione. Come, tra gli altri, Platone ed Aristotele, con ponere la necessità ed immutabilità in Dio, non poneno meno la libertà morale e facultà della nostra elezione; perché sanno bene e possono capire, come siano compossibili questa necessità e questa libertà. Però alcuni di veri padri e pastori di popoli toglieno forse questo dire ed altro simile per non donare comodità, a scelerati e seduttori nemici della civiltà e profitto generale, di tirar le noiose conclusioni abusando della semplicità ed ignoranza di quei che difficilmente possono capire il vero e prontissimamente sono inclinati al male. E facilmente condonaranno a noi di usar le vere proposizioni, dalle quali non vogliamo inferir altro che la verità della natura e dell'eccellenza de l'autor di quella; e le quali non son proposte da noi al volgo, ma a sapienti soli che possono aver accesso all'intelligenza di nostri discorsi. Da questo principio depende che gli non men dotti che religiosi teologi giamai han pregiudicato alla libertà de filosofi; e gli veri, civili e bene accostumati filosofi sempre hanno faurito le religioni; perché gli uni e gli altri sanno che la fede si richiede per l'instituzione di rozzi popoli che denno esser governati, e la demostrazione per gli contemplativi che sanno governar sé ed altri.

ELP. Quanto a questa protestazione è detto assai. Ritornate ora al proposito.

FIL. Per venir, dunque, ad inferir quel che vogliamo, dico che, se nel primo efficiente è potenza infinita, è ancora operazion da la quale depende l'universo di grandezza infinita e mondi di numero infinito.

ELP. Quel che dite, contiene in sé gran persuasione, se non contiene la verità. Ma questo che mi par molto verisimile, io lo affermarò per vero, se mi potrete risolvere di uno importantissimo argomento per il quale è stato ridutto Aristotele a negar la divina potenza infinita intensivamente, benché la concedesse estensivamente. Dove la raggione della negazione sua era che, essendo in Dio cosa medesima potenza e atto, possendo cossì movere infinitamente, moverebbe infinitamente con vigore infinito; il che se fusse vero, verrebe il cielo mosso in istante; perché, se il motor più forte muove più velocemente, il fortissimo muove velocissimamente, l'infinitamente forte muove istantaneamente. La raggione della affirmazione era, che lui eternamente e regolatamente muove il primo mobile, secondo quella raggione e misura con la quale il muove. Vedi dunque per che raggione li attribuisce infinità estensiva - ma non infinità absoluta - ed intensivamente ancora. Per il che voglio conchiudere che, sicome la sua potenza motiva infinita è contratta all'atto di moto secondo velocità finita, cossì la medesima potenza di far l'inmenso ed innumerabili è limitata dalla sua voluntà al finito e numerabili. Quasi il medesimo vogliono alcuni teologi, i quali, oltre che concedeno la infinità estensiva con la quale successivamente perpetua il moto dell'universo, richiedeno ancora la infinità intensiva con la quale può far mondi innumerabili, muovere mondi innumerabili, e ciascuno di quelli e tutti quelli insieme muovere in uno istante: tutta volta, cossì ha temprato con la sua voluntà la quantità della moltitudine di mondi innumerabili, come la qualità del moto intensissimo. Dove, come questo moto, che procede pure da potenza infinita, nulla obstante, è conosciuto finito, cossì facilmente il numero di corpi mondani potrà esser creduto determinato.

FIL. L'argumento in vero è di maggior persuasione ed apparenza che altro possa essere; circa il quale è detto già a bastanza per quel, che si vuole che la volontà divina sia regolatrice, modificatrice e terminatrice della divina potenza. Onde seguitano innumerabili inconvenienti, secondo la filosofia al meno; lascio i principii teologali, i quali con tutto ciò non admetteranno che la divina potenza sia più che la divina volontà o bontà, e generalmente che uno attributo secondo maggior raggione convegna alla divinità che un altro.

ELP. Or perché dunque hanno quel modo di dire, se non hanno questo modo di intendere?

FIL. Per penuria di termini ed efficaci resoluzioni.

ELP. Or dunque voi, che avete particular principii, con gli quali affermate l'uno, cioè che la potenza divina è infinita intensiva ed estensivamente; e che l'atto non è distinto dalla potenza, e che per questo l'universo è infinito e gli mondi sono innumerabili; e non negate l'altro, che in fatto ciascuno de li astri o orbi, come ti piace dire, vien mosso in tempo e non in instante; mostrate con quai termini e con che risoluzione venete a salvar la vostra, o togliere l'altrui persuasioni, per le quali giudicano, in conclusione, il contrario di quel che giudicate voi.

FIL. Per la risoluzion di quel che cercate, dovete avertire prima che, essendo l'universo infinito ed immobile, non bisogna cercare il motor di quello. Secondo che, essendo infiniti gli mondi contenuti in quello, quali sono le terre, li fuochi ed altre specie di corpi chiamati astri, tutti se muoveno dal principio interno, che è la propria anima, come in altro loco abbiamo provato; e però è vano andar investigando il lor motore estrinseco. Terzo che questi corpi mondani si muoveno nella eterea regione non affissi o inchiodati in corpo alcuno più che questa terra, che è un di quelli, è affissa; la qual però proviamo che dall'interno animale instinto circuisce il proprio centro, in più maniere, e il sole. Preposti cotali avertimenti secondo gli nostri principii, non siamo forzati a dimostrar moto attivo né passivo di vertù infinita intensivamente; perché il mobile ed il motore è infinito, e l'anima movente ed il corpo moto concorreno in un finito soggetto; in ciascuno, dico, di detti mondani astri. Tanto, che il primo principio non è quello che muove; ma, quieto ed immobile, dà il posser muoversi a infiniti ed innumerabili mondi, grandi e piccoli animali posti nell'amplissima reggione de l'universo, de quali ciascuno, secondo la condizione della propria virtù, ha la raggione di mobilità, motività ed altri accidenti.

ELP. Voi siete fortificato molto, ma non già per questo gittate la machina delle contrarie opinioni. Le quali tutte hanno per famoso e come presupposto, che l'Optimo Massimo muove il tutto. Tu dici che dona il muoversi al tutto che si muove; e però il moto accade secondo la virtù del prossimo motore. Certo, mi pare più tosto raggionevole di vantaggio che meno conveniente questo tuo dire che il comune determinare; tutta volta, - per quel che solete dire circa l'anima del mondo e circa l'essenza divina, che è tutta in tutto, empie tutto ed è più intrinseca alle cose che la essenzia propria de quelle, perché è la essenzia de le essenzie, vita de le vite, anima de le anime, - però non meno mi par che possiamo dire lui movere il tutto, che dare al tutto il muoversi. Onde il dubio già fatto par che anco stia su li suoi piedi.

FIL. Ed in questo facilmente posso satisfarvi. Dico, dunque, che nelle cose è da contemplare, se cossì volete doi principii attivi di moto: l'uno finito secondo la raggione del finito soggetto, e questo muove in tempo; l'altro infinito secondo la raggione dell'anima del mondo, overo della divinità, che è come anima de l'anima, la quale è tutta in tutto e fa esser l'anima tutta in tutto; e questo muove in istante. La terra dunque ha dui moti. Cossì tutti gli corpi che si muoveno, hanno dui principii di moto; de quali il principio infinito è quello che insieme insieme muove ed ha mosso; onde, secondo quella raggione, il corpo mobile non meno è stabilissimo che mobilissimo. Come appare nella presente figura, che voglio significhe la terra; che è mossa in instante in quanto che ha motore di virtù infinita. Quella, movendosi con il centro da A in E, e tornando da E in A, e questo essendo in uno instante, insieme insieme e in A ed in E ed in tutti gli luoghi tramezzanti; e però insieme insieme è partita e ritornata; e questo essendo sempre cossì, aviene che sempre sia stabilissima. Similmente, quanto al suo moto circa il centro, dove è il suo oriente I, il mezzo giorno V, l'occidente K, il merinozio O; ciascuno di questi punti circuisce per virtù di polso infinito; e però ciascuno di quelli insieme insieme è partito ed è ritornato; per consequenza è fisso sempre, ed è dove era. Tanto che, in conclusione, questi corpi essere mossi da virtù infinita è medesimo che non esser mossi; perché movere in instante e non movere è tutto medesimo ed uno. Rimane, dunque, l'altro principio attivo del moto, il quale è dalla virtù intrinseca, e per conseguenza è in tempo e certa successione; e questo moto è distinto dalla quiete. Ecco, dunque, come possiamo dire Dio muovere il tutto; e come doviamo intendere, che dà il muoversi al tutto che si muove.

ELP. Or che tanto alta ed efficacemente mi hai tolta e risoluta questa difficoltà, io cedo a fatto al vostro giudizio, e spero oltre sempre da voi ricevere simili resoluzioni; perché, benché in poco sin ora io v'abbia praticato e tentato, ho pur ricevuto e conceputo assai; e spero di gran vantaggio più; perché, benché a pieno non vegga l'animo vostro, dal raggio che diffonde scorgo che dentro si rinchiude o un sole oppure un luminar maggiore. E da oggi in poi, non con speranza di superar la vostra sufficienza, ma con dissegno di porgere occasione a vostre elucidazioni, ritornarò a proporvi, se vi dignarete di farvi ritrovar per tanti giorni alla medesima ora in questo loco, quanti bastaranno ad udir ed intender tanto che mi quiete a fatto la mente.

FIL. Cossì farò.

FRAC. Sarai gratissimo, e vi saremo attentissimi auditori.

BUR. Ed io, quantunque poco intendente, se non intenderò li sentimenti, ascoltarò le paroli; se non ascoltarò le paroli, udirò la voce. Adio!

Dialogo secondo

FIL. Perché il primo principio è simplicissimo, però, se secondo uno attributo fusse finito, sarebe finito secondo tutti gli attributi; o pure, secondo certa raggione intrinseca essendo finito e secondo certa infinito, necessariamente in lui si intenderebe essere composizione. Se, dunque, lui è operatore de l'universo, certo è operatore infinito e riguarda effetto infinito; effetto dico, in quanto che tutto ha dependenza da lui. Oltre, sicome la nostra imaginazione è potente di procedere in infinito, imaginando sempre grandezza dimensionale oltra grandezza e numero oltra numero, secondo certa successione e, come se dice, in potenzia, cossì si deve intendere che Dio attualmente intende infinita dimensione ed infinito numero. E da questo intendere séguita la possibilità con la convenienza ed opportunità, che ponemo essere: dove, come la potenza attiva è infinita, cossì, per necessaria conseguenza, il soggetto di tal potenza è infinito; perché, come altre volte abiamo dimostrato, il posser fare pone il posser esser fatto, il dimensionativo pone il dimensionabile, il dimensionante pone il dimensionato. Giongi a questo che, come realmente si trovano corpi dimensionati finiti, cossì l'intelletto primo intende corpo e dimensione. Se lo intende, non meno lo intende infinito; se lo intende infinito ed il corpo è inteso infinito, necessariamente tal specie intelligibile è; e per esser produtta da tale intelletto, quale è il divino, è realissima; e talmente reale, che ha più necessario essere che quello che attualmente è avanti gli nostri occhi sensitivi. Quando, se ben consideri, aviene che, come veramente è uno individuo infinito simplicissimo, cossì sia uno amplissimo dimensionale infinito, il quale sia in quello, e nel quale sia quello, al modo con cui lui è nel tutto, ed il tutto è in lui. Appresso, se per la qualità corporale veggiamo che un corpo ha potenza di aumentarsi in infinito; come si vede nel fuoco, il quale, come ognun concede, si amplificarebe in infinito, se si gli avicinasse materia ed esca; qual raggion vuole, che il fuoco, che può essere infinito e può esser per conseguenza fatto infinito, non possa attualmente trovarsi infinito? Certo non so, come possiamo fengere nella materia essere qualche cosa in potenza passiva che non sia in potenza attiva nell'efficiente, e per conseguenza in atto, anzi l'istesso atto. Certo, il dire che lo infinito è in potenza ed in certa successione e non in atto necessariamente apporta seco che la potenza attiva possa ponere questo in atto successivo e non in atto compito; perché l'infinito non può esser compito. Onde seguitarebe ancora che la prima causa non ha potenza attiva semplice, absoluta ed una; ma una potenza attiva a cui risponde la possibilità infinita successiva, ed un'altra a cui responde la possibilità indistinta da l'atto. Lascio che, essendo terminato il mondo, e non essendo modo di imaginare come una cosa corporea venga circonferenzialmente a finirsi ad una cosa incorporea, sarebe questo mondo in potenza e facultà di svanirsi ed annullarsi: perché, per quanto comprendemo, tutt'i corpi sono dissolubili. Lascio, dico, che non sarebe raggion che tolga che tal volta l'inane infinito, benché non si possa capire di potenza attiva, debba assorbire questo mondo come un nulla. Lascio che il luogo, spacio ed inane ha similitudine con la materia, se pur non è la materia istessa; come forse non senza caggione tal volta par che voglia Platone e tutti quelli che definiscono il luogo come certo spacio. Ora, se la materia ha il suo appetito, il quale non deve essere in vano, perché tale appetito è della natura e procede da l'ordine della prima natura, bisogna che il loco, il spacio, l'inane abbiano cotale appetito. Lascio che, come è stato di sopra accennato, nessun di questi che dice il mondo terminato, dopo aver affermato il termine, sa in modo alcuno fingere come quello sia; ed insieme insieme alcun di questi, negando il vacuo ed inane con le proposte e paroli, con l'esecuzione poi ed effetto viene a ponerlo necessariamente. Se è vacuo ed inane, è certo capace di ricevere; e questo non si può in modo alcuno negare, atteso che - per tal raggione medesima, per la quale è stimato impossibile che nel spacio dove è questo mondo, insieme insieme si trove contenuto un altro mondo - deve esser detto possibile che nel spacio fuor di questo mondo, o in quel niente, se cossì dir vuole Aristotele quello che non vuol dir vacuo, possa essere contenuto. La raggione, per la quale lui dice dui corpi non possere essere insieme, è l'incompossibilità delle dimensioni di uno ed un altro corpo: resta, dunque, per quanto richiede tal raggione, che dove non sono le dimensioni de l'uno, possono essere le dimensioni de l'altro. Se questa potenza vi è, dunque il spacio in certo modo è materia; se è materia, ha l'aptitudine; se ha l'aptitudine, per qual raggione doviamo negargli l'atto?

ELP. Molto bene. Ma di grazia, procediate in altro; fatemi intendere come differenza fate tra il mondo e l'universo.

FIL. La differenza è molto divolgata fuor della scola peripatetica. Gli stoici fanno differenza tra il mondo e l'universo, perché il mondo è tutto quello che è pieno e costa di corpo solido; l'universo è non solamente il mondo, ma oltre il vacuo, inane e spacio extra di quello: e però dicono il mondo essere finito, ma l'universo infinito. Epicuro similmente il tutto ed universo chiama una mescuglia di corpi ed inane; ed in questo dice consistere la natura del mondo, il quale è infinito: e nella capacità dell'inane e vacuo e, oltre, nella moltitudine di corpi che sono in quello. Noi non diciamo vacuo alcuno, come quello che sia semplicemente nulla; ma secondo quella raggione, con la quale ciò che non è corpo che resista sensibilmente, tutto suole esser chiamato, se ha dimensione, vacuo: atteso che comunmente non apprendeno l'esser corpo, se non con la proprietà di resistenza; onde dicono che, sicome non è carne quello che non è vulnerabile, cossì non è corpo quello che non resiste. In questo modo diciamo esser un infinito, cioè una eterea regione inmensa, nella quale sono innumerabili ed infiniti corpi, come la terra, la luna ed il sole; li quali da noi son chiamati mondi composti di pieno e vacuo: perché questo spirito, questo aria, questo etere non solamente è circa questi corpi, ma ancora penetra dentro tutti, e viene insito in ogni cosa. Diciamo ancora vacuo secondo quella raggione, per la quale rispondemo alla questione che dimandasse dove è l'etere infinito e gli mondi; e noi rispondessimo: in un spacio infinito, in un certo seno nel quale ed è e s'intende il tutto, ed il quale non si può intendere né essere in altro.

Or qua Aristotele, confusamente prendendo il vacuo secondo queste due significazioni ed un'altra terza, che lui fenge e lui medesimo non sa nominare né diffinire, si va dibattendo per togliere il vacuo: e pensa con il medesimo modo di argumentare destruggere a fatto tutte le opinioni del vacuo. Le quali però non tocca, più che se, per aver tolto il nome di qualche cosa, alcuno pensasse di aver tolta la cosa; perché destrugge, se pur destrugge, il vacuo secondo quella raggione la quale forse non è stata presa da alcuno: atteso che gli antichi e noi prendiamo il vacuo per quello in cui può esser corpo e che può contener qualche cosa ed in cui sono gli atomi e gli corpi; e lui solo diffinisce il vacuo per quello che è nulla, in cui è nulla e non può esser nulla. Laonde, prendendo il vacuo per nome ed intenzione secondo la quale nessuno lo intese, vien a far castelli in aria e destruggere il suo vacuo e non quello di tutti gli altri che han parlato di vacuo e si son serviti di questo nome vacuo. Non altrimenti fa questo sofista in tutti gli altri propositi, come del moto, infinito, materia, forma, demostrazione, ente; dove sempre edifica sopra la fede della sua definizion propria e nome preso secondo nova significazione. Onde ciascun che non è a fatto privo di giudizio, può facilmente accorgersi quanto quest'uomo sia superficiale circa la considerazion della natura de le cose, e quanto sia attaccato alle sue non concedute, né degne d'esserno concedute, supposizioni, più vane nella sua natural filosofia che giamai si possano fingere nella matematica. E vedete che di questa vanità tanto si gloriò e si compiacque che, in proposito della considerazion di cose naturali, ambisce tanto di esser stimato raziocinale o, come vogliam dire logico, che, per modo d'improperio, quelli che son stati più solleciti della natura, realità e verità, le chiama fisici. Or, per venire a noi, atteso che nel suo libro Del vacuo né diretta né indirettamente dice cosa che possa degnamente militare contra la nostra intenzione, lo lasciamo star cossì, rimettendolo forse a più ociosa occasione. Dunque, se ti piace, Elpino, forma ed ordina quelle raggioni, per le quali l'infinito corpo non viene admesso da gli nostri adversarii, ed appresso quelle, per le quali non possono comprendere essere mondi innumerabili.

ELP. Cossì farò. Io referirò le sentenze d'Aristotele per ordine, e voi direte circa quelle ciò che vi occorre. "È da considerare", dice egli, "se si trova corpo infinito, come alcuni antichi filosofi dicono, o pur questo sia una cosa impossibile; ed appresso è da vedere se sia uno over più mondi. La risoluzion de le quali questioni è importantissima: perché l'una e l'altra parte della contradizione son di tanto momento, che son principio di due sorte di filosofare molto diverso e contrario: come, per essempio, veggiamo, che da quel primo error di coloro che hanno poste le parti individue, hanno chiuso il camino di tal sorte, che vegnono ad errare in gran parte della matematica. Snodaremo dunque proposito di gran momento per le passate, presenti e future difficultadi; perché, quantunque poco di trasgressione che si fa nel principio, viene per diecemila volte a farsi maggiore nel progresso; come, per similitudine, nell'errore che si fa nel principio di qualche camino, il quale tanto più si va aumentando e crescendo, quanto maggior progresso si fa allontanandosi dal principio, di sorte che al fine si viene ad giongere a termine contrario a quello che era proposto. E la raggion di questo è, che gli principii son piccioli in grandezza e grandissimi in efficacia. Questa è la raggione della determinazione di questo dubio".

FIL. Tutto lo che dice è necessarissimo, e non meno degno di esser detto da gli altri che da lui; perché, sicome lui crede, che da questo principio mal inteso gli aversarii sono trascorsi in grandi errori, cossì, a l'apposito, noi credemo e veggiamo aperto, che dal contrario di questo principio lui ha pervertita tutta la considerazion naturale.

ELP. Soggionge: "Bisogna dunque, che veggiamo, se è possibile, che sia corpo semplice di grandezza infinita; il che primeramente deve esser mostrato impossibile in quel primo corpo, che si muove circularmente; appresso, negli altri corpi; perché, essendo ogni corpo o semplice o composto, questo, che è composto, siegue la disposizion di quello che è semplice. Se, dunque, gli corpi semplici non sono infiniti né di numero né di grandezza, necessariamente non potrà esser tale corpo composto".

FIL. Promette molto bene; perché, se lui provarà, che il corpo il quale è chiamato continente e primo, sia continente, primo e finito, sarà anco soverchio e vano di provarlo appresso di corpi contenuti.

ELP. Or prova che il corpo rotondo non è infinito. "Se il corpo rotondo è infinito, le linee, che si partono dal mezzo, saranno infinite, e la distanza d'un semidiametro da l'altro (gli quali, quanto più si discostano dal centro, tanto maggior distanza acquistano) sarà infinita; perché dalla addizione delle linee secondo la longitudine è necessario che siegua maggior distanza; e però, se le linee sono infinite, la distanza ancora sarà infinita. Or è cosa impossibile, che il mobile possa trascorrere distanza infinita: e nel moto circolare è bisogno, che una linea semidiametrale del mobile venga al luogo dell'altro ed altro semidiametro".

FIL. Questa raggione è buona, ma non è a proposito contra l'intenzione de gli aversarii. Perché giamai s'è ritrovato sì rozzo e d'ingegno sì grosso, che abbia posto il mondo.infinito e magnitudine infinita, e quella mobile. E mostra lui medesimo essersi dismenticato di quel che riferisce nella sua Fisica: che quei che hanno posto uno ente ed uno principio infinito, hanno posto similmente inmobile; e né lui ancora, né altro per lui, potrà nominar mai alcun filosofo o pur uomo ordinario che abbia detto magnitudine infinita mobile. Ma costui, come sofista, prende una parte della sua argumentazione dalla conclusione dell'aversario, supponendo il proprio principio, che l'universo è mobile, anzi che si muove, e che è di figura sferica. Or vedete, se de quante raggioni produce questo mendico, se ne ritrove pur una che argumente contra l'intenzione di quei, che dicono uno infinito, inmobile, infigurato, spaciosissimo continente de innumerabili mobili, che son gli mondi, che son chiamati astri da altri, e da altri sfere; vedete un poco in questa ed altre raggioni, se mena presuppositi conceduti da alcuno.

ELP. Certo, tutte le sei raggioni sono fondate sopra quel presupposito, cioè che l'aversario dica, che l'universo sia infinito, e che gli admetta, che quello infinito sia mobile: il che certo è una sciocchezza, anzi una irrazionalità, se pur per sorte non vogliamo far concorrere in uno l'infinito moto e l'infinita quiete, come mi verificaste ieri in proposito di mondi particolari.

FIL. Questo non voglio dire in proposito de l'universo, al quale, per raggion veruna, gli deve essere attribuito il moto; perché questo non può, né deve convenire, né richiedersi a l'infinito; e giamai, come è detto, si trovò chi lo imaginasse. Ma questo filosofo, come quello che avea caristia di terreno, edifica tai castelli in aria.

ELP. Certo, desiderarei un argumento, che impugnasse questo che dite; perché cinque altre raggioni, che apporta questo filosofo, tutte fanno il medesimo camino, e vanno con gli medesimi piedi. Però mi par cosa soverchia di apportarle. Or, dopo che ebbe prodotte queste, che versano circa il moto mondano e circolare, procede a proponer quelle, che son fondate sopra il moto retto; e dice parimente "essere impossibile, che qualche cosa sia mobile di infinito moto verso il mezzo, o al basso, oltre verso ad alto dal mezzo"; ed il prova prima dal canto di moti proprii di tai corpi, e questo sì quanto a gli corpi estremi, sì quanto agli tramezzanti. "Il moto ad alto", dice egli, "ed il moto al basso son contrarii: ed il luogo de l'un moto è contrario al luogo de l'altro moto. De gli contrarii ancora, se l'uno è determinato, bisogna che sia determinato ancor l'altro; ed il tramezzante, che è partecipe de l'uno e l'altro determinato, convien che sia tale ancor lui; perché non da qualsivoglia, ma da certa parte bisogna che si parta quello che deve passar oltre il mezzo, perché è un certo termine, onde cominciano, ed è un altro termine, ove si finisceno i limiti del mezzo. Essendo dunque determinato il mezzo, bisogna che sieno determinati gli estremi; e se gli estremi son determinati, bisogna che sia determinato il mezzo; e se gli luoghi son determinati, bisogna che gli corpi collocati sieno tali ancora, perché altrimente il moto sarà infinito. Oltre, quanto alla gravità e levità, il corpo, che va verso alto, può devenire a questo, che sia in tal luogo: perché nessuna inclinazion naturale è in vano. Dunque, non essendo spacio del mondo infinito, non è luogo, né corpo infinito. Quanto al peso ancora, non è grave e leve infinito; dunque, non è corpo infinito: come è necessario, che, se il corpo grave è infinito, la sua gravità sia infinita. E questo non si può fuggire; perché, se tu volessi dire, che il corpo infinito ha gravità infinita, seguitarebono tre inconvenienti. Primo, che medesima sarebe la gravità o levità di corpo finito ed infinito; perché al corpo finito grave, per quanto è sopraavanzato dal corpo infinito, io farrò addizione e suttrazione di altro ed altro tanto, fin che possa aggiungere a quella medesima quantità di gravità e levità. Secondo, che la gravità della grandezza finita potrebe esser maggiore che quella de l'infinita; perché con tal raggione, per la quale gli può essere equale, gli può ancora essere superiore, con aggiungere quanto ti piace più di corpo grave, o suttrarre di questo, o pur aggiongere di corpo lieve. Terzo, che la gravità della grandezza finita ed infinita sarebbe equale; e perché quella proporzione, che ha la gravità alla gravità, la medesima ha la velocità alla velocità, seguitarebe similmente, che la medesima velocità e tardità si potrebero trovare in corpo finito ed infinito. Quarto, che la velocità del corpo finito potrebe esser maggiore di quella de l'infinito. Quinto, che potrebe essere equale; o pur, sicome il grave eccede il grave, cossì la velocità excede la velocità: trovandosi gravità infinita, sarà necessario che si muova per alcun spacio in manco tempo, che la gravità finita; o vero non si muova, perché la velocità e tardità séguita la grandezza del corpo. Onde, non essendo proporzione tra il finito ed infinito, bisognarà al fine, che il grave infinito non si muova; perché, s'egli si muove, non si muove tanto velocemente, che non si trove gravità finita, che nel medesimo tempo, per il medesimo spacio, faccia il medesimo progresso".

FIL. È impossibile di trovare un altro che, sotto titolo di filosofo, fengesse più vane supposizioni e si fabricasse sì stolte posizioni al contrario, per dar luogo a tanta levità quanta si vede nelle raggioni di costui. Or, per quanto appartiene a quel che dice de' luoghi proprii di corpi e del determinato alto, basso ed infra, vorei sapere contra qual posizione argumente costui. Perché tutti quelli che poneno corpo e grandezza infinita, non poneno mezzo né estremo in quella. Perché chi dice l'inane, il vacuo, l'etere infinito, non gli attribuisce gravità, né levità, né moto, né regione superiore, né inferiore, né mezzana; e ponendo poi quelli in cotal spacio infiniti corpi, come è questa terra, quella e quell'altra terra, questo sole, quello e quell'altro sole, tutti fanno gli lor circuiti dentro questo spacio infinito per spacii finiti e determinati o pur circa gli proprii centri. Cossì noi che siamo in terra, diciamo la terra essere al mezzo, e tutti gli filosofi moderni ed antichi, sieno di qualsivoglia setta, diranno questa essere in mezzo senza pregiudicare a' suoi principii; come noi diciamo al riguardo dell'orizonte magiore di questa eterea regione che ne sta in circa, terminata da quello equidistante circolo, al riguardo di cui noi siamo come al centro. Come niente manco coloro che sono nella luna, s'intendeno aver circa questa terra, il sole ed altre ed altre stelle, che sono circa il mezzo ed il termine de gli proprii semidiametri del proprio orizonte; cossì non è più centro la terra che qualsivoglia altro corpo mondano, e non son più certi determinati poli alla terra che la terra sia un certo e determinato polo a qualch'altro punto dell'etere e spacio mondano; e similmente de tutti gli altri corpi; li quali medesimi, per diversi riguardi, tutti sono e centri e punti di circunferenza e poli e zenithi ed altre differenze. La terra, dunque, non è absolutamente in mezzo de l'universo, ma al riguardo di questa nostra reggione.

Procede, dunque, questo disputante con petizione di principio e presupposizione di quello che deve provare. Prende, dico, per principio l'equivalente all'opposto della contraria posizione; presupponendo mezzo ed estremo contra quelli che, dicendo il mondo infinito, insieme insieme negano questo estremo e mezzo necessariamente e per consequenza il moto ad alto e supremo luogo, ed al basso ed infimo. Vederno dunque gli antichi, e veggiamo ancor noi, che qualche cosa viene alla terra ove siamo, e qualche cosa par che si parta della terra o pur dal luogo dove siamo. Dove, se diciamo e vogliam dir che il moto di tal cose è ad alto ed al basso, se intende in certa regione, in certi rispetti; di sorte che, se qualche cosa, allontanandosi da noi, procede verso la luna, come noi diciamo che quella ascende, color che sono nella luna nostri anticefi, diranno che descende. Que' moti, dunque, che sono nell'universo, non hanno differenza alcuna di su, di giù, di qua, di là al rispetto dell'infinito universo, ma di finiti mondi che sono in quello, o presi secondo le amplitudini di innumerabili orizonti mondani o secondo il numero di innumerabili astri; dove ancora la medesima cosa, secondo il medesimo moto, al riguardo de diversi, si dice andar da alto e da basso. Determinati corpi, dunque, non hanno moto infinito, ma finito e determinato circa gli proprii termini. Ma de l'indeterminato ed infinito non è finito né infinito moto, e non è differenza di loco né di tempo.

Quanto poi all'argomento che fa dalla gravità e levità, diciamo che questo è un de' più bei frutti che potesse produrre l'arbore della stolida ignoranza. Perché gravità, come dimostraremo nel luogo di questa considerazione, non si trova in corpo alcun intiero e naturalmente disposto e collocato; e però non sono differenze che denno distinguere la natura di luoghi e raggion di moto. Oltre che mostraremo, che grave e lieve viene ad esser detta medesima cosa secondo il medesimo appulso e moto al riguardo di diversi mezzi; come anco al rispetto di diversi, medesima cosa se dice essere alta e bassa, muoversi su e giù. E questo dico quanto a gli corpi particulari e mondi particulari; de quali nessuno è grave o lieve: e ne gli quali le parti, allontanandosi e diffondendosi da quelli, si chiamano lievi; e ritornando a gli medesimi, si chiamano gravi; come le particole de la terra o di cose terrestri verso la circonferenza de l'etere se dicono salire, e verso il suo tutto se dicono descendere. Ma quanto all'universo e corpo infinito, chi si ritrovò giamai che dicesse grave o lieve? o pur chi puose tai principii e delirò talmente che per conseguenza possa inferirse dal suo dire, che l'infinito sia grave o lieve? debbia ascendere, montare o poggiare? Noi mostraremo come de infiniti corpi che sono, nessuno è grave, né lieve. Perché queste qualitadi accadeno alle parti per quanto tendeno al suo tutto e luogo della sua conservazione, e però non hanno riguardo all'universo, ma agli proprii mondi continenti ed intieri; come ne la terra, volendo le parti del fuoco liberarsi e poggiar verso il sole, menano sempre seco qualche porzione de l'arida e de l'acqua a cui son congionte; le quali, essendono moltiplicate sopra o in alto, cossì con proprio e naturalissimo appulso ritornano al suo luogo. Oltre e per conseguenza rinforzate, che gli gran corpi sieno gravi o lievi non è possibile, essendo l'universo infinito; e per tanto non hanno raggione di lontananza o propinquità dalla o alla circonferenza o centro; indi non è più grave la terra nel suo luogo, che il sole nel suo, Saturno nel suo, la tramontana nel suo. Potremo però dire che, come sono le parti della terra che ritornano alla terra per la loro gravità, - ché cossì vogliamo dire l'appulso de le parti al tutto, e del peregrino al proprio loco, - cossì sono le parti de li altri corpi, come possono esser infinite altre terre o di simile condizione, infiniti altri soli o fuochi o di simile natura. Tutti si moveno dalli luoghi circonferenziali al proprio continente, come al mezzo: onde seguitarebe che sieno infiniti corpi gravi secondo il numero. Non però verrà ad essere gravità infinita, come in un soggetto ed intensivamente, ma come in innumerabili soggetti ed estensivamente. E questo è quello che séguita dal dire di tutti gli antichi e nostro; e contra questo non ebbe argumento alcuno questo disputante. Quel, dunque, che lui dice dell'impossibilità dell'infinito grave, è tanto vero ed aperto che è vergogna a farne menzione; ed in modo alcuno non appartiene a destruggere l'altrui e confirmar la propria filosofia; ma son propositi tutti e paroli gittati al vento.

ELP. La vanità di costui nelle predette raggioni è più che manifesta, di sorte che non bastarebbe tutta l'arte persuasiva di escusarla. Or udite le raggioni che soggionge per conchiudere universalmente che non sia corpo infinito. "Or", dice lui, "essendo manifesto a quelli che rimirano alle cose particolari, che non è corpo infinito, resta di vedere al generale, se sia questo possibile. Perché potrebe alcuno dire che, sicome il mondo è cossì disposto circa di noi, cossì non sia impossibile che sieno altri più cieli. Ma, prima che vengamo a questo, raggioniamo generalmente dell'infinito. È dunque necessario, che ogni corpo o sia infinito; e questo o sia tutto di parte similari, o di parte dissimilari; e queste o costano di specie finite, o pur di specie infinite. Non è possibile, che coste de infinite specie, se vogliamo presupponere quel ch'abbiamo detto, cioè che sieno più mondi simili a questo; perché, sicome è disposto questo mondo circa noi, cossì sia disposto circa altri, e sieno altri cieli. Perché, se son determinati gli primi moti, che sono circa il mezzo, bisogna che sieno determinati li moti secondi; e per tanto, come già distinguemo cinque sorte di corpi, de quali dui son semplicemente gravi o lievi, e dui mediocremente gravi o lievi, ed uno né grave, né lieve, ma agile circa il centro, cossì deve essere ne gli altri mondi. Non è dunque possibile, che coste d'infinite specie. Non è ancora possibile che coste di specie finite". E primieramente prova, che non costa di specie finite dissimilari, per quattro raggioni, de quali la prima è, che "ciascuna di queste parti infinite sarà acqua o fuoco, e per consequenza cosa grave o lieve. E questo è stato dimostrato impossibile, quando si è visto, che non è gravità, né levità infinita".

FIL. Noi abbiamo assai detto, quando rispondevamo a quello.

ELP. Io lo so. Soggionge la seconda raggione, dicendo, che "bisogna che di queste specie ciascuna sia infinita, e per consequenza il luoco di ciascuna deve essere infinito: onde seguitarà che il moto di ciascuna sia infinito; il che è impossibile. Perché non può essere, che un corpo che va giù, corra per infinito al basso; il che è manifesto da quel che si trova in tutt'i moti e trasmutazioni. Come nella generazione non si cerca di fare quel che non può esser fatto, cossì nel moto locale non si cerca il luogo, ove non si possa giunger mai; e quello che non è possibile che sia in Egitto, è impossibile che si muova in verso Egitto; perché la natura nessuna cosa opra in vano. Impossibile è, dunque, che cosa si muova verso là dove non può pervenire".

FIL. A questo si è risposto assai; e diciamo che son terre infinite, son soli infiniti, è etere infinito; o secondo il dir di Democrito ed Epicuro, è pieno e vacuo infinito; l'uno insito ne l'altro. E son diverse specie finite, le une comprese da le altre, e le une ordinate a le altre. Le quali specie diverse tutte se hanno come concorrenti a fare un intiero universo infinito, e come ancora infinite parti de l'infinito, in quanto che da infinite terre simili a questa proviene in atto terra infinita, non come un solo continuo, ma come un compreso dalla innumerabile moltitudine di quelle. Similmente se intende de le altre specie di corpi, sieno quattro o sieno due o sieno tre o quante si voglia (non determino al presente); le quali, come che sono parte (in modo che si possono dir parte) de l'infinito, bisogna che sieno infinite, secondo la mole che resulta da tal moltitudine. Or qui non bisogna che il grave vada in infinito al basso. Ma come questo grave va al suo prossimo e connatural corpo, cossì quello al suo, quell'altro al suo. Ha questa terra le parti che appartengono a lei; ha quella terra le parti sue appartenenti a sé. Cossì ha quel sole le sue parti che si diffondeno da lui e cercano di ritornare a lui; ed altri corpi similmente riaccoglieno naturalmente le sue parti. Onde, sì come le margini e le distanze de gli uni corpi a gli altri corpi son finite, cossì gli moti son finiti; e sicome nessuno si parte da Grecia per andare in infinito, ma per andar in Italia o in Egitto, cossì, quando parte di terra o di sole si move, non si propone infinito, ma finito e termine. Tutta volta, essendo l'universo infinito e gli corpi suoi tutti trasmutabili, tutti per conseguenza diffondeno sempre da sé e sempre in sé accoglieno, mandano del proprio fuora e accogliono dentro del peregrino. Non stimo che sia cosa assorda ed inconveniente, anzi convenientissima e naturale, che sieno transmutazion finite possibili ad accadere ad un soggetto; e però de particole de la terra vagar l'eterea regione e occorrere per l'inmenso spacio ora ad un corpo ora ad un altro, non meno che veggiamo le medesime particole cangiarsi di luogo, di disposizione e di forma, essendono ancora appresso di noi. Onde questa terra, se è eterna ed è perpetua, non è tale per la consistenza di sue medesime parti e di medesimi suoi individui, ma per la vicissitudine de altri che diffonde, ed altri che gli succedeno in luogo di quelli; in modo che, di medesima anima ed intelligenza, il corpo sempre si va a parte a parte cangiando e rinovando. Come appare anco ne gli animali, li quali non si continuano altrimente se non con gli nutrimenti che riceveno, ed escrementi che sempre mandano; onde chi ben considera saprà che giovani non abbiamo la medesima carne che avevamo fanciulli, e vecchi non abbiamo quella medesima che quando eravamo giovani; perché siamo in continua trasmutazione, la qual porta seco che in noi continuamente influiscano nuovi atomi e da noi se dipartano li già altre volte accolti. Come circa il sperma, giongendosi atomi ad atomi per la virtù dell'intelletto generale ed anima (mediante la fabrica in cui, come materia, concorreno), se viene a formare e crescere il corpo, quando l'influsso de gli atomi è maggior che l'efflusso, e poi il medesimo corpo è in certa consistenza quando l'efflusso è equale a l'influsso, ed al fine va in declinazione, essendo l'efflusso maggior che l'influsso. Non dico l'efflusso ed influsso assolutamente, ma l'efflusso del conveniente e natio e l'influsso del peregrino e sconveniente; il quale non può esser vinto dal debilitato principio per l'efflusso; il quale è pur continuo del vitale come del non vitale. Per venir, dunque, al punto, dico che per cotal vicissitudine non è inconveniente, ma raggionevolissimo dire, che le parti ed atomi abbiano corso e moto infinito per le infinite vicissitudini e transmutazioni tanto di forme quanto di luoghi. Inconveniente sarebbe se, come a prosimo termine prescritto di transmutazion locale, over di alterazione, si trovasse cosa che tendesse in infinito. Il che non può essere, atteso che, non sì tosto una cosa è mossa da uno che si trove in un altro luogo, è spogliata di una che non sia investita di un'altra disposizione, e lasciato uno che non abbia preso un altro essere; il quale necessariamente séguita dalla alterazione; la quale necessariamente séguita dalla mutazion locale. Tanto che il soggetto prossimo e formato non può muoversi se non finitamente, perché facilmente accoglie un'altra forma se muta loco. Il soggetto primo e formabile se muove infinitamente, e secondo il spacio e secondo il numero delle figurazioni; mentre le parti della materia s'intrudeno ed extrudeno da questo in quello e in quell'altro loco, parte e tutto.

ELP. Io intendo molto bene. Soggionge per terza raggione, che, "se si dicesse l'infinito discreto e disgionto, onde debbano essere individui e particolari fuochi infiniti, e ciascun di quelli poi essere finito, nientemanco accaderà, che quel fuoco, che resulta da tutti gl'individui, debba essere infinito".

FIL. Questo ho già conceduto; e per sapersi questo, lui non dovea forzarsi contra di ciò da che non séguita inconveniente alcuno. Perché, se il corpo vien disgiunto o diviso in parte localmente distinte, de le quali l'una pondere cento, l'altra mille, l'altra diece, seguitarà che il tutto pondere mille cento e diece. Ma ciò sarà secondo più pesi discreti, e non secondo un peso continuo. Or noi e gli antichi non abbiamo per inconveniente che in parti discrete se ritrove peso infinito; perché da quelle resulta un peso logicamente, o pur aritmetica o geometricamente, che vera e naturalmente non fanno un peso, come non fanno una mole infinita, ma fanno infinite mole e pesi finiti. Il che dire, imaginare ed essere, non è il medesimo, ma molto diverso. Perché da questo non séguita che sia un corpo infinito di una specie, ma una specie di corpo in infiniti finiti; né è però un pondo infinito, infiniti pondi finiti, atteso che questa infinitudine non è come di continuo, ma come di discreti; li quali sono in un continuo infinito, che è il spacio, il loco e dimensione capace di quelli tutti. Non è dunque inconveniente che sieno infiniti discreti gravi, quali non fanno un grave; come infinite acqui le quali non fanno un'acqua infinita, infinite parti di terra che non fanno una terra infinita: di sorte che sono infiniti corpi in moltitudine, li quali fisicamente non componeno un corpo infinito di grandezza. E questo fa grandissima differenza; come proporzionalmente si vede nel tratto della nave, la quale viene tratta da diece uniti, e non sarà mai tirata da migliaia de migliaia disuniti e per ciascuno.

ELP. Con questo ed altro dire mille volte avete risoluto lo che pone per quarta ragione; la qual dice che, "se s'intende corpo infinito, è necessario che sia inteso infinito secondo tutte le dimensioni; onde da nessuna parte può essere qualche cosa extra di quello: dunque non è possibile che in corpo infinito sieno più dissimili, de quali ciascuno sia infinito".

FIL. Tutto questo è vero e non contradice a noi, che abbiamo tante volte detto che sono più dissimili finiti in uno infinito, ed abbiamo considerato come questo sia. Forse proporzionalmente, come se alcun dicesse esser più continui insieme, come per essempio e similitudine in un liquido luto, dove sempre ed in ogni parte l'acqua è continuata a l'acqua, e la terra a la terra; dove, per la insensibilità del concorso de le minime parti di terra e minime parti d'acqua, non si diranno discreti né più continui, ma uno continuo, il quale non è acqua, non è terra, ma è luta. Dove indifferentemente ad un altro può piacere di dire, che non propriamente l'acqua è continuata a l'acqua, e la terra a la terra, ma l'acqua a la terra, e la terra a l'acqua; e può similmente venire un terzo, che, negando l'uno e l'altro modo di dire, dica il luto esser continuato al luto. E secondo queste raggioni può esser preso l'universo infinito come un continuo, nel quale non faccia più discrezione l'etere interposto tra sì gran corpi, che far possa nella luta quello aria che è traposto ed interposto tra le parti de l'acqua e de l'arida, essendo differenza solo per la pocagine de le parti, e minorità ed insensibilità che è nella luta, e la grandezza, maggiorità e sensibilità delle parti che sono nell'universo: sì che gli contrarii e gli diversi mobili concorreno nella constituzione di uno continuo immobile, nel quale gli contrarii concorreno alla constituzion d'uno, ed appartengono ad uno ordine, e finalmente sono uno. Inconveniente certo ed impossibile sarrebe ponere dui infiniti distinti l'uno da l'altro; atteso non sarebe modo de imaginare come, dove finisce l'uno, cominci l'altro, onde ambi doi venessero ad aver termine l'uno per l'altro. Ed è oltre difficilissimo trovar dui corpi finiti in uno estremo, ed infiniti ne l'altro.

ELP. Pone due altre raggioni, per provar che non sia infinito di simili parte. "La prima è, perché bisognarebe, che a quello convenesse una di queste specie di moto locale; e però o sarebe una gravità, o levità infinita, overo una circulazione infinita; il che tutto, quanto sia impossibile, abbiamo demostrato".

FIL. E noi ancora abbiamo chiarito quanto questi discorsi e raggioni sieno vani; e che l'infinito in tutto non si muove, e che non è grave né lieve, tanto esso quanto ogni altro corpo nel suo luogo naturale: né pure le parti separate, quando saranno allontanate oltre certi gradi dal proprio loco. Il corpo dunque infinito, secondo noi, non è mobile, né in potenza né in atto; e non è grave né lieve in potenza né in atto; tanto manca ch'aver possa gravità o levità infinita secondo gli principii nostri e di altri contra gli quali costui edifica sì belle castella.

ELP. La seconda raggione per questo è similmente vana; perché vanamente dimanda, "se si muove l'infinito naturale o violentemente", a chi mai disse che lo si mova, tanto in potenzia quanto in atto. Appresso prova che non sia corpo infinito per le raggioni tolte dal moto in generale; dopo che ha proceduto per raggion tolta dal moto in comune. Dice dunque, che il corpo infinito non può aver azione nel corpo finito, né tampoco patir da quello; ed apporta tre proposizioni. Prima che "l'infinito non patisce dal finito"; perché ogni moto, e per conseguenza ogni passione, è in tempo; e se è cossì, potrà avenire che un corpo di minor grandezza potrà aver proporzionale passione a quella; però, sicome è proporzione del paziente finito all'agente finito, verrà ad esser simile del paziente finito allo agente infinito. Questo si vede, si poniamo per corpo infinito A, per corpo finito B; e perché ogni moto è in tempo, sia il tempo G, nel qual tempo A o muove o è mosso. Prendiamo appresso un corpo di minor grandezza, il quale è B; e sia la linea D agente circa un altro corpo (il qual corpo sia H) compitamente, nel medesimo tempo G. Da questo veramente si vedrà, che sarà proporzione di D agente minore a B agente maggiore, sicome è proporzione del paziente finito H alla parte finita A, la qual parte sia AZ. Or quando muteremo la proporzione del primo agente al terzo paziente, come è proporzione del secondo agente al quarto paziente, cioè sarà proporzione di D ad H, come è la proporzione di B ad AZ; B veramente, nel medesimo tempo G, sarà agente perfetto in cosa finita e cosa infinita, cioè in AZ parte de l'infinito ed A infinito. Questo è impossibile; dunque il corpo infinito non può essere agente né paziente, perché doi pazienti equali patiscono equalmente nel medesimo tempo dal medesimo agente, ed il paziente minore patisce dal medesimo agente in tempo minore, il maggiore paziente in maggior tempo. Oltre, quando sono agenti diversi in tempo equale e si complisce la lor azione, verrà ad essere proporzione dell'agente all'agente, come è proporzione del paziente al paziente. Oltre, ogni agente opra nel paziente in tempo finito (parlo di quello agente, che viene a fine della sua azione, non di quello, di cui il moto è continuo, come può esser solo il moto della translazione), perché è impossibile che sia azione finita in tempo infinito. Ecco dunque primieramente manifesto, come il finito non può aver azion compita nell'infinito. [...]

Secondo, si mostra medesimamente, che "l'infinito non può essere agente in cosa finita". Sia l'agente infinito A, ed il paziente finito B, e ponemo, che A infinito è agente in B finito, in tempo G. Appresso sia il corpo finito D agente nella parte di B, cioè BZ, in medesimo tempo G. Certamente sarà proporzione del paziente BZ a tutto B paziente, come è proporzione di D agente all'altro agente finito H; ed essendo mutata proporzione, di D agente a BZ paziente, sicome la proporzione di H agente a tutto B. Per conseguenza B sarà mosso da H in medesimo tempo, in cui BZ vien mosso da D, cioè in tempo G, nel qual tempo B è mosso da l'infinito agente A; il che è impossibile. La quale impossibilità séguita da quel ch'abbiamo detto: cioè che, si cosa infinita opra in tempo finito, bisogna che l'azione non sia in tempo, perché tra il finito e l'infinito non è proporzione. Dunque, ponendo noi doi agenti diversi, li quali abbiano medesima azione in medesimo paziente, necessariamente l'azion di quello sarà in doi tempi diversi, e sarà proporzion di tempo a tempo: come di agente ad agente. Ma, se ponemo doi agenti, de quali l'uno è infinito, l'altro finito aver medesima azione in un medesimo paziente, sarà necessario dire l'un di doi, o che l'azion de l'infinito sia in uno istante, over che l'azione dell'agente finito sia in tempo infinito. L'uno e l'altro è impossibile. [...]

Terzo, si fa manifesto, come il "corpo infinito non può oprare in corpo infinito". Perché, come è stato detto nella.Fisica ascoltazione, è impossibile che l'azione o passione sia senza compimento. Essendo dunque dimostrato, che mai può esser compita l'azion dell'infinito in uno infinito, si potrà conchiudere che tra essi non può essere azione. Poniamo dunque doi infiniti, de quali l'uno sia B, il quale sia paziente da A in tempo finito G, perché l'azion finita necessariamente è in tempo finito. Poniamo appresso che la parte del paziente BD patisce da A; certo sarà manifesto che la passion di questo viene ad essere in tempo minore che il tempo G; e sia questa parte significata per Z. Sarà dunque proporzione del tempo Z al tempo G, sicome è proporzione di BD, parte del paziente infinito, alla parte maggiore dell'infinito, cioè a B; e questa parte sia significata per BDH, la quale è paziente da A nel tempo infinito G; e nel medesimo tempo già da quello è stato paziente tutto l'infinito B; il che è falso, perché è impossibile che sieno doi pazienti, de quali l'uno sia infinito e l'altro finito, che patiscano da medesimo agente, per medesima azione, nel medesimo tempo sia pur finito, o, come abbiamo posto, infinito l'efficiente. [...]

FIL. Tutto quel che dice Aristotele, voglio che sia ben detto quando sarà bene applicato e quando concluderà a proposito; ma, come abbiamo detto, non è filosofo ch'abbia parlato de l'infinito, dal cui modo di ponere ne possano seguitare cotali inconvenienti. Tuttavia, non per rispondere a quel che dice, perché non è contrario a noi, ma solo per contemplare l'importanza de le sue sentenze, essaminiamo il suo modo di raggionare. Prima, dunque, nel suo supponere, procede per non naturali fondamenti, volendo prendere questa e quella parte de l'infinito; essendo che l'infinito non può aver parte; se non vogliamo dir pure che quella parte è infinita, essendo che implica contradizione, che ne l'infinito sia parte maggiore e parte minore e parte che abbia maggiore e minore proporzione a quello; essendo che all'infinito non più ti avicini per il centinaio che per il ternario, perché non meno de infiniti ternarii che d'infiniti centenarii costa il numero infinito. La dimensione infinita non è meno de infiniti piedi che de infinite miglia: però, quando vogliamo dir le parti dell'infinita dimensione, non diciamo cento miglia, mille parasanghe; perché queste nientemanco posson esser dette parti del finito, e veramente son parti del finito solamente al cui tutto hanno proporzione, e non possono essere, e non denno esser stimate parti de quello a cui non hanno proporzione. Cossì mille anni non sono parte dell'eternità, perché non hanno proporzione al tutto; ma sì bene son parti di qualche misura di tempo, come di diece mille anni, di cento mila secoli.

ELP. Or, dunque, fatemi intendere: quali direte che son le parti dell'infinita durazione?

247

FIL. Le parti proporzionali della durazione, le quali hanno proporzione nella durazione e tempo, ma non già l'infinita durazione e tempo infinito; perché in quello il tempo massimo, cioè la grandissima parte proporzionale della durazione, viene ad essere equivalente alla minima, atteso che non son più gl'infiniti secoli che le infinite ore: dico che ne l'infinita durazione, che è l'eternità, non sono più le ore che gli secoli; di sorte che ogni cosa che si dice parte de l'infinito, in quanto che è parte de l'infinito, è infinita cossì nell'infinita durazione come ne l'infinita mole. Da questa dottrina possete considerare quanto sia circonspetto Aristotele nelle sue supposizioni, quando prende le parti finite de lo infinito; e quanta sia la forza delle raggioni di alcuni teologi, quando dalla eternità del tempo vogliono inferir lo inconveniente di tanti infiniti maggiori l'uno de l'altro, quante possono esser specie di numeri. Da questa dottrina, dico, avete modo di estricarvi da innumerabili labirinti.

ELP. Particolarmente di quello, che fa al proposito nostro de gl'infiniti passi ed infinite miglia, che verrebono a fare un infinito minore ed un altro infinito maggiore nell'inmensitudine de l'universo. Or seguitate.

FIL. Secondo, nel suo inferire non procede demostrativamente Aristotele. Perché da quel, che l'universo è infinito e che in esso (non dico di esso, perché altro è dir parti nell'infinito, altro dell'infinito) sieno infinite parti, che hanno tutte azione e passione, e per conseguenza trasmutazione intra de loro, vuole inferire o che l'infinito abbia azione o passione nel finito o dal finito, over che l'infinito abbia azione ne l'infinito, e questo patisca e sia trasmutato da quello. Questa illazione diciamo noi che non vale fisicamente, benché logicamente sia vera: atteso che quantunque, computando con la raggione, ritroviamo infinite parti che sono attive, ed infinite che sono passive, e queste sieno prese come un contrario e quelle come un altro contrario; nella natura poi, - per esserno queste parti disgionte e separate, e con particulari termini divise, come veggiamo, - non ne forzano né inclinano a dire, che l'infinito sia agente o paziente, ma che nell'infinito parte finite innumerabili hanno azione e passione. Concedesi dunque, non che l'infinito sia mobile ed alterabile, ma che in esso sieno infiniti mobili ed alterabili; non che il finito patisca da infinito, secondo fisica e naturale infinità, ma secondo quella che procede di una logica e razionale aggregazione che tutti gravi computa in un grave, benché tutti gravi non sieno un grave. Stante dunque l'infinito e tutto inmobile, inalterabile, incorrottibile, in quello possono essere, e vi son moti ed alterazioni innumerabili e infiniti, perfetti e compiti. Giongi a quel ch'è detto che, dato che sieno doi corpi infiniti da un lato, che da l'altro lato vegnano a terminarsi l'un l'altro, non seguitarà da questo quel che Aristotele pensa che necessariamente séguita, cioè, che l'azione e passione sarebono infinite; atteso che, se di questi doi corpi l'uno è agente in l'altro, non sarà agente secondo tutta la sua dimensione e grandezza: perché non è vicino, prossimo, gionto e continuato a l'altro secondo tutta quella, e secondo tutte le parti di quella. Perché poniamo caso, che sieno doi infiniti corpi A e B, gli quali sono continuati o congionti insieme nella linea o superficie FG. Certo, non verranno ad oprar l'uno contra l'altro secondo tutta la virtù; perché non sono propinqui l'uno a l'altro secondo tutte le parti, essendo che la continuazione non possa essere se non in qualche termine finito. E dico di vantaggio che, benché supponiamo quella superficie o linea essere infinita, non seguitarà per questo che gli corpi, continuati in quella, caggionino azione e passione infinita; perché non sono intense, ma estense, come le parti sono estense. Onde aviene che in nessuna parte l'infinito opra secondo tutta la sua virtù, ma estensivamente secondo parte e parte, discreta e separatamente. [...]

Come per essempio, le parti di doi corpi contrarii, che possono alterarsi, sono le vicine, come A ed 1, B e 2, C e 3, D e 4; e cossì discorrendo in infinito. Dove mai potrai verificare azione intensivamente infinita, perché di que' doi corpi le parti non si possono alterare oltre certa e determinata distanza; e però M e 10, N e 20, O e 30, P e 40 non hanno attitudine ad alterarsi. Ecco dunque come, posti doi corpi infiniti, non seguitarebe azione infinita. Dico ancora di vantaggio che, quantunque si supponga e conceda che questi doi corpi infiniti potessero aver azione l'un contra l'altro intensivamente, e secondo tutta la loro virtù riferirsi l'uno a l'altro, per questo non seguitarebe affetto d'azione né passione alcuna; perché non meno l'uno è valente ripugnando e risistendo, che l'altro possa essere impugnando ed insistendo, e però non seguitarrebe alterazione alcuna. Ecco dunque, come da doi infiniti contraposti o séguita alterazione finita o séguita nulla a fatto.

ELP. Or che direte al supposito de l'un corpo contrario finito e l'altro infinito, come se la terra fusse un corpo freddo ed il cielo fusse il fuoco, e tutti gli astri fuochi ed il cielo inmenso e gli astri innumerabili? Volete che per questo séguite quel che induce Aristotele, che il finito sarebbe assorbito da l'infinito?

FIL. Certo non, come si può rapportar da quel ch'abbiamo detto. Perché, essendo la virtù corporale distesa per dimensione di corpo infinito, non verrebe ad essere efficiente contra il finito con vigore e virtù infinita, ma con quello che può diffondere dalle parti finite e secondo certa distanza rimosse; atteso che è impossibile che opre secondo tutte le parti, ma secondo le prossime solamente. Come si vede nella precedente demostrazione: dove presupponiamo A e B doi corpi infiniti; li quali non sono atti a transmutar l'un l'altro, se non per le parti, che sono della distanza tra 10, 20, 30, 40, ed M, N, O, P; e per tanto nulla importa per far maggior e più vigorosa azione, quantunque il corpo B corra e cresca in infinito, ed il corpo A rimagna finito. Ecco dunque come da doi contrarii contraposti sempre séguita azione finita ed alterazione finita, non meno supponendo di ambidoi infinito l'uno e l'altro finito, che supponendo infinito l'uno e l'altro.

ELP. Mi avete molto satisfatto, di sorte che mi par cosa soverchia d'apportar quell'altre raggioni salvaticine con le quali vuol dimostrar che estra il cielo non sia corpo infinito, come quella che dice: "ogni corpo che è in loco, è sensibile: ma estra il cielo non è corpo sensibile; dunque non vi è loco". O pur cossì: "ogni corpo sensibile è in loco; extra il cielo non è loco; dunque, non vi è corpo. Anzi manco vi è extra, perché extra significa differenza di loco e di loco sensibile, e non spirituale ed intelligibile corpo, come alcuno potrebe dire: se è sensibile, è finito".

FIL. Io credo ed intendo che oltre ed oltre quella margine imaginata del cielo sempre sia eterea regione, e corpi mondani, astri, terre, soli; e tutti sensibili absolutamente secondo sé ed a quelli che vi sono o dentro o da presso, benché non sieno sensibili a noi per la lor lontananza e distanza. Ed in questo mentre considerate qual fondamento prende costui, che da quel, che non abbiamo corpo sensibile oltre l'imaginata circonferenza, vuole che non sia corpo alcuno: e però lui, si fermò a non credere altro corpo, che l'ottava sfera, oltre la quale gli astrologi di suoi tempi non aveano compreso altro cielo. E per ciò che la vertigine apparente del mondo circa la terra referirno sempre ad un primo mobile sopra tutti gli altri, puosero fondamenti tali, che senza fine sempre oltre sono andati giongendo sfera a sfera, ed hanno trovate l'altre senza stelle, e per consequenza senza corpi sensibili. In tanto che le astrologice supposizioni e fantasie condannano questa sentenza, viene assai più condannata da quei che meglio intendeno, qualmente gli corpi che si dicono appartenere all'ottavo cielo, non meno hanno distinzion tra essi di maggiore e minor distanza dalla superficie della terra, che gli altri sette, perché la raggione della loro equidistanza depende solo dal falsissimo supposito della fission de la terra; contra il quale crida tutta la natura, e proclama ogni raggione, e sentenzia ogni regolato e ben informato intelletto al fine. Pur, sia come si vuole, è detto, contra ogni raggione, che ivi finisca e si termine l'universo, dove l'attatto del nostro senso si conchiude; perché la sensibilità è causa da far inferir che gli corpi sono, ma la negazion di quella, la quale può esser per difetto della potenza sensitiva e non dell'ogetto sensibile, non è sufficiente né per lieve suspizione che gli corpi non sieno. Perché, se la verità dependesse da simil sensibilità, sarebbono tali gli corpi che appaiono tanto propinqui ed aderenti l'uno all'altro. Ma noi giudichiamo che tal stella par minore nel firmamento, ed è detta della quarta e quinta grandezza, che sarà molto maggiore di quella che è detta della seconda e prima; nel giudizio della quale se inganna il senso, che non è potente a conoscere la raggione della distanza maggiore; e noi da questo, che abbiamo conosciuto il moto della terra, sappiamo che quei mondi non hanno tale equidistanza da questo, e che non sono come in uno deferente.

ELP. Volete dire, che non sono come impiastrati in una medesima cupola: cosa indegna che gli fanciulli la possano imaginare, che forse crederebono che, se non fussero attaccati alla tribuna e lamina celeste con buona colla, over inchiodati con tenacissimi chiodi, caderebono sopra di noi non altrimente che gli grandini dell'aria vicino. Volete dire che quelle altre tante terre ed altri tanti spaciosissimi corpi tegnono le loro regioni e sue distanze nell'etereo campo, non altrimente che questa terra che con la sua rivoluzione fa apparir che tutti insieme, come concatenati, si svolgano circa lei. Volete dire che non bisogna accettare corpo spirituale extra l'ottava o nona sfera, ma che questo medesimo aere, come è circa la terra, la luna, il sole, continente di quelli, cossì si va amplificando in infinito alla continenza di altri infiniti astri e grandi animali; e questo aere viene ad essere loco comune ed universale; e che tiene infinito spacioso seno, non altrimente continente in tutto l'universo infinito che in questo spacio sensibile a noi per tante e sì numerose lampe. Volete che non sia l'aria e questo corpo continente che si muova circularmente, o che rapisca gli astri, come la terra e la luna ed altri; ma che quelli si muovano dalla propria anima per gli suoi spacii, avendono tutti que' proprii moti, che sono oltre quel mondano, che per il moto della terra appare, ed oltre altri, che appaiono comuni a tutti gli astri, come attaccati ad un mobil corpo, i quali tutti hanno apparenza per le diverse differenze di moto di questo astro in cui siamo, e di cui il moto è insensibile a noi. Volete per consequenza, che l'aria e le parti che si prendeno nell'eterea regione, non hanno moto se non di restrizione ed amplificazione, il quale bisogna che sia per il progresso di questi solidi corpi per quello; mentre gli uni s'aggirano circa gli altri, e mentre fa di mestiero che questo spiritual corpo empia il tutto.

FIL. Vero. Oltre dico, che questo infinito ed inmenso è uno animale, benché non abia determinata figura e senso che si referisca a cose esteriori: perché lui ha tutta l'anima in sé, e tutto lo animato comprende, ed è tutto quello. Oltre dico non seguitar inconveniente alcuno, come di doi infiniti; perché, il mondo essendo animato corpo, in esso è infinita virtù motrice ed infinito soggetto di mobilità, nel modo che abbiamo detto, discretamente: perché il tutto continuo è immobile, tanto di moto circulare, il quale è circa il mezzo, quanto di moto retto, che è dal mezzo o al mezzo; essendo che non abbia mezzo né estremo. Diciamo oltre, che moto di grave e leve non solo è conveniente a l'infinito corpo; ma né manco a corpo intiero e perfetto che sia in quello, né a parte di alcun di questi la quale è nel suo loco e gode la sua natural disposizione. E ritorno a dire che nulla è grave o lieve assoluta ma rispettivamente: dico al riguardo del loco, verso al quale le parti diffuse e disperse si ritirano e congregano. E questo baste aver considerato oggi, quanto a l'infinita mole de l'universo; e domani vi aspettarò per quel che volete intendere quanto a gl'infiniti mondi che sono in quello.

ELP. Io, benché per questa dottrina mi creda esser fatto capace di quell'altra, tutta volta, per la speranza di udir altre cose particolari e degne, ritornarò.

FRAC. Ed io verrò ad esser auditore solamente.

BUR. Ed io; che come, a poco a poco, più e più mi vo accostando all'intendervi, cossì a mano a mano vegno a stimar verisimile, e forse vero, quel che dite.

Dialogo terzo

FIL. Uno dunque è il cielo, il spacio immenso, il seno, il continente universale, l'eterea regione per la quale il tutto discorre e si muove. Ivi innumerabili stelle, astri, globi, soli e terre sensibilmente si veggono, ed infiniti raggionevolmente si argumentano. L'universo immenso ed infinito è il composto che resulta da tal spacio e tanti compresi corpi.

ELP. Tanto che non son sfere di superficie concava e convessa, non sono gli orbi deferenti; ma tutto è un campo, tutto è un ricetto generale.

FIL. Cossì è.

ELP. Quello dunque che ha fatto imaginar diversi cieli, son stati gli diversi moti astrali, con questo, che si vedeva un cielo colmo di stelle svoltarsi circa la terra, senza che di que' lumi in modo alcuno si vedesse l'uno allontanarsi da l'altro, ma, serbando sempre la medesima distanza e relazione, insieme con certo ordine, si versavano circa la terra non altrimente che una ruota, in cui sono inchiodati specchi innumerabili, si rivolge circa il proprio asse. Là onde è stimato evidentissimo, come al senso de gli occhi, che a que' luminosi corpi non si conviene moto proprio, come essi discorrer possano, qual ucelli per l'aria; ma per la revoluzion de gli orbi, ne' quali sono affissi, fatta dal divino polso di qualche intelligenza.

FIL. Così comunmente si crede; ma questa imaginazione -compreso che sarà il moto di questo astro mondano in cui siamo, che, senza essere affisso ad orbe alcuno, per il generale e spacioso campo essagitato dall'intrinseco principio, propria anima e natura, discorre circa il sole e si versa circa il proprio centro - averrà che sia tolta: e s'aprirà la porta de l'intelligenza de gli principii veri di cose naturali ed a gran passi potremo discorrere per il camino della verità. La quale, ascosa sotto il velame di tante sordide e bestiale imaginazioni, sino al presente è stata occolta per l'ingiuria del tempo e vicissitudine de le cose dopo che al giorno de gli antichi sapienti succese la caliginosa notte di temerari sofisti.

Non sta, si svolge e gira

Quanto nel ciel e sott'il ciel si mira.

Ogni cosa discorre, or alto or basso,

Benché sie 'n lungo o 'n breve,

O sia grave o sia leve;

E forse tutto va al medesmo passo

Ed al medesmo punto.

Tanto il tutto discorre sin ch'è giunto.

Tanto gira sozzopra l'acqua il buglio,

Ch'una medesma parte

Or di su in giù or di giù in su si parte

Ed il medesmo garbuglio

Medesme tutte sorti a tutti imparte.

ELP. Certo non è dubio alcuno che quella fantasia de gli stelliferi, fiammiferi, de gli assi, de gli deferenti,.del serviggio de gli epicicli e di altre chimere assai, non è caggionata da altro principio che da l'imaginarsi, come appare, questa terra essere nel mezzo e centro de l'universo e che, essendo lei sola inmobile e fissa, il tutto vegna a svoltargliesi circa.

FIL. Questo medesimo appare a quei, che sono ne la luna e ne gli altri astri che sono in questo medesimo spacio, che sono o terre o soli.

ELP. Supposto dunque per ora, che la terra con il suo moto caggiona questa apparenza del moto diurno e mondano, e con le diverse differenze di cotal moto caggiona que' tutti che si veggono medesimi convenire a stelle innumerabili, noi rimarremo a dire che la luna (che è un'altra terra) si muova da per lei per l'aria circa il sole. Medesimamente Venere, Mercurio e gli altri, che son pure altre terre, fanno i lor discorsi circa il medesimo padre de vita.

FIL. Cossì è.

ELP. Moti proprii di ciascuno son quei che si veggono, oltre questo moto detto mondano, e proprii de le chiamate fisse (de quali l'uno e l'altro si denno referire alla terra); e cotai moti sono di più che di tante differenze, che quanti son corpi; di sorte che mai si vedranno doi astri convenire in uno e medesimo ordine e misura di moto, se si vedrà moto in quelli tutti, quali non mostrano variazione alcuna per la gran distanza che hanno da noi. Quelli quantunque facciano lor giri circa il fuoco solare e circa i proprii centri si convertano per la participazione del vital calore, le differenze de loro approssimarsi e lontanarsi non possono essere da noi comprese.

FIL. Cossì è.

ELP. Sono dunque soli innumerabili, sono terre infinite, che similmente circuiscono quei soli; come veggiamo questi sette circuire questo sole a noi vicino

FIL. Cossì è.

ELP. Come dunque circa altri lumi, che sieno gli soli, non veggiamo discorrere altri lumi, che sieno le terre, ma oltre questi non possiamo comprendere moto alcuno, e tutti gli altri mondani corpi (eccetto ancor quei che son detti comete) si veggono sempre in medesima disposizione e distanza?

FIL. La raggione è, perché noi veggiamo gli soli, che son gli più grandi, anzi grandissimi corpi, ma non veggiamo le terre, le quali, per esserno corpi molto minori, sono invisibili; come non è contra raggione, che sieno di altre terre ancora che versano circa questo sole, e non sono a noi manifeste o per lontananza maggiore o per quantità minore, o per non aver molta superficie d'acqua, o pur per non aver detta superficie rivolta a noi ed opposta al sole, per la quale, come un cristallino spechio, concependo i luminosi raggi, si rende visibile. Là onde non è maraviglia, né cosa contro natura, che molte volte udiamo il sole essere alcunamente eclissato, senza che tra lui e la nostra vista si venesse ad interporre la luna. Oltre di visibili possono essere anco innumerabili acquosi lumi (cioè terre, de le quali le acqui son parte) che circuiscano il sole; ma la differenza del loro circuito è insensibile per la distanza grande; onde in quel tardissimo moto, che si comprende in quelli che sono visibili sopra o oltre Saturno, non si vede differenza del moto de gli uni e moto de gli altri, né tampoco regola nel moto di tutti circa il mezzo, o poniamo mezzo la terra, o si pona mezzo il sole.

ELP. Come volevi dunque, che tutti, quantunque distantissimi dal mezzo, cioè dal sole, potessero raggionevolmente participare il vital calore da quello?

FIL. Da questo, che quanto più sono lontani, fanno tanto maggior circolo; quanto più gran circolo fanno, tanto più tardi si muoveno circa il sole; quanto più si muoveno tardi, tanto più resisteno a gli caldi ed infocati raggi di quello.

ELP. Volevate dunque che que' corpi, benché fussero tanto discosti dal sole, possono però participar tanto calor che baste; perché, voltandosi più velocemente circa il proprio centro e più tardi circa il sole, possono non solamente participar altre tanto calore, ma ancor di vantaggio, se bisognasse;

atteso che, per il moto più veloce circa il proprio centro, la medesima parte del convesso de la terra che non fu tanto scaldata, più presto torni a ristorarsi; per il moto più tardo circa il mezzo focoso e star più saldo all'impression di quello, vegna a ricevere più vigorosi gli fiammiferi raggi?

FIL. Cossì è.

ELP. Dunque volete che, se gli astri che sono oltre Saturno, come appaiono, sono veramente immobili, verranno ad essere gli innumerabili soli o fuochi più e meno a noi sensibili, circa gli quali discorreno le propinque terre a noi insensibili? .

FIL. Cossì bisognarebbe dire, atteso che tutte le terre son degne di aver la medesima raggione e tutti gli soli la medesima.

ELP. Volete per questo che tutti quelli sieno soli?

FIL. Non, perché non so se tutti o la maggior parte sieno inmobili, o se di quelli alcuni si gireno circa gli altri, perché non è chi l'abbia osservato, ed oltre non è facile ad osservare; come non facilmente si vede il moto e progresso di una cosa lontana, la quale a gran tratto non facilmente si vede cangiata di loco, sicome accade nel veder le navi poste in alto mare. Ma, sia come si vuole, essendo l'universo infinito, bisogna al fine che sieno più soli; perché è impossibile che il calore e lume di uno particolare possa diffondersi per l'immenso, come poté imaginarsi Epicuro, se è vero quel che altri riferiscono. Per tanto si richiede anco, che sieno soli innumerabili ancora, de quali molti sono a noi visibili in specie di picciol corpo; ma tale parrà minor astro che sarà molto maggior di quello che ne pare massimo.

ELP. Tutto questo deve almeno esser giudicato possibile e conveniente.

FIL. Circa quelli possono versarsi terre di più grande e più picciola mole che questa.

ELP. Come conoscerò la differenza? come, dico, distinguerò gli fuochi da le terre?.

FIL. Da quel, che gli fuochi sono fissi e le terre mobili, da che gli fuochi scintillano e le terre non; de quali segni il secondo è più sensibile che il primo.

ELP. Dicono che l'apparenza del scintillare procede dalla distanza da noi.

FIL. Se ciò fusse, il sole non scintillarebbe più di tutti, e gli astri minori che son più lontani, scintillarebono più che gli maggiori che son più vicini.

ELP. Volete che gli mondi ignei sieno cossì abitati come gli aquei?

FIL. Niente peggio e niente manco.

ELP. Ma che animali possono vivere nel fuoco?

FIL. Non vogliate credere, che quelli sieno corpi de parti similari, perché non sarebono mondi, ma masse vacue, vane e sterili. Però è conveniente e naturale ch'abbiano la diversità de le parti, come questa ed altre terre hanno la diversità di proprii membri; benché questi sieno sensibili come acqui illustre, e quelli come luminose fiamme.

ELP. Credete che, quanto alla consistenza e solidità, la materia prossima del sole sia pur quella che è materia prossima de la terra? (Perché so, che non dubitate essere una la materia primiera del tutto).

FIL. Cossì è certo. Lo intese il Timeo, lo confermò Platone, tutti veri filosofi l'han conosciuto, pochi l'hanno esplicato, nessuno a' tempi nostri s'è ritrovato che l'abbia inteso, anzi molti con mille modi vanno turbando l'intelligenza; il che è avenuto per la corrozion de l'abito e difetto di principii.

ELP. A questo modo d'intendere se non è pervenuta, pur pare che s'accoste la Dotta ignoranza del Cusano, quando, parlando de le condizioni de la terra, dice questa sentenza: "Non dovete stimare che da la oscurità e negro colore possiamo argumentare che il corpo terreno sia vile e più de gli altri ignobile; perché, se noi fussimo abitatori del sole, non vedremmo cotal chiarezza che in quello veggiamo da questa regione circumferenziale a lui. Oltre ch'al presente, se noi ben bene fissaremo l'occhio in quello, scuopriremo ch'ha verso il suo mezzo quasi una terra, o pur come un umido ed uno nuvoloso corpo che, come da un cerchio circumferenziale, diffonde il chiaro e radiante lume. Onde non meno egli che la terra viene ad esser composto di proprii elementi".

FIL. Sin qua dice divinamente; ma seguitate apportando quel che soggionge.

ELP. Per quel che soggionge, si può dar ad intendere che questa terra sia un altro sole, e che tutti gli astri sieno medesimamente soli. Dice cossì: "S'alcuno fusse oltre la region del fuoco, verrebe questa terra ad apparire una lucida stella nella circumferenza della sua regione per mezzo del fuoco; non altrimente che a noi che siamo nella circumferenza della region del sole, appare lucidissimo il sole; e la luna non appare similmente lucida, perché forse circa la circumferenza di quella noi siamo verso le parti più mezzane, o, come dice lui, centrali, cioè nella region umida ed acquosa di quella; e per tanto, benché abbia il proprio lume, nulla di meno non appare; e solo veggiamo quello che nella superficie aquea vien caggionato dalla reflession del lume solare".

FIL. Ha molto conosciuto e visto questo galantuomo ed è veramente uno de particularissimi ingegni ch'abbiano spirato sotto questo aria; ma, quanto a l'apprension de la verità, ha fatto qual nuotatore da tempestosi flutti ormesso alto or basso; perché non vedea il lume continuo, aperto e chiaro, e non nuotava come in piano e tranquillo ma interrottamente e con certi intervalli. La raggion di questo è che lui non avea evacuati tutti gli falsi principii de quali era imbibito dalla commune dottrina onde era partito; di sorte che, forse per industria, gli vien molto a proposito la intitulazion fatta al suo libro Della dotta ignoranza, o Della ignorante dottrina.

ELP. Quale è quel principio che lui non ha evacuato, e dovea evacuarsi?

FIL. Che l'elemento del foco sia come l'aria attrito dal moto del cielo e che il foco sia un corpo sottilissimo, contra quella realità e verità che ne si fa manifesta per quel che ad altri propositi e ne gli discorsi proprii consideramo: dove si conchiude esser necessario che sia cossì un principio materiale, solido e consistente del caldo come del freddo corpo; e che l'eterea regione non può esser di fuoco né fuoco, ma infocata ed accesa dal vicino solido e spesso corpo, quale è il sole. Tanto che, dove naturalmente possiamo parlare, non è mestiero di far ricorso alle matematiche fantasie. Veggiamo la terra aver le parti tutte, le quali da per sé non sono lucide; veggiamo che alcune possono lucere per altro, come la sua acqua, il suo aria vaporoso, che accoglieno il calore e lume del sole e possono trasfondere l'uno e l'altro alle circostante regioni. Per tanto è necessario, che sia un primo corpo al quale convegna insieme essere per sé lucido e per sé caldo; e tale non può essere, se non è constante, spesso e denso; perché il corpo raro e tenue non può essere suggetto di lume né di calore, come altre volte si dimostra da noi al suo proposito. Bisogna dunque al fine che li doi fondamenti de le due contrarie prime qualitadi attive sieno similmente constanti, e che il sole, secondo quelle parti che in lui son lucide e calde, sia come una pietra o un solidissimo infocato metallo; non dirò metallo liquabile, quale il piombo, il bronzo, l'oro, l'argento; ma qual metallo illiquabile, non già ferro che è infocato, ma qual ferro che è foco istesso; e che, come questo astro in cui siamo, per sé è freddo ed oscuro, niente partecipe di calore e lume, se non quanto è scaldato dal sole, cossì quello è da per sé caldo e luminoso, niente partecipe di freddezza ed opacità, se non quanto è rinfrescato da circonstanti corpi ed ha in sé parti d'acqua, come la terra ha parti di foco. E però, come in questo corpo freddissimo, e primo freddo ed opaco, sono animali che vivono per il caldo e lume del sole, cossì in quello caldissimo e lucente son quei che vegetano per la refrigirazione di circostanti freddi: e sicome questo corpo è per certa participazione caldo nelle sue parti dissimilari, talmente quello è secondo certa participazione freddo nelle sue.

ELP. Or che dite del lume?

FIL. Dico che il sole non luce al sole, la terra non luce a la terra, nessuno corpo luce in sé, ma ogni luminoso luce nel spacio circa lui. Però, quantunque la terra sia un corpo luminoso per gli raggi del sole nella superficie cristallina, il suo lume non è sensibile a noi, né a color che si trovano in tal superficie, ma a quei che sono all'opposito di quella. Come oltre, dato che tutta la superficie del mare la notte sia illustrata dal splendor de la luna, a quelli però che vanno per il mare, non appare se non in quanto a certo spacio che è a l'opposito verso la luna; ai quali se fusse dato di alzarsi più e più verso l'aria, sopra il mare, sempre più e più gli verrebe a crescere la dimension del lume e vedere più spacio di luminoso campo. Quindi facilissimamente si può tirare qualmente quei che sono ne gli astri luminosi o pure illuminati, non hanno sensibile il lume del suo astro, ma quello de circostanti; come nel medesimo loco comune un loco particulare prende lume dal differente loco particulare.

ELP. Dunque, volete dire ch'a gli animanti solari non fa giorno il sole, ma altra circostante stella?

FIL. Cossì è. Non lo capite?

ELP. Chi non lo capirebbe? Anzi per questo considerare vegno a capir altre cose assai, per conseguenza. Son dunque due sorte di corpi luminosi: ignei, e questi son luminosi primariamente; ed acquei over cristallini, e questi sono secondariamente lucidi.

FIL. Cossì è.

ELP. Dunque, la raggione del lume non si deve referire ad altro principio?

FIL. Come può essere altrimente, non conoscendosi da noi altro fondamento di lume? Perché vogliamo appoggiarci a vane fantasie, dove la esperienza istessa ne ammaestra?

ELP. È vero che non doviamo pensare que' corpi aver lume per certo inconstante accidente, come le putredini di legni, le scaglie e viscose grume di pesci, o qual fragilissimo dorso di nitedole e mosche nottiluche, de la raggione del cui lume altre volte ne raggionaremo.

FIL. Come vi parrà.

ELP. Cossì dunque non altrimente s'ingannano quelli che dicono gli circostanti luminosi corpi essere certe quinte essenze, certe divine corporee sustanze di natura al contrario di queste che sono appresso di noi, ed appresso le quali noi siamo; che quei che dicessero il medesimo di una candela o di un cristallo lucente visto da lontano.

FIL. Certo.

FRAC. In vero questo è conforme ad ogni senso, raggione ed intelletto.

BUR. Non già al mio, che giudica facilmente questo vostro parere una dolce sofisticaria.

FIL. Rispondi a costui tu, Fracastorio, perché io ed Elpino, che abbiamo discorso molto, vi staremo ad udire.

FRAC. Dolce mio Burchio, io per me ti pono in luogo.d'Aristotele, ed io voglio essere in luogo di uno idiota e rustico che confessa saper nulla, presuppone di aver inteso niente, e di quello che dice ed intende il Filoteo, e di quello che intende Aristotele e tutto il mondo ancora. Credo alla moltitudine, credo al nome della fama e maestà de l'autorità peripatetica, admiro insieme con una innumerabile moltitudine la divinità di questo demonio de la natura; ma per ciò ne vegno a te per essere informato de la verità, e liberarmi dalla persuasione di questo che tu chiami sofista. Or vi dimando per qual caggione voi dite essere grandissima o pur grande, o pur quanto e qualsivoglia differenza tra que' corpi celesti e questi che sono appresso di noi?

BUR. Quelli son divini, questi sono materialacci.

FRAC. Come mi farrete vedere e credere che quelli sieno più divini?

BUR. Perché quelli sono impassibili, inalterabili, incorrottibili ed eterni, e questi al contrario; quelli mobili di moto circulare e perfettissimo, questi di moto retto.

FRAC. Vorrei sapere se, dopo ch'arrete ben considerato, giurareste questo corpo unico (che tu intendi come tre o quattro corpi, e non capisci come membri di medesimo composto) non esser mobile cossì come gli altri astri mobili, posto che il moto di quelli non è sensibile perché ne siamo oltre certa distanza rimossi, e questo, se è, non ne può esser sensibile, perché, come han notato gli antichi e moderni veri contemplatori della natura e come per esperienza ne fa manifesto in mille maniere il senso, non possiamo apprendere il moto se non per certa comparazione e relazione a qualche cosa fissa: perché, tolto uno che non sappia che l'acqua corre e che non vegga le ripe, trovandosi in mezzo l'acqui entro una corrente nave, non arrebe senso del moto di quella. Da questo potrei entrare in dubio ed essere ambiguo di questa quiete e fissione; e posso stimare che, s'io fusse nel sole, nella luna ed altre stelle, sempre mi parrebe essere nel centro del mondo immobile, circa il quale tutto il circostante vegna a svolgersi, svolgendosi però qual corpo continente in cui mi trovo, circa il proprio centro. Ecco come non son certo della differenza di mobile e stabile.

Quanto a quel che dici del moto retto, certo cossì non veggiamo questo corpo muoversi per linea retta, come anco non veggiamo gli altri. La terra, se ella si muove, si muove circularmente, come gli altri astri, qualmente Egesia, Platone e tutti savi dicono, e conceder deve Aristotele ed ogni altro. E della terra quello che noi veggiamo montare e descendere, non è tutto il globo, ma certe particelle di quello; le quali non si allontanano oltre quella regione che è computata tra le parti e membri di questo globo: nel quale, come in uno animale, è lo efflusso ed influsso de parti e certa vicissitudine e certa commutazione e rinovazione. Il che tutto, se medesimamente è ne gli altri astri, non si richiede che sia medesimamente sensibile a noi; perché queste elevazioni di vapori ed exalazioni, successi di venti, piogge, nevi, tuonitrui, sterilitadi, fertilitadi, inundazioni, nascere, morire, se sono ne gli altri astri, non possono similmente essere a noi sensibili. Ma solamente quelli sono a noi sensibili per il splendor continuo che dalla superficie di foco, o di acqua, o nuvolosa mandano per il spacio grande. Come parimente questo astro è sensibile a quei che sono ne gli altri per il splendor che diffonde dalla faccia di mari (e talvolta dal volto affetto di nuvolosi corpi, per il che nella luna per medesima raggione le parti opache paiono meno opache), la qual faccia non vien cangiata se non per grandissimo intervallo di etadi e secoli, per il corso de quali gli mari si cangiano in continenti e gli continenti in mari. Questo dunque e quei corpi son sensibili per il lume che diffondeno. Il lume che di questa terra si diffonde a gli altri astri, è né più né meno perpetuo ed inalterabile, che quello di astri simili: e cossì come il moto retto ed alterazione di quelle particelle è insensibile a noi, a loro è insensibile ogni altro moto ed alterazione che ritrovar si possa in questo corpo. E sì come della luna da questa terra, ch'è un'altra luna, appaiono diverse parti altre più altre men luminose, cossì della terra da quella luna, ch'è un'altra terra, appaiono diverse parti per la varietà e differenza de spacii di sua superficie. E come, se la luna fusse più lontana, il diametro de le parti opache mancando, andarebono le parti lucide ad unirse e strengersi in una sensibilità di corpo più picciolo e tutto quanto lucido; similmente apparirebe la terra, se fusse più lontana dalla luna. Onde possiamo stimare che de stelle innumerabili sono altre tante lune, altre tanti globi terrestri, altre tanti mondi simili a questo; circa gli quali par che questa terra si volte, come quelli appaiono rivolgersi ed aggirarsi circa questa terra. Perché, dunque, vogliamo affirmar essere differenza tra questo e que' corpi, se veggiamo ogni convenienza? perché vogliamo negare esser convenienza, se non è raggione né senso che ne induca a dubitar di quella?

BUR. Cossì, dunque, avete per provato che quei corpi non differiscano da questo?

FRAC. Assai bene, perché ciò che di questo può vedersi da là, di quelli può vedersi da qua; ciò che di quelli può vedersi da qua, di questo si vede da là, come dire, corpo picciolo questo e quelli, luminoso in parte da distanza minore questo e quelli, luminoso in tutto da distanza maggiore, e più picciolo, questo e quelli.

BUR. Ove è dunque quel bell'ordine, quella bella scala della natura, per cui si ascende dal corpo più denso e crasso, quale è la terra, al men crasso, quale è l'acqua, al suttile, quale è il vapore, al più suttile, quale è l'aria puro, al suttilissimo, quale è il fuoco, al divino, quale è il corpo celeste? dall'oscuro al men oscuro, al chiaro, al più chiaro, al chiarissimo? dal tenebroso al lucidissimo, dall'alterabile e corrottibile al libero d'ogni alterazione e corrozione? dal gravissimo al grave, da questo al lieve, dal lieve al levissimo, indi a quel che non è né grave né lieve? dal mobile al mezzo, al mobile dal mezzo, indi al mobile circa il mezzo? ..

FRAC. Volete saper ove sia questo ordine? Ove son gli sogni, le fantasie, le chimere, le pazzie. Perché, quanto al moto, tutto quello che naturalmente si muove, ha delazion circulare o circa il proprio o circa l'altrui mezzo; dico circolare, non semplice e geometricamente considerando il circolo e circulazione, ma secondo quella regola che veggiamo fisicamente mutarsi di loco gli corpi naturali. Moto retto non è proprio né naturale a corpo alcuno principale; perché non si vede se non nelle parti che sono quasi escrementi che hanno efflusso da corpi mondani, o pur, altronde, hanno influsso alle congenee sfere e continenti. Qualmente veggiamo de l'acqui che, in forma di vapore assottigliate dal caldo, montano in alto; ed in propria forma inspessate dal freddo, ritornano al basso; nel modo che diremo nel proprio loco, quando consideraremo del moto. Quanto alla disposizione di quattro corpi, che dicono terra, acqua, aria, foco, vorei sapere qual natura, qual'arte, qual senso la fa, la verifica, la dimostra.

BUR. Dunque, negate la famosa distinzione de gli elementi?

FRAC. Non nego la distinzione, perché lascio ognuno distinguere come gli piace ne le cose naturali; ma niego questo ordine, questa disposizione: cioè che la terra sia circondata e contenuta da l'acqua, l'acqua da l'aria, l'aria dal foco, il foco dal cielo. Perché dico uno essere il continente e comprensor di tutti corpi e machine grandi che veggiamo come disseminate e sparse in questo amplissimo campo: ove ciascuno di cotai corpi, astri, mondi, eterni lumi è composto di ciò che si chiama terra, acqua, aria, fuoco. Ed in essi, se ne la sustanza della composizione predomina il fuoco, vien denominato il corpo che si chiama sole e lucido per sé; se vi predomina l'acqua, vien denominato il corpo che si chiama tellure, luna, o di simil condizione, che risplende per altro, come è stato detto. In questi, dunque, astri o mondi, come le vogliam dire, non altrimente si intendeno ordinate queste parti dissimilari secondo varie e diverse complessioni di pietre, stagni, fiumi, fonti, mari, arene, metalli, caverne, monti, piani ed altre simili specie di corpi composti, de siti e figure, che ne gli animali son le parti dette eterogenee, secondo diverse e varie complessioni di ossa, di intestini, di vene, di arterie, di carne, di nervi, di pulmone, di membri di una e di un'altra figura, presentando gli suoi monti, le sue valli, gli suoi recessi, le sue acqui, gli suoi spiriti, gli suoi fuochi, con accidenti proporzionali a tutte meteoriche impressioni; quai sono gli catarri, le erisipile, gli calculi, le vertigini, le febri ed altre innumerabili disposizioni ed abiti che rispondeno alle nebbie, piogge, nevi, caumi, accensioni, alle saette, tuoni, terremoti e venti, a fervide ed algose tempeste. Se, dunque, altrimente la terra ed altri monti sono animali che questi comunmente stimati, son certo animali con maggior e più eccellente raggione.

Però, come Aristotele o altro potrà provare l'aria essere più circa la terra che entro la terra, se di questa non è parte alcuna nella quale quello non abbia luogo e penetrazione, secondo il modo che forse volser dir gli antichi il vacuo per tutto comprendere di fuora e penetrare entro il pieno? Ove possete voi imaginare la terra aver spessitudine, densità e consistenza senza l'acqua ch'accopie ed unisca le parti? Come possete intendere verso il mezzo la terra esser più grave, senza che crediate, che ivi le sue parti non son più spesse e dense, la cui spessitudine è impossibile senza l'acqua che sola è potente ad agglutinare parte a parte? Chi non vede che da per tutto della terra escono isole e monti sopra l'acqua; e non solo sopra l'acqua, ma oltre sopra l'aria vaporoso e tempestoso, rinchiuso tra gli alti monti, e computato tra' membri de la terra, a far un corpo perfettamente sferico; onde è aperto che l'acqui non meno son dentro le viscere di quella che gli umori e sangue entro le nostre? . Chi non sa, che nelle profonde caverne e concavitadi de la terra son le congregazioni principali de l'acqua? E se dici che la è tumida sopra i lidi, rispondo, che questi non son le parti superiori de la terra, perché tutto ch'è intra gli altissimi monti, s'intende nella sua concavità. Oltre, che il simile si vede nelle goccie impolverate, pendenti e consistenti sopra il piano: perché l'intima anima, che comprende ed è in tutte le cose, per la prima fa questa operazione: che, secondo la capacità del suggetto, unisce quanto può le parti. E non è, perché l'acqua sia o possa essere naturalmente sopra o circa la terra, più che l'umido di nostra sustanza sia sopra o circa il nostro corpo. Lascio che le congregazioni de l'acqui nel mezzo essere più eminenti si vede da tutti canti de lidi e da tutti luoghi ove si trovano tali congregazioni. E certo, se le parti de l'arida cossì potessero da per sé unirsi, farrebono il simile, come apertamente vegnono inglobate in sferico quando sono per beneficio de l'acqua agglutinate insieme: perché tutta la unione e spessitudine di parti che si trova nell'aria, procede da l'acqua. Essendono dunque l'acqui entro le viscere de la terra, e non essendo parte alcuna di quella, che ha unione di parti e spessitudine, che non comprenda più parti de l'acqua che de l'arida (perché dove è il spessissimo, ivi massime è composizione e domìno di cotal soggetto, ch'ha virtù de le parti coerenti), chi sarà che per questo non voglia affirmar più tosto che l'acqua è base de la terra, che la terra de l'acqua? che sopra questa è fondata quella, non quella sopra questa? Lascio che l'altitudine de l'acqua sopra la faccia de la terra che noi abitiamo, detta il mare, non può essere e non è tanta, che sia degna di compararsi alla mole di questa sfera; e non è veramente circa, come gl'insensati credeno, ma dentro quella. Come, forzato dalla verità o pure dalla consuetudine del dire di antichi filosofi, confessò Aristotele nel primo della sua Meteora, quando confessò che le due regioni infime de l'aria turbulento ed inquieto sono intercette e comprese da gli alti monti, e sono come parti e membri di quella; la quale vien circondata e compresa da aria sempre tranquillo, sereno e chiaro a l'aspetto de le stelle; onde, abbassando gli occhi, si vede l'università di venti, nubi, nebbie e tempeste, flussi e reflussi che procedeno dalla vita e spiramento di questo grande animale e nume, che chiamiamo Terra, nomorno Cerere, figurorno per Iside, intitulorno Proserpina e Diana, la quale è la medesima chiamata Lucina in cielo; intendendo questa non esser di natura differente da quella. Ecco quanto si manca, che questo buon Omero, quando non dorme, dica l'acqua aver natural seggio sopra o circa la terra, dove né venti né piogge né caliginose impressioni si ritrovano. E se maggiormente avesse considerato ed atteso, arrebe visto che anco nel mezzo di questo corpo (se ivi è il centro della gravità) è più luogo di acqua che di arida: perché le parti della terra non son gravi, senza che molta acqua vegna in composizion con quelle; e senza l'acqua non hanno attitudine da l'appulso e proprio pondo per descender da l'aria a ritrovar la sfera del proprio continente. Dunque, qual regolato senso, qual verità di natura distingue ed ordina queste parti di maniera tale, quale dal cieco e sordido volgo è conceputa, approvata da quei che parlano senza considerare, predicata da chi molto dice e poco pensa? Chi crederà oltre non esser proposto di veritade (ma s'è prodotta da uomo senza autorità, cosa da riso; s'è riferita da persona stimata e divolgata illustre, cosa da esser referita a misterio o parabola ed interpretata per metafora; s'è apportata da uomo, ch'ha più senso ed intelletto che autorità, numerata tra gli occolti paradossi) la sentenza di Platone appresa dal Timeo, da Pitagora ed altri, che dechiara noi abitare nel concavo ed oscuro de la terra, ed aver quella raggione a gli animali, che son sopra la terra, che hanno gli pesci a noi; perché, come questi viveno in un umido più spesso e crasso del nostro, cossì noi viviamo in un più vaporoso aria che color che son in più pura e più tranquilla regione; e sì come l'Oceano a l'aria impuro è acqua, cossì il caliginoso nostro è tale a quell'altro veramente puro? da tal senso e dire, lo che voglio inferire, è questo: che il mare, i fonti, i fiumi, i monti, le pietre e l'aria in essi contenuto, e compreso in essi sin alla mezzana regione, come la dicono, non sono altro che parti e membri dissimilari d'un medesimo corpo, d'una massa medesima, molto proporzionali alle parti e membri che noi volgarmente conoscemo per composti animali: di cui il termine, convessitudine ed ultima superficie è terminata da gli estremi margini de monti ed aria tempestoso; di sorte che l'Oceano e gli fiumi rimagnono nel profondo de la terra non meno che l'epate, stimato fonte del sangue, e le ramificate vene son contenute e distese per li più particulari.

BUR. Dunque, la terra non è corpo gravissimo, e però nel mezzo, appresso la quale più grave e più vicina è l'acqua, che la circonda, la quale è più grave che l'aria?

FRAC. Se tu giudichi il grave dalla maggior attitudine di penetrar le parti e farsi al mezzo ed al centro, dirò l'aria essere gravissimo e l'aria esser levissimo tra tutti questi chiamati elementi. Perché, sicome ogni parte della terra, se si gli dà spacio, descende sino al mezzo, cossì le parti de l'aria più subito correranno al mezzo che parte d'altro qualsivoglia corpo; perché a l'aria tocca essere il primo a succedere al spacio, proibir il vacuo ed empire. Non cossì subito succedeno al loco le parti de la terra, le quali per ordinario non si muoveno se non penetrando l'aria; perché a far che l'aria penetre, non si richiede terra né acqua né fuoco; né alcuni di questi lo prevegnono, né vincono, per esser più pronti, atti ed ispediti ad impir gli angoli del corpo continente. Oltre, se la terra, che è corpo solido, si parte, l'aria sarà quello che occuparà il suo loco: non cossì è atta la terra ad occupar il loco de l'aria che si parte. Dunque, essendo proprio a l'aria il muoversi a penetrar ogni sito e recesso, non è corpo più lieve de l'aria, non è corpo più greve che l'aria.

BUR. Or che dirai de l'acqua?

FRAC. De l'acqua ho detto, e torno a dire, che quella è più grave che la terra, perché più potentemente veggiamo l'umor descendere e penetrar l'arida sino al mezzo, che l'arida penetrar l'acqua: ed oltre, l'arida, presa a fatto senza composizion d'acqua, verrà a sopranatare a l'acqua ed essere senza attitudine di penetrarvi dentro; e non descende, se prima non è imbibita d'acqua e condensata in una massa e spesso corpo, per mezzo della quale spessitudine e densità acquista potenza di farsi dentro e sotto l'acqua. La quale acqua, per l'opposito, non descenderà mai per merito della terra, ma perché si aggrega, condensa e radoppia il numero de le parti sue per farsi imbibire ed ammassar l'arida: perché veggiamo che più acqua assai capisce un vase pieno di cenere veramente secca, che un altro vase uguale in cui sia nulla. L'arida dunque, come arida, soprasiede e sopranata a l'acqua.

BUR. Dechiaratevi meglio.

FRAC. Torno a dire che, se dalla terra si rimovesse tutta l'acqua, di sorte che la rimanesse pura arida, bisognarebe necessariamente che il rimanente fusse un corpo inconstante, raro, dissoluto e facile ad esser disperso per l'aria, anzi in forma di corpi innumerabili discontinuati; perché quel che fa uno continuo, è l'aria; quello che fa per la coerenzia uno continuo, è l'acqua, sia che si voglia del continuato, coerente e solido, che ora è l'uno, ora è l'altro, ora è il composto de l'uno e l'altro. Ove, se la gravità non procede da altro che dalla coerenza e spessitudine de le parti, e quelle della terra non hanno coerenza insieme se non per l'acqua, - di cui le parti, come quelle de l'aria, per sé si uniscono e la quale ha più virtù che altro, se non ha virtù singulare, a far che le parti de altri corpi s'uniscano insieme, - averrà che l'acqua, al riguardo d'altri corpi che per essa dovegnon grevi, e per cui altri acquista l'esser ponderoso, è primieramente grave. Però non doveano esser stimati pazzi, ma molto più savii color che dissero la terra esser fondata sopra l'acqui.

BUR. Noi diciamo che nel mezzo si deve sempre intendere la terra, come han conchiuso tanti dottissimi personaggi.

FRAC. E confirmano gli pazzi.

BUR. Che dite de pazzi?.

FRAC. Dico questo dire non esser confirmato da senso né da raggione.

BUR. Non veggiamo gli mari aver flusso e reflusso e gli fiumi far il suo corso sopra la faccia de la terra?

FRAC. Non veggiamo gli fonti, che son principio de' fiumi, che fan gli stagni e mari, sortir da le viscere de la terra, e non uscir fuor de le viscere de la terra, se pur avete compreso quel che poco fa ho più volte detto?

BUR. Veggiamo l'acqui prima descender da l'aria che per l'acqui vegnano formati i fonti.

FRAC. Sappiamo che l'acqua - se pur descende da altro aria che quello ch'è parte ed appartenente a' membri de la terra - prima originale, principale, e totalmente è nella terra; che appresso derivativa, secondaria e particolarmente sia ne l'aria.

BUR. So che stai sopra questo, che la vera extima superficie del convesso della terra non si prende dalla faccia del mare, ma dell'aria uguale a gli altissimi monti.

FRAC. Cossì ave affirmato e confirmato ancora il vostro principe Aristotele.

BUR. Questo nostro prencipe è senza comparazione più celebrato e degno e seguitato che il vostro, il quale ancora non è conosciuto né visto. Però piaccia quantosivoglia a voi il vostro, a me non dispiace il mio.

FRAC. Benché vi lasce morir di fame e freddo, vi pasca di vento e mande discalzo ed ignudo.

FIL. Di grazia, non vi fermiate su questi propositi disutili e vani.

FRAC. Cossì farremo. Che dite dunque, o Burchio, a questo ch'avete udito?

BUR. Dico che, sia che si vuole, all'ultimo bisogna veder quello ch'è in mezzo di questa mole, di questo tuo astro, di questo tuo animale. Perché, se vi è la terra pura, il modo con cui costoro hanno ordinati gli elementi, non è vano.

FRAC. Ho detto e dimostrato, che più raggionevolmente vi è l'aria o l'acqua, che l'arida: la qual pure non vi sarà senza esser composta con più parti d'acqua, che al fine vegnano ad essergli fondamento; perché veggiamo più potentemente le particelle de l'acqua penetrar la terra, che le particole di questa penetrar quella. E più, dunque, verisimile, anzi necessario, che nelle viscere della terra sia l'acqua, che nelle viscere de l'acqua sia la terra.

BUR. Che dici de l'acqua che sopranata e discorre sopra la terra?

FRAC. Non è chi non possa vedere che questo è per beneficio ed opra dell'acqua medesima: la quale, avendo inspessata e fissata la terra, constipando le parti di quella, fa che l'acqua oltre non vegna assorbita; la quale altrimente penetrarebe sin al profondo de l'arida sustanza, come veggiamo per isperienza universale. Bisogna, dunque, che in mezzo de la terra sia l'acqua, a fin che quel mezzo abbia fermezza, la qual non deve rapportarsi alla terra prima, ma a l'acqua: perché questa fa unite e congionte le parti di quella, e per consequenza questa più tosto opra la densità nella terra, che per il contrario la terra sia caggione della coerenza delle parti de l'acqua e faccia dense quelle. Se, dunque, nel mezzo non vuoi che sia composto di terra ed acqua, è più verisimile e conforme ad ogni raggione ed esperienza, che vi sia più tosto l'acqua che la terra. E se vi è corpo spesso, è maggiore raggione che in esso predomine l'acqua che l'arida, perché l'acqua è quello che fa la spessitudine nelle parti de la terra; la quale per il caldo si dissolve (non cossì dico della spessitudine ch'è nel foco primo, la quale è dissolubile dal suo contrario): che, quanto è più spessa e greve, conosce tanto più partecipazion d'acqua. Onde le cose che sono appresso noi spessissime, non solamente son stimate aver più partecipazion d'acqua, ma oltre si trovano esser acqua istessa in sustanza, come appare nella resoluzion di più grevi e spessi corpi che sono gli liquabili metalli. Ed in vero in ogni corpo solido, che ha parti coerenti, se v'intende l'acqua la qual gionge e copula le parti, cominciando da minimi della natura; di sorte che l'arida, a fatto disciolta da l'acqua, non è altro che vaghi e dispersi atomi. Però son più consistenti le parti de l'acqua senza la terra, perché le parti de l'arida nullamente consisteno senza l'acqua. Se, dunque, il mezzano loco è destinato a chi con maggiore appulso e più velocità vi corre, prima conviene a l'aria il quale empie il tutto, secondo a l'acqua, terzo a la terra. Se si destina al primo grave, al più denso e spesso, prima conviene a l'acqua, secondo a l'aria, terzo a l'arida. Se prenderemo l'arida gionto all'acqua, prima conviene a la terra, secondo a l'acqua, terzo a l'aria. Tanto che, secondo più raggioni e diverse, conviene a diversi primieramente il mezzo; secondo la verità e natura, l'uno elemento non è senza altro e non è membro de la terra, dico di questo grande animale, ove non sieno tutti quattro o almeno tre di essi.

BUR. Or venite presto alla conclusione.

FRAC. Quello che voglio conchiudere è questo: che il famoso e volgare ordine de gli elementi e corpi mondani è un sogno ed una vanissima fantasia, perché né per natura si verifica, né per raggione si prova ed argumenta, né per convenienza deve, né per potenza puote esser di tal maniera. Resta, dunque, da sapere ch'è un infinito campo e spacio continente, il qual comprende e penetra il tutto. In quello sono infiniti corpi simili a questo, de quali l'uno non è più in mezzo de l'universo che l'altro, perché questo è infinito, e però senza centro e senza margine; benché queste cose convegnano a ciascuno di questi mondi, che sono in esso con quel modo ch'altre volte ho detto, e particolarmente quando abbiamo dimostrato essere certi, determinati e definiti mezzi, quai sono i soli, i fuochi, circa gli quali discorreno tutti gli pianeti, le terre, le acqui, qualmente veggiamo circa questo a noi vicino marciar questi sette erranti; e come quando abbiamo parimente dimostrato che ciascuno di questi astri o questi mondi, voltandosi circa il proprio centro, caggiona apparenza di un solido e continuo mondo che rapisce tanti quanti si veggono ed essere possono astri, e verse circa lui, come centro dell'universo. Di maniera che non è un sol mondo, una sola terra, un solo sole; ma tanti son mondi, quante veggiamo circa di noi lampade luminose, le quali non sono più né meno in un cielo ed un loco ed un comprendente, che questo mondo, in cui siamo noi, è in un comprendente, luogo e cielo. Sì che il cielo, l'aria infinito, immenso, benché sia parte de l'universo infinito, non è però mondo, né parte di mondi; ma seno, ricetto e campo in cui quelli sono, si muoveno, viveno, vegetano e poneno in effetto gli atti de le loro vicissitudini, producono, pascono, ripascono e mantieneno gli loro abitatori ed animali, e con certe disposizioni ed ordini amministrano alla natura superiore, cangiando il volto di uno ente in innumerabili suggetti. Sì che ciascuno di questi mondi è un mezzo, verso il quale ciascuna de le sue parti concorre e ove si puosa ogni cosa congenea; come le parti di questo astro, da certa distanza e da ogni lato e circonstante regione, si rapportano al suo continente. Onde, non avendo parte, che talmente effluisca dal gran corpo che non refluisca di nuovo in quello, aviene che sia eterno, benché sia dissolubile: quantunque la necessità di tale eternità certo sia dall'estrinseco mantenitore e providente, non da l'intrinseca e propria sufficienza, se non m'inganno. Ma di questo con più particular raggione altre volte vi farò intendere.

BUR. Cossì dunque gli altri mondi sono abitati come questo?

FRAC. Se non cossì e se non megliori, niente meno e niente peggio: perché è impossibile ch'un razionale ed alquanto svegliato ingegno possa imaginarsi, che sieno privi di simili e megliori abitanti mondi innumerabili, che si mostrano o cossì o più magnifici di questo; i quali o son soli, o a' quali il sole non meno diffonde gli divinissimi e fecondi raggi che non meno argumentano felice il proprio soggetto e fonte, che rendeno fortunati i circostanti partecipi di tal virtù diffusa. Son quenque infiniti gl'innumerabili e principali membri de l'universo, di medesimo volto, faccia, prorogativa, virtù ed effetto.

BUR. Non volete che tra altri ed altri vi sia differenza alcuna?

FRAC. Avete più volte udito che quelli son per sé lucidi e caldi, nella composizion di quali predomina il fuoco; gli altri risplendeno per altrui participazione, che son per sé freddi ed oscuri; nella composizion de quali l'acqua predomina. Dalla qual diversità e contrarietà depende l'ordine, la simmetria, la complessione, la pace, la concordia, la composizione, la vita. Di sorte che gli mondi son composti di contrarii; e gli uni contrarii, come le terre, acqui, vivono e vegetano per gli altri contrarii, come gli soli e fuochi. Il che, credo, intese quel sapiente che disse Dio far pace ne gli contrarii sublimi, e quell'altro che intese il tutto essere consistente per lite di concordi ed amor di litiganti.

BUR. Con questo vostro dire volete ponere sotto sopra il mondo.

FRAC. Ti par che farrebe male un che volesse mettere.sotto sopra il mondo rinversato?

BUR. Volete far vane tante fatiche, studii, sudori di fisici auditi, de cieli e mondi, ove s'han lambiccato il cervello tanti gran commentatori, parafrasti, glosatori, compendiarii, summisti, scoliatori, traslatatori, questionarii, teoremisti? ove han poste le sue basi e gittati i suoi fondamenti i dottori profondi, suttili, aurati, magni, inespugnabili, irrefragabili, angelici, serafici, cherubici e divini?

FRAC. Adde gli frangipetri, sassifragi, gli cornupeti e calcipotenti, Adde gli profundivedi, palladii, olimpici, firmamentici, celesti empirici, altitonanti.

BUR. Le deveremo tutti a vostra instanza mandarle in un cesso? Certo, sarà ben governato il mondo, se saranno tolte via e dispreggiate le speculazioni di tanti e sì degni filosofi!

FRAC. Non è cosa giusta che togliamo a gli asini le sue lattuche, e voler che il gusto di questi sia simile al nostro. La varietà d'ingegni ed intelletti non è minor che di spirti e stomachi.

BUR. Volete che Platone sia uno ignorante, Aristotele sia un asino, e quei che l'hanno seguitati, sieno insensati, stupidi e fanatici?

FRAC. Figlol mio, non dico, che questi sieno gli pulledri e quelli gli asini, questi le monine e quelli i scimioni, come voi volete ch'io dica; ma, come vi dissi da principio, le stimo eroi de la terra; ma che non voglio credergli senza causa, né admettergli quelle proposizioni, de le quali le contradittorie, come possete aver compreso, se non siete a fatto cieco e sordo, sono tanto espressamente vere.

BUR. Or chi ne sarà giudice?

FRAC. Ogni regolato senso e svegliato giudizio, ogni persona discreta e men pertinace, quando si conoscerà convitto ed impotente a defendere le raggioni di quelli e resistere a le nostre.

BUR. Quando io non le saprò defendere, sarà per difetto della mia insufficienza, non della lor dottrina; quando voi, impugnandole, saprete conchiudere, non sarà per la verità della dottrina, ma per le vostre sofistiche importunitadi.

FRAC. Io, se mi conoscesse ignorante de le cause, mi astenerei da donar de le sentenze. S'io fusse talmente affetto come voi, mi stimarei dotto per fede e non per scienza.

BUR. Se tu fussi meglio affetto, conoscereste che sei un asino presuntuoso, sofista, perturbator delle buone lettere, carnefice de gl'ingegni, amator delle novitadi, nemico de la verità, suspetto d'eresia.

FIL. Sin ora costui ha mostrato d'aver poca dottrina, ora ne vuol far conoscere che ha poca discrezione e non è dotato di civilità.

ELP. Ha buona voce, e disputa più gargliardamente che se fusse un frate di zoccoli. Burchio mio caro, io lodo molto la constanza della tua fede. Da principio dicesti che, ancor che questo fusse vero, non lo volevi credere.

BUR. Sì, più tosto voglio ignorar con molti illustri e.dotti, che saper con pochi sofisti, quali stimo sieno questi amici.

FRAC. Malamente saprai far differenza tra dotti e sofisti, se vogliamo credere a quel che dici. Non sono illustri e dotti quei che ignorano; quei che sanno, non sono sofisti.

BUR. Io so che intendete quel che voglio dire.

ELP. Assai sarrebe se noi potessimo intendere quel che dite, perché voi medesimo arrete gran fatica per intender quel che volete dire.

BUR. Andate, andate, più dotti ch'Aristotele; via, via, più divini che Platone, più profondi ch'Averroe, più giudiciosi de sì gran numero de filosofi e teologi di tante etadi e tante nazioni, che l'hanno commentati, admirati e messi in cielo. Andate voi, che non so chi siete e d'onde uscite, e volete presumere di opporvi al torrente di tanti gran dottori!

FRAC. Questa sarrebe la meglior di quante n'avete fatte, se fusse una raggione.

BUR. Tu sareste più dotto ch'Aristotele, se non fussi una bestia, un poveraccio, mendico, miserabile, nodrito di pane di miglio, morto di fame, generato da un sarto, nato d'una lavandaria, nipote a Cecco ciabattino, figol di Momo, postiglion de le puttane, fratel di Lazaro che fa le scarpe a gli asini. Rimanete con cento diavoli ancor voi, che non siete molto megliori che lui!

ELP. Di grazia, magnifico signore, non vi prendiate più fastidio di venire a ritrovarne, e aspettate che noi vengamo a voi.

FRAC. Voler con più raggioni mostrar la veritade a simili, è come se con più sorte di sapone e di lescìa più volte se lavasse il capo a l'asino; ove non se profitta più lavando cento che una volta, in mille che in un modo, ove è tutto uno l'aver lavato e non l'avere.

FIL. Anzi, quel capo sempre sarà stimato più sordido in fine del lavare che nel principio ed avanti: perché con aggiongervi più e più d'acqua e di profumi, si vegnono più e più a commovere i fumi di quel capo, e viene a sentirsi quel puzzo che non si senteva altrimente; il quale sarà tanto più fastidioso, quanto da liquori più aromatichi vien risvegliato. - Noi abbiamo molto detto oggi; mi rallegro molto della capacità di Fracastorio e del maturo vostro giudizio, Elpino. Or, poi ch'avemo discorso circa l'essere, il numero e qualità de gl'infiniti mondi, è bene che domani veggiamo, se vi son raggioni contrarie, e quali sieno quelle.

ELP. Cossì sia.

FRAC. Adio.

Dialogo quarto

FIL. Non son dunque infiniti gli mondi di sorte con cui è imaginato il composto di questa terra circondato da tante sfere, de quali altre contegnano un astro, altre astri innumerabili: atteso che il spacio è tale per quale possano discorrere tanti astri; ciascuno di questi è tale, che può da per se stesso e da principio intrinseco muoversi alla comunicazion di cose convenienti; ognuno di essi è tanto ch'è sufficiente, capace e degno d'esser stimato un mondo; non è di loro chi non abbia efficace principio e modo di continuar e serbar la perpetua generazione e vita d'innumerabili ed eccellenti individui. Conosciuto che sarà che l'apparenza del moto mondano è caggionata dal vero moto diurno della terra (il quale similmente si trova in astri simili) non sarà raggione che ne costringa a stimar l'equidistanza de le stelle, che il volgo intende in una ottava sfera come inchiodate e fisse; e non sarà persuasione che ne impedisca di maniera, che non conosciamo che de la distanza di quelle innumerabili sieno differenze innumerabili di lunghezza di semidiametro. Comprenderemo, che non son disposti gli orbi e sfere nell'universo, come vegnano a comprendersi l'un l'altro, sempre oltre ed oltre essendo contenuto il minore dal maggiore, per esempio, gli squogli in ciascuna cipolla; ma che per l'etereo campo il caldo ed il freddo, diffuso da' corpi principalmente tali, vegnano talmente a contemperarsi secondo diversi gradi insieme, che si fanno prossimo principio di tante forme e specie di ente.

ELP. Su, di grazia, vengasi presto alla risoluzion delle raggioni di contrarii, e massime d'Aristotele, le quali son più celebrate e più famose, stimate della sciocca moltitudine con le perfette demostrazioni. Ed a fin che non paia che si lasce cosa a dietro, io referirò tutte le raggioni e sentenze di questo povero sofista, e voi una per una le considerarete.

FIL. Cossì si faccia.

ELP. È da vedere, dice egli nel primo libro del suo Cielo e mondo, se estra questo mondo sia un altro.

FIL. Circa cotal questione sapete, che differentemente prende egli il nome del mondo e noi; perché noi giongemo mondo a mondo, come astro ad astro in questo spaciosissimo etereo seno, come è condecente anco ch'abbiano inteso tutti quelli sapienti ch'hanno stimati mondi innumerabili ed infiniti. Lui prende il nome del mondo per un aggregato di questi disposti elementi e fantastici orbi sino al convesso del primo mobile, che, di perfetta rotonda figura formato, con rapidissimo tratto tutto rivolge, rivolgendosi egli, circa il centro, verso il qual noi siamo. Però sarà un vano e fanciullesco trattenimento, se vogliamo raggion per raggione aver riguardo a cotal fantasia; ma sarà bene ed espediente de resolvere le sue raggioni per quanto possono esser contrarie al nostro senso, e non aver riguardo a ciò che non ne fa guerra..

FRAC. Che diremo a color che ne rimproperasseno che noi disputiamo su l'equivoco?

FIL. Diremo due cose: e che il difetto di ciò è da colui ch'ha preso il mondo secondo impropria significazione, formandosi un fantastico universo corporeo; e che le nostre risposte non meno son valide supponendo il significato del mondo secondo la imaginazione de gli aversarii che secondo la verità. Perché, dove s'intendeno gli punti della circumferenza ultima di questo mondo, di cui il mezzo è questa terra, si possono intendere gli punti di altre terre innumerabili che sono oltre quella imaginata circumferenza; essendo che vi sieno realmente, benché non secondo la condizione imaginata da costoro; la qual, sia come si vuole, non gionge o toglie punto a quel che fa al proposito della quantità de l'universo e numero de mondi.

FRAC. Voi dite bene; séguita, Elpino.

ELP. "Ogni corpo", dice, "o si muove o si sta: e questo moto e stato o è naturale, o è violento. Oltre, ogni corpo, dove non sta per violenza, ma naturalmente, là non si muove per violenza, ma per natura; e dove non si muove violentemente, ivi naturalmente risiede: di sorte che tutto ciò che violentemente è mosso verso sopra, naturalmente si muove verso al basso, e per contra. Da questo s'inferisce, che non son più mondi, quando consideraremo che, se la terra, la quale è fuor di questo mondo, si muove al mezzo di questo mondo violentemente, la terra, la quale è in questo mondo, si moverà al mezzo di quello naturalmente; e se il suo moto dal mezzo di questo mondo al mezzo di quello è violento, il suo moto dal mezzo di quel mondo a questo sarà naturale. La causa di ciò è che, se son più terre, bisogna dire, che la potenza de l'una sia simile alla potenza de l'altra; come oltre, la potenza di quel fuoco sarà simile alla potenza di questo. Altrimente le parti di que' mondi saran simili alle parti di questo in nome solo, e non in essere; e, per consequenza, quel mondo non sarà, ma si chiamarà mondo, come questo. Oltre, tutti gli corpi che son d'una natura ed una specie, hanno un moto; perché ogni corpo naturalmente si muove in qualche maniera. Se, dunque, ivi son terre, come è questa, e sono di medesima specie con questa, arranno certo medesimo moto; come, per contra, se è medesimo moto, sono medesimi elementi. Essendo cossì, necessariamente la terra di quel mondo si moverrà alla terra di questo, il fuoco di quello al fuoco di questo. Onde séguite oltre, che la terra non meno naturalmente si muove ad alto che al basso, ed il fuoco non meno al basso ch'a l'alto. Or, essendono tale cose impossibili, deve essere una terra, un centro, un mezzo, un orizonte, un mondo".

FIL. Contra questo diciamo, che in quel modo con cui in questo universal spacio infinito la nostra terra versa circa questa regione ed occupa questa parte, nel medesimo gli altri astri occupano le sue parti e versano circa le sue regioni ne l'immenso campo. Ove, come questa terra costa di suoi membri, ha le sue alterazioni ed ha flusso e reflusso nelle sue parti (come accader veggiamo ne gli animali, umori e parti, le quali sono in continua alterazione e moto), cossì gli altri astri costano di suoi similmente affetti membri. E sicome questo, naturalmente si movendo secondo tutta la machina, non ha moto se non simile al circulare, con cui se svolge circa il proprio centro e discorre intorno al sole; cossì necessariamente quelli altri corpi che sono di medesima natura. E non altrimente le parti sole di quelli, che per alcuni accidenti sono allontanate dal suo loco (le quali però non denno esser stimate parti principali o membri), naturalmente con proprio appulso vi ritornano, che parti de l'arida ed acqua, che per azion del sole e de la terra s'erano in forma d'exalazione e vapore allontanate verso membri e regioni superiori di questo corpo, avendono riacquistata la propria forma, vi ritornano. E cossì quelle parti oltre certo termine non si discostano dal suo continente come queste; come sarà manifesto quando vedremo la materia de le comete non appartenere a questo globo. Cossì dunque, come le parti di un animale, benché sieno di medesima specie con le parti di un altro animale, nulla di meno, perché appartengono a diversi individui, giamai quelle di questi (parlo de le principali e lontane) hanno inclinazione al loco di quelle de gli altri: come non sarà mai la mia mano conveniente al tuo braccio, la tua testa al mio busto. Posti cotai fondamenti, diciamo veramente essere similitudine tra tutti gli astri, tra tutti gli mondi, e medesima raggione aver questa e le altre terre. Però non séguita che dove è questo mondo debbano essere tutti gli altri, dove è situata questa debbano essere situate l'altre; ma si può bene inferire che, sicome questa consiste nel suo luogo, tutte l'altre consistano nel suo: come non è bene che questa si muova al luogo dell'altre, non è bene che l'altre si muovano al luogo di questa: come questa è differente in materia ed altre circostanze individuali da quelle, quelle sieno differenti da questa. Cossì le parti di questo fuoco si muovono a questo fuoco come le parti di quello a quello; cossì le parti di questa terra a questa tutta, come le parti di quella terra a quella tutta. Cossì le parti di quella terra che chiamiamo luna, con le sue acqui, contra natura e violentemente si moverebono a questa, come si moverebono le parti di questa a quella. Quella naturalmente versa nel suo loco, ed ottiene la sua regione che è ivi; questa è naturalmente nella sua regione quivi; e cossì se riferiscono le parti sue a quella terra, come le sue a questa; cossì intendi de le parti di quelle acqui e di que' fochi. Il giù e loco inferiore di questa terra non è alcun punto della regione eterea fuori ed extra di lei (come accade alle parti fatte fuori della propria sfera, se questo aviene), ma è nel centro de la sua mole o rotundità o gravità. Cossì il giù di quella terra non è alcun luogo extra di quella, ma è il suo proprio mezzo, il proprio suo centro. Il su di questa terra è tutto quel ch'è nella sua circumferenza ed estra la sua circumferenza; però cossì violentemente le parti di quella si muoveno extra la sua circumferenza e naturalmente s'accoglieno verso il suo centro, come le parti di questa violentemente si diparteno e naturalmente tornano verso il proprio mezzo. Ecco come si prende la vera similitudine tra.queste e quell'altre terre.

ELP. Molto ben dite che, sicome è cosa inconveniente ed impossibile che l'uno di questi animali si muova e dimore dove è l'altro, e non abbia la propria sussistenza individuale con il proprio loco e circostanze; cossì è inconvenientissimo che le parti di questo abbiano inclinazione e moto attuale al luogo de le parti di quello.

FIL. Intendete bene de le parti che son veramente parti. Perché, quanto appartiene alli primi corpi indivisibili, de quali originalmente è composto il tutto, è da credere che per l'immenso spacio hanno certa vicissitudine, con cui altrove influiscano ed affluiscano altronde. E questi, se pur per providenza divina, secondo l'atto, non costituiscano nuovi corpi e dissolvano gli antichi, almeno hanno tal facultà. Perché veramente gli corpi mondani sono dissolubili; ma può essere che o da virtù intrinseca o estrinseca sieno eternamente persistenti medesimi, per aver tale tanto influsso, quale e quanto hanno efflusso di atomi; e cossì perseverino medesimi in numero, come noi, che nella sustanza corporale similmente, giorno per giorno, ora per ora, momento per momento, ne rinuoviamo per l'attrazione e digestione che facciamo da tutte le parti del corpo.

ELP. Di questo ne parlaremo altre volte. Quanto al presente, mi satisfate molto ancora per quel ch'avete notato, che cossì ogni altra terra s'intenderebe violentemente montare a questa, se si movesse a questo loco, come questa violentemente montarebbe se a qualsivoglia di quelle si movesse. Perché, come da ogni parte di questa terra verso la circonferenza o ultima superficie, e verso l'orizonte emisferico dell'etere andando, si procede come in alto; cossì da ogni parte della superfice de altre terre verso questa se intende ascenso: atteso che cossì questa terra è circonferenziale a quelle come quelle a questa. Approvo che, benché quelle terre sieno di medesima natura con questa, non per ciò séguite che si referiscano al medesimo centro a fatto; perché cossì il centro d'un'altra terra non è centro di questa e la circonferenza sua non è circonferenza di costei, come l'anima mia non è vostra; la gravità mia e di mie parti non è corpo e gravità vostra; benché tutti cotai corpi, gravitadi ed anime univocamente si dicano, e sieno di medesima specie.

FIL. Bene. Ma non per questo vorrei che v'imaginaste che, se le parti di quella terra appropinquassero a questa terra, non sarebbe possibile che medesimamente avessero appulso a questo continente, come se le parti di questa s'avicinassero a quella; benché ordinariamente il simile non veggiamo accadere ne gli animali e diversi individui de le specie di questi corpi, se non quanto l'uno si nutrisce ed aumenta per l'altro e l'uno si trasmuta ne l'altro.

ELP. Sta bene. Ma che dirrai, se tutta quella sfera fusse tanto vicina a questa quanto accade che da lei s'allontanino le sue parti che hanno attitudine di rivenire al suo continente?

FIL. Posto che le parti notabili de la terra si facciano fuori de la circonferenza de la terra, circa la quale è.detto esser l'aria puro e terso, facilmente concedo che da quel loco possano rivenir cotai parti come naturalmente al suo loco; ma non già venir tutta un'altra sfera, né naturalmente descendere le parti di quella, ma più tosto violentemente ascendere; come le parti di questa non naturalmente descenderebono a quella, ma per violenza ascenderebono. Perché a tutti gli mondi l'estrinseco della sua circonferenza è il su, e l'intrinseco centro è il giù, e la raggione del mezzo a cui le loro parti naturalmente tendeno, non si toglie da fuori, ma da dentro di quelli; come hanno ignorato coloro, che fingendo certa margine e vanamente definendo l'universo, hanno stimato medesimo il mezzo e centro del mondo e di questa terra. Del che il contrario è conchiuso, famoso e concesso appresso gli matematici di nostri tempi; che hanno trovato che dall'imaginata circonferenza del mondo non è equidistante il centro de la terra. Lascio gli altri più savi, che, avendo capito il moto de la terra, hanno trovato, non solamente per raggioni proprie alla lor arte, ma etiam per qualche raggion naturale, che del mondo ed universo che col senso de gli occhi possiamo comprendere, più raggionevolmente, e senza incorrere inconvenienti, e con formar teoria più accomodata e giusta, applicabile al moto più regolare de gli detti erroni circa il mezzo, doviamo intendere la terra essere tanto lontana dal mezzo quanto il sole. Onde facilmente con gli loro principii medesimi han modo di scuoprir a poco a poco la vanità di quel che si dice della gravità di questo corpo, e differenza di questo loco da gli altri, dell'equidistanza di mondi innumerabili, che veggiamo da questo oltre gli detti pianeti, del rapidissimo moto più tosto di tutti quei circa quest'uno, che della versione di quest'uno a l'aspetto di que' tutti; e potranno dovenir suspetti almeno sopra altri sollennissimi inconvenienti che son suppositi nella volgar filosofia. Or, per venire al proposito onde siamo partiti, torno a dire che né tutto l'uno né parte de l'uno sarrebe atto a muoversi verso il mezzo de l'altro, quantunque un altro astro fusse vicinissimo a questo, di sorte che il spacio o punto della circonferenza di quello si toccasse col punto o spacio della circonferenza di questo.

ELP. Di questo il contrario ha disposto la provida natura, perché, se ciò fusse, un corpo contrario destruggerebe l'altro; il freddo e umido s'ucciderebono col caldo e secco: de quali, però a certa e conveniente distanza disposti, l'uno vive e vegeta per l'altro. Oltre, un corpo simile impedirebe l'altro dalla comunicazione e partecipazione del conveniente che dona al dissimile e dal dissimile riceve; come ne dechiarano tal volta non mediocri danni ch'alla fragilità nostra apportano le interposizioni di un'altra terra, che chiamiamo luna, tra questa e il sole. Or che sarrebe se la fusse più vicina alla terra, e più notabilmente a lungo ne privasse di quel caldo e vital lume?

FIL. Dite bene. Seguitate ora il proposito d'Aristotele.

ELP. Apporta appresso una finta risposta; la quale dice, che per questa raggione un corpo non si muove a l'altro,.perché quanto è rimosso da l'altro per distanza locale, tanto viene ad essere di natura diverso. E contra questo dice lui, che la distanza maggiore e minore non è potente a far che la natura sia altra ed altra.

FIL. Questo, inteso come si deve intendere, è verissimo. Ma noi abbiamo altro modo di rispondere, ed apportiamo altra raggione, per cui una terra non si muova a l'altra, o vicina o lontana che la sia.

ELP. La ho intesa. Ma pur mi par oltre vero quello che è da credere che volesser dir gli antichi, che un corpo per maggior lontananza acquista minor attitudine (che loro chiamorno proprietà e natura per il lor frequente modo di parlare); perché le parti, alle quali è soggetto molto aria, son meno potenti a dividere il mezzo e venire al basso.

FIL. È certo ed assai esperimentato nelle parti de la terra, che, da certo termine del loro recesso e lontananza, ritornar sogliono al suo continente; a cui tanto più s'affrettano quanto più s'avicinano. Ma noi parliamo ora delle parti d'un'altra terra.

ELP. Or, essendo simile terra a terra, parte a parte, che credi, se fussero vicine? non sarrebe ugual potenza tanto alle parti de l'altra di andar a l'una e l'altra terra, e per consequenza ascendere e descendere?

FIL. Posto uno inconveniente (se è inconveniente), che impedisce che se ne pona un altro consequente? Ma, lasciando questo, dico che le parti, essendo in equal raggione e distanza di diverse terre, o rimagnono, o se determinano un loco a cui vadano, a rispetto di quello si diranno descendere, ed ascendere a rispetto de l'altro da cui s'allontanano.

ELP. Pure chi sa che le parti di un corpo principale si muovano ad un altro corpo principale, benché simile in specie? Perché appare che le parti e membri di un uomo non possono quadrare e convenire ad un altr'uomo.

FIL. È vero principale e primariamente; ma accessoria e secondariamente accade il contrario. Perché abbiamo visto per esperienza che della carne d'un altro s'attacca al loco ove era un naso di costui; e ne confidiamo di far succedere l'orecchio d'un altro ove era l'orecchio di costui, facilissimamente.

ELP. Questa chirugia non dev'esser volgare.

FIL. Non sia.

ELP. Torno al punto di voler sapere: se accadesse che una pietra fusse in mezzo a l'aria in punto equidistante da due terre, in che modo doviamo credere che rimanesse fissa? ed in che modo si determinarebbe ad andar più presto all'uno ch'all'altro continente?

30 FIL. Dico che la pietra, per la sua figura, non riguardando più l'uno che l'altro, e l'uno e l'altro avendo equal relazione alla pietra, ed essendo a punto medesimamente affetti a quella, dal dubio della resoluzione ed equal raggione a doi termini opposti accaderebe che si rimagna, non potendosi risolvere d'andar più tosto a l'uno ch'a l'altro, de quali questo non rapisce più che quello, ed essa non ha maggior appulso a questo che a quello. Ma, se l'uno gli è più congeneo e connaturale, e gli è più o simile o atto a conservarla, se determinarà per il più corto camino rettamente di rapportarsi a quello. Perché lo principal principio

motivo non è la propria sfera e proprio continente, ma l'appetito di conservarsi: come veggiamo la fiamma serpere per terra, ed inchinarsi, e ramenarsi al basso per andare al più vicino loco in cui inescare e nodrirsi possa; e lasciarà d'andar verso il sole, al quale, senza discrime d'intiepidirse per il camino, non se inària.

ELP. Che dici di quel che soggionge Aristotele, che le parti e congenei corpi, quantunque distanti sieno, si muoveno pure al suo tutto e suo consimile?

FIL. Chi non vede, ch'è contra ogni raggione e senso, considerato quel ch'abbiamo poco fa detto? Certo, le parti fuor del proprio globo si muoveranno al propinquo simile, ancor che quello non sia il suo primario e principal continente; e talvolta a altro, che lo conserve e nodrisca, benché non simile in specie; perché il principio intrinseco impulsivo non procede dalla relazione ch'abbia a loco determinato, certo punto e propria sfera, ma da l'appulso naturale di cercar ove meglio e più prontamente ha da mantenersi e conservarsi nell'esser presente; il quale, quantunque ignobil sia, tutte le cose naturalmente desiderano. Come massime desiderano vivere quegli uomini, e massime temeno il morire coloro che non han lume di filosofia vera, e non apprendeno altro essere ch'il presente, e pensano che non possa succedere altro che appartenga a essi. Perché non son pervenuti ad intendere che il principio vitale non consiste ne gli accidenti che resultano dalla composizione, ma in individua ed indissolubile sustanza, nella quale, se non è perturbazione, non conviene desiderio di conservarsi, né timore di sperdersi; ma questo è conveniente a gli composti, cioè secondo raggione simmetrica, complessionale, accidentale. Perché né la spiritual sustanza, che s'intende unire, né la materiale, che s'intende unita, possono esser suggette ad alterazione alcuna o passione, e per consequenza non cercano di conservarsi, e però a tai sustanze non convien moto alcuno, ma a le composte. Tal dottrina sarà compresa, quando si saprà ch'esser grave o lieve non conviene a' mondi, né a parte di quelli; perché queste differenze non sono naturalmente, ma positiva e rispettivamente. Oltre, da quel ch'abbiamo altre volte considerato, cioè che l'universo non ha margine, non ha estremo, ma è inmenso ed infinito, aviene che a gli corpi principali a riguardo di qualche mezzo o estremo, non possono determinarsi a moversi rettamente, perché da tutt'i canti fuor della sua circumferenza hanno ugual e medesimo rispetto: però non hanno altro moto retto che di proprie parti, non a riguardo d'altro mezzo e centro che del proprio intiero, continente e perfetto. Ma di questo considererò al suo proposito e loco. Venendo dunque al punto, dico: che, secondo gli suoi medesimi principii, non potrà verificar questo filosofo che corpo, quantunque lontano, abbia attitudine di rivenire al suo continente o simile, se lui intende le comete di materia terrestre; e tal materia, quale in forma di exalazione è montata in alto all'incentiva region del foco; le quali parti sono inetti a descendere al basso; ma, rapite dal vigor del primo mobile, circuiscono la terra, e pure non sono di quinta essenza, ma corpi terrestri gravissimi, spessi e densi. Come chiaro si argumenta da l'apparenza in sì lungo intervallo e lunga esistenza che fanno al grave e vigoroso incendio del foco: che tal volta perseverano oltre un mese a bruggiare, come per quarantacinque giorni continui a' tempi nostri n'è vista una. Or, se per la distanza non si destrugge la raggion de la gravità, per che caggione tal corpo non solo non viene al basso, né si sta fermo, ma oltre circuisce la terra? Se dice che non circuisce per sé, ma per essere rapito; insisterò oltre, che cossì anco ciascuno di suoi cieli ed astri (li quali non vuol che sieno gravi, né lievi, né di simil materia) son rapiti. Lascio che il moto di questi corpi par proprio a essi, perché non è mai conforme al diurno, né a quei d'altri astri.

La raggione è ottima per convencer costoro da suoi medesimi principii. Perché della verità della natura di comete ne parleremo, facendo propria considerazione di quelle, dove mostraremo e che tali accensioni non son dalla sfera del foco, perché verrebono da ogni parti accese, atteso che secondo tutta la circunferenza o superficie de la sua mole sono contenute nell'aria attrito dal caldo, come essi dicono, o pur sfera del fuoco: ma sempre vedemo l'accensione essere da una parte; conchiuderemo le dette comete esser specie di astro, come bene dissero ed intesero gli antichi; ed essere tale astro che, col proprio moto avicinandosi ed allontanandosi verso e da questo astro per raggione di accesso e recesso, prima par che cresca, come si accendesse, e poi manca, come s'estinguesse: e non si muove circa la terra; ma il suo moto proprio è quello, che è oltre il diurno proprio alla terra, la quale, rivolgendosi con il proprio dorso, viene a fare orienti ed occidenti tutti que' lumi che sono fuor della sua circonferenza. E non è possibile che quel corpo terrestre e sì grande possa da sì liquido aere e sottil corpo che non resiste al tutto, esser rapito, e mantenuto, contra sua natura, sospeso; il cui moto, se fusse vero, sarrebe solamente conforme a quel del primo mobile, dal quale è rapito, e non imitarebe il moto di pianeti; onde ora è giudicato di natura di Mercurio, ora della luna, ora di Saturno, or de gli altri. Ma, e di questo altre volte, a suo proposito, si parlarà. Basta ora averne detto sin tanto che baste per argumento contra costui, che dalla propinquità e lontananza non vuole che s'inferisca maggior e minor facultà del moto, che lui chiama proprio e naturale, contra la verità. La quale non permette possa dirse proprio e naturale ad un suggetto in tal disposizione, nella quale mai gli può convenire; e però, se le parti da oltre certa distanza mai se muoveno al continente, non si deve dire che tal moto sia naturale a quelle.

ELP. Ben conosce chi ben considera che costui avea principii tutti contrarii alli principii veri della natura. Replica appresso che, "se il moto di corpi semplice è naturale a essi, averrà che gli corpi semplici, che sono in molti mondi, e sono di medesima specie, si muovano o al medesimo mezzo o al medesimo estremo".

FIL. Questo è quello che lui non potrà giamai provare, cioè che si debbano muovere al medesimo loro particulare ed individuale. Perché da quel, che gli corpi son di medesima specie, s'inferisce che a quelli si convegna luogo di medesima specie e mezzo de medesima specie, ch'è il centro proprio; e non si deve né può inferire che richiedano loco medesimo di numero.

ELP. È stato lui alcunamente presago di questa risposta; e però da tutto il suo vano sforzo caccia questo, che vuol provare la differenza numerale non esser causa della diversità de luoghi.

FIL. Generalmente veggiamo tutto il contrario. Pur dite, come il prova?

ELP. Dice che, se la diversità numerale di corpi dovesse esser caggione della diversità di luoghi, bisognarebbe che delle parti di questa terra diverse in numero e gravità ciascuna nel medesimo mondo avesse il proprio mezzo. Il che è impossibile ed inconveniente, atteso che secondo il numero de gl'individui de parti de la terra sarrebe il numero de mezzi.

FIL. Or considerate, che mendica persuasione è questa. Considerate, se per tanto vi potrete mover punto dalla opinion contraria, o più tosto confirmarvi in quella. Chi dubita che non sia inconveniente dire uno essere il mezzo di tutta la mole, e del corpo ed animale intiero, a cui e verso cui si referiscono, accoglieno, e per cui si uniscano ed hanno base tutte le parti; e posserno essere positivamente innumerabili mezzi, secondo che della innumerabile moltitudine de le parti, in ciascuna possiamo cercare o prendere o supponere il mezzo? Nell'uomo uno è semplicemente il mezzo, che si dice il core; e poi molti sono altri mezzi, secondo la moltitudine de le parti, de quali il core ha il suo mezzo, il pulmone il suo, l'epate il suo, il capo, il braccio, la mano, il piede, questo osso, questa vena, questo articolo e queste particelle che constituiscono cotai membri ed hanno particular e determinato sito, tanto nel primo e generale, ch'è tutto individuo, quanto nel prossimo e particular, ch'è tutto questo o quell'altro membro de l'individuo.

ELP. Considerate che lui si può intendere, che non voglie dir semplicemente, perché ciascuna parte abbia il mezzo; ma che abbia il mezzo a cui si muova.

FIL. Al fine tutto va ad uno: perché nell'animale non si richiede che tutte le parti vadano al mezzo e centro; perché questo è impossibile ed inconveniente, ma che si referiscano a quello per la unione de le parti e constituzion del tutto. Perché la vita e consistenza delle cose dividue non si vede in altro che nella debita unione de le parti, le quali sempre s'intendeno aver quel termine che medesimo si prende per mezzo e centro. Però, per la constituzion del tutto intiero, le parti si riferiscono ad un sol mezzo; per la constituzion di ciascun membro, le particole di ciascuno si referiscono al mezzo particular di ciascuno, a fin che l'epate consista per l'union de le sue parti: cossì il pulmone, il capo, l'orecchio, l'occhio ed altri. Ecco, dunque, come non solamente non è inconveniente, ma naturalissimo, e che sieno molti mezzi secondo la raggione di molte parti e particole de le parti, se gli piace; perché di questi d'uno è constituito, sussistente e consistente per la consistenza, sussistenza e constituzione de l'altri. Certo, si sdegna l'intelletto su le considerazioni sopra frascarie tali, quali apporta questo filosofo.

ELP. Questo si deve patire per la riputazione, ch'ha guadagnato costui, più per non esser inteso che per altro. Ma pur, di grazia, considerate un poco quanto questo galantuomo si compiacque in questo argumentaccio. Vedete che, quasi trionfando, soggionge queste paroli: "Se, dunque, il contradicente non potrà contradire a questi sermoni e raggioni, necessariamente è uno mezzo ed uno orizonte".

FIL. Dice molto bene. Seguitate.

ELP. Appresso prova, che gli moti semplici son finiti e determinati; perché quel che disse, che il mondo è uno e gli moti semplici hanno proprio loco, era fondato sopra di questo. Dice dunque cossì: "Ogni mobile si muove da un certo termine ad un certo termine: e sempre è differenza specifica tra il termine onde, ed il termine ove, essendo ogni mutazion finita; tali sono morbo e sanità, picciolezza grandezza, qua llà; perché quel che si sana, non tende ove si voglia, ma alla sanità. Non son dunque il moto della terra e del foco in infinito, ma a certi termini diversi da que' luoghi, da quai si muoveno; perché il moto ad alto non è moto al basso: e questi doi luoghi son gli orizonti de moti. Ecco, come è determinato il moto retto. Non meno determinato è il moto circulare; perché da certo a certo termine, da contrario a contrario, è ancor quello, se vogliamo considerar la diversità del moto, la quale è nel diametro del circolo; perché il moto di tutto il circolo a fatto non ha contrario (perché non si termina ad altro punto che a quello da cui cominciò), ma nelle parti della revoluzione, quando questa è presa da uno estremo del diametro all'altro opposito".

FIL. Questo, che il moto è determinato e finito secondo tali raggioni, non è chi lo neghi o ne dubiti; ma è falso che sia semplicemente determinato alto e determinato basso, come altre volte abbiamo detto e provato. Perché, indifferentemente, ogni cosa si muove o qua o là, ovunque sia il luogo della sua conservazione. E diciamo (ancor supponendo gli principii d'Aristotele ed altri simili) che, se infra la terra fusse altro corpo, le parti della terra violentemente vi rimarrebono, ed indi naturalmente montarebono. E non negarà Aristotele, che, se le parti del fuoco fussero sopra la sua sfera (come, per esempio, ove intendeno il cielo o cupola di Mercurio), descenderebono naturalmente. Vedete dunque, quanto bene naturalmente determinino su e giù, grave e lieve, dopo ch'arrete considerato che tutti corpi, ovunque sieno e dovunque si muovano, ritegnono e cercano al possibile il loco della conservazione. Tuttavia, quantunque sia vero che ogni cosa si muove per gli suoi mezzi, da' suoi ed a' suoi termini, ed ogni moto, o circulare o retto, è determinato da opposto in opposto; da questo non séguita che l'universo sia finito di grandezza, né che il mondo sia uno; e non si distrugge che sia infinito il moto semplicemente di qualsivoglia atto particolare, per cui quel spirto, come vogliam dire, che fa ed incorre a questa composizione, unione e vivificazione, può essere e sarà sempre in altre ed altre infinite. Può dunque stare, che ogni moto sia finito (parlando del moto presente, non absoluta e semplicemente di ciascun particular, ed in tutto) e che infiniti mondi sieno: atteso che, come ciascuno de gl'infiniti mondi è finito ed ha regione finita, cossì a ciascuno di quei convegnono prescritti termini del moto suo e de sue parti.

ELP. Voi dite bene; e con questo, senza che séguite inconveniente alcun contra di noi, né cosa che sia in favor di quelle che lui vuol provare, è apportato quel "segno", che lui soggionge a mostrar, "che il moto non sia in infinito, perché la terra ed il fuoco quanto più s'accostano alla sua sfera, tanto più velocemente si muoveno; e però, se il moto fusse in infinito, la velocità, levità e gravità verrebe ad essere in infinito".

FIL. Buon pro gli faccia.

FRAC. Sì. Ma questo mi par il gioco de le bagattelle; perché, se gli atomi hanno moto infinito per la succession locale che a tempi a tempi fanno, or avendo efflusso da questo, or influsso in quello, or giungendosi a questa, or a quella composizione, or concorrendo in questa, or in quella figurazione per il spacio inmenso dell'universo; verranno per certo ad avere infinito moto locale, discorrere per infinito spacio e concorrere ad infinite alternazioni. Per questo non séguita ch'abbiano infinita gravità, levità o velocità.

FIL. Lasciamo da parte il moto delle prime parti ed elementi, e consideriamo solamente de le parti prossime e determinate a certa specie di ente, cioè di sustanza: come de le parti de la terra, che son pur terra. Di queste veramente si dice, che in quei mondi che sono, ed in quelle regioni dove versano, in quella forma che ottegnono, non si muoveno se non da certo a certo termine. E da questo non più séguita questa conclusione: dunque l'universo è finito ed il mondo è uno, - che quest'altra: dunque le scimie nascono senza coda, dunque i gufi veggono la notte senza occhiali, dunque i pipistrelli fanno lana. Oltre, di queste parti intendendo, giamai si potrà far tale illazione: l'universo è infinito, son terre infinite; dunque puotrà una parte di terra continuamente muoversi in infinito, e deve aver ad una terra infinitamente distante appulso infinito e gravità infinita. E questo per due caggioni: de quali l'una è, che non si può dar questo transito, perché, constando l'universo di corpi e principii contrarii non potrebbe tal parte molto discorrere per l'eterea regione, che non venesse ad esser vinta dal contrario e dovenir a tale che non più si muova quella terra; perché quella sustanza non è più terra, avendo, per vittoria del contrario, cangiato complessione e volto. L'altra, che generalmente veggiamo che tanto manca, che mai da distanza infinita possa esser impeto di gravità o levità, come dicono, che tal appulso de parti non può essere se non infra la regione del proprio continente; le quali, se fussero estra quella, non più vi si muoverebono, che gli fluidi umori (quali ne l'animale si muoveno da parti esterne all'interne, superiori ed inferiori, secondo tutte differenze, montando e bassando, rimovendosi da questa a quella e da quella a questa parte), messi fuori del proprio continente ancor contigui a quello, perdeno tal forza ed appulso naturale. Vale dunque per tanto spacio tal relazione, quanto vien misurato per il semediametro dal centro di tal particular regione alla sua circonferenza, dove circa questa è la minima gravità, e circa quello la massima; e nel mezzo, secondo gli gradi della propinquità circa l'uno o l'altra, la viene ad esser maggior e minore; come appare nella presente demostrazione, in cui A significa il centro de la regione, dove, parlando comunmente, la pietra non è grave né lieve; B significa la circonferenza della regione, dove parimente non sarà grave né lieve, e rimarrà quieta (onde appare ancora la coincidenza del massimo e minimo, quale è dimostrata in fine del libro De principio, causa ed uno); 1, 2, 3, 4, 5, 6, 7, 8, 9, significano le differenze di spaci tramezanti:

B 9 né grave, né lieve.

8 minimo grave, levissimo.

7 assai men grave, assai più lieve.

6 meno grave, più lieve.

5 grave, lieve.

4 più grave, men lieve.

3 assai più grave, assai men lieve.

2 gravissimo, minimo lieve.

A 1 né grave, né lieve.

Or vedete oltre quanto manca ch'una terra debba muoversi a l'altra, che anco le parti di ciascuna, messe fuor della propria circonferenza, non hanno tale appulso.

ELP. Volete che sia determinata questa circonferenza?

FIL. Sì, quanto alla massima gravità, che potesse esser nella massima parte; o se pur ti piace (perché tutto il globo non è grave né lieve), in tutta la terra. Ma quanto alle differenze mezzane de gravi e lievi, che dico si denno prendere tanto diverse differenze, quanto diversi possono essere gli pondi di diverse parti che son comprese tra il massimo e minimo grave.

ELP. Discretamente, dunque, si deve intendere questa scala.

FIL. Ogniuno ch'ha ingegno, potrà da per sé intendere il come. Or quanto alle referite raggioni d'Aristotele, assai è detto. Veggiamo adesso, se oltre nelle seguenti apporta qualche cosa.

ELP. Di grazia contentatevi che di questo ne parliamo nel seguente giorno; perché sono aspettato dall'Albertino, che è disposto di venir qua a ritrovarvi domani. Dal qual credo, che potrete udir tutte le più gagliarde raggioni che per l'opinion contraria possono apportarsi, per esser egli assai prattico nella commune filosofia.

FIL. Sia con vostra commodità.

Dialogo quinto

Albertino, nuovo interlocutore.

ALB. Vorrei sapere che fantasma, che inaudito mostro, che uomo eteroclito, che cervello estraordinario è questo; quai novelle costui di nuovo porta al mondo; o pur che cose absolete e vecchie vegnono a rinuovarsi, che amputate radici vegnono a repullular in questa nostra etade.

ELP. Sono amputate radici che germogliano, son cose antique che rivegnono, son veritadi occolte che si scuoprono: è un nuovo lume che, dopo lunga notte, spunta all'orizonte ed emisfero della nostra cognizione ed a poco a poco s'avicina al meridiano della nostra intelligenza.

ALB. S'io non conoscesse Elpino, so che direi.

ELP. Dite pur quel che vi piace; ché, se voi avete ingegno, come io credo averlo, gli consentirete come io gli consento; se l'avete megliore, gli consentirete più tosto e meglio, come credo che sarà. Atteso che quelli a' quali è difficile la volgar filosofia ed ordinaria scienza, e sono ancor discepoli e mal versati in quella (ancor che non si stimino tali, per quel che sovente esser suole), non sarà facile che si convertano al nostro parere; perché in cotali può più la fede universale, ed in essi massime la fama de gli autori che gli son stati messi per le mani, trionfa; per il che admirano la riputazion di espositori e commentatori di quelli. Ma gli altri a' quali la detta filosofia è aperta e che son gionti a quel termine, onde non son più occupati a spendere il rimanente della lor vita ad intendere quel ch'altri dica, ma hanno proprio lume ed occhi de l'intelletto vero agente, penetrano ogni ricetto, e qual'Argi, con gli occhi de diverse cognizioni, la possono contemplar per mille porte ignuda; potranno, facendosi più appresso, distinguere tra quel che si crede e s'ha per concesso e vero, per mirar da lontano per forza di consuetudine e senso generale, e quel che veramente è, e deve aversi per certo, come constante nella verità e sustanza de le cose. Malamente, dico, potranno approvar questa filosofia color che o non hanno buona felicità d'ingegno naturale, o pur non sono esperti, almeno mediocremente, in diverse facultadi, e non son potenti sì fattamente nell'atto reflesso de l'intelletto che sappiano far differenza da quello ch'è fondato su la fede, a ciò che è stabilito su l'evidenza di veri principii; perché tal cosa comunmente s'ha per principio che, ben considerata, si trovarà conclusione impossibile e contra natura. Lascio quelli sordidi e mercenarii ingegni che, poco e niente solleciti circa la verità, si contentano saper secondo che comunmente è stimato il sapere; amici poco di vera sapienza, bramosi di fama e riputazion di quella; vaghi d'apparire, poco curiosi d'essere. Malamente, dico, potrà eligere tra diverse opinioni e talvolta contradittorie sentenze chi non ha sodo e retto giudizio circa quelle. Difficilmente varrà giudicare chi non è potente a far comparazione tra queste e quelle, l'una e l'altra. A gran pena potrà comparar le diverse insieme chi non capisce la differenza che le distingue. Assai malagevole è comprendere in che differiscano e come siano altre queste da quelle, essendo occolta la sustanza di ciascuna e l'essere. Questo non potrà giamai essere evidente, se non è aperto per le sue cause e principii ne gli quali ha fondamento. Dopo, dunque, che arrete mirato con l'occhio de l'intelletto e considerato col regolato senso gli fondamenti, principii e cause, dove son piantate queste diverse e contrarie filosofie, veduto qual sia la natura, sustanza e proprietà di ciascuna, contrapesato con la lance intellettuale e visto qual differenza sia tra l'une e l'altre, fatta comparazion tra queste e quelle e rettamente giudicato, senza esitar punto farete elezion di consentire al vero.

ALB. Contra le opinioni vane e stolte esser sollecito è cosa da vano e stolto, dice il principe Aristotele.

ELP. Assai ben detto. Ma, se ben guardate, questa sentenza e conseglio verrà a pratticarsi contra le sue opinioni medesime, quando saranno apertamente stolte e vane. Chi vuol perfettamente giudicare, come ho detto, deve saper spogliarsi dalla consuetudine di credere; deve l'una e l'altra contradittoria esistimare equalmente possibile, e dismettere a fatto quella affezione di cui è imbibito da natività: tanto quella che ne presenta alla conversazion generale, quanto l'altra per cui mediante la filosofia rinascemo, morendo al volgo, tra gli studiosi stimati sapienti dalla moltitudine ed in un tempo. Voglio dire, quando accade controversia tra questi ed altri stimati savii da altre moltitudini ed altri tempi, se vogliamo rettamente giudicare, doviamo richiamare a mente quel che dice il medesimo Aristotele, che, per aver riguardo a poche cose, talvolta facilmente gittamo sentenze; ed oltre, che l'opinione talvolta per forza di consuetudine sì fattamente s'impadronisce del nostro consentimento che tal cosa ne par necessaria, ch'è impossibile; tal cosa scorgemo ed apprendiamo per impossibile, ch'è verissima e necessaria. E se questo accade nelle cose per sé manifeste, che deve essere in quelle che son dubie ed hanno dependenza da ben posti principii e saldati fondamenti?

ALB. È opinione del commentatore Averroe ed altri molti, che non si può sapere quel tanto ch'ha ignorato Aristotele.

ELP. Questo con tal moltitudine era situato con l'ingegno sì al basso, ed erano in sì spesse tenebre, che il più alto e più chiaro che vedevano, gli era Aristotele. Però se costui ed altri, quando si lascian cascar simil sentenza, volessero più castigatamente parlare, direbono Aristotele esser un Dio, secondo il lor parere; onde non tanto vegnano a magnificar Aristotele, quanto ad esplicar la propria dapoccagine; perché non altrimente questo è secondo il lor parere, che, secondo il parer della scimia, le più belle creature del mondo son gli sui figli ed il più vago maschio de la terra è il suo scimione.

ALB. Parturient montes...

ELP. Vedrete che non è sorgio quel che nasce.

ALB. Molti hanno balestrato e machinato contra.Aristotele; ma son cascati i castegli, son spuntate le frecce e gli son rotti gli archi.

ELP. Che fia, se una vanità guerreggia contra l'altra? L'una è potente contra tutte; non per questo perde l'esser vanità; ed al fine non potrà esser discoperta e vinta dal vero?

ALB. Dico che è impossibile di contradir demostrativamente ad Aristotele.

ELP. Questo è un troppo precipitoso dire.

ALB. Io non lo dico, se non dopo aver veduto bene ed assai meglio considerato quanto dice Aristotele. Ed in quello tanto manca ch'io vi trove errore alcuno, che niente vi scorgo che non sappia de divinità; e credo che altro non si possa accorgere di quel ch'io non ho possuto accorgermi.

ELP. Dunque misurate il stomaco e cervello altrui secondo il vostro, e credette non esser possibile ad altri quel ch'è impossibile a voi. Sono al mondo alcuni tanto infortunati ed infelici che, oltre che son privi d'ogni bene, hanno per decreto del fato per compagna eterna tale Erinni ed infernal furia, che li fa volontariamente con l'atro velo di corrosiva invidia appannarsi gli occhi per non veder la sua nudità, povertà e miseria, e l'altrui ornamenti, ricchezze e felicitadi: voglion più tosto in sporca e superba penuria intisichire, e sotto il lettame di pertinace ignoranza star sepolti, ch'esser veduti conversi a nuova disciplina, parendogli di confessar d'esser stato sin allora ignorante ed aver un tal per guida.

ALB. Volete dunque, verbi gratia, che mi faccia discepolo di costui? io che son dottore approvato da mille academie, e che ho essercitata publica profession de filosofie nelle prime academie del mondo, vegna ora a rinegar Aristotele e mi faccia insegnar filosofia da simili?

ELP. Io per me, non come dottore, ma come indotto, vorrei essere insegnato; non come quello che dovrei essere, ma come quello che non sono, vorrei imparare; accettarei per maestro non sol costui, ma qualsivogli' altro che gli dei hanno ordinato che mi sia, perché gli fanno intendere quel ch'io non intendo.

ALB. Dunque mi volete far ripuerascere?

ELP. Anzi dispuerascere.

ALB. Gran mercé alla vostra cortesia, poi che pretendete d'avanzarmi e pormi in exaltazione con farmi auditore di questo travagliato, ch'ogniun sa quanto sia odiato nell'academie quando è aversario delle dottrine comuni, lodato da pochi, approvato da nessuno, perseguitato da tutti.

ELP. Da tutti sì, ma tali e quali; da pochi sì, ma ottimi ed eroi. Aversario de dottrine comuni, non per esser dottrine o per esser comuni, ma perché false. Dall'academie odiato, perché, dov'è dissimilitudine, non è amore; travagliato, perché la moltitudine è contraria a chi si fa fuor di quella; e chi si pone in alto, si fa versaglio a molti. E per descrivervi l'animo suo, quanto al fatto del trattar cose speculative, vi dico che non è tanto curioso d'insegnare, quanto d'intendere; e che lui udirà meglior nova e prenderà maggior piacere, quando sentirà che vogliate insegnarlo (pur ch'abbia speranza de l'effetto), che se gli diceste che volete essere insegnato da lui; perché il suo desio consiste più in imparare che in insegnare, e si stima più atto a quello ch'a questo. Ma, eccolo a punto insieme con Fracastorio.

ALB. Siate il molto ben venuto, Filoteo.

FIL. E voi il ben trovato.

ALB.

S'a la foresta fieno e paglia rumino

Col bue, monton, becco, asino e cavallo,

Or, per far meglior vita, senza fallo,

Qua me ne vegno a farmi catecumino.

FRAC. Siate il ben venuto.

ALB. Tanto sin al presente ho fatta stima de le vostre posizioni, che le ho credute indegne di essere udite, non che di risposta.

FIL. Similmente giudicavo ne' miei primi anni, quando ero occupato in Aristotele, sino a certo termine. Ora, dopo ch'ho più visto e considerato e con più maturo discorso debbo posser far giudizio de le cose, potrà essere ch'io abbia desimparato e perso il cervello. Or, perché questa è una infirmità la quale nessun meno la sente che l'amalato istesso, io più tosto mosso da una suspizione, promosso dalla dottrina all'ignoranza, molto son contento d'essere incorso in un medico tale, il qual è stimato sufficiente da tutti di liberarmi da tal mania.

ALB.

Nol può far la natura, io far nol posso,

S'il male è penetrato in sin a l'osso.

FRAC. Di grazia, signor, toccategli prima il polso e vedete l'urina; perché appresso, se non possiamo effettuar la cura, staremo sul giudizio.

ALB. La forma di toccar il polso è di veder come potrete risolvere ed estricar da alcuni argomenti, ch'or ora vi farò udire, quali necessariamente conchiudeno la impossibilità di più mondi; tanto manca, che gli mondi sieno infiniti.

FIL. Non vi sarò poco ubligato quando m'arrete insegnato questo; e quantunque il vostro intento non riesca, vi sarò pur debitore per quel, che mi verrete a confirmar nel mio parere. Perché, certo, vi stimo tale che per voi mi potrò accorgere di tutta la forza del contrario; e come quello che siete espertissimo nelle ordinarie scienze, facilmente vi potrete avedere del vigor de' fondamenti ed edificii di quelle, per la differenza ch'hanno da nostri principii. Or perché non accada interrozione di raggionamenti, e ciascuno a bel agio possa esplicarsi tutto, piacciavi di apportar tutte quelle raggioni che stimate più salde e principali e che vi paiono demostrativamente conchiudere.

ALB. Cossì farò. Prima, dunque, da quel, che estra questo mondo non s'intende essere loco né tempo, perché se dice un primo cielo e primo corpo, il quale è distantissimo da noi e primo mobile; onde abbiamo per consuetudine di chiamar cielo quello che è sommo orizonte del mondo, dove sono tutte le cose immobili, fisse e quiete, che son le intelligenze motrici de gli orbi. Ancora, dividendo il mondo in corpo celeste ed elementare, si pone questo terminato e contenuto, quello terminante e continente: ed è tal ordine de l'universo che, montando da corpo più crasso a più sottile quello che è sopra il convesso del fuoco, in cui sono affissi il sole, la luna ed altre stelle, è una quinta essenza; a cui conviene e che non vada in infinito, perché sarrebe impossibile di giongere al primo mobile; e che non si repliche l'occorso d'altri elementi, sì perché questi verrebono ad essere circonferenziali, sì anco perché il corpo incorrottibile e divino verrebe contenuto e compreso da gli corrottibili. Il che è inconveniente: perché a quello ch'è divino, conviene la raggion di forma ed atto, e per conseguenza di comprendente, figurante, terminante; non modo di terminata, compresa e figurata materia. Appresso, argomento cossì con Aristotele: "se fuor di questo cielo è corpo alcuno, o sarà corpo semplice, o sarà corpo composto"; ed in qualsivoglia modo che tu dica, dimando oltre, o vi è come in loco naturale, o come in loco accidentale e violento. Mostramo che ivi non è corpo semplice; perché non è possibile che corpo sferico si cange di loco; perché, come è impossibile che muti il centro, cossì non è possibile che cange il sito: atteso che non può esser se non per violenza estra il proprio sito; e violenza non può essere in lui, tanto attiva- quanto passivamente. Similmente non è possibile che fuor del cielo sia corpo semplice mobile di moto retto: o sia grave o sia lieve, non vi potrà essere naturalmente, atteso che gli luoghi di questi corpi semplici sono altri dai luoghi, che si dicono fuor del mondo. Né potrete dir che vi sia per accidente; perché averrebe, che altri corpi vi sieno per natura. Or, essendo provato, che non sono corpi semplici oltre quei che vegnano alla composizion di questo mondo, che son mobili secondo tre specie di moto locale, è consequente che fuor del mondo non sia altro corpo semplice. Se cossì è, è anco impossibile, che vi sia composto alcuno; perché questo di quelli si fa ed in quelli si risolve. Cossì è cosa manifesta che non son molti mondi, perché il cielo è unico, perfetto e compito, a cui non è, né può essere altro simile. Indi s'inferisce, che fuor di questo corpo non può essere loco né pieno né vacuo, né tempo. Non vi è loco; perché, se questo sarà pieno, contenerà corpo o semplice o composto: e noi abbiamo detto che fuor del cielo non v'è corpo né semplice né composto. Se sarà vacuo, allora, secondo la raggion del vacuo (che si definisce spacio, in cui può esser corpo), vi potrà essere; e noi abbiamo mostrato che fuor del cielo non può esser corpo. Non vi è tempo; perché il tempo è numero di moto; il moto non è se non di corpo; però dove non è corpo, non è moto, non v'è numero, né misura di moto; dove non è questa, non è tempo. Poi abbiam provato, che fuor del mondo non è corpo, e per consequenza per noi è dimostrato non esservi moto, né tempo. Se cossì è, non vi è temporeo né mobile: e per consequenza, il mondo è uno.

Secondo, principalmente dall'unità del motore s'inferisce l'unità del mondo. È cosa concessa, che il moto circulare è veramente uno, uniforme, senza principio e fine. S'è uno, è uno effetto, il quale non può essere da altro che da una causa. Se, dunque, è uno il cielo primo, sotto il quale son tutti gl'inferiori, che conspirano tutti in un ordine, bisogna che sia unico il governante e motore. Questo essendo inmateriale, non è moltiplicabile di numero per la materia. Se il motore è uno, e da un motore non è se non un moto, ed un moto (o sia complesso o incomplesso) non è se non in un mobile, o semplice o composto, rimane che l'universo mobile è uno. Dunque, non son più mondi.

Terzo, principalmente da luoghi de corpi mobili si conchiude ch'il mondo è uno. Tre sono le specie di corpi mobili: grave in generale, lieve in generale e neutro; cioè terra ed acqua, aria e fuoco, e cielo. Cossì gli luoghi de mobili son tre: infimo e mezzo, dove va il corpo gravissimo; supremo massime discosto da quello; e mezzano tra l'infimo e il supremo. Il primo è grave, il secondo è né grave né lieve, il terzo è lieve. Il primo appartiene al centro, il secondo alla circonferenza, il terzo al spacio ch'è tra questa e quello. È, dunque, un luogo inferiore a cui si muoveno tutti gli gravi, sieno in qualsivoglia mondo; è un superiore a cui si referiscono tutti i lievi da qualsivoglia mondo; dunque, è un luogo in cui si verse il cielo, di qualunque mondo il sia. Or se è un loco, è un mondo, non son più mondi.

Quarto, dico che sieno più mezzi ai quali si muovano gli gravi de diversi mondi, sieno più orizonti a gli quali si muova il lieve; e questi luoghi de diversi mondi non differiscano in specie, ma solamente di numero. Averrà allora che il mezzo dal mezzo sarà più distante ch'il mezzo da l'orizonte; ma il mezzo e mezzo convegnono in specie; il mezzo ed orizonte son contrarii. Dunque, sarà più distanza locale tra quei che convegnono in specie che tra gli contrarii. Questo è contra la natura di tali opposti; perché quando si dice che gli contrarii primi son massimamente discosti, questo massime s'intende per distanza locale, la qual deve essere ne gli contrarii sensibili. Vedete, dunque, che séguita supponendosi, che sieno più mondi. Per tanto tale ipotesi non è solamente falsa, ma ancora impossibile.

Quinto, se son più mondi simili in specie, deveranno essere o equali o pur (ché tutto viene ad uno, per quanto appartiene al proposito) proporzionali in quantità; se cossì è, non potranno più che sei mondi essere contigui a questo: perché, senza penetrazion di corpi, cossì non più che sei sfere possono essere contigue a una, come non più che sei circoli equali, senza intersezione de linee, possono toccare un altro. Essendo cossì, accaderà che più orizonti in tanti punti (ne li quali sei mondi esteriori toccano questo nostro mondo o altro) saranno circa un sol mezzo. Ma, essendo che la virtù de doi primi contrarii deve essere uguale e da questo modo di ponere ne séguite inequalità, verrete a far gli elementi superiori più potenti che gl'inferiori, farrete quelli vittoriosi sopra questi e verrete a dissolvere questa mole..

Sesto, essendo che gli circoli de mondi non si toccano se non in punto, bisogna necessariamente che rimagna spacio tra il convesso del circolo di una sfera e l'altra; nel qual spacio o vi è qualcosa che empia, o niente. Se vi è qualche cosa, certo non può essere di natura d'elemento distante dal convesso de la circonferenza, perché, come si vede, cotal spacio è triangulare, terminato da tre linee arcuali che son parti della circonferenza di tre mondi; e però il mezzo viene ad esser più lontano dalle parti più vicine a gli angoli, e lontanissimo da quelli, come apertissimo si vede. Bisogna, dunque, fingere novi elementi e novo mondo, per empir quel spacio, diversi dalla natura di questi elementi e mondo. Over è necessario di ponere il vacuo, il quale supponemo impossibile.

Settimo, se son più mondi, o son finiti o son infiniti. Se sono infiniti, dunque si trova l'infinito in atto: il che con molte raggioni è stimato impossibile. Se sono finiti, bisogna che sieno in qualche determinato numero: e sopra di questo andaremo investigando perché son tanti, e non son più né meno; perché non ve n'è ancor un altro, che vi fa questo o quell'altro di più; se son pari o impari; perché più tosto de l'una che de l'altra differenza; o pur perché tutta quella materia che è divisa in più mondi, non s'è agglobata in un mondo, essendo che la unità è meglior che moltitudine, trovandosi l'altre cose pari; perché la materia è divisa in quattro o sei o diece terre, non è più tosto globo grande, perfetto e singulare. Come, dunque, de il possibile ed impossibile si trova il numero finito più presto che infinito, cossì tra il conveniente e disconveniente, è più raggionevole e secondo la natura l'unità che la moltitudine o pluralità.

Settimo, in tutte le cose veggiamo la natura fermarsi in compendio; perché, come non è difettuosa in cose necessarie, cossì non abonda in cose soverchie. Possendo dunque essa ponere in effetto il tutto per quell'opre che son in questo mondo, non è raggione ancor che si voglia fengere che sieno altri.

Ottavo, se fussero mondi infiniti o più che uno, massime sarebbono per questo, che Dio può farle o pur da Dio possono dependere. Ma quantunque questo sia verissimo per tanto non séguita che sieno: perché, oltre la potenza attiva di Dio, se richiede la potenza passiva de le cose. Perché dalla absoluta potenza divina non dipende quel tanto che può esser fatto nella natura; atteso che non ogni potenza attiva si converte in passiva, ma quella sola la quale ha paziente proporzionato, cioè soggetto tale, che possa ricevere tutto l'atto dell'efficiente. Ed in cotal modo non ha corrispondenza cosa alcuna causata alla prima causa. Per quanto, dunque, appartiene alla natura del mondo, non possono essere più che uno, benché Dio ne possa far più che uno.

Nono, è cosa fuor di raggione la pluralità di mondi, perché in quelli non sarrebe bontà civile, la quale consiste nella civile conversazione; e non arrebono fatto bene gli dei creatori de diversi mondi di non far che gli cittadini di.quelli avessero reciproco commercio.

Decimo, con la pluralità di mondi viene a caggionarsi impedimento nel lavoro di ciascun motore o dio; perché essendo necessario che le sfere si toccano in punto, averrà che l'uno non si potrà muovere contra de l'altro, e sarà cosa difficile che il mondo sia governato da gli dei per il moto.

Undecimo, da uno non può provenire pluralità d'individui se non per tal atto per cui la natura si moltiplica per division della materia; e questo non è altro atto che di generazione. Questo dice Aristotele con tutt'i peripatetici. Non si fa moltitudine d'individui sotto una specie, se non per l'atto della generazione. Ma quelli che dicono più mondi di medesima materia e forma in specie, non dicono che l'uno si converte nell'altro né si genere dell'altro.

Duodecimo, al perfetto non si fa addizione. Se dunque questo mondo è perfetto, certamente non richiede ch'altro se gli aggionga. Il mondo è perfetto prima come specie di continuo che non si termina ad altra specie di continuo; perché il punto indivisibile matematicamente corre in linea, che è una specie di continuo; la linea in superficie, che è la seconda specie di continuo; la superficie in corpo, che è la terza specie di continuo. Il corpo non migra o discorre in altra specie di continuo; ma, se è parte dell'universo, si termina ad altro corpo; se è universo, è perfetto e non si termina se non da se medesimo. Dunque, il mondo ed universo è uno, se deve essere perfetto. - Queste sono le dodici raggioni, le quali voglio per ora aver prodotte. Se voi mi satisfarrete in queste, voglio tenermi satisfatto in tutte.

FIL. Bisogna, Albertin mio, che uno che si propone a defendere una conclusione, prima, se non è al tutto pazzo, abbia essaminate le contrarie raggioni; come sciocco sarrebe un soldato che prendesse assunto de difendere una rocca, senza aver considerato le circonstanze e luoghi onde quella può essere assalita. Le raggioni che voi apportate (se pur son raggioni), sono assai communi e repetite più volte da molti. Alle quali tutte sarà efficacissimamente risposto, solo con aver considerato il fondamento di quelle da un canto, e dall'altro il modo della nostra asserzione. L'uno e l'altro vi sarà chiaro per l'ordine che terrò nel rispondere; il quale consisterà in breve paroli, perché, se altro bisognarà dire ed esplicare, io vi lasciarò al pensiero di Elpino, il quale vi replicarà quello che ha udito da me.

ALB. Fate prima che io mi accorga che ciò possa essere con qualche frutto e non senza satisfazione d'un che desidera sapere; ché certo non mi rincrescerà d'udir prima voi, e poi lui.

FIL. A gli uomini savii e giudiciosi, tra' quali vi connumero, basta sol mostrare il loco della considerazione; perché da per essi medesimi poi profondano sul giudicio de gli mezzi per quali si discende all'una e l'altra contradittoria o contraria posizione. Quanto al primo dubio, dunque, diciamo, che tutta quella machina va per terra, posto che non sono quelle distinzioni di orbi e cieli, e che gli astri in questo spacio inmenso etereo si muoveno da principio intrinseco e circa il proprio centro e circa qualch'altro mezzo. Non è primo mobile che rapisca realmente tanti corpi circa questo mezzo; ma più presto questo uno globo causa l'apparenza di cotal rapto. E le raggioni di questo ve le dirà Elpino.

ALB. Le udirò volentiera.

FIL. Quando udirete e concepirete che quel dire è contra natura, e questo è secondo ogni raggione, senso e natural verificazione, non direte oltre essere una margine, uno ultimo del corpo e moto dell'universo; e che non è che una vana fantasia l'esistimare che sia tal primo mobile, tal cielo supremo e continente, più tosto che un seno generale, in cui non altrimente subsidano gli altri mondi che questo globo terrestre in questo spacio, dove vien circondato da questo aria, senza che sia inchiodato ed affisso in qualch'altro corpo ed abbia altra base ch'il proprio centro. E se si vedrà che questo non si può provare d'altra condizione e natura, per non mostrar altri accidenti da quei che mostrano gli astri circonstanti, non deve esser stimato più tosto lui in mezzo dell'universo che ciascuno di quelli, e lui più tosto apparir esser circuito da quelli che quelli da lui; onde al fine, conchiudendosi tale indifferenza di natura, si conchiuda la vanità de gli orbi deferenti, la virtù dell'anima motrice e natura interna essagitatrice di questi globi, la indifferenza de l'ampio spacio dell'universo, la irrazionalità della margine e figura esterna di quello.

ALB. Cose in vero che non repugnano alla natura, possono aver maggior convenienza; ma son de difficilissima prova e richiedeno grandissimo ingegno per estricarse dal contrario senso e raggioni.

FIL. Trovato che sarà il capo, facilissimamente si sbrogliarà tutto l'intrico. Perché la difficultà procede da un modo e da uno inconveniente supposto: e questo è la gravità della terra, la immobilità di quella, la posizione del primo mobile con altri sette, otto o nove o più, nelli quali sono piantati, ingravati, inpiastrati, inchiodati, annodati, incollati, sculpiti o depinti gli astri; e non residenti in uno medesimo spacio con questo astro che è la terra nominata da noi, la quale udirete non essere di regione, di figura, di natura più né meno elementare che tutti gli altri, meno mobile da principio intrinseco che ciascuno di quegli altri animanti divini.

ALB. Certo, entrato che mi sarà nel capo questo pensiero, facilmente succederanno gli altri tutti che voi mi proponete: arrete insieme insieme tolte le radici d'una e piantate quelle d'una altra filosofia.

FIL. Cossì dispreggiarete per raggione oltre prendere quel senso comune, con cui volgarmente si dice un sommo orizonte, altissimo e nobilissimo, confine alle sustanze divine inmobili e motrici di questi finti orbi; ma confessarete almeno essere equalmente credibile, che cossì come questa terra è un animale mobile e convertibile da principio intrinseco, sieno quelli altri tutti medesimamente, e non mobili secondo il moto e delazione d'un corpo, che non ha tenacità né resistenza alcuna, più raro e più sottile che esser possa questo aria in cui spiriamo. Considerarete questo dire consistere in pura fantasia e non potersi demostrare al senso; ed il nostro essere secondo ogni regolato senso e ben fondata raggione. Affirmarete non essere più verisimile che le sfere imaginate di concava e convessa superficie sieno mosse e seco amenino le stelle, che vero e conforme al nostro intelletto e convenienza naturale che, senza temere di cascare infinito al basso o montare ad alto (atteso che nell'immenso spacio non è differenza di alto, basso, destro, sinistro, avanti ed addietro), gli uni circa e verso gli altri facciano gli lor circoli, per la raggione della lor vita e consistenza nel modo che udirete nel suo loco. Vedrete come estra questa imaginata circonferenza di cielo possa essere corpo semplice o composto, mobile di moto retto; perché, come di moto retto si muoveno le parti di questo globo, cossì possono muoversi le parti de gli altri e niente meno; perché non è fatto e composto d'altro questo che gli altri circa questo e circa gli altri; non appare meno questo aggirarsi circa gli altri che gli altri circa questo.

ALB. Ora più che mai mi accorgo che picciolissimo errore nel principio causa massima differenza e discrime de errore in fine; uno e semplice inconveniente a poco a poco se moltiplica ramificandosi in infiniti altri, come da picciola radice machine grandi e rami innumerabili. Per mia vita, Filoteo, io son molto bramoso che questo che mi proponi, da te mi vegna provato, e da quel che lo stimo degno e verisimile, mi sia aperto come vero.

FIL. Farrò quanto mi permetterà l'occasion del tempo, rimettendo molte cose al vostro giudizio, le quali sin ora non per incapacità, ma per inadvertenza vi sono state occolte.

ALB. Dite pur per modo d'articolo e di conclusione il tutto, perché so che prima che voi entraste in questo parere, avete possuto molto bene essaminare le forze del contrario; essendo che son certo, che non meno a voi che a me sono aperti gli secreti della filosofia commune. Seguitate.

FIL. Non bisogna dunque cercare, se estra il cielo sia loco, vacuo o tempo; perché uno è il loco generale, uno il spacio inmenso che chiamar possiamo liberamente vacuo; in cui sono innumerabili ed infiniti globi, come vi è questo in cui vivemo e vegetamo noi. Cotal spacio lo diciamo infinito, perché non è raggione, convenienza, possibilità, senso o natura che debba finirlo: in esso sono infiniti mondi simili a questo, e non differenti in geno da questo; perché non è raggione né difetto di facultà naturale, dico tanto potenza passiva quanto attiva, per la quale, come in questo spacio circa noi ne sono, medesimamente non ne sieno in tutto l'altro spacio che di natura non è differente ed altro da questo.

ALB. Se quel ch'avete prima detto, è vero (come sin ora non è men verisimile che 'l suo contradittorio), questo è necessario.

FIL. Estra, dunque, l'imaginata circonferenza e convesso del mondo è tempo, perché vi è la misura e raggione di moto, perché vi sono de simili corpi mobili. E questo sia parte supposto, parte proposto circa quello ch'avete detto come per prima raggione dell'unità del mondo.

Quanto a quello che secondariamente dicevate, vi dico che veramente è un primo e prencipe motore, ma non talmente primo e prencipe che, per certa scala, per il secondo, terzo ed altri da quello si possa discendere, numerando, al mezzano ed ultimo: atteso che tali motori non sono, né possono essere; perché dove è numero infinito, ivi non è grado né ordine numerale, benché sia in grado ed ordine secondo la raggione e dignità o de diverse specie e geni, o de diverse gradi in medesimo geno e medesima specie. Sono dunque, infiniti motori, cossì come sono anime infinite di queste infinite sfere, le quali, perché sono forme ed atti intrinseci, in rispetto de quali tutti è un prencipe da cui tutti dipendono, è un primo il quale dona la virtù della motività a gli spirti, anime, dei, numi, motori, e dona la mobilità alla materia, al corpo, all'animato, alla natura inferiore, al mobile. Son, dunque, infiniti mobili e motori, li quali tutti se riducono a un principio passivo ed un principio attivo, come ogni numero se reduce all'unità; e l'infinito numero e l'unità coincideno, ed il summo agente e potente fare il tutto con il possibile esser fatto il tutto coincideno in uno, come è mostrato nel fine del libro Della causa, principio ed uno. In numero dunque e moltitudine è infinito mobile ed infinito movente; ma nell'unità e singularità è infinito immobile motore, infinito immobile universo; e questo infinito numero e magnitudine e quella infinita unità e semplicità coincideno in uno semplicissimo ed individuo principio, vero, ente. Cossì non è un primo mobile, al quale con certo ordine succeda il secondo, in sino l'ultimo, o pur in infinito; ma tutti gli mobili sono equalmente prossimi e lontani al primo e dal primo ed universal motore. Come, logicamente parlando, tutte le specie hanno equal raggione al medesimo geno, tutti gli individui alla medesima specie; cossì da un motore universale infinito, in un spacio infinito, è un moto universale infinito da cui dependono infiniti mobili e infiniti motori, de quali ciascuno è finito di mole ed efficacia.

Quanto al terzo argumento, dico che nell'etereo campo non è qualche determinato punto, a cui, come al mezzo, si muovano le cose gravi, e da cui, come verso la circonferenza, se discostano le cose lievi; perché nell'universo non è mezzo né circonferenza, ma, se vuoi, in tutto è mezzo ed in ogni punto si può prendere parte di qualche circonferenza a rispetto di qualche altro mezzo o centro. Or quanto a noi, respettivamente si dice grave quello che dalla circonferenza di questo globo si muove verso il mezzo; lieve quello che secondo il contrario modo verso il contrario sito; e vedremo che niente è grave, che medesimo non sia lieve; perché tutte le parti de la terra successivamente si cangiano di sito, luogo e temperamento, mentre per longo corso di secoli non è parte centrale che non si faccia circonferenziale, né parte circonferenziale che non si faccia del centro o verso quello. Vedremo che gravità e levità non è altro che appulso de le parti de corpi al proprio continente e conservante, ovunque il sia; però non sono differenze situali che tirano a sé tali parti, né che le mandano da sé, ma è il desio di conservarsi, il quale spenge ogni cosa come principio intrinseco, e, se non gli obsta impedimento alcuno, la perduce ove meglio fugga il contrario e s'aggionga al conveniente. Cossì, dunque, non meno dalla circonferenza della luna ed altri mondi, simili a questo in specie o in geno, verso il mezzo del globo vanno ad unirsi le parti come per forza di gravità; e verso la circonferenza se diportano le parti assottigliate come per forza di levità. E non è perché fuggano la circonferenza o si appiglino alla circonferenza; perché, se questo fusse, quanto più a quella s'avicinano, più velocemente e rapidamente vi correrebono; e quanto più da quella s'allontanano, più fortemente si aventarebono al contrario sito. Del che il contrario veggiamo, atteso che, se mosse saranno oltre la region terrestre, rimarranno librate ne l'aria e non montaranno in alto né descenderanno al basso sin tanto che o acquistano per apposizion di parti o per inspessazione dal freddo gravità maggiore, per cui dividendo l'aria sottoposto rivegnano al suo continente, over dissolute dal caldo e attenuate, si dispergano in atomi.

ALB. O quanto mi sederà nell'animo questo, quando più pianamente m'arrete fatto vedere la indifferenza de gli astri da questo globo terrestre!

FIL. Questo facilmente vi potrà replicare Elpino nel modo con cui l'ha possuto udire da me. E lui vi farà più distintamente udire come grave e lieve non è corpo alcuno a rispetto della region dell'universo, ma delle parti a rispetto del suo tutto, proprio continente o conservante. Perché quelli, per desiderio di conservarsi nell'esser presente, si moveno ad ogni differenza locale, si astrengeno insieme, come fanno i mari e gocce, e se disgregano, come fanno tutt'i liquori della faccia del sole o altri fuochi. Perché ogni moto naturale, che è da principio instrinseco, non è se non per fuggir il disconveniente e contrario e seguitare l'amico e conveniente. Però niente si muove dal suo loco, se non discacciato dal contrario; niente nel suo loco è grave né lieve; ma la terra, sullevata all'aria, mentre si forza al suo loco, è grave e si sente grave. Cossì l'acqua, suspesa a l'aria, è grave; non è grave nel proprio loco. Però a gli sommersi tutta l'acqua non è grave, e picciolo vase pieno d'acqua sopra l'aria, fuor della superficie dell'arida, aggrava. Il capo al proprio busto non è grave, ma il capo d'un altro sarà grave, se ne sarà sopraposto; la raggion del che è il non essere nel suo loco naturale. Se, dunque, gravità e levità è appulso al loco conservante e fuga dal contrario, niente, naturalmente constituito, è lieve: e niente ha gravità o levità molto discosto dal proprio conservante, e molto rimosso dal contrario, sin che non senta l'utile dell'uno e la noia dell'altro; ma se, sentendo la noia dell'uno, despera ed è perplesso ed irresoluto del contrario, a quello viene ad esser vinto.

ALB. Promettete, ed in gran parte ponete in effetto, gran cose.

FIL. Per non recitar due volte il medesimo, commetto ad Elpino, che vi dica il restante.

ALB. Mi par intender tutto, perché un dubio eccita l'altro, una verità dimostra l'altra: ed io comincio ad intendere più che non posso esplicare; e sin ora molte cose avevo per certe, che comincio a tenerle per dubie. Onde mi sento a poco a poco facile a potervi consentire.

FIL. Quando m'arrete pienamente inteso, pienamente mi consentirete. Ma, per ora, ritenete questo; o almeno non siate risoluto, come vi mostravate, nel contrario parere, come eravate prima che vi si ponesse in controversia. Perché a poco a poco e per diverse occasioni verremo ad esplicar pienamente tutto che può fare al proposito; il qual depende da più principii e cause, perché, come un errore s'aggionge a l'altro, cossì a una discoperta verità succede l'altra.

Circa il quarto argumento, diceamo che, quantunque sieno tanti mezzi, quanti sono individui, di globi, di sfere, di mondi, non per questo séguita che le parti di ciascuno si referiscano ad altro mezzo che al proprio, né s'allontanino verso altra circonferenza che della propria regione. Cossì le parti di questa terra non remirano altro centro né vanno ad unirsi ad altro globo che questo, come li umori e parti de gli animali hanno flusso e reflusso nel proprio supposito, e non hanno appartenenza ad altro distinto di numero.

Quanto a quello che apportate per inconveniente, cioè che il mezzo che conviene in specie con l'altro mezzo, verrà ad essere più distante da quello che il mezzo e la circonferenza, che sono contrarii naturalmente, e però sono e denno essere massime discosti; vi rispondo, prima, che li contrarii non denno essere massime discosti, ma tanto che l'uno possa aver azione nell'altro e possa esser paziente dall'altro: come veggiamo esser disposto il sole a noi prossimo in rispetto de le sue terre che son circa quello; atteso che l'ordine della natura apporta questo, che l'uno contrario sussista, viva e si nutrisca per l'altro, mentre l'uno viene affetto, alterato, vinto e si converte nell'altro.

Oltre, poco fa abbiamo discorso con Elpino della disposizione di quattro elementi, li quali tutti concorreno alla composizione di ciascun globo, come parti de quali l'una è insita dentro l'altra e l'una è mista con l'altra; e non sono distinti e diversi, come contenuto e continente, perché, ovunque è l'arida, vi è l'acqua, l'aria ed il fuoco, o aperto o latente; e che la distinzione, che facciamo di globi, de quali altri sono fuochi, come il sole, altri sono acqui, come la luna e terra, procede non da questo, che costano di semplice elemento, ma da quel, che quello.predomina in tale composizione.

Oltre è falsissimo, che li contrarii massime sieno discosti; perché in tutte le cose questi vegnono naturalmente congionti ed uniti; e l'universo, tanto secondo le parti principali, quanto secondo le altre conseguenti, non consiste se non per tal congionzione ed unione; atteso che non è parte di terra che non abbia in sé unitissima l'acqua, senza la quale non ha densità, unione d'atomi e solidità. Oltre, qual corpo terrestre è tanto spesso che non abbia gli suoi insensibili pori, li quali, se non vi fussero, non sarrebono tai corpi divisibili e penetrabili dal foco o dal calor di quello, che pur è cosa sensibile che si parte da tal sustanza? Ove, dunque, è parte di questo tuo corpo freddo e secco, che non abbia gionto di quest'altro tuo corpo umido e caldo? Non è dunque naturale, ma logica questa distinzione d'elementi; e se il sole è nella sua regione lontano dalla regione della terra, non è però da lui più lontano l'aria, l'arida ed acqua, che da questo corpo: perché cossì quello è corpo composto, come questo, benché di quattro detti elementi altro predomine in quello, altro in questo. Oltre, se vogliamo che la natura sia conforme a questa logica che vuole la massima distanza deverse a gli contrarii, bisognarà che tra il tuo foco, che è lieve, e la terra, che è grave, sia interposto il tuo cielo, il quale non è grave né lieve. O, se pur ti vuoi strengere, con dir che intendi questo ordine nelli chiamati elementi, sarà de bisogno pure che altrimente le venghi ad ordinare. Voglio dire che tocca a l'acqua di essere nel centro e luogo del gravissimo, se il foco è nella circonferenza e luogo del levissimo nella regione elementare; perché l'acqua, che è fredda ed umida, contraria al foco secondo ambedue le qualitadi, deve essere massime lontana dal freddo e secco elemento; e l'aria, che dite caldo ed umido, devrebbe essere lontanissimo dalla fredda e secca terra. Vedete, dunque, quanto è inconstante questa peripatetica proposizione, o la essaminate secondo la verità della natura, o la misurate secondo gli proprii principii e fondamenti?

ALB. Lo vedo, e molto apertamente.

FIL. Vedete ancora, che non è contra raggione la nostra filosofia, che reduce ad un principio e referisce ad un fine e fa concidere insieme gli contrarii, di sorte che è un soggetto primo dell'uno e l'altro; dalla qual coincidenza stimiamo ch'al fine è divinamente detto e considerato che li contrarii son ne gli contrarii, onde non sia difficile di pervenire a tanto che si sappia come ogni cosa è di ogni cosa: quel che non poté capire Aristotele ed altri sofisti.

ALB. Volentieri vi ascolto. So che tante cose e sì diverse conclusioni non si possono insieme e con una occasione provare; ma da quel, che mi scuoprite inconvenienti le cose che io stimava necessarie, in tutte l'altre, che con medesima e simil raggione stimo necessarie, dovegno suspetto. Però con silenzio ed attenzion mi apparecchio ad ascoltar i fondamenti, principii e discorsi vostri.

ELP. Vedrete che non è secol d'oro quello ch'ha apportato.Aristotele alla filosofia. Per ora, espediscansi gli dubii da voi proposti.

ALB. Io non sono molto curioso circa quelli altri, perché bramo d'intendere quella dottrina di principii da quali questi ed altri dubii iuxta la filosofia vostra si risolveno.

FIL. Di quelli ne raggionaremo poi. Quanto al quinto argomento, dovete avvertire che, se noi imaginiamo gli molti ed infiniti mondi, secondo quella raggione di composizione che solete voi imaginare, quasi che - oltre un composto di quattro elementi, secondo l'ordine volgarmente riferito; ed otto, nove o diece altri cieli, fatti d'un'altra materia e di diversa natura, che le contegnano, e con rapido moto circulare se gli raggireno intorno; ed oltre cotal mondo cossì ordinato e sferico - ne intendiamo altri ed altri similmente sferici e parimente mobili; allora noi deremmo donar raggione e fengere in qual modo l'uno verrebe continuato o contiguo all'altro; allora andremmo fantasticando in quanti punti circonferenziali possa esser tocco dalla circonferenza di circonstanti mondi; allora vedreste che, quantunque fussero più orizonti circa un mondo, non sarebono però d'un mondo, ma arrebe quella relazione quest'uno a questo mezzo, ch'ha ciascuno al suo; perché là hanno la influenza, dove e circa dove si raggirano e versano. Come, se più animali fussero ristretti insieme e contigui l'uno a l'altro, non per questo seguitarebe che gli membri de l'uno potessero appartenere a gli membri dell'altro, di sorte che ad uno ed a ciascun d'essi potessero appartener più capi o busti. Ma noi, per la grazia de dei, siamo liberi da questo impaccio di mendicare tale iscusazione; perché, il loco di tanti cieli e di tanti mobili rapidi e renitenti, retti ed obliqui, orientali ed occidentali, su d'asse del mondo ed asse del zodiaco, in tanta e quanta, in molta e poca declinazione, abbiamo un sol cielo, un sol spacio, per il quale e questo astro in cui siamo, e tutti gli altri fanno gli proprii giri e discorsi. Questi sono gl'infiniti mondi, cioè gli astri innumerabili; quello è l'infinito spacio, cioè il cielo continente e pervagato da quelli. Tolta è la fantasia della general conversion di tutti circa questo mezzo da quel, che conoscemo aperto la conversion di questo che, versandosi circa il proprio centro, s'espedisce alla vista de lumi circonstanti in ore vinti e quattro. Onde viene a fatto tolta quella continenza de gli orbi deferenti gli lor astri affissi circa la nostra regione; ma rimane attribuito a ciascuno sol quel proprio moto, che chiamiamo epiciclico, con le sue differenze da gli altri mobili astri; mentre non da altro motore che dalla propria anima essagitati, cossì come questo circa il proprio centro e circa l'elemento del fuoco, a lunghi secoli se non eternamente, discorreno.

Ecco, dunque, quali son gli mondi, e quale è il cielo. Il cielo è quale lo veggiamo circa questo globo, il quale non meno che gli altri è astro luminoso ed eccellente. Gli mondi son quali con lucida e risplendente faccia ne si mostrano distinti, ed a certi intervalli seposti gli uni da gli altri; dove in nessuna parte l'uno è più vicino a l'altro che esser possa la luna a questa terra, queste terre a questo sole: a fin che l'un contrario non destrugga ma alimente l'altro, ed un simile non impedisca ma doni spacio a l'altro. Cossì, a raggione a raggione, a misura a misura, a tempi a tempi, questo freddissimo globo, or da questo or da quel verso, ora con questa ora con quella faccia si scalda al sole; e con certa vicissitudine or cede, or si fa cedere alla vicina terra, che chiamiamo luna, facendosi or l'una or l'altra o più lontana dal sole, o più vicina a quello: per il che antictona terra è chiamata dal Timeo ed altri pitagorici. Or questi sono gli mondi abitati e colti tutti da gli animali suoi, oltre che essi son gli principalissimi e più divini animali dell'universo; e ciascun d'essi non è meno composto di quattro elementi che questo in cui ne ritroviamo; benché in altri predomine una qualità attiva, in altri altra; onde altri son sensibili per l'acqui, altri son sensibili per il foco. Oltre gli quai quattro elementi che vegnono in composizion di questi, è una eterea regione, come abbiam detto, immensa, nella qual si muove, vive e vegeta il tutto. Questo è l'etere che contiene e penetra ogni cosa; il quale, in quanto che si trova dentro la composizione (in quanto, dico, si fa parte del composto), è comunmente nomato aria, quale è questo vaporoso circa l'acqui ed entro il terrestre continente, rinchiuso tra gli altissimi monti, capace di spesse nubi e tempestosi Austri ed Aquiloni. In quanto poi che è puro, e non si fa parte di composto, ma luogo e continente per cui quello si muove e discorre, si noma propriamente etere, che dal corso prende denominazione. Questo benché in sustanza sia medesimo con quello che viene essagitato entro le viscere de la terra, porta nulla di meno altra appellazione; come oltre, si chiama aria quello circostante a noi; ma, come in certo modo fia parte di noi o pur concorrente nella nostra composizione, ritrovato nel pulmone, nelle arterie ed altre cavitadi e pori, si chiama spirto. Il medesimo circa il freddo corpo si fa concreto in vapore, e circa il caldissimo astro viene attenuato, come in fiamma; la qual non è sensibile, se non gionta a corpo spesso, che vegna acceso dall'ardor intenso di quella. Di sorte che l'etere, quanto a sé e propria natura, non conosce determinata qualità, ma tutte porgiute da vicini corpi riceve, e le medesime col suo moto alla lunghezza dell'orizonte dell'efficacia di tai principii attivi transporta. Or eccovi mostrato quali son gli mondi e quale è il cielo; onde non solo potrai essere risoluto quanto al presente dubio, ma e quanto ad altri innumerabili; ed aver però principio a molte vere fisiche conclusioni. E se sin ora parrà qualche proposizione supposta e non provata, quella per il presente lascio alla vostra discrezione; la quale, se è senza perturbazione, prima che vegna a discuoprirla verissima, la stimarà molto più probabile che la contraria.

ALB. Dimmi, Teofilo, ch'io ti ascolto.

FIL. Cossì abbiamo risoluto ancora il sesto argumento, il quale, per il contatto di mondi in punto, dimanda che cosa ritrovarsi possa in que' spacii triangulari, che non sia di natura di cielo né di elementi. Perché noi abbiamo un cielo, nel quale hanno gli lor spacii, regioni e distanze competenti gli mondi; e che si diffonde per tutto, penetra il tutto ed è continente, contiguo e continuo al tutto, e che non lascia vacuo alcuno; eccetto se quello medesimo, come in sito e luogo in cui tutto si muove, e spacio in cui tutto discorre, ti piacesse chiamar vacuo, come molti chiamorno; o pur primo suggetto, che s'intenda in esso vacuo, per non gli far aver in parte alcuna loco, se ti piacesse privativa- e logicamente porlo come cosa distinta per raggione, e non per natura e sussistenza, da lo ente e corpo. Di sorte che niente se intende essere che non sia in loco o finito o infinito, o corporea- o incorporeamente, o secondo tutto o secondo le parti; il qual loco infine non sia altro che spacio; il qual spacio non sia altro che vacuo, il quale, se vogliamo intendere come una cosa persistente, diciamo essere l'etereo campo che contiene gli mondi; se vogliamo concipere come cosa consistente, diciamo essere il spacio in cui è l'etereo campo e mondi, e che non si può intendere essere in altro. Ecco come non abbiamo necessità di fengere nuovi elementi e mondi al contrario di coloro che per levissima occasione cominciorno a nominare orbi deferenti, materie divine, parti più rare e dense di natura celeste, quinte essenze ed altre fantasie e nomi privi d'ogni suggetto e veritade.

Al settimo argomento diciamo uno essere l'universo infinito, come un continuo e composto di eteree regioni e mondi; infiniti essere gli mondi, che in diverse regioni di quello per medesima raggione si denno intendere ed essere che questo in cui abitiamo noi, questo spacio e regione intende ed è: come ne gli prossimi giorni ho raggionato con Elpino, approvando e confirmando quello che disse Democrito, Epicuro ed altri molti, che con gli occhi più aperti han contemplata la natura, e non si sono presentati sordi alle importune voci di quella.

Desine quapropter, novitate exterritus ipsa,

Expuere ex animo rationem: sed magis acri

Iudicio perpende, et si tibi vera videtur,

Dede manus; aut si falsa est, accingere contra.

Quaerit enim rationem animus, cum summa loci sit

Infinita foris haec extra moenia mundi;

Quid sit ibi porro, quo prospicere usque velit mens,

Atque animi tractus liber quo pervolet ipse.

Principio nobis in cunctas undique partes,

Et latere ex utroque, infra supraque per omne,

Nulla est finis, uti docui, res ipsaque per se

Vociferatur, et elucet natura profundi.

Crida contro l'ottavo argumento, che vuole la natura fermarsi in un compendio; perché, benché esperimentiamo in ciascuno ne' mondi grandi e piccioli, non si vede però in tutti; perché l'occhio del nostro senso, senza veder fine, è vinto dal spacio inmenso che si presenta; e viene confuso e superato dal numero de le stelle che sempre oltre ed oltre si va moltiplicando; di sorte che lascia indeterminato il senso e costrenge la raggione di sempre giongere spacio a spacio, regione a regione, mondo a mondo.

Nullo iam pacto verisimile esse putandumst,

Undique cum vorsum spacium vacet infinitum,

Seminaque innumero numero, summaque profunda

Multimodis volitent aeterno percita motu,

Hunc unum terrarum orbem, caelumque creatum.

Quare etiam atque etiam tales fateare necesse est,

Esse alios alibi congressus materiei:

Qualis hic est avido complexu quem tenet aether.

 Mormora contro il nono argumento, che suppone e non prova che alla potenza infinita attiva non risponda infinita potenza passiva e non possa esser soggetto infinita materia e farsi campo spacio infinito; e per consequenza non possa proporzionarsi l'atto e l'azione a l'agente, e l'agente possa comunicar tutto l'atto, senza che esser possa tutto l'atto comunicato (che non può imaginarsi più aperta contradizione di questa). È dunque assai ben detto:

Praeterea cum materies est multa parata,

Cum locus est praesto, nec res nec causa moratur

Ulla, geri debent nimirum et confieri res.

Nunc ex seminibus si tanta est copia quantam

Enumerare aetas animantum non queat omnis,

Visque eadem et natura manet, quae semina rerum

Coniicere in loca quaeque queat, simili ratione

Atque huc sunt coniecta: necesse est confiteare

Esse alios aliis terrarum in partibus orbes,

Et varias hominum genteis, et secla ferarum.

Diciamo a l'altro argumento, che non bisogna questo buono, civile e tal conmercio de diversi mondi, più che tutti gli uomini sieno un uomo, tutti gli animali sieno un animale. Lascio che per esperienza veggiamo essere per il meglio de gli animanti di questo mondo, che la natura per mari e monti abbia distinte le generazioni; a le quali essendo per umano artificio accaduto il commercio, non gli è per tanto aggionta cosa di buono più tosto che tolta, atteso che per la communicazione più tosto si radoppiano i vizii che prender possano aumento le virtudi. Però ben lamenta il Tragico:

Bene dissepti foedera mundi

Traxit in unum Thessala pinus

Iussitque pati verbera pontum,

Partemque metus fieri nostri

Mare sepostum.

Al decimo si risponde come al quinto; perché cossì ciascuno de mondi nell'etereo campo ottiene il suo spacio, che l'uno non si tocca o urta con l'altro; ma discorreno e son situati con distanza tale per cui l'un contrario non si destrugga, ma si fomente per l'altro.

All'undecimo, che vuole la natura moltiplicata per decisione e division della materia non ponersi in tale atto se non per via di generazione, mentre l'uno individuo come parente produce l'altro come figlio; diciamo che questo non è universalmente vero, perché da una massa per opra del sole efficiente si producono molti e diversi vasi di varie forme.e figure innumerabili. Lascio che, se fia l'interito e rinovazion di qualche mondo, la produzione de gli animali,

317

tanto perfetti quanto imperfetti, senza atto di generazione nel principio viene effettuata dalla forza e virtù della natura.

Al duodecimo ed ultimo, che da quel, che questo o un altro mondo è perfetto, vuol che non si richiedano altri mondi, dico che certo non si richiedeno per la perfezione e sussistenza di quel mondo; ma per la propria sussistenza e perfezion dell'universo è necessario che sieno infiniti. Dalla perfezion dunque di questo o quelli non séguita, che quelli o questo sieno manco perfetti: perché cossì questo come quelli, e quelli come questo, constano de le sue parti, e sono, per gli suoi membri, intieri.

ALB. Non sarà, o Filoteo, voce di plebe, indignazion di volgari, murmurazion di sciocchi, dispreggio di tai satrapi, stoltizia d'insensati, sciocchezza di scìoli, informazion di mentitori, querele di maligni e detrazion d'invidiosi, che mi defraudino la tua nobil vista e mi ritardino dalla tua divina conversazione. Persevera, mio Filoteo, persevera; non dismetter l'animo e non ti far addietro per quel, che con molte machine ed artificii il grande e grave senato della stolta ignoranza minaccia e tenta distruggere la tua divina impresa ed alto lavoro. Ed assicurati ch'al fine tutti vedranno quel ch'io veggo; e conosceranno che cossì ad ognuno è facile di lodarti, come a tutti è difficile l'insegnarti. Tutti, se non sono perversi a fatto, cossì da buona conscienza riportaranno favorevole sentenza di te, come dal domestico magistero dell'animo ciascuno al fine viene instrutto; perché gli beni de la mente non altronde che dall'istessa mente nostra riportiamo. E perché ne gli l'animi di tutti è una certa natural santità che, assisa nell'alto tribunal de l'intelletto, essercita il giudicio del bene e male, de la luce e tenebre, avverrà che da le proprie cogitazioni di ciascuno sieno in tua causa suscitati fidelissimi ed intieri testimoni e defensori. Talmente, se non te si faranno amici, ma vorranno neghittosamente in defensione de la turbida ignoranza ed approvati sofisti perseverar ostinati adversarii tuoi, sentiranno in se stessi il boia e manigoldo tuo vendicatore; che, quanto più l'occoltaranno entro il profondo pensiero, tanto più le tormente. Cossì il verme infernale, tolto da la rigida chioma de le Eumenidi, veggendo casso il proprio dissegno contra di te, sdegnoso si converterà alla mano o al petto del suo iniquo attore e gli darà tal morte, qual può chi sparge il stigio veleno, ove di tal angue gli aguzzati denti han morso.

Séguita a farne conoscere che cosa sia veramente il cielo, che sieno veramente gli pianeti ed astri tutti; come sono distinti gli uni da gli altri gl'infiniti mondi; come non è impossibile, ma necessario, un infinito spacio; come convegna tal infinito effetto all'infinita causa; qual sia la vera sustanza, materia, atto ed efficiente del tutto; qualmente de medesimi principii ed elementi ogni cosa sensibile e composta vien formata. Convinci la cognizion dell'universo infinito. Straccia le superficie concave e convesse, che terminano entro e fuori tanti elementi e cieli. Fanne ridicoli gli orbi deferenti e stelle fisse. Rompi e gitta per terra col bombo e turbine de vivaci raggioni queste stimate dal cieco volgo le adamantine muraglia di primo mobile ed ultimo convesso. Struggasi l'esser unico e propriamente centro a questa terra. Togli via di quella quinta essenza l'ignobil fede. Donane la scienza di pare composizione di questo astro nostro e mondo con quella di quanti altri astri e mondi possiamo vedere. Pasca e ripasca parimente con le sue successioni ed ordini ciascuno de gl'infiniti grandi e spaciosi mondi altri infiniti minori. Cassa gli estrinseci motori insieme con le margini di questi cieli. Aprine la porta per la qual veggiamo l'indifferenza di questo astro da gli altri. Mostra la consistenza de gli altri mondi nell'etere, tal quale è di questo. Fa' chiaro il moto di tutti provenir dall'anima interiore, a fine che con il lume di tal contemplazione con più sicuri passi procediamo alla cognizion della natura.

FIL. Che vuol dire, o Elpino, che il dottor Burchio né sì tosto, né mai ha possuto consentirne?

ELP. È proprio di non addormentato ingegno da poco vedere ed udire posser considerare e comprender molto.

ALB. Benché sin ora non mi sia dato di veder tutto il corpo del lucido pianeta, posso pur scorgere pe' raggi che diffonde per gli stretti forami de chiuse fenestre dell'intelletto mio, che questo non è splendor d'artificiosa e sofistica lucerna, non di luna o di altra stella minore. Però a maggior apprension per l'avenire m'apparecchio.

FIL. Gratissima sarà la vostra familiarità.

ELP. Or andiamo a cena.

De la causa , principio et uno (1584)

A l'illustrissimo Signor di Mauvissiero

PROEMIALE EPISTOLA SCRITTA

ALL'ILLUSTRISSIMO SIGNOR MICHEL DI CASTELNOVO

Signor di Mauvissiero, Concressalto e di Ionvilla, Cavallier de l'ordine del Re Cristianissimo, Conseglier del suo privato Conseglio, Capitano di 50 uomini d'arme e Ambasciator alla Serenissima Regina d'Inghilterra.

Illustrissimo e unico cavalliero, s'io rivolgo gli occhi della considerazione a remirar la vostra longanimità, perseveranza e sollecitudine, con cui, giongendo ufficio ad ufficio, beneficio a beneficio, m'avete vinto, ubligato e stretto, e solete superare ogni difficultà, scampar da qualsivoglia periglio, e ridur a fine tutti vostri onoratissimi dissegni; vegno a scorgere quanto propriamente vi conviene quella generosa divisa, con la quale ornate il vostro terribil cimiero: dove quel liquido umore, che suavemente piaga, mentre continuo e spesso stilla, per forza di perseveranza rammolla, incava, doma, spezza e ispiana un certo, denso, aspro, duro e ruvido sasso.

Se da l'altro lato mi riduco a mente come (lasciando gli altri vostri onorati gesti da canto), per ordinazion divina e alta providenza e predestinazione, mi siete sufficiente e saldo difensore negl'ingiusti oltraggi ch'io patisco (dove bisognava che fusse un animo veramente eroico per non dismetter le braccia, desperarsi e

321

darsi vinto a sì rapido torrente di criminali imposture), con quali a tutta possa m'ave fatto émpeto l'invidia d'ignoranti, la presunzion di sofisti, la detrazion di malevoli, la murmurazion di servitori, gli sussurri di mercenarii, le contradizioni di domestici, le suspizioni di stupidi, gli scrupoli di riportatori, gli zeli d'ipocriti, gli odii di barbari, le furie di plebei, furori di popolari, lamenti di ripercossi e voci di castigati; ove altro non mancava ch'un discortese, pazzo e malizioso sdegno feminile, di cui le false lacrime soglion esser più potenti, che quantosivoglia tumide onde e rigide tempeste di presunzioni, invidie, detrazioni, mormorii, tradimenti, ire, sdegni, odii e furori); ecco vi veggio qual saldo, fermo e constante scoglio, che, risorgendo e mostrando il capo fuor di gonfio mare, né per irato cielo, né per orror d'inverno, né per violente scosse di tumide onde, né per stridenti aerie procelle, né per violento soffio d'Aquiloni, punto si scaglia, si muove o si scuote; ma tanto più si rinverdisce e di simil sustanza s'incota e si rinveste. Voi, dunque, dotato di doppia virtù, per cui son potentissime le liquide e amene stille, e vanissime l'onde rigide e tempestose; per cui contra le goccie si rende sì fiacco il fortunato sasso, e contra gli flutti sorge sì potente il travagliato scoglio; siete quello, che medesimo si rende sicuro e tranquillo porto alle vere muse, e ruinosa roccia in cui vegnano a svanirsi le false munizioni de impetuosi dissegni de lor nemiche vele. Io, dunque, qual nessun giamai poté accusar per ingrato, nullo vituperò per discortese, e di cui non è chi giustamente lamentar si possa; io, odiato da stolti, dispreggiato da vili, biasimato da ignobili, vituperato da furfanti e perseguitato da genii bestiali; io, amato da savii, admirato da dotti, magnificato da grandi, stimato da potenti e favorito dagli dei; io, per tale tanto favore da voi già ricettato, nodrito, difeso, liberato, ritenuto in salvo, mantenuto in porto; come scampato per voi da perigliosa e gran tempesta; a voi consacro questa àncora, queste sarte, queste fiaccate vele, e queste a me più care e al mondo future più preziose merci, a fine che per vostro favore non si sommergano dall'iniquo, turbulento e mio nemico Oceano. Queste, nel sacrato tempio della Fama appese, come saran potenti contra la protervia de l'ignoranza e voracità del tempo, cossì renderanno eterna testimonianza dell'invitto favor vostro; a fin che conosca il mondo che questa generosa e divina prole, inspirata da alta intelligenza, da regolato senso conceputa e da nolana Musa parturita, per voi non è morta entro le fasce, e oltre si promette vita, mentre questa terra col suo vivace dorso verrassi svoltando all'eterno aspetto de l'altre stelle lampegianti.

Eccovi quella specie di filosofia nella quale certa e veramente si ritrova quello che ne le contrarie e diverse vanamente si cerca. E primeramente con somma brevità vi porgo per cinque dialogi tutto quello che par che faccia alla contemplazion reale della causa, principio e uno.

Argomento del primo dialogo. Ove nel primo dialogo avete una apologia, o qualch'altro non so che, circa gli cinque dialogi intorno La cena de le ceneri, ecc.

Argomento del secondo dialogo. Nel dialogo secondo avete primamente la raggione della difficultà di tal cognizione, per sapere quanto il conoscibile oggetto sia allontanato dalla cognoscitiva potenza. Secondo, in che modo e per quanto dal causato e principiato vien chiarito il principio e causa. Terzo, quanto conferisca la cognizion della sustanza de l'universo alla noticia di quello da cui ha dependenza. Quarto, per qual mezzo e via noi particolarmente tentiamo di conoscere il primo principio. Quinto, la differenza e concordanza, identità e diversità, tra il significato da questo termine "causa" e questo termine "principio". Sesto, qual sia la causa la quale si distingue in efficiente, formale e finale, e in quanti modi è nominata la causa efficiente, e con quante raggioni è conceputa; come questa causa efficiente è in certo modo intima alle cose naturali, per essere la natura istessa, e come è in certo modo esteriore a quelle; come la causa formale è congionta a l'efficiente, ed è quella per cui l'efficiente opera, e come la medesima vien suscitata dall'efficiente dal grembo de la materia; come coincida in un soggetto principio l'efficiente e la forma, e come l'una causa è distinta da l'altra. Settimo, la differenza tra la causa formale universale, la quale è una anima per cui l'universo infinito, come infinito, non è uno animale positiva- ma negativamente, e la causa formale particulare moltiplicabile e moltiplicata in infinito; la quale, quanto è in un soggetto più generale e superiore, tanto è più perfetta; onde, gli grandi animali, quai sono gli astri, denno esser stimati in gran comparazione più divini, cioè più intelligenti senza errore e operatori senza difetto. Ottavo, che la prima e principal forma naturale, principio formale e natura efficiente, è l'anima de l'universo: la quale è principio di vita, vegetazione e senso in tutte le cose, che vivono, vegetano e sentono. E si ha per modo di conclusione, che è cosa indegna di razional suggetto posser credere che l'universo e altri suoi corpi principali sieno inanimati; essendo che da le parti ed escrementi di quelli derivano gli animali che noi chiamiamo perfettissimi. Nono, che non è cosa sì manca, rotta, diminuta e imperfetta, che, per quel che ha principio formale, non abbia medesimamente anima, benché non abbia atto di supposito che noi diciamo animale. E si conchiude, con Pitagora e altri, che non in vano hanno aperti gli occhi, come un spirito immenso, secondo diverse raggioni e ordini, colma e contiene il tutto. Decimo, se viene a fare intendere che, essendo questo spirito persistente insieme con la materia, la quale gli Babiloni e Persi chiamaro ombra; ed essendo l'uno e l'altra indissolubili, è impossibile che in punto alcuno cosa veruna vegga la corrozione, o vegna a morte secondo la sustanza; benché, secondo certi accidenti, ogni cosa si cangie di volto, e si trasmute or sotto una or sotto un'altra composizione, per una o per un'altra disposizione, or questo or quell'altro essere lasciando e repigliando. Undecimo, che gli aristotelici, platonici e altri sofisti non han conosciuta la sustanza de le cose; e si mostra chiaro che ne le cose naturali quanto chiamano sustanza, oltre la materia, tutto è purissimo accidente; e che da la cognizion de la vera forma s'inferisce la vera notizia di quel che sia vita e di quel che sia morte; e, spento a fatto il terror vano e puerile di questa, si conosce una parte de la felicità che apporta la nostra contemplazione, secondo i fondamenti de la nostra filosofia: atteso che lei toglie il fosco velo del pazzo sentimento circa l'Orco ed avaro Caronte, onde il più dolce de la nostra vita ne si rape ed avelena. Duodecimo, si distingue la forma, non secondo la raggion sustanziale per cui è una; ma secondo gli atti e gli essercizii de le facultose potenze e gradi specifici de lo ente che viene a produre. Terzodecimo, si conchiude la vera raggion definitiva del principio formale: come la forma sia specie perfetta, distinta nella materia, secondo le accidentali disposizioni dependenti da la forma materiale, come da quella che consiste in diversi gradi e disposizioni de le attive e passive qualitadi. Si vede come sia variabile, come invariabile; come definisce e termina la materia, come è definita e terminata da quella. Ultimo, si mostra con certa similitudine accomodata al senso volgare, qualmente questa forma, quest'anima può esser tutta in tutto e qualsivoglia parte del tutto.

Argomento del terzo dialogo. Nel terzo dialogo (dopo che nel primo è discorso circa la forma, la quale ha più raggion di causa che di principio) si procede alla considerazion de la materia, la quale è stimata aver più raggion di principio ed elemento che di causa: dove, lasciando da canto gli preludii che sono nel principio del dialogo, prima si mostra che non fu pazzo nel suo grado David de Dinanto in prendere la materia come cosa eccellentissima e divina. Secondo, come con diverse vie di filosofare possono prendersi diverse raggioni di materia, benché veramente sia una prima e absoluta; perché con diversi gradi si verifica ed è ascosa sotto diverse specie cotali, diversi la possono prendere diversamente secondo quelle raggioni che sono appropriate a sé; non altrimente che il numero che è preso dall'aritmetrico pura e semplicemente, è preso dal musico armonicamente, tipicamente dal cabalista, e da altri pazzi e altri savii altrimente suggetto. Terzo, si dechiara il significato per il nome materia per la differenza e similitudine che è tra il suggetto naturale e arteficiale. Quarto, si propone come denno essere ispediti gli pertinaci, e sin quanto siamo ubligati di rispondere e disputare. Quinto, dalla vera raggion de la materia s'inferisce che nulla forma sustanziale perde l'essere; e fortemente si convence, che gli peripatetici e altri filosofi da volgo, benché nominano forma sustanziale, non hanno conosciuta altra sustanza che la materia. Sesto, si conchiude un principio formale constante, come è conosciuto un constante principio materiale; e che con la diversità de disposizioni, che son nella materia, il principio formale si trasporta alla moltiforme figurazione de diverse specie e individui; e si mostra onde sia avenuto che alcuni, allevati nella scuola peripatetica, non hanno voluto conoscere per sustanza altro che la materia. Settimo, come sia necessario che la raggione distingua la materia da la forma, la potenza da l'atto; e si replica quello che secondariamente si disse: come il suggetto e principio di cose naturali per diversi modi di filosofare può essere, senza incorrere calunnia, diversamente preso; ma più utilmente secondo modi naturali e magici, più variamente secondo matematici e razionali; massime se questi talmente fanno alla regola ed essercizio della raggione, che per essi al fine non si pone in atto cosa degna e non si riporta qualche frutto di prattica, senza cui sarebbe stimata vana ogni contemplazione.

Ottavo, si proponeno due raggioni con le quali suol essere considerata la materia, cioè come la è una potenza, e come la è un soggetto. E cominciando dalla prima raggione, si distingue in attiva e passiva, e in certo modo se riporta in uno. Nono, s'inferisce dall'ottava proposizione, come il supremo e divino è tutto quello che può essere, e come l'universo è tutto quello che può essere, e altre cose non sono tutto quello che esser possono. Decimo, per conseguenza di quello ch'è detto nel nono, altamente breve e aperto si dimostra onde nella natura sono i vizii, gli mostri, la corrozione e morte.

Undecimo, in che modo l'universo è in nessuna e in tutte le parti; e si dà luogo a una eccellente contemplazione della divinità.

Duodecimo, onde avvenga che l'intelletto non può capir questo absolutissimo atto e questa absolutissima potenza. Terzodecimo, si conchiude l'eccellenza della materia, la quale cossì coincide con la forma, come la potenza coincide con l'atto. Ultimo, tanto da questo, che la potenza coincide con l'atto e l'universo è tutto quello che può essere, quanto da altre raggioni, si conchiude ch'il tutto è uno.

Argomento del quarto dialogo. Nel quarto dialogo, dopo aver considerata la materia nel secondo, in quanto che la è una potenza, si considera la materia in quanto che la è un suggetto. Ivi prima, con gli passatempi Poliinnici, s'apporta la raggion di quella secondo gli principii volgari, tanto di platonici alcuni, quanto di peripatetici tutti. Secondo, raggionandosi iuxta gli proprii principii, si mostra una essere la materia di cose corporee e incorporee con più raggioni. De quali la prima si prende dalla potenza di medesimo geno; la seconda, dalla raggione di certa analogia proporzionale del corporeo e incorporeo, absoluto e contratto; la terza, da l'ordine e scala di natura, che monta ad un primo complettente o comprendente; la quarta, da quel che bisogna che sia uno indistinto prima che la materia vegna distinta in corporale e non corporale; il quale indistinto vien significato per il supremo geno della categoria; la quinta, da quel che, siccome è una raggion comune al sensibile e intelligibile, cossì deve essere al suggetto della sensibilità; la sesta, da quel, che l'essere della materia è absoluto da l'esser corpo, onde non con minor raggione può quadrare a cose incorporee che corporee; la settima, da l'ordine del superiore e inferiore che si trova ne le sustanze, perché, dove è questo, se vi presuppone e intende certa comunione, la quale è secondo la materia che vien significata sempre per il geno, come la forma vien significata dalla specifica differenza; la ottava, è da un principio estraneo, ma conceduto da molti; la nona, dalla pluralità di specie che si dice nel mondo intelligibile; la decima, dalla similitudine e imitazione di tre mondi, metafisico, fisico e logico; la undecima, da quel, che ogni numero, diversità, ordine, bellezza e ornamento è circa la materia.

Terzo si apportano con brevità quattro raggioni contrarie; e si risponde a quelle. Quarto si mostra come sia diversa raggione tra questa e quella, di questa e quella materia, e come ella nelle cose incorporee coincida con l'atto, e come tutte le specie de le dimensioni sono nella materia, e tutte le qualitadi son comprese ne la forma. Quinto, che nessun savio disse mai le forme riceversi da la materia come di fuora, ma quella, cacciandole come dal seno, mandarle da dentro. Laonde non è un prope nihil, un quasi nulla, una potenza nuda e pura, se tutte le forme son come contenute da quella, e dalla medesima per virtù dell'efficiente (il qual può esser anco indistinto da lei secondo l'essere) prodotte e parturite; e che non hanno minor raggione di attualità nell'essere sensibile ed esplicato, se non secondo sussistenza accidentale, essendo che tutto il che si vede e fassi aperto per gli accidenti fondati su le dimensioni, è puro accidente; rimanendo pur sempre la sustanza individua e coincidente con la individua materia. Onde si vede chiaro, che dall'esplicazione non possiamo prendere altro che accidenti, di sorte che le differenze sustanziali sono occolte, disse Aristotele forzato da la verità. Di maniera che, se vogliamo ben considerare, da questo possiamo inferire una essere la omniforme sustanza, uno essere il vero ed ente, che secondo innumerabili circostanze e individui appare, mostrandosi in tanti e sì diversi suppositi.

Sesto, quanto sia detto fuor d'ogni raggione quello che Aristotele e altri simili intendono quanto all'essere in potenza la materia, il qual certo è nulla: essendo che, secondo lor medesimi, questa è sì fattamente permanente, che giamai cangia o varia l'esser suo, ma circa lei è ogni varietà e mutazione, e quello che è dopo che posseva essere, anco secondo essi, sempre è il composto. Settimo si determina de l'appetito de la materia, mostrandosi quanto vanamente vegna definita per quello, non partendosi da le raggioni tolte da' principii e supposizioni di color medesimi che tanto la proclamano come figlia de la privazione e simile a l'ingordiggia irreparabile de la vogliente femina.

Argomento del quinto dialogo. Nel quinto dialogo, trattandosi specialmente de l'uno, viene compito il fondamento de l'edificio di tutta la cognizion naturale e divina. Ivi prima s'apporta proposto della coincidenza della materia e forma, della potenza e atto: di sorte che lo ente, logicamente diviso in quel che è e può essere, fisicamente è indiviso, indistinto ed uno; e questo insieme insieme infinito, immobile, impartibile, senza differenza di tutto e parte, principio e principiato. Secondo, che in quello non è differente il secolo da l'anno, l'anno dal momento, il palmo dal stadio, il stadio da la parasanga, e nella sua essenza questo e quell'altro essere specifico non è altro ed altro; e però nell'universo non è numero, e però l'universo è uno. Terzo, che ne l'infinito non è differente il punto dal corpo, perché non è altro la potenza e altro l'atto; e ivi, se il punto può scorrere in lungo, la linea in largo, la superficie in profondo, l'uno è lungo, l'altra è larga, l'altra è profonda; e ogni cosa è lunga, larga e profonda; e per consequenza, medesimo e uno; e l'universo è tutto centro e tutto circonferenza. Quarto, qualmente da quel, ché Giove (come lo nominano) più intimamente è nel tutto che possa imaginarsi esservi la forma del tutto (perché lui è la essenzia, per cui tutto quel ch'è ha l'essere; ed essendo lui in tutto, ogni cosa più intimamente che la propria forma ha il tutto), s'inferisce che tutte le cose sono in ciascuna cosa, e per consequenza tutto è uno. Quinto, se risponde al dubio che dimanda, perché tutte le cose particolari si cangiano, e le materie particolari, per ricevere altro e altro essere, sinell'essere sensibile ed esplicato, se non secondo sussistenza accidentale, essendo che tutto il che si vede e fassi aperto per gli accidenti fondati su le dimensioni, è puro accidente; rimanendo pur sempre la sustanza individua e coincidente con la individua materia. Onde si vede chiaro, che dall'esplicazione non possiamo prendere altro che accidenti, di sorte che le differenze sustanziali sono occolte, disse Aristotele forzato da la verità. Di maniera che, se vogliamo ben considerare, da questo possiamo inferire una essere la omniforme sustanza, uno essere il vero ed ente, che secondo innumerabili circostanze e individui appare, mostrandosi in tanti e sì diversi suppositi.

Terzodecimo, s'apportano gli segni e le verificazioni per quali gli contrarii veramente concorreno, sono da un principio e sono in verità e sustanza uno; il che, dopo esser visto matematicamente, si conchiude fisicamente.

Ecco, illustrissimo Signore, onde bisogna uscire prima che voler entrare alla più speciale e appropriata cognizion de le cose. Quivi, come nel proprio seme, si contiene ed implica la moltitudine de le conclusioni della scienza naturale. Quindi deriva la intessitura, disposizione e ordine de le scienze speculative. Senza questa isagogia in vano si tenta, si entra, si comincia. Prendete, dunque, con grato animo questo principio, questo uno, questo fonte, questo capo, perché vegnano animati a farsi fuora e mettersi avanti la sua prole e genitura, gli suoi rivi e fiumi maggiori si diffondano, il suo numero successivamente si moltipliche e gli suoi membri oltre si dispongano a fin che, cessando la notte col sonnacchioso velo e tenebroso manto, il chiaro Titone, parente de le dive Muse, ornato di sua fameglia, cinto da la sua eterna corte, dopo bandite le notturne faci, ornando di nuovo giorno il mondo, risospinga il trionfante carro dal vermiglio grembo di questa vaga Aurora. Vale.

GIORDANO NOLANO AI PRINCIPI DE L'UNIVERSO

Lethaea undantem retinens ab origine campum

Emigret o Titan, et petat astra precor.

Errantes stellae, spectate procedere in orbem

Me geminum, si vos hoc reserastis iter.

Dent geminas somni portas laxarier usque,

Vestrae per vacuum me properante vices:

Obductum tenuitque diu quod tempus avarum,

Mi liceat densis promere de tenebris.

Ad partum properare tuum, mens aegra, quid obstat,

Seclo haec indigno sint tribuenda licet?

Umbrarum fluctu terras mergente, cacumen

Adtolle in clarum, noster Olimpe, Iovem.

AL PROPRIO SPIRTO

Mons, licet innixum tellus radicibus altis

Te capiat, tendi vertice in astra vales.

Mens, cognata vocat summo de culmine rerum,

Discrimen quo sis manibus atque Iovi.

Ne perdas hic iura tui fundoque recumbens

Impetitus tingas nigri Acherontis aquas.

At mage sublimeis tentet natura recessus,

Nam, tangente Deo, fervidus ignis eris.

AL TEMPO

Lente senex, idemque celer, claudensque relaxans,

Anne bonum quis te dixerit, anne malum?

Largus es, esque tenax: quae munera porrigis, aufers;

Quique parens aderas, ipse peremptor ades;

Visceribusque educta tuis in viscera condis,

Tu cui prompta sinu carpere fauce licet.

Omnia cumque facis cumque omnia destruis, hinc te

Nonne bonum possem dicere, nonne malum?

Porro ubi tu diro rabidus frustraberis ictu,

Falce minax illo tendere parce manus,

Nulla ubi pressa Chaos atri vestigia parent

Ne videare bonus, ne videare malus.

DE L'AMORE

Amor, per cui tant'alto il ver discerno,

Ch'apre le porte di diamante e nere

Per gli occhi entra il mio nume; e per vedere

Nasce, vive, si nutre, ha regno eterno.

Fa scorger quant'ha il ciel terr'ed inferno,

Fa presente d'absenti effigie vere,

Repiglia forze, e, trando dritto, fere,

E impiaga sempre il cor, scuopre ogn'interno.

O dunque, volgo vile, al vero attendi,

Porgi l'orecchio al mio dir non fallace,

Apri, apri, se puoi, gli occhi, insano e bieco.

Fanciullo il credi, perché poco intendi;

Perché ratto ti cangi, ei par fugace;

Per esser orbo tu, lo chiami cieco.

(SENZA TITOLO)

Causa, principio ed uno sempiterno,

Onde l'esser, la vita, il moto pende,

E a lungo, a largo e profondo si stende

Quanto si dic'in ciel, terr'ed inferno;

Con senso, con raggion, con mente scerno

Ch'atto, misura e conto non comprende

Quel vigor, mole e numero, che tende

Oltr'ogn'inferior, mezzo e superno.

Cieco error, tempo avaro, ria fortuna,

Sord'invidia, vil rabbia, iniquo zelo,

Crudo cor, empio ingegno, strano ardire

Non bastaranno a farmi l'aria bruna,

Non mi porrann'avanti gli occhi il velo,

Non faran mai che il mio bel sol non mire.

Dialogo Primo

Interlocutori: Elitropio, Filoteo, Armesso.

ELITR. Qual rei nelle tenebre avezzi, che, liberati dal fondo di qualche oscura torre, escono alla luce, molti degli essercitati nella volgar filosofia ed altri paventaranno, admiraranno e, non possendo soffrire il nuovo sole de' tuoi chiari concetti, si turbaranno.

FIL. Il difetto non è di luce, ma di lumi: quanto in sé sarà più bello e più eccellente il sole, tanto sarà agli occhi de le notturne strige odioso e discaro di vantaggio.

ELITR. La impresa che hai tolta, o Filoteo, è difficile, rara e singulare, mentre dal cieco abisso vuoi cacciarne e amenarne al discoperto, tranquillo e sereno aspetto de le stelle, che con sì bella varietade veggiamo disseminate per il ceruleo manto del cielo. Benché agli uomini soli l'aitatrice mano di tuo piatoso zelo soccorra, non saran però meno varii gli effetti de ingrati verso di te, che varii son gli animali che la benigna terra genera e nodrisce nel suo materno e capace seno; se gli è vero che la specie umana, particularmente negl'individui suoi, mostra de tutte l'altre la varietade per esser in ciascuno più espressamente il tutto, che in quelli d'altre specie. Onde vedransi questi che, qual'appannata talpa, non sì tosto sentiranno l'aria discorperto, che di bel nuovo, risfossiccando la terra, tentaranno agli nativi oscuri penetrali; quelli, qual notturni ucelli, non sì tosto arran veduta spuntar dal lucido oriente la vermiglia ambasciatrice del sole, che dalla imbecillità degli occhi suoi verranno invitati alla caliginosa ritretta. Gli animanti tutti, banditi dall'aspetto de le lampadi celesti e destinati all'eterne gabbie, bolge ed antri di Plutone, dal spaventoso ed erinnico corno d'Alecto richiamati, apriran l'ali e drizzaranno il veloce corso alle lor stanze. Ma gli animanti nati per vedere il sole, gionti al termine dell'odiosa notte, ringraziando la benignità del cielo e disponendosi a ricevere nel centro del globoso cristallo degli occhi suoi gli tanto bramosi e aspettati rai, con disusato applauso di cuore, di voce e di mano adoraranno l'oriente; dal cui dorato balco, avendo cacciati gli focosi destrieri il vago Titane, rotto il sonnacchioso silenzio de l'umida notte, raggionaranno gli uomini, belaranno gli facili, inermi e semplici lanuti greggi, gli cornuti armenti sotto la cura de' ruvidi bifolchi muggiranno. Gli cavalli di Sileno, perché di nuovo, in favor degli smarriti dei, possano dar spavento ai più de lor stupidi gigantoni, ragghiaranno; versandosi nel suo limoso letto, con importun gruito ne assordiranno gli sannuti ciacchi. Le tigri, gli orsi, gli leoni, i lupi e le fallaci golpi, cacciando da sue spelunche il capo, da le deserte alture contemplando il piano campo de la caccia, mandaranno dal ferino petto i lor grunniti, ricti, bruiti, fremiti, ruggiti ed orli. Ne l'aria e su le frondi di ramose piante, gli galli, le aquile, li pavoni, le grue, le tortore, i merli, i passari, i rosignoli, le cornacchie, le piche, gli corvi, gli cuculi e le cicade non sarran negligenti di replicar e radoppiar gli suoi garriti strepitosi. Dal liquido e instabile campo ancora, li bianchi cigni, le molticolorate anitre, gli solleciti merghi, gli paludosi bruchii, le ocche rauche, le querulose rane ne toccaranno l'orecchie col suo rumore, di sorte ch'il caldo lume di questo sole, diffuso all'aria di questo più fortunato emisfero, verrà accompagnato, salutato e forse molestato da tante e tali diversitadi de voci, quanti e quali son spirti che dal profondo di proprii petti le caccian fuori.

FIL. Non solo è ordinario, ma anco naturale e necessario, che ogni animale faccia la sua voce; e non è possibile che le bestie formino regolati accenti e articulati suoni come gli uomini, come contrarie le complessioni, diversi i gusti, varii gli nutrimenti.

ARM. Di grazia, concedetemi libertà di dir la parte mia ancora; non circa la luce, ma circa alcune circustanze, per le quali non tanto si suol consolare il senso, quanto molestar il sentimento di chi vede e considera; perché, per vostra pace e vostra quiete, la quale con fraterna caritade vi desio, non vorrei che di questi vostri discorsi vegnan formate comedie, tragedie, lamenti, dialogi, o come vogliam dire, simili a quelli che poco tempo fa, per esserno essi usciti in campo a spasso, vi hanno forzato di starvi rinchiusi e retirati in casa.

FIL. Dite liberamente.

ARM. Io non parlarò come santo profeta, come astratto divino, come assumpto apocaliptico, né quale angelicata asina di Balaamo; non raggionarò come inspirato da Bacco, né gonfiato di vento da le puttane muse di Parnaso, o come una Sibilla impregnata da Febo, o come una fatidica Cassandra, né qual ingombrato da le unghie de' piedi sin alla cima di capegli de l'entusiasmo apollinesco, né qual vate illuminato nell'oraculo o delfico tripode, né come Edipo esquisito contra gli nodi della Sfinge, né come un Salomone inver gli enigmi della regina Sabba, né qual Calcante, interprete dell'olimpico senato; né come un inspiritato Merlino, o come uscito dall'antro di Trofonio. Ma parlarò per l'ordinario e per volgare, come uomo che ho avuto altro pensiero che d'andarmi lambiccando il succhio de la grande e piccola nuca, con farmi al fine rimanere in secco la dura e pia madre; come uomo, dico, che non ho altro cervello ch'il mio; a cui manco gli dei dell'ultima cotta e da tinello nella corte celestiale (quei dico che non bevono ambrosia, né gustan nettare, ma vi si tolgon la sete col basso de le botte e vini rinversati, se non vogliono far stima de linfe e ninfe, quei, dico, che sogliono esser più domestici, familiari e conversabili con noi), come è dire né il dio Bacco, né quel imbreaco cavalcator de l'asino, né Pane, né Vertunno, né Fauno, né Priapo, si degnano cacciarmene una pagliusca di più e di vantaggio dentro, quantunque sogliano far copia de' fatti lor sin ai cavalli.

ELITR. Troppo lungo proemio.

ARM. Pacienza, che la conclusione sarà breve. Voglio dir.brevemente, che vi farò udir paroli, che non bisogna disciferarle come poste in distillazione, passate per lambicco, digerite dal bagno di maria, e subblimate in recipe di quinta essenza; ma tale quali m'insaccò nel capo la nutriccia, la quale era quasi tanto cotennuta, pettoruta, ventruta, fiancuta e naticuta, quanto può essere quella londriota, che viddi a Westmester; la quale, per iscaldatoio del stomaco, ha un paio di tettazze, che paiono gli borzacchini del gigante san Sparagorio, e che, concie in cuoio, varrebbono sicuramente a far due pive ferrarese.

ELITR. E questo potrebe bastare per un proemio.

ARM. Or su, per venire al resto, vorrei intendere da voi (lasciando un poco da canto le voci e le lingue a proposito del lume e splendor che possa apportar la vostra filosofia) con che voci volete che sia salutato particolarmente da noi quel lustro di dottrina, che esce dal libro de la Cena de le ceneri? Quali animali son quelli che hanno recitata la Cena de le ceneri? Dimando, se sono acquatici, o aerei, o terrestri, o lunatici? E lasciando da canto gli propositi di Smitho, Prudenzio e Frulla, desidero di sapere, se fallano coloro che dicono, che tu fai la voce di un cane rabbioso e infuriato, oltre che talvolta fai la simia, talvolta il lupo, talvolta la pica, talvolta il papagallo, talvolta un animale talvolta un altro, meschiando propositi gravi e seriosi, morali e naturali, ignobili e nobili, filosofici e comici?

FIL. Non vi maravigliate, fratello, perché questa non fu altro ch'una cena, dove gli cervelli vegnono governati dagli affetti, quali gli vegnon porgiuti dall'efficacia di sapori e fumi de le bevande e cibi. Qual dunque può essere la cena materiale e corporale, tale conseguentemente succede la verbale e spirituale; cossì dunque questa dialogale ha le sue parti varie e diverse, qual varie e diverse quell'altra suole aver le sue; non altrimente questa ha le proprie condizioni, circonstanze e mezzi, che come le proprie potrebbe aver quella.

ARM. Di grazia, fate ch'io vi intenda.

FIL. Ivi, come è l'ordinario e il dovere, soglion trovarsi cose da insalata da pasto, da frutti da ordinario, da cocina da speciaria, da sani da amalati, di freddo di caldo, di crudo di cotto, di acquatico di terrestre, di domestico di selvatico, di rosto di lesso, di maturo di acerbo, e cose da nutrimento solo e da gusto, sustanziose e leggieri, salse e inspide, agreste e dolci, amare e suavi. Cossì quivi, per certa conseguenza, vi sono apparse le sue contrarietadi e diversitadi, accomodate a contrarii e diversi stomachi e gusti, a' quali può piacere di farsi presenti al nostro tipico simposio, a fine che non sia chi si lamente di esservi gionto invano, e a chi non piace di questo, prenda di quell'altro.

ARM. È vero; ma che dirai, se oltre nel vostro convito, ne la vostra cena appariranno cose, che non son buone né per insalata né per pasto, né per frutti né per ordinario, né fredde né calde, né crude né cotte, né vagliano per l'appetito né per fame, non son buone per sani né per ammalati, e conviene che non escano da mani di cuoco né di speciale?

FIL. Vedrai che né in questo la nostra cena è dissimile a qualunqu'altra esser possa. Come dunque là, nel più bel del mangiare, o ti scotta qualche troppo caldo boccone, di maniera che bisogna cacciarlo de bel nuovo fuora, o piangendo e lagrimando mandarlo vagheggiando per il palato sin tanto che se gli possa donar quella maladetta spinta per il gargazzuolo al basso; overo ti si stupefà qualche dente, o te s'intercepe la lingua che viene ad esser morduta con il pane, o qualche lapillo te si viene a rompere e incalcinarsi tra gli denti per farti regittar tutto il boccone, o qualche pelo o capello del cuoco ti s'inveschia nel palato per farti presso che vomire, o te s'arresta qualche aresta di pesce ne la canna a farti suavemente tussire, o qualche ossetto te s'attraversa ne la gola per metterti in pericolo di suffocare; cossì nella nostra cena, per nostra e comun disgrazia, vi si son trovate cose corrispondenti e proporzionali a quelle. Il che tutto avviene per il peccato dell'antico protoplaste Adamo, per cui la perversa natura umana è condannata ad aver sempre i disgusti gionti ai gusti.

ARM. Pia e santamente. Or che rispondete a quel che dicono, che voi siete un rabbioso cinico?

FIL. Concederò facilmente, se non tutto, parte di questo.

ARM. Ma sapete che non è vituperio ad un uomo tanto di ricevere oltraggi, quanto di farne?

FIL. Ma basta che gli miei sieno chiamati vendette, e gli altrui sieno chiamati offese.

ARM. Anco gli Dei son suggetti a ricevere ingiurie, patir infamie e comportar biasimi: ma biasimare, infamare e ingiuriare è proprio de' vili, ignobili, dappoco e scelerati.

FIL. Questo è vero; però noi non ingiuriamo, ma ributtiamo l'ingiurie, che son fatte non tanto a noi, quanto a la filosofia spreggiata, con far di modo ch'agli ricevuti dispiaceri non s'aggiongano degli altri.

ARM. Volete, dunque, parer cane che morde, a fin che non ardisca ognuno di molestarvi?

FIL. Cossì è, perché desidero la quiete, e mi dispiace il dispiacere.

ARM. Sì, ma giudicano che procedete troppo rigorosamente.

FIL. A fine che non tornino un'altra volta essi, ed altri imparino di non venir a disputar meco e con altro, trattando con simili mezzi termini queste conclusioni.

ARM. La offesa fu privata, la vendetta è publica.

FIL. Non per questo è ingiusta; perché molti errori si commettono in privato, che giustamente si castigano in publico.

ARM. Ma con ciò venite a guastare la vostra riputazione, e vi fate più biasimevole che coloro; perché publicamente se dirà che siete impaziente, fantastico, bizzaro, capo sventato.

FIL. Non mi curo, pur che oltre non mi siano essi o altri molesti; e per questo mostro il cinico bastone, acciò che mi lascino star co' fatti miei in pace; e se non mi vogliono far carezze, non vegnano ad esercitar la loro inciviltà sopra di me.

ARM. Or vi par che tocca ad un filosofo di star su la vendetta?

FIL. Se questi che mi molestano fussero una Xantippe, io sarei un Socrate.

ARM. Non sai che la longanimità e pazienza sta bene a tutti, per la quale vegnano ad esser simili agli eroi ed eminenti Dei; che, secondo alcuni, si vendicano tardi, e, secondo altri, né si vendicano né si adirano?

FIL. T'inganni pensando ch'io sia stato su la vendetta.

ARM. E che dunque?

FIL. Io son stato su la correzione, nell'esercizio della quale ancora siamo simili agli Dei. Sai che il povero Vulcano è stato dispensato da Giove di lavorare anco gli giorni di festa; e quella maladetta incudine non si lassa o stanca mai a comportar le scosse di tanti e sì fieri martelli, che non sì tosto è alzato l'uno che l'altro è chinato, per far che gli giusti folgori, con gli quali gli delinquenti e rei si castigheno, non vegnan meno.

ARM. È differenza tra voi e il fabro di Giove e marito della ciprigna dea.

FIL. Basta che ancora non son dissimile a quelli forse nella pazienza e longanimità; la quale in quel fatto ho essercitata, non rallentando tutto il freno al sdegno, né toccando di più forte sprone l'ira.

ARM. Non tocca ad ognuno di essere correttore, massime de la moltitudine.

FIL. Dite ancora, massime quando quella non lo tocca.

ARM. Si dice che non devi esser sollecito nella patria aliena.

FIL. E io dico due cose: prima, che non si deve uccidere un medico straniero, perché tenta di far quelle cure che non fanno i paesani; secondo dico, che al vero filosofo ogni terreno è patria.

ARM. Ma se loro non ti accettano né per filosofo né per medico, né per paesano?

FIL. Non per questo mancarà ch'io sia.

ARM. Chi ve ne fa fede?

FIL. Gli numi che me vi han messo, io che me vi ritrovo, e quelli ch'hanno gli occhi, che me vi veggono.

ARM. Hai pochissimi e poco noti testimoni.

FIL. Pochissimi e poco noti sono gli veri medici, quasi tutti sono veri amalati. Torno a dire, che loro non hanno libertà altri di fare, altri di permettere che sieno fatti tali trattamenti a quei che porgono onorate merci, o sieno stranieri o non.

ARM. Pochi conoscono queste merci.

FIL. Non per questo le gemme sono men preciose e non le doviamo con tutto il nostro forzo defendere e farle defendere, liberare e vendicare dalla conculcazione de' piè porcini con ogni possibil rigore. E cossì mi sieno propicii gli superi, Armesso mio, che io mai feci di simili vendette per sordido amor proprio o per villana cura d'uomo particulare, ma per amor della mia tanto amata madre filosofia e per zelo della lesa maestà di quella. La quale da' mentiti familiari e figli (perché non è vil pedante, poltron dizionario, stupido fauno, ignorante cavallo, che, o con mostrarsi carco di libri, con allungarsi la barba o con altre maniere mettersi in prosopopeia, non voglia intitolarsi de la fameglia) è ridutta a tale, che appresso il volgo tanto val dire un filosofo, quanto un frappone, un disutile, pedantaccio, circulatore, saltainbanco, ciarlatano, buono per servir per passatempo in casa e per spavantacchio d'ucelli a la campagna.

ELITR. A dire il vero, la famiglia de' filosofi è stimata più vile dalla maggior parte del mondo, che la famiglia de' cappellani; perché non tanto quelli, assunti da ogni specie di gentaglie, hanno messo il sacerdocio in dispregio, quanto questi, nominati da ogni geno di bestiali, hanno posto la filosofia in vilipendio.

FIL. Lodiamo, dunque, nel suo geno l'antiquità, quando tali erano gli filosofi che da quelli si promovevano ad essere legislatori, consiliarii e regi; tali erano consiliarii e regi, che da questo essere s'inalzavano a essere sacerdoti. A questi tempi la massima parte di sacerdoti son tali, che son spreggiati essi, e per essi son spreggiate le leggi divine; son tali quasi tutti quei che veggiamo filosofi, che essi son vilipesi, e per essi le scienze vegnono vilipese. Oltre che, tra questi la moltitudine de forfanti, come di urtiche, con gli contrari sogni suole dal suo canto ancora opprimere la rara virtù e veritade, la qual si mostra ai rari.

ARM. Non trovo filosofo che s'adire sì per la spreggiata filosofia, né, o Elitropio, scorgo alcuno sì affetto per la sua scienza, quanto questo Teofilo; che sarebbe, se tutti gli altri filosofi fussero della medesima condizione, voglio dire sì poco pazienti?

ELITR. Questi altri filosofi non hanno ritrovato tanto, non hanno tanto da guardare, non hanno da difender tanto. Facilmente possono ancor essi tener a vile quella filosofia che non val nulla, o altra che val poco, o quella che non conoscono; ma colui che ha trovata la verità, che è un tesoro ascoso, acceso da la beltà di quel volto divino, non meno doviene geloso perché la non sia defraudata, negletta e contaminata, che possa essere un altro sordido affetto sopra l'oro, carbuncolo e diamante, o sopra una carogna di bellezza feminile.

ARM. Ma ritorniamo a noi, e vengamo al quia. Dicono di voi, Teofilo, che in quella vostra Cena tassate e ingiuriate tutta una città, tutta una provinzia, tutto un regno.

FIL. Questo mai pensai, mai intesi, mai feci; e se l'avesse pensato, inteso o fatto, io mi condannerei pessimo, e sarei apparecchiato a mille retrattazioni, a mille revocazioni, a mille palinodie; non solamente s'io avesse ingiuriato un nobile e antico regno, come è questo, ma qualsivoglia altro, quantunque stimato barbaro:

non solamente dico qualsivoglia città, quantunque diffamata incivile, ma e qualsivoglia lignaggio, quantunque divolgato salvaggio, ma e qualsivoglia fameglia, quantunque nominata inospitale: perché non può essere regno, città, prole o casa intiera, la quale possa o si deve presupponere d'un medesimo umore, e dove non possano essere opposti o contrarii costumi; di sorte che quel che piace a l'uno, non possa dispiacere all'altro.

ARM. Certo, quanto a me, che ho letto e riletto e ben considerato il tutto, benché circa particolari non so perché vi trovo alquanto troppo effuso, circa il generale vi veggo castigata ragionevole e discretamente procedere: ma il rumore è sparso nel modo ch'io vi dico.

ELITR. Il rumore di questo e altro è stato sparso dalla viltà di alcuni di quei che si senton ritoccati; li quali, desiderosi di vendetta, veggendosi insufficienti con propria raggione, dottrina, ingegno e forza, oltre che fingono quante altre possono falsitadi, alle quali altri che simili a loro non possono porger fede, cercano compagnia con fare ch'il castigo particolare sia stimato ingiuria commune.

ARM. Anzi credo che sieno di persone non senza giudicio e conseglio, le quali pensano l'ingiuria universale, perché manifestate tai costumi in persone di tal generazione.

FIL. Or quai costumi son questi nominati, che simili, peggiori e molti più strani in geno, specie e numero non si trovino in luoghi delle parti e provinze più eccellenti del mondo? Mi chiamerete forse ingiurioso e ingrato alla mia patria, s'io dicesse che simili e più criminali costumi se ritrovano in Italia, in Napoli, in Nola? Verrò forse per questo a digradir quella regione gradita dal cielo e posta insieme insieme talvolta capo e destra di questo globo, governatrice e domitrice dell'altre generazioni, e sempre da noi ed altri è stata stimata maestra, nutrice e madre de tutte le virtudi, discipline, umanitadi, modestie e cortesie, se si verrà ad essagerar di vantaggio quel che di quella han cantato gli nostri medesimi poeti che non meno la fanno maestra di tutti vizii, inganni, avarizie e crudeltadi?

ELITR. Questo è certo secondo gli principii della vostra filosofia; per i quali volete che gli contrarii hanno coincidenza ne' principii e prossimi suggetti: perché que' medesimi ingegni, che sono attissimi ad alte, virtuose e generose imprese, se fian perversi, vanno a precipitar in vizii estremi. Oltre che là si sogliono trovare più rari e scelti ingegni, dove per il comune sono più ignoranti e sciocchi, e dove per il più generale son meno civili e cortesi, nel più particolare si trovano de cortesie e urbanitadi estreme: di sorte che, in diverse maniere, a molte generazioni pare che sia data medesima misura de perfezioni e imperfezioni.

FIL. Dite il vero.

ARM. Con tutto ciò io, come molti altri meco, mi dolgo, Teofilo, che voi nella nostra amorevol patria siate incorsi a tali suppositi, che vi hanno porgiuta occasione di lamentarvi con una cinericia cena, che ad altri ed altri molti che vi avesser fatto manifesto, quanto questo nostro paese, quantunque sia detto da' vostri *penitus toto divisus ab orbe*, sia prono a tutti gli studi de buone lettere, armi, cavalleria, umanitadi e cortesie; nelle quali, per quanto comporta delle nostre forze il nerbo, ne forziamo di non essere inferiori a' nostri maggiori e vinti da le altre generazioni; massime da quelle che si stimano aver le nobilitadi, le scienze, le armi, e civilitadi come da natura.

FIL. Per mia fede, Armesso, che in quanto riferisci io non debbo né saprei con le paroli, né con le raggioni, né con la conscienza contradirvi, perché con ogni desterità di modestia e di argomenti fate la vostra causa. Però io per voi, come per quello che non vi siete avicinato con un barbaro orgoglio, comincio a pentirmi, e prendere a dispiacere di aver ricevuta materia da que' prefati, di contristar voi e altri d'onestissima e umana complessione: però bramarei che que' dialogi non fussero prodotti, e se a voi piace, mi forzarò che oltre non vengan in luce.

ARM. La mia contristazione, con quella d'altri nobilissimi, tanto manca che proceda dalla divolgazione de quei dialogi, che facilmente procurarei che fussero tradotti in nostro idioma, a fin che servissero per una lezione a quei poco e male accostumati, che son tra noi; che forse, quando vedessero con qual stomaco son presi e con quai delineamenti son descritti gli suoi discortesi rancontri e quanto quelli sono mal significativi, potrebbe essere che, se, per buona disciplina e buono essempio che veggano negli megliori e maggiori, non si vogliono ritrar da quel camino, almeno vegnano a cangiarsi e conformarsi a quelli, per vergogna di esserno connumerati tra tali e quali; imparando che l'onor de le persone e la bravura non consiste in posser e saper con que' modi esser molesto, ma nel contrario a fatto.

ELITR. Molto vi mostrate discreto e accorto nella causa de la vostra patria, e non siete verso gli altrui buoni uffici ingrato e irreconoscente, quali esser possono molti poveri d'argumento e di consiglio. Ma Filoteo non mi par tanto aveduto per conservar la sua riputazione e defendere la sua persona; perché, quanto è differente la nobiltade dalla rusticitade, tanto contrarii effetti si denno sperare e temere in un Scita villano, il quale riuscirà savio e per il buon successo verrà celebrato, se, partendosi dalle ripe del Danubio, vada con audace riprensione e giusta querela a tentar l'autorità e maestà del Romano Senato; che dal colui biasimo e invettiva sappia prendere occasione di fabricarvi sopra atto di estrema prudenza e magnanimitade, onorando il suo rigido riprensore di statua e di colosso; che se un gentiluomo e Senator Romano per il mal successo possa riuscir poco savio, lasciando le amene sponde del suo Tevere, sen vada, anco con giusta querela e raggionevolissima riprensione, a tentar gli scitici villani; che da quello prendano occasione di fabricar torri e Babilonie d'argumenti di maggior viltade, infamia e rusticitade, con lapidarlo, rallentando alla furia populare il freno, per far meglio sapere all'altre generazioni quanta differenza sia di contrattare e ritrovarsi tra gli uomini e tra color che son fatti ad imagine e similitudine di quelli.

ARM. Non fia mai vero, o Teofilo, che io debba o possa stimare che sia degno ch'io, o altro che ha più sale di me, voglia prendere la causa e protezione di costoro, che son materia de la vostra satira, come per gente e persone del paese, alla cui difensione dall'istessa legge naturale siamo incitati; perché non confessarò giamai, e non sarò giamai altro che nemico de chi affirmasse, che costoro sieno parte e membri de la nostra patria, la quale non consta d'altro che di persone cossì nobili, civili, accostumate, disciplinate, discrete, umane, raggionevoli come altra qualsivoglia. Dove, benché vegnan contenuti questi, certo non vi si trovano altrimente che come lordura, feccia, lettame e carogna; di tal sorte, che non potrebono con altro modo esser chiamati parte di regno e di cittade, che la sentina parte de la nave. E però per simili tanto manca che noi doviamo risentirci, che, risentendoci, doveneremmo vituperosi. Da questi non escludo gran parte di dottori e preti, de' quali quantunque alcuni per mezzo del dottorato doventano signori, tuttavolta per il più quella autorità villanesca, che prima non ardivano mostrare, appresso per la baldanza e presunzione, che se gli aggiunge dalla riputazion di letterato e prete, vegnono audace e magnanimamente a porla in campo; laonde non è maraviglia se vedete molti e molti, che con quel dottorato e presbiterato sanno più di armento, mandra e stalla, che quei che sono attualmente strigliacavallo, capraio e bifolco. Per questo non arrei voluto che sì aspramente vi fuste portato verso la nostra Universitade ancora, quasi non perdonando al generale, né avendo rispetto a quel che è stata, sarà o potrà essere per l'avvenire, e in parte è al presente.

FIL. Non vi affannate, perché, benché quella ne sia presentata per filo in questa occasione, tutta volta non fa tale errore che simile non facciano tutte l'altre che si stimano maggiori, e per il più sotto titolo di dottori cacciano annulati cavalli e asini diademati. Non gli toglio però quanto da principio sia stata bene instituita, gli begli ordini di studii, la gravità di ceremonie, la disposizione degli esercizii, decoro degli abiti e altre molte circostanze che fanno alla necessità e ornamento di una academia; onde, senza dubio alcuno, non è chi non debba confessarla prima in tutta l'Europa e per conseguenza in tutto il mondo. E non niego che, quanto alla gentilezza di spirti e acutezza de ingegni, gli quali naturalmente l'una e l'altra parte de la Brittannia produce, sia simile e possa esser equale a quelle tutte che son veramente eccellentissime. Né meno è persa la memoria di quel, che, prima che le lettere speculative si ritrovassero nell'altre parti de l'Europa, fiorirno in questo loco; e da que' suoi principi de la metafisica, quantunque barbari di lingua e cucullati di professione, è stato il splendor d'una nobilissima e rara parte di filosofia (la quale a' tempi nostri è quasi estinta) diffuso a tutte l'altre academie de le non barbare provinze. Ma quello che mi ha molestato e mi dona insieme insieme fastidio e riso, è, che con questo che io non trovo più romani e più attici di lingua che in questo loco, del resto (parlo del più generale) si vantano di essere al tutto dissimili e contrarii a quei che furon prima; li quali, poco solleciti de l'eloquenza e rigor grammaticale, erano tutti intenti alle speculazioni, che da costoro son chiamate Sofismi. Ma io più stimo la metafisica di quelli, nella quale hanno avanzato il lor prencipe Aristotele (quantunque impura e insporcata con certe vane conclusioni e teoremi, che non sono filosofici né teologali, ma da ociosi e mal impiegati ingegni), che quanto possono apportar questi de la presente etade con tutta la lor ciceroniana eloquenza e arte declamatoria.

ARM. Queste non son cose da spreggiare.

FIL. È vero; ma, dovendosi far elezione de l'un de' doi, io stimo più la coltura dell'ingegno, quantunque sordida la fusse, che di quantunque disertissime paroli e lingue.

ELITR. Questo proposito mi fa ricordar di fra Ventura: il quale, trattando un passo del santo Vangelo, che dice reddite quae sunt Caesaris Caesari, apportò a proposito tutti gli nomi de le monete che sono state a' tempi di romani, con le loro marche e pesi, che non so da qual diavolo di annale o scartafaccio l'avesse racolti, che furono più di cento e vinti, per farne conoscere quanto era studioso e retentivo. A costui, finito il sermone, essendosegli accostato un uom da bene, li disse: - Padre mio reverendo, di grazia, imprestatemi un carlino. - A cui rispose che lui era de l'ordine mendicante.

ARM. A che fine dite questo?

ELITR. Voglio dire che quei che son molto versati circa le dizioni e nomi, e non son solleciti delle cose, cavalcano la medesima mula con questo reverendo padre de le mule.

ARM. Io credo che, oltre il studio de l'eloquenza, nella quale avanzano tutti gli loro antiqui, e non sono inferiori agli altri moderni, ancora non sono mendichi nella filosofica e altrimente speculative professioni; senza la perizia de le quali non possono esser promossi a grado alcuno; perché gli Statuti de l'università, alle quali sono astretti per giuramento, comportano che nullus ad philosophiae et theologiae magisterium et doctoratum promoveatur, nisi epotaverit e fonte Aristotelis.

ELITR. Oh, io ve dirò quel ch'han fatto per non esser pergiuri. Di tre fontane, che sono nell'Università, all'una hanno imposto nome Fons Aristotelis, l'altra dicono Fons Pythagorae, l'altra chiamano Fons Platonis. Da questi tre fonti traendosi l'acqua per far la birra e la cervosa (de la qual acqua pure non mancano di bere i buoi e gli cavalli), conseguentemente non è persona, che, con esser dimorata meno che tre o quattro giorni in que' studii e collegii, non vegna ad esser imbibito non solamente del fonte di Aristotele, ma e oltre di Pitagora e Platone.

ARM. Oimè, che voi dite pur troppo il vero. Quindi aviene, o Teofilo, che li dottori vanno a buon mercato come le sardelle, perché come con poca fatica si creano, si trovano, si pescano, cossì con poco prezzo si comprano. Or dunque, tale essendo appresso di noi il volgo di dottori in questa etade (riserbando però la reputazione d'alcuni celebri e per l'eloquenza e per la dottrina e per la civil cortesia, quali sono un Tobia Mattheo, un Culpepero, e altri che non so nominare), accade che tanto manca che uno, per chiamarsi dottore, possa esser stimato aver novo grado di nobiltade, che più tosto è suspetto di contraria natura e condizione, se non sia particolarmente conosciuto. Quindi accade che quei, che per linea o per altro accidente son nobili, ancor che gli s'aggiunga la principal parte di nobiltà che è per la dottrina, si vergognano di graduarsi e farsi chiamar dottori, bastandogli l'esser dotti. E di questi arrete maggior numero ne le corti, che ritrovar si possano pedanti nell'Universitade.

FIL. Non vi lagnate, Armesso, perché in tutti i luoghi, dove son dottori e preti, si trova l'una e l'altra semenza di quelli; dove quei che sono veramenti dotti e veramente preti, benché promossi da bassa condizione, non può essere che non sieno inciviliti e nobilitati, perché la scienza è uno esquisitissimo camino a far l'animo umano eroico. Ma quegli altri tanto più si mostrano espressamente rustici, quanto par che vogliano o col divum patero col gigante Salmoneo

347

altitonare, quando se la spasseggiano da purpurato satiro o fauno con quella spaventosa e imperial prosopopeia, dopo aver determinato nella catedra regentale a qual declinazione appartenga lo hic, et haec, et hoc nihil.

ARM. Or lasciamo questi propositi. Che libro è questo che tenete in mano?

FIL. Son certi dialogi.

ARM. La Cena?

FIL. No.

ARM. Che dunque?

FIL. Altri, ne li quali si tratta De la causa, principio e uno secondo la via nostra.

ARM. Quali interlocutori? Forse abbiamo quall'altro diavolo di Frulla o Prudenzio, che di bel nuovo ne mettano in qualche briga.

FIL. Non dubitate, che, tolto uno, tra gli altri tutti son suggetti quieti e onestissimi.

ARM. Sì che, secondo il vostro dire, arremo pure da scardar qualche cosa in questi dialogi ancora?

FIL. Non dubitate, perché più tosto sarrete grattato dove vi prore, che stuzzicato dove vi duole.

ARM. Pure?

FIL. Qua per uno trovarete quel dotto, onesto, amorevole, ben creato e tanto fidele amico Alessandro Dicsono, che il Nolano ama quanto gli occhi suoi; il quale è causa che questa materia sia stata messa in campo. Lui è introdutto come quello, che porge materia di considerazione al Teofilo. Per il secondo avete Teofilo, che sono io; che secondo le occasioni, vegno a distinguere, definire e dimostrare circa la suggetta materia. Per il terzo avete Gervasio, uomo che non è de la professione; ma per passatempo vuole esser presente alle nostre conferenze; ed è una persona che non odora né puzza e che prende per comedia gli fatti di Poliinnio e da passo in passo gli dona campo di fargli esercitar la pazzia. Questo sacrilego pedante avete per il quarto: uno de' rigidi censori di filosofi, onde si afferma Momo, uno affettissimo circa il suo gregge di scolastici, onde si noma nell'amor socratico; uno, perpetuo nemico del femineo sesso, onde, per non esser fisico, si stima Orfeo, Museo, Titiro e Anfione. Questo è un di quelli, che, quando ti arran fatto una bella construzione, prodotta una elegante epistolina, scroccata una bella frase da la popina ciceroniana, qua è risuscitato Demostene, qua vegeta Tullio, qua vive Salustio; qua è un Argo, che vede ogni lettera, ogni sillaba, ogni dizione; qua Radamanto *umbras vocat ille silentum*; qua Minoe, re di Creta, *urnam movet*. Chiamano all'essamina le orazioni; fanno discussione de le frase, con dire: - queste sanno di poeta, queste di comico, questa di oratore; questo è grave, questo è lieve, quello è sublime, quell'altro è *humile dicendi genus*; questa orazione è aspera; sarrebe leve, se fusse formata cossì; questo è uno infante scrittore, poco studioso de la antiquità, *non redolet Arpinatem, desipit Latium*. Questa voce non è tosca, non è usurpata da Boccaccio, Petrarca e altri probati autori. Non si scrive *homo*, ma *omo*; non *honore*, ma *onore*; non *Polihimnio*, ma *Poliinnio*. - Con questo triomfa, si contenta di sé, gli piaceno più ch'ogn'altra cosa i fatti suoi: è un Giove, che, da l'alta specula, remira, e considera la vita degli altri uomini suggetta a tanti errori, calamitadi, miserie, fatiche inutili. Solo lui è felice, lui solo vive vita celeste, quando contempla la sua divinità nel specchio d'un Spicilegio, un Dizionario, un Calepino, un Lessico, un Cornucopia, un Nizzolio. Con questa sufficienza dotato, mentre ciascuno è uno, lui solo è tutto. Se avvien che rida si chiama Democrito, s'avvien che si dolga si chiama Eraclito, se disputa si chiama Crisippo, se discorre si noma Aristotele, se fa chimere si appella Platone, se mugge un sermoncello se intitula Demostene, se construisce Virgilio lui è il Marone. Qua correge Achille, approva Enea, riprende Ettore, esclama contro Pirro, si condole di Priamo, arguisce Turno, iscusa Didone, comenda Acate; e in fine, mentre *verbum verbo reddit* e infilza salvatiche sinonimie, *nihil divinum a se alienum putat*. E cossì borioso smontando da la sua catedra, come colui ch'ha disposti i cieli, regolati i senati, domati eserciti, riformati i mondi, è certo che, se non fusse l'ingiuria del tempo, farebbe con gli effetti quello che fa con l'opinione. - O *tempora, o mores!* Quanti son rari quei che intendeno la natura de' participi, degli adverbii, delle coniunctioni! Quanto tempo è scorso, che non s'è trovata la raggione e vera causa, per cui l'adiectivo deve concordare col sustantivo, il relativo con l'antecedente deve coire, e con che regola ora si pone avanti, ora addietro de l'orazione; e con che misure e quali ordini vi s'intermesceno quelle interiezione dolentis, gaudentis, heu, oh, ahi, ah, hem, ohe, hui, ed altri condimenti, senza i quali tutto il discorso è insipidissimo?

ELITR. Dite quel che volete, intendetela come vi piace; io dico, che per la felicità de la vita è meglio stimarsi Creso ed esser povero, che tenersi povero ed esser Creso. Non è più convenevole alla beatitudine aver una zucca che ti paia bella e ti contente, che una Leda, una Elena, che ti dia noia e ti vegna in fastidio? Che dunque importa a costoro l'essere ignoranti e ignobilmente occupati, se tanto son più felici, quanto più solamente piaceno a se medesimi? Cossì è buona l'erba fresca a l'asino, l'orgio al cavallo, come a te il pane di puccia e la perdice; cossì si contenta il porco de le ghiande e il brodo, come un Giove de l'ambrosia e nettare. Volete forse toglier costoro da quella dolce pazzia, per la qual cura appresso ti derrebono rompere il capo? Lascio che, chi sa se è pazzia questa o quella? Disse un pirroniano: chi conosce se il nostro stato è morte, e quello di quei che chiamiamo defunti, è vita? Cossì chi sa se tutta la felicità e vera beatitudine consiste nelle debite copulazioni e apposizioni de' membri dell'orazioni?

ARM. Cossì è disposto il mondo: noi facciamo il Democrito sopra gli pedanti e grammatisti, gli solleciti corteggiani fanno il Democrito sopra di noi, gli poco penserosi monachi e preti democriteggiano sopra tutti; e reciprocamente gli pedanti si beffano di noi, noi di corteggiani, tutti degli monachi; e in conclusione, mentre l'uno è pazzo all'altro, verremo ad esser tutti differenti in specie e concordanti in genere et numero et casu.

FIL. Diverse per ciò son specie e maniere de le censure, varii sono gli gradi di quelle, ma le più aspre, dure, orribili e spaventose son degli nostri archididascali. Però a questi doviamo piegar le ginocchia, chinar il capo, converter gli occhi ed alzar le mani, suspirar, lacrimar, esclamare e dimandar mercede. A voi dunque mi rivolgo, o chi portate in mano il caduceo di Mercurio per decidere ne le controversie, e determinate le questioni ch'accadeno tra gli mortali e tra gli dei; a voi, Menippi, che, assisi nel globo de la luna, con gli occhi ritorti e bassi ne mirate, avendo a schifo e sdegno i nostri gesti; a voi, scudieri di Pallade, antesignani di Minerva, castaldi di Mercurio, magnarii di Giove, collattanei di Apollo, manuarii d'Epimeteo, botteglieri di Bacco, agasoni delle Evante, fustigatori de le Edonide, impulsori delle Tiade, subagitatori delle Menadi, subornatori delle Bassaridi, equestri delle Mimallonidi, concubinarii della ninfa Egeria, correttori de l'intusiasmo, demagoghi del popolo errante, disciferatori di Demogorgone, Dioscori delle fluttuanti discipline, tesorieri del Pantamorfo, e capri emissarii del sommo pontefice Aron; a voi raccomandiamo la nostra prosa, sottomettemo le nostre muse, premisse, subsunzioni, digressioni, parentesi, applicazioni, clausule, periodi, costruzioni, adiettivazioni, epitetismi. O voi, suavissimi aquarioli, che con le belle eleganzucchie ne furate l'animo, ne legate il core, ne fascinate la mente, e mettete in prostribulo le meretricole anime nostre; riferite a buon conseglio i nostri barbarismi, date di punta a' nostri solecismi, turate le male olide voragini, castrate i nostri Sileni, imbracate gli nostri Nohemi, fate eunuchi di nostri macrologi, rappezzate le nostre eclipsi, affrenate gli nostri taftologi, moderate le nostre acrilogie, condonate a nostre escrilogie, iscusate i nostri perissologi, perdonate a' nostri cacocefati. Torno a scongiurarvi tutti in generale, e in particulare te, severo supercilioso e salvaticissimo maestro Poliinnio, che dismettiate quella rabbia contumace e quell'odio tanto criminale contra il nobilissimo sesso femenile; e non ne turbate quanto ha di bello il mondo, e il cielo con suoi tanti occhi scorge. Ritornate, ritornate a voi, e richiamate l'ingegno, per cui veggiate che questo vostro livore non è altro che mania espressa e frenetico furore. Chi è più insensato e stupido, che quello che non vede la luce? Qual pazzia può esser più abietta, che per raggion di sesso, esser nemico all'istessa natura, come quel barbaro re di Sarza, che, per aver imparato da voi, disse:

Natura non può far cosa perfetta

Poi che natura femina vien detta.

Considerate alquanto il vero, alzate l'occhio a l'albore de la scienza del bene e il male, vedete la contrarietà ed opposizione ch'è tra l'uno e l'altro. Mirate chi sono i maschi, chi sono le femine. Qua scorgete per suggetto il corpo, ch'è vostro amico, maschio, là l'anima che è vostra nemica, femina. Qua il maschio caos, là la femina disposizione; qua il sonno, là la vigilia; qua il letargo, là la memoria; qua l'odio, là l'amicizia; qua il timore, là la sicurtà; qua il rigore, là la gentilezza; qua il scandalo, là la pace; qua il furore, là la quiete; qua l'errore, là la verità; qua il difetto, là la perfezione; qua l'inferno, là la felicità; qua Poliinnio pedante, là Poliinnia musa. E finalmente tutti vizii, mancamenti e delitti son maschi; e tutte le virtudi, eccellenze e bontadi son femine. Quindi la prudenza, la giustizia, la fortezza, la temperanza, la bellezza, la maestà, la dignità, la divinità, cossì si nominano, cossì s'imaginano, cossì si descriveno, cossì si pingono, cossì sono. E per uscir da queste raggioni teoriche, nozionali e grammaticali, convenienti al vostro argumento, e venire alle naturali, reali e prattiche: non ti deve bastar questo solo essempio a ligarti la lingua, e turarti la bocca, che ti farà confuso con quanti altri sono tuoi compagni, se ti dovesse mandare a ritrovare un maschio megliore o simile a questa Diva Elizabetta, che regna in Inghilterra; la quale, per esser tanto dotata, esaltata, faurita, difesa e mantenuta da' cieli, in vano si forzaranno di desmetterla l'altrui paroli o forze? A questa dama, dico, di cui non è chi sia più degno in tutto il regno, non è chi sia più eroico tra' nobili, non è chi sia più dotto tra' togati, non è chi sia più saggio tra' consulari? In comparazion de la quale, tanto per la corporal beltade, tanto per la cognizion de lingue da volgari e dotti, tanto per la notizia de le scienze ed arti, tanto per la prudenza nel governare, tanto per la felicitade di grande e lunga autoritade, quanto per tutte l'altre virtudi civili e naturali, vilissime sono le Sofonisbe, le Faustine, le Semirami, le Didoni, le Cleopatre ed altre tutte, de quali gloriar si possano l'Italia, la Grecia, l'Egitto e altre parti de l'Europa ed Asia per gli passati tempi? Testimoni mi sono gli effetti e il fortunato successo, che non senza nobil maraviglia rimira il secolo presente; quando nel dorso de l'Europa, correndo irato il Tevere, minaccioso il Po, violento il Rodano, sanguinosa la Senna, turbida la Garonna, rabbioso l'Ebro, furibondo il Tago, travagliata la Mosa, inquieto il Danubio; ella col splendor degli occhi suoi, per cinque lustri e più s'ha fatto tranquilla il grande Oceano, che col continuo reflusso e flusso lieto e quieto accoglie nell'ampio seno il suo diletto Tamesi; il quale, fuor d'ogni tema e noia, sicuro e gaio si spasseggia, mentre serpe e riserpe per l'erbose sponde. Or dunque, per cominciar da capo, quali....

ARM. Taci, taci, Filoteo non ti forzar di gionger acqua al nostro Oceano e lume al nostro sole: lascia di mostrarti abstratto, per non dirti peggio, disputando con gli absenti Poliinnii. Fatene un poco copia di questi presenti dialogi, a fine che non meniamo ocioso questo giorno e ore.

TEOF. Prendete, leggete.

Dialogo secondo

Interlocutori: Dicsono Arelio, Teofilo, Gervasio, Poliinnio.

DIC. Di grazia, maestro Poliinnio, e tu, Gervasio, non interrompete oltre i nostri discorsi.

POL. Fiat.

GERV. Se costui, che è il magister, parla, senza dubio io non posso tacere.

DIC. Sì che dite, Teofilo, che ogni cosa, che non è primo principio e prima causa, ha principio ed ha causa?

TEOF. Senza dubio e senza controversia alcuna.

DIC. Credete per questo, che chi conosce le cose causate e principiate, conosca la causa e principio?

TEOF. Non facilmente la causa prossima e principio prossimo, difficilissimamente, anco in vestigio, la causa principio primo.

DIC. Or come intendete che le cose, che hanno causa e principio primo e prossimo, siano veramente conosciute, se, secondo la raggione della causa efficiente (la quale è una di quelle che concorreno alla real cognizione de le cose), sono occolte?

TEOF. Lascio che è facil cosa ordinare la dottrina demostrativa, ma il demostrare è difficile; agevolissima cosa è ordinare le cause, circostanze e metodi di dottrine; ma poi malamente gli nostri metodici e analitici metteno in esecuzione i loro organi, principii di metodi ed arti de le arti.

GERV. Come quei che san far sì belle spade, ma non le sanno adoperare.

POL. Ferme.

GERV. Fermàti te siano gli occhi, che mai le possi aprire.

TEOF. Dico però che non si richiede dal filosofo naturale che ammeni tutte le cause e principii; ma le fisiche sole, e di queste le principali e proprie. Benché dunque, perché dependeno dal primo principio e causa, si dicano aver quella causa e quel principio, tuttavolta non è sì necessaria relazione, che da la cognizione de l'uno s'inferisca la cognizione de l'altro. E però non si richiede che vengano ordinati in una medesma disciplina.

DIC. Come questo?

TEOF. Perché dalla cognizione di tutte cose dependenti non possiamo inferire altra notizia del primo principio e causa che per modo men efficace che di vestigio, essendo che il tutto deriva dalla sua volontà o bontà, la quale è principio della sua operazione, da cui procede l'universale effetto. Il che medesmo si può considerare ne le cose artificiali, in tanto che chi vede la statua, non vede il scultore; chi vede il ritratto di Elena, non vede Apelle, ma vede lo effetto de l'operazione che proviene da la bontà de l'ingegno d'Apelle, il che tutto è uno effetto degli accidenti e circostanze de la sustanza di quell'uomo, il quale, quanto al suo essere assoluto, non è conosciuto punto.

DIC. Tanto che conoscere l'universo, è come conoscer nulla dello essere e sustanza del primo principio, perché è come conoscere gli accidenti degli accidenti.

TEOF. Cossì; ma non vorei che v'imaginaste ch'io intenda in Dio essere accidenti, o che possa esser conosciuto come per suoi accidenti.

DIC. Non vi attribuisco sì duro ingegno; e so che altro è dire essere accidenti, altro essere suoi accidenti, altro essere come suoi accidenti ogni cosa che è estranea dalla natura divina. Nell'ultimo modo di dire credo che intendete essere gli effetti della divina operazione; li quali, quantunque siano la sustanza de le cose, anzi e l'istesse sustanze naturali, tuttavolta sono come accidenti remotissimi, per farne toccare la cognizione appreensiva della divina soprannaturale essenza.

TEOF. Voi dite bene.

DIC. Ecco dunque, che della divina sustanza, sì per essere infinita sì per essere lontanissima da quelli effetti che sono l'ultimo termine del corso della nostra discorsiva facultade, non possiamo conoscer nulla, se non per modo di vestigio, come dicono i platonici, di remoto effetto, come dicono i peripatetici, di indumenti, come dicono i cabalisti, di spalli o posteriori, come dicono i thalmutisti, di spechio, ombra ed enigma, come dicono gli apocaliptici.

TEOF. Anzi di più: perché non veggiamo perfettamente questo universo di cui la sustanza e il principale è tanto difficile ad essere compreso, avviene che assai con minor raggione noi conosciamo il primo principio e causa per il suo effetto, che Apelle per le sue formate statue possa esser conosciuto; perché queste le possiamo veder tutte ed essaminar parte per parte, ma non già il grande e infinito effetto della divina potenza. Però quella similitudine deve essere intesa senza proporzial comparazione.

DIC. Cossì è, e cossì la intendo.

TEOF. Sarà dunque bene d'astenerci da parlar di sì alta materia.

DIC. Io lo consento, perché basta moralmente e teologalmente conoscere il primo principio in quanto che i superni numi hanno revelato e gli uomini divini dechiarato. Oltre che, non solo qualsivoglia legge e teologia, ma ancora tutte riformate filosofie conchiudeno esser cosa da profano e turbulento spirto il voler precipitarsi a dimandar raggione e voler definire circa quelle cose che son sopra la sfera della nostra intelligenza.

TEOF. Bene. Ma non tanto son degni di riprensione costoro, quanto son degnissimi di lode quelli che si forzano alla cognizione di questo principio e causa, per apprendere la sua grandezza quanto fia possibile discorrendo con gli occhi di regolati sentimenti circa questi magnifici astri e lampeggianti corpi, che son tanti abitati mondi e grandi animali ed eccellentissimi numi, che sembrano e sono innumerabili mondi non molto dissimili a questo che ne contiene; i quali, essendo impossibile ch'abbiano l'essere da per sé, atteso che sono composti e dissolubili (benché non per questo siano degni d'esserno disciolti, come è stato ben detto nel Timeo, è necessario che conoscano principio e causa, e consequentemente con la grandezza del suo essere, vivere ed oprare: monstrano e predicano in uno spacio infinito, con voci innumerabili, la infinita eccellenza e maestà del suo primo principio e causa. Lasciando dunque, come voi dite, quella considerazione per quanto è superiore ad ogni senso e intelletto, consideriamo del principio e causa per quanto, in vestigio, o è la natura istessa o pur riluce ne l'ambito e grembo di quella. Voi dunque dimandatemi per ordine, se volete ch'io per ordine vi risponda.

DIC. Cossì farò. Ma primamente, perché usate dir causa e principio, vorei saper se questi son tolti da voi come nomi sinonimi?

TEOF. Non.

DIC. Or dunque, che differenza è tra l'uno e l'altro termine?

TEOF. Rispondo, che, quando diciamo Dio primo principio e prima causa, intendiamo una medesma cosa con diverse raggioni; quando diciamo nella natura principii e cause, diciamo diverse cose con sue diverse raggioni. Diciamo Dio primo principio, in quanto tutte cose sono dopo lui, secondo certo ordine di priore e posteriore, o secondo la natura, o secondo la durazione, o secondo la dignità. Diciamo Dio prima causa, in quanto che le cose tutte son da lui distinte come lo effetto da l'efficiente, la cosa prodotta dal producente. E queste due raggioni son differenti, perché non ogni cosa, che è priore e più degna, è causa di quello ch'è posteriore e men degno; e non ogni cosa che è causa, è priore e più degna di quello che è causato, come è ben chiaro a chi ben discorre.

DIC. Or dite in proposito naturale, che differenza è tra causa e principio?

TEOF. Benché alle volte l'uno si usurpa per l'altro, nulladimeno, parlando propriamente, non ogni cosa che è principio, è causa, perché il punto è principio della linea, ma non è causa di quella; l'instante è principio dell'operazione; il termine onde è principio del moto e non causa del moto; le premisse son principio dell'argumentazione, non son causa di quella. Però principio è più general termine che causa.

DIC. Dunque, strengendo questi doi termini a certe proprie significazioni, secondo la consuetudine di quei che parlano più riformatamente, credo che vogliate che principio sia quello che intrinsecamente concorre alla constituzione della cosa e rimane nell'effetto, come dicono la materia e forma, che rimangono nel composto, o pur gli elementi da' quali la cosa viene a comporsi e ne' quali va a risolversi. Causa chiami quella che concorre alla produzione delle cose esteriormente, ed ha l'essere fuor de la composizione, come è l'efficiente e il fine, al qual è ordinata la cosa prodotta.

TEOF. Assai bene.

DIC. Or poi che siamo risoluti de la differenza di queste cose, prima desidero che riportiate la vostra intenzione circa le cause, e poi circa gli principii. E quanto alle cause, prima vorei saper della efficiente prima; della formale che dite esser congionta all'efficiente; oltre, della finale, la quale se intende motrice di questa.

TEOF. Assai mi piace il vostro ordine di proponere. Or, quanto alla causa effettrice, dico l'efficiente fisico universale essere l'intelletto universale, che è la prima e principal facultà de l'anima del mondo, la quale è forma universale di quello.

DIC. Mi parete essere non tanto conforme all'opinione di Empedocle, quanto più sicuro, più distinto e più esplicato; oltre, per quanto la soprascritta mi fa vedere, più profondo. Però ne farete cosa grata di venire alla dechiarazion del tutto per il minuto, cominciando dal dire che cosa sia questo intelletto universale.

TEOF. L'intelletto universale è l'intima, più reale e propria facultà e parte potenziale de l'anima del mondo. Questo è uno medesmo, che empie il tutto, illumina l'universo e indrizza la natura a produre le sue specie come si conviene; e cossì ha rispetto alla produzione di cose naturali, come il nostro intelletto alla congrua produzione di specie razionali. Questo è chiamato da' pitagorici motore ed esagitator de l'universo, come esplicò il Poeta, che disse: totamque infusa per artus Mens agitat molem, et toto se corpore miscet.

Questo è nomato da' platonici fabro del mondo. Questo fabro, dicono, procede dal mondo superiore, il quale è a fatto uno, a questo mondo sensibile, che è diviso in molti; ove non solamente la amicizia, ma anco la discordia, per la distanza de le parti, vi regna. Questo intelletto, infondendo e porgendo qualche cosa del suo nella materia, mantenendosi lui quieto e inmobile, produce il tutto. È detto da' maghi fecondissimo de semi, o pur seminatore; perché lui è quello che impregna la materia di tutte forme e, secondo la raggione e condizion di quelle, la viene a figurare, formare, intessere con tanti ordini mirabili, li quali non possono attribuirsi al caso, né ad altro principio che non sa distinguere e ordinare. Orfeo lo chiama occhio del mondo, per ciò che il vede entro e fuor tutte le cose naturali, a fine che tutto non solo intrinseca, ma anco estrinsecamente venga a prodursi e mantenersi nella propria simmetria. Da Empedocle è chiamato distintore, come quello che mai si stanca nell'esplicare le forme confuse nel seno della materia e di suscitar la generazione de l'una dalla corrozion de l'altra cosa. Plotino lo dice padre e progenitore, perché questo distribuisce gli semi nel campo della natura, ed è il prossimo dispensator de le forme. Da noi si chiama artefice interno, perché forma la materia e la figura da dentro, come da dentro del seme o radice manda ed esplica il stipe; da dentro il stipe caccia i rami; da dentro i rami le formate brance; da dentro queste ispiega le gemme; da dentro forma, figura, intesse, come di nervi, le frondi, gli fiori, gli frutti; e da dentro, a certi tempi, richiama gli suoi umori da le frondi e frutti alle brance, da le brance agli rami, dagli rami al stipe, dal stipe alla radice. Similmente negli animali spiegando il suo lavore dal seme prima, e dal centro del cuore a li membri esterni, e da quelli al fine complicando verso il cuore l'esplicate facultadi, fa come già venesse a ringlomerare le già distese fila. Or, se credemo non essere senza discorso e intelletto prodotta quell'opra come morta, che noi sappiamo fengere con certo ordine e imitazione ne la superficie della materia, quando, scorticando e scalpellando un legno, facciamo apparir l'effige d'un cavallo; quanto credere dobbiamo esser maggior quel intelletto artefice, che da l'intrinseco della seminal materia risalda l'ossa, stende le cartilagini, incava le arterie, inspira i pori, intesse le fibre, ramifica gli nervi, e con sì mirabile magistero dispone il tutto? Quanto, dico, più grande artefice è questo, il quale non è attaccato ad una sola parte de la materia, ma opra continuamente tutto in tutto? Son tre sorte de intelletto; il divino che è tutto, questo mundano che fa tutto, gli altri particolari che si fanno tutto; perché bisogna che tra gli estremi se ritrove questo mezzo, il quale è vera causa efficiente, non tanto estrinseca come anco intrinseca, de tutte cose naturali.

DIC. Vi vorei veder distinguere come lo intendete causa estrinseca e come intrinseca.

TEOF. Lo chiamo causa estrinseca, perché, come efficiente, non è parte de li composti e cose produtte. È causa intrinseca, in quanto che non opra circa la materia e fuor di quella, ma, come è stato poco fa detto. Onde è causa estrinseca per l'esser suo distinto dalla sustanza ed essenza degli effetti, e perché l'essere suo non è come di cose generabili e corrottibili, benché verse circa quelle; è causa intrinseca quanto a l'atto della sua operazione.

DIC. Mi par ch'abbiate a bastanza parlato della causa efficiente. Or vorei intendere che cosa è quella che volete sia la causa formale gionta all'efficiente: è forse la raggione ideale? Perché ogni agente che opra secondo la regola intellettuale, non procura effettuare se non secondo qualche intenzione; e questa non è senza apprensione di qualche cosa; e questa non è altro che la forma de la cosa che è da prodursi: e per tanto questo intelletto, che ha facultà di produre tutte le specie e cacciarle con sì bella architettura dalla potenza della materia a l'atto, bisogna che le preabbia tutte secondo certa raggion formale, senza la quale l'agente non potrebe procedere alla sua manifattura; come al statuario non è possibile d'essequir diverse statue senza aver precogitate diverse forme prima.

TEOF. Eccellentemente la intendete, perché voglio che siano considerate due sorte di forme: l'una, la quale è causa, non già efficiente, ma per la quale l'efficiente effettua; l'altra è principio, la quale da l'efficiente è suscitata da la materia.

DIC. Il scopo e la causa finale, la qual si propone l'efficiente, è la perfezion dell'universo; la quale è che.in diverse parti della materia tutte le forme abbiano attuale esistenza: nel qual fine tanto si deletta e si compiace l'intelletto, che mai si stanca suscitando tutte sorte di forme da la materia, come par che voglia ancora Empedocle.

TEOF. Assai bene. E giongo a questo che, sicome questo efficiente è universale nell'universo ed è speciale e particulare nelle parti e membri di quello, cossì la sua forma e il suo fine.

DIC. Or assai è detto delle cause; procediamo a raggionar de gli principii.

TEOF. Or, per venire a li principii constitutivi de le cose, prima raggionarò de la forma per esser medesma in certo modo con la già detta causa efficiente; per che l'intelletto che è una potenza de l'anima del mondo, è stato detto efficiente prossimo di tutte cose naturali.

DIC. Ma come il medesmo soggetto può essere principio e causa di cose naturali? Come può aver raggione di parte intrinseca, e non di parte estrinseca?

TEOF. Dico che questo non è inconveniente, considerando che l'anima è nel corpo come nocchiero nella nave. Il qual nocchiero, in quanto vien mosso insieme con la nave, è parte di quella; considerato in quanto che la governa e muove, non se intende parte, ma come distinto efficiente. Cossì l'anima de l'universo, in quanto che anima e informa, viene ad esser parte intrinseca e formale di quello; ma, come che drizza e governa, non è parte, non ha raggione di principio, ma di causa. Questo ne accorda l'istesso Aristotele; il qual, quantunque neghi l'anima aver quella raggione verso il corpo, che ha il nocchiero alla nave, tuttavolta, considerandola secondo quella potenza con la quale intende e sape, non ardisce di nomarla atto e forma di corpo; ma, come uno efficiente, separato dalla materia secondo l'essere, dice che quello è cosa che viene di fuora, secondo la sua subsistenza, divisa dal composto.

DIC. Approvo quel che dite, perché, se l'essere separata dal corpo alla potenza intellettiva de l'anima nostra conviene, e lo aver raggione di causa efficiente, molto più si deve affirmare dell'anima del mondo; Perché dice Plotino, scrivendo contra gli Gnostici, che "con maggior facilità l'anima del mondo regge l'universo, che l'anima nostra il corpo nostro"; poscia è gran differenza dal modo con cui quella e questa governa. Quella, non come alligata, regge il mondo di tal sorte che la medesma non leghi ciò che prende; quella non patisce da l'altre cose né con l'altre cose; quella senza impedimento s'inalza alle cose superne; quella, donando la vita e perfezione al corpo, non riporta da esso imperfezione alcuna; e però eternamente è congionta al medesmo soggetto. Questa poi è manifesto che è di contraria condizione. Or se, secondo il vostro principio, le perfezioni che sono nelle nature inferiori, più altamente denno essere attribuite e conosciute nelle nature superiori, doviamo senza dubio alcuno affirmare la distinzione che avete apportata. Questo non solo viene affirmato ne l'anima del mondo, ma anco de ciascuna stella, essendo, come il detto filosofo vole, che tutte hanno potenza di contemplare Idio, gli principii di tutte le cose e la distribuzione degli ordini de l'universo; e vole che questo non accade per modo di memoria, di discorso e considerazione, perché ogni lor opra è opra eterna, e non è atto che gli possa esser nuovo, e però niente fanno che non sia al tutto condecente, perfetto, con certo e prefisso ordine, senza atto di cogitazione; come, per essempio di un perfetto scrittore e citarista, mostra ancora Aristotele, quando, per questo che la natura non discorre e ripensa, non vuole che si possa conchiudere che ella opra senza intelletto e intenzion finale, perché li musici e scrittori esquisiti meno sono attenti a quel che fanno, e non errano come gli più rozzi ed inerti, gli quali, con più pensarvi e attendervi, fanno l'opra men perfetta e anco non senza errore.

TEOF. La intendete. Or venemo al più particolare. Mi par che detraano alla divina bontà e all'eccellenza di questo grande animale e simulacro del primo principio, quelli che non vogliono intendere né affirmare il mondo con gli suoi membri essere animato, come Dio avesse invidia alla sua imagine, come l'architetto non amasse l'opra sua singulare; di cui dice Platone, che si compiacque nell'opificio suo, per la sua similitudine che remirò in quello. E certo che cosa può più bella di questo universo presentarsi agli occhi della divinità? ed essendo che quello costa di sue parti, a quali di esse si deve più attribuire che al principio formale? Lascio a meglio e più particolar discorso mille raggioni naturali oltre questa topicale o logica.

DIC. Non mi curo che vi sforziate in ciò, atteso non è filosofo di qualche riputazione, anco tra' peripatetici, che non voglia il mondo e le sue sfere essere in qualche modo animate. Vorei ora intendere, con che modo volete da questa forma venga ad insinuarsi alla materia de l'universo.

TEOF. Se gli gionge di maniera che la natura del corpo, la quale secondo sé non è bella, per quanto è capace viene a farsi partecipe di bellezza, atteso che non è bellezza se non consiste in qualche specie o forma, non è forma alcuna che non sia prodotta da l'anima.

DIC. Mi par udir cosa molto nova: volete forse che non solo la forma de l'universo, ma tutte quante le forme di cose naturali siano anima?

TEOF. Sì.

DIC. Sono dunque tutte le cose animate?

TEOF. Sì.

DIC. Or chi vi accordarà questo?

TEOF. Or chi potrà riprovarlo con raggione?

DIC. È comune senso che non tutte le cose vivono.

TEOF. Il senso più comune non è il più vero.

DIC. Credo facilmente che questo si può difendere. Ma non bastarà a far una cosa vera perché la si possa difendere, atteso che bisogna che si possa anco provare.

TEOF. Questo non è difficile. Non son de' filosofi che dicono il mondo essere animato?

DIC. Son certo molti, e quelli principalissimi.

TEOF. Or perché gli medesmi non diranno le parti tutte.del mondo essere animate?

DIC. Lo dicono certo, ma de le parti principali, e quelle che son vere parti del mondo; atteso che non in minor raggione vogliono l'anima essere tutta in tutto il mondo, e tutta in qualsivoglia parte di quello, che l'anima degli animali, a noi sensibili, è tutta per tutto.

TEOF. Or quali pensate voi, che non siano parti del mondo vere?

DIC. Quelle che non son primi corpi, come dicono i peripatetici: la terra con le acqui e altre parti, le quali, secondo il vostro dire, constituiscono l'animale intiero: la luna, il sole, e altri corpi. Oltre questi principali animali, son quei che non sono primere parti de l'universo, de quali altre dicono aver l'anima vegetativa, altre la sensitiva, altre la intellettiva.

TEOF. Or, se l'anima per questo che è nel tutto, è anco ne le parti, perché non volete che sia ne le parti de le parti?

DIC. Voglio, ma ne le parti de le parti de le cose animate.

TEOF. Or quali son queste cose, che non sono animate, o non son parte di cose animate?

DIC. Vi par che ne abbiamo poche avanti gli occhi? Tutte le cose che non hanno vita.

TEOF. E quali son le cose che non hanno vita, almeno principio vitale?

DIC. Per conchiuderla, volete voi che non sia cosa che non abbia anima, e che non abbia principio vitale?

TEOF. Questo è quel ch'io voglio al fine.

POL. Dunque, un corpo morto ha anima? dunque, i miei calopodii, le mie pianella, le mie botte, gli miei proni e il mio annulo e chiroteche serano animate? la mia toga e il mio pallio sono animati?

GERV. Sì, messer sì, mastro Poliinnio, perché non? Credo bene che la tua toga e il tuo mantello è bene animato, quando contiene un animal, come tu sei, dentro; le botte e gli sproni sono animati, quando contengono gli piedi; il cappello è animato, quando contiene il capo, il quale non è senza anima; e la stalla è anco animata quando contiene il cavallo, la mula over la Signoria Vostra. Non la intendete cossì, Teofilo? non vi par ch'io l'ho compresa meglio che il dominus magister?

POL. Cuium pecus? come che non si trovano degli asini etiam atque etiam sottili? hai ardir tu, apirocalo, abecedario, di volerti equiparare ad un archididascalo e moderator di ludo minervale par mio?

GERV. Pax vobis, domine magister, servus servorum et scabellum pedum tuorum.

POL. Maledicat te Deus in secula seculorum.

DIC. Senza còlera: lasciatene determinar queste cose a noi.

POL. Prosequatur ergo sua dogmata Theophilus.

TEOF. Cossì farò. Dico dunque, che la tavola come tavola non è animata, né la veste, né il cuoio come cuoio, né il vetro come vetro; ma, come cose naturali e composte, hanno in sé la materia e la forma. Sia pur cosa quanto piccola e minima si voglia, ha in sé parte di sustanza spirituale; la quale, se trova il soggetto disposto, si stende ad esser pianta, ad esser animale, e riceve membri di qualsivoglia corpo che comunmente se dice animato: perché spirto si trova in tutte le cose, e non è minimo corpusculo che non contegna cotal porzione in sé che non inanimi.

POL. Ergo, quidquid est, animal est.

TEOF. Non tutte le cose che hanno anima si chiamano animate.

DIC. Dunque, almeno, tutte le cose han vita?

TEOF. Concedo che tutte le cose hanno in sé anima, hanno vita, secondo la sustanza e non secondo l'atto ed operazione conoscibile da' peripatetici tutti, e quelli che la vita e anima definiscono secondo certe raggioni troppo grosse.

DIC. Voi mi scuoprite qualche modo verisimile con il quale si potrebe mantener l'opinion d'Anaxagora; che voleva ogni cosa essere in ogni cosa, perché, essendo il spirto o anima o forma universale in tutte le cose, da tutto si può produr tutto.

TEOF. Non dico verisimile, ma vero; perché quel spirto si trova in tutte le cose, le quali, se non sono animali, sono animate; se non sono secondo l'atto sensibili d'animalità e vita, son però secondo il principio e certo atto primo d'animalità e vita. E non dico di vantaggio, perché voglio supersedere circa la proprietà di molti lapilli e gemme; le quali, rotte e recise e poste in pezzi disordinati, hanno certe virtù di alterar il spirto ed ingenerar novi affetti e passioni ne l'anima, non solo nel corpo. E sappiamo noi che tali effetti non procedeno, né possono provenire da qualità puramente materiale, ma necessariamente si riferiscono a principio simbolico vitale e animale; oltre che il medesmo veggiamo sensibilmente ne' sterpi e radici smorte, che, purgando e congregando gli umori, alterando gli spirti, mostrano necessariamente effetti di vita. Lascio che non senza caggione li necromantici sperano effettuar molte cose per le ossa de' morti; e credeno che quelle ritegnano, se non quel medesmo, un tale però e quale atto di vita, che gli viene a proposito a effetti estraordinarii. Altre occasioni mi faranno più a lungo discorrere circa la mente, il spirto, l'anima, la vita che penetra tutto, è in tutto e move tutta la materia; empie il gremio di quella, e la sopravanza più tosto che da quella è sopravanzata, atteso che la sustanza spirituale dalla materiale non può essere superata, ma più tosto la viene a contenere.

DIC. Questo mi par conforme non solo al senso di Pitagora, la cui sentenza recita il Poeta, quando dice:

Principio caelum ac terras camposque liquentes,

Lucentemque globum lunae Titaniaque astra

Spiritus intus alit, totamque infusa per artus

Mens agitat molem, totoque se corpore miscet;

ma ancora al senso del teologo, che dice: "il spirito colma ed empie la terra, e quello che contiene il tutto". E un altro, parlando forse del commercio della forma con la materia e la potenza, dice che è sopravanzata da l'atto e da.la forma.

TEOF. Se dunque il spirto, la anima, la vita si ritrova in tutte le cose e, secondo certi gradi, empie tutta la materia; viene certamente ad essere il vero atto e la vera forma de tutte le cose. L'anima, dunque, del mondo è il principio formale constitutivo de l'universo e di ciò che in quello si contiene. Dico che, se la vita si trova in tutte le cose, l'anima viene ad esser forma di tutte le cose: quella per tutto è presidente alla materia e signoreggia nelli composti, effettua la composizione e consistenzia de le parti. E però la persistenza non meno par che si convegna a cotal forma, che a la materia. Questa intendo essere una di tutte le cose; la qual però, secondo la diversità delle disposizioni della materia e secondo la facultà de' principii materiali attivi e passivi, viene a produr diverse figurazioni, ed effettuar diverse facultadi, alle volte mostrando effetto di vita senza senso, talvolta effetto di vita e senso senza intelletto, talvolta par ch'abbia tutte le facultadi suppresse e reprimute o dalla imbecillità o da altra raggione de la materia. Cossì, mutando questa forma sedie e vicissitudine, è impossibile che se annulle, perché non è meno subsistente la sustanza spirituale che la materiale. Dunque le formi esteriori sole si cangiano e si annullano ancora, perché non sono cose ma de le cose, non sono sustanze, ma de le sustanze sono accidenti e circostanze.

POL. Non entia sed entium.

DIC. Certo, se de le sustanze s'annullasse qualche cosa, verrebe ad evacuarse il mondo.

TEOF. Dunque abbiamo un principio intrinseco formale, eterno e subsistente, incomparabilmente megliore di quello ch'han finto gli sofisti che versano circa gli accidenti, ignoranti della sustanza de le cose, e che vengono a ponere le sustanze corrottibili, perché quello chiamano massimamente, primamente e principalmente sustanza, che resulta da la composizione; il che non è altro ch'uno accidente, che non contiene in sé nulla stabilità e verità, e se risolve in nulla. Dicono quello esser veramente omo che resulta dalla composizione; quello essere veramente anima che è o perfezione ed atto di corpo vivente, o pur cosa che resulta da certa simmetria di complessione e membri. Onde non è maraviglia se fanno tanto e prendeno tanto spavento per la morte e dissoluzione, come quelli a' quali è imminente la iattura de l'essere. Contra la qual pazzia crida ad alte voci la natura, assicurandoci che non gli corpi né l'anima deve temer la morte, perché tanto la materia quanto la forma sono principii constantissimi:

O genus attonitum gelidae formidine mortis,

Quid Styga, quid tenebras et nomina vana timetis

Materiam vatum falsique pericula mundi?

Corpora sive rogus flamma seu tabe vetustas

Abstulerit, mala posse pati non ulla putetis:

Morte carent animae domibus habitantque receptae.

Omnia mutantur, nihil interit.

DIC. Conforme a questo mi par che dica il sapientissimo.stimato tra gli Ebrei Salomone: Quid est quod est? Ipsum quod fuit. Quid est quod fuit? Ipsum quod est. Nihil sub sole novum. - Sì che questa forma, che voi ponete, non è inesistente e aderente a la materia secondo l'essere, non depende dal corpo e da la materia a fine che subsista?

TEOF. Cossì è. E oltre ancora non determino se tutta la forma è accompagnata da la materia, cossì come già sicuramente dico de la materia non esser parte che a fatto sia destituita da quella, eccetto compresa logicamente, come da Aristotele, il quale mai si stanca di dividere con la raggione quello che è indiviso secondo la natura e verità.

DIC. Non volete che sia altra forma che questa eterna compagna de la materia?

TEOF. E più naturale ancora, che è la forma materiale, della quale raggionaremo appresso. Per ora notate questa distinzione de la forma, che è una sorte di forma prima, la quale informa, si estende e depende; e questa, perché informa il tutto, è in tutto; e perché la si stende, comunica la perfezione del tutto alle parti; e perché la dipende e non ha operazione da per sé, viene a communicar la operazion del tutto alle parti; similmente il nome e l'essere. Tale è la forma materiale, come quella del fuoco; perché ogni parte del fuoco scalda, si chiama fuoco, ed è fuoco. Secondo, è un'altra sorte di forma, la quale informa e depende, ma non si stende; e tale, perché fa perfetto e attua il tutto, è nel tutto e in ogni parte di quello; perché non si stende, avviene che l'atto del tutto non attribuisca a le parti; perché depende, l'operazione del tutto comunica a le parti. E tale è l'anima vegetativa e sensitiva, perché nulla parte de l'animale è animale, e nulladimeno ciascuna parte vive e sente. Terzo, è un'altra sorte di forma, la quale attua e fa perfetto il tutto, ma non si stende, né depende quanto a l'operazione. Questa perché attua e fa perfetto, è nel tutto, e in tutto e in ogni parte; perché la non si stende, la perfezione del tutto non attribuisce a le parti; perché non depende, non comunica l'operazione. Tale è l'anima per quanto può esercitar la potenza intellettiva, e si chiama intellettiva; la quale non fa parte alcuna de l'uomo che si possa nomar uomo, né sia uomo, né si possa dir che intenda. Di queste tre specie la prima è materiale, che non si può intendere, né può essere senza materia; l'altre due specie (le quali in fine concorreno a uno, secondo la sustanza ed essere, e si distingueno secondo il modo che sopra abbiamo detto) denominiamo quel principio formale, il quale è distinto dal principio materiale.

DIC. Intendo.

TEOF. Oltre di questo voglio che si avertisca che, benché, parlando secondo il modo comune, diciamo che sono cinque gradi de le forme: cioè di elemento, misto, vegetale, sensitivo e intellettivo; non lo intendiamo però secondo l'intenzion volgare; perché questa distinzione vale secondo l'operazioni che appaiono e procedono dagli suggetti, non secondo quella raggione de l'essere primario e fondamentale di quella forma e vita spirituale, la quale medesma empie tutto, e non secondo il medesmo modo.

DIC. Intendo. Tanto che questa forma, che voi ponete per principio, è forma subsistente, constituisce specie perfetta, è in proprio geno, e non è parte di specie, come quella peripatetica.

TEOF. Cossì è.

DIC. La distinzione de le forme nella materia non è secondo le accidentali disposizioni che dependeno da la forma materiale.

TEOF. Vero.

DIC. Onde anco questa forma separata non viene essere moltiplicata secondo il numero, perché ogni multiplicazione numerale depende da la materia.

TEOF. Sì.

DIC. Oltre, in sé invariabile, variabile poi per li soggetti e diversità di materie. E cotal forma, benché nel soggetto faccia differir la parte dal tutto, ella però non differisce nella parte e nel tutto; benché altra raggione li convegna come subsistente da per sé, altra in quanto che è atto e perfezione di qualche soggetto, ed altra poi a riguardo d'un soggetto con disposizioni d'un modo, altra con quelle d'un altro.

TEOF. Cossì a punto.

DIC. Questa forma non la intendete accidentale, né simile alla accidentale, né come mista alla materia, né come inerente a quella, ma inesistente, associata, assistente.

TEOF. Cossì dico.

DIC. Oltre, questa forma è definita e determinata per la materia; perché, avendo in sé facilità di constituir particolari di specie innumerabili, viene a contraersi, a constituir uno individuo; e da l'altro canto, la potenza della materia indeterminata, la quale può ricevere qualsivoglia forma, viene a terminarsi ad una specie: tanto che l'una è causa della definizione e determinazion de l'altra.

TEOF. Molto bene.

DIC. Dunque, in certo modo approvate il senso di Anaxagora, che chiama le forme particolari di natura latitanti; alquanto quel di Platone, che le deduce da le idee; alquanto quel di Empedocle, che le fa provenire da la intelligenza; in certo modo quel di Aristotele, che le fa come uscire da la potenza de la materia? .

TEOF. Sì, perché, come abbiamo detto che dove è la forma, è in certo modo tutto, dove è l'anima, il spirto, la vita, è tutto, il formatore è l'intelletto per le specie ideali; le forme, se non le suscita da la materia, non le va però mendicando da fuor di quella; perché questo spirto empie il tutto.

POL. Velim scire quomodo forma est anima mundi ubique tota, se la è individua. Bisogna dunque che la sia molto grande, anzi de infinita dimensione, se dici il mondo essere infinito.

GERV. È ben raggione che sia grande. Come anco del Nostro Signore disse un predicatore a Grandazzo in Sicilia; dove, in segno che quello è presente in tutto il mondo, ordinò un crucifisso tanto grande, quanta era la chiesa, a similitudine de Dio padre, il quale ha il cielo empireo per baldacchino, il ciel stellato per seditoio, ed ha le gambe tanto lunghe, che giungono sino a terra, che gli serve per scabello. A cui venne a dimandar un certo paesano, dicendogli: - Padre mio reverendo, or quante olne di drappo bisognaranno per fargli le calze? - E un altro disse che non bastarebono tutti i ceci, faggiuoli e fave di Melazzo e Nicosia per empirgli la pancia. - Vedete dunque che questa anima del mondo non sia fatta a questa foggia anch'ella.

TEOF. Io non saprei rispondere al tuo dubio, Gervasio, ma bene a quello di mastro Poliinnio. Pure dirò con una similitudine, per satisfar alla dimanda di ambidoi, perché voglio che voi ancora riportiate qualche frutto di nostri raggionamenti e discorsi. Dovete dunque saper brevemente che l'anima del mondo e la divinità non sono tutti presenti per tutto e per ogni parte, in modo con cui qualche cosa materiale possa esservi, perché questo è impossibile a qualsivoglia corpo e qualsivoglia spirto; ma con un modo, il quale non è facile a displicarvelo altrimente se non con questo. Dovete avvertire che, se l'anima del mondo e forma universale se dicono essere per tutto, non s'intende corporalmente e dimensionalmente, perché tali non sono, e cossì non possono essere in parte alcuna; ma sono tutti per tutto spiritualmente. Come, per esempio, anco rozzo, potreste imaginarvi una voce, la quale è tutta in tutta una stanza e in ogni parte di quella, perché da per tutto se intende tutta; come queste paroli ch'io dico, sono intese tutte da tutti, anco se fussero mille presenti; e la mia voce, si potesse giongere a tutto il mondo, sarebe tutta per tutto. Dico dunque a voi, mastro Poliinnio, che l'anima non è individua, come il punto; ma, in certo modo, come la voce. E rispondo a te, Gervasio, che la divinità non è per tutto, come il Dio di Grandazzo è in tutta la sua cappella; perché quello, benché sia in tutta la chiesa, non è però tutto in tutta, ma ha il capo in una parte, li piedi in un'altra, le braccia e il busto in altre ed altre parti. Ma quella è tutta in qualsivoglia parte, come la mia voce è udita tutta da tutte le parti di questa sala.

POL. Percepi optime.

GERV. Io l'ho pur capita la vostra voce.

DIC. Credo ben de la voce; ma del proposito penso che vi è entrato per un'orecchia e uscito per l'altra.

GERV. Io penso che non v'è né anco entrato, perché è tardi, e l'orloggio che tegno dentro il stomaco, ha toccata l'ora di cena.

POL. Hoc est, idest, ave il cervello in patinis.

DIC. Basta dunque. Domani conveneremo per raggionar forse circa il principio materiale.

TEOF. O vi aspettarò o mi aspettarete qua.

Fine del secondo dialogo.

Dialogo terzo

GERV. È pur gionta l'ora, e costoro non son venuti. Poi che non ho altro pensiero che mi tire, voglio prender spasso di udir raggionar costoro, da' quali oltre che posso imparar qualche tratto di scacco di filosofia, ho pur un bel passatempo circa que' grilli che ballano in quel cervello eteroclito di Poliinnio pedante. Il quale, mentre dice che vuol giudicar chi dice bene, chi discorre meglio, chi fa delle incongruità ed errori in filosofia, quando poi è tempo de dir la sua parte, e non sapendo che porgere, viene a sfilzarti da dentro il manico della sua ventosa pedantaria una insalatina di proverbiuzzi, di frase per latino o greco, che non fanno mai a proposito di quel ch'altri dicono: onde, senza troppa difficultà, non è cieco che non possa vedere quanto lui sia pazzo per lettera, mentre degli altri son savii per volgare. Or eccolo in fede mia, come sen viene che par che nel movere di passi ancora sappia caminar per lettera. Ben venga il dominus magister.

POL. Quel magister non mi cale: poscia che in questa devia ed enorme etade, viene attribuito non più ai miei pari che ad qualsivoglia barbitonsore, cerdone e castrator di porci, però ne vien consultato: nolite vocari Rabi.

GERV. Come dunque volete ch'io vi dica? Piacevi il reverendissimo?

POL. Illud est presbiterale et clericum.

GERV. Vi vien voglia de l'illustrissimo?

POL. Cedant arma togae: questo è da equestri eziandio, come da purpurati.

GERV. La maestà cesarea, anh?

POL. Quae Caesaris Caesari.

GERV. Prendetevi dunque il domine, deh! , toglietevi il gravitonante, il divum pater!... - Venemo a noi; perché siete tutti cossì tardi?

POL. Cossì credo che gli altri sono impliciti in qualche altro affare, come io, per non tralasciar questo giorno senza linea, sono versato circa la contemplazion del tipo del globo detto volgarmente il mappamondo.

GERV. Che avete a far col mappamondo?

POL. Contemplo le parti de la terra, climi, provinze e regioni; de quali tutte ho trascorse con l'ideal raggione, molte cogli passi ancora.

GERV. Vorei che discorressi alquanto dentro di te medesmo; perché questo mi par che più te importi, e di questo credo che manco ti curi.

POL. Absit verbo invidia; perché con questo molto più efficacemente vengo a conoscere me medesmo.

GERV. E come mel persuaderai?

POL. Per quel che dalla contemplazione del megacosmo facilmente, necessaria deductione facta a simili, si può pervenire alla cognizione del microcosmo, di cui le particole alle parti di quello corrispondeno.

GERV. Sì che trovaremo dentro voi la Luna, il Mercurio e altri astri? la Francia, la Spagna, l'Italia, l'Inghilterra, il Calicutto e altri paesi?

POL. Quidni? per quamdam analogiam.

GERV. Per quamdam analogiam io credo che siate un gran monarca; ma, se fuste una donna, vi dimandarei se vi è per alloggiare un putello, o di porvi in conserva una di quelle piante che disse Diogene.

POL. Ah, ah, quodanmodo facete. Ma questa petizione non quadra ad un savio ed erudito.

GERV. S'io fusse erudito, e mi istimasse savio, non verrei qua ad imparar insieme con voi.

POL. Voi sì, ma io non vegno per imparare, perché nunc meum est docere; mea quoque interest eos qui docere volunt iudicare; però vegno per altro fine che per quel che dovete voi venire, a cui conviene l'essere tirone, isagogico e discepolo.

GERV. Per qual fine?

POL. Per giudicare dico.

GERV. Invero, a' pari vostri più che ad altri sta bene di far giudicio de le scienze e dottrine; perché voi siete que' soli a' quali la liberalità de le stelle e la munificenza del fato ha conceduto il poter trarre il succhio da le paroli.

POL. E consequentemente dai sensi ancora i quali sono congionti alle paroli.

GERV. Come al corpo l'anima.

POL. Le qual paroli, essendo ben comprese, fanno ben considerar ancor il senso: però dalla cognizion de le lingue (nelle quali io, più che altro che sia in questa città, sono exercitato e non mi stimo men dotto di qualunque sia che tegna ludo di Minerva aperto) procede la cognizione di scienza qualsivoglia.

GERV. Dunque, tutti que' che intendeno la lingua italiana, comprenderanno la filosofia del Nolano?

POL. Sì, ma vi bisogna anco qualch'altra prattica e giudizio.

GERV. Alcun tempo io pensava che questa prattica fusse il principale; perché un che non sa greco, può intender tutto il senso d'Aristotele e conoscere molti errori in quello, come apertamente si vede che questa idolatria, che versava circa l'autorità di quel filosofo (quanto a le cose naturali principalmente), è a fatto abolita appresso tutti che comprendeno i sensi che apporta questa altra setta; ed uno che non sa né di greco, né di arabico, e forse né di latino, come il Paracelso, può aver meglio conosciuta la natura di medicamenti e medicina che Galeno, Avicenna e tutti che si fanno udir con la lingua romana. Le filosofie e leggi non vanno in perdizione per penuria d'interpreti di paroli, ma di que' che profondano ne' sentimenti.

POL. Cossì dunque vieni a computar un par mio nel numero della stolta moltitudine?

GERV. Non vogliano gli Dei, perché so che con la cognizione e studio de le lingue (il che è una cosa rara e singulare) non sol voi, ma tutti vostri pari sete valorosissimi circa il far giudicio delle dottrine, dopo aver crivellati i sentimenti di color che ne si fanno in.campo.

POL. Perché voi dite il verissimo, facilmente posso persuadermi che non lo dite senza raggione: per tanto, come non vi è difficile, non vi fia grave di apportarla.

GERV. Dirò (referendomi pur sempre alla censura de la prudenza e letteratura vostra) è proverbio comune che quei che son fuor del gioco, ne intendeno più che quei che vi son dentro; come que' che sono nel spettacolo, possono meglio giudicar de li atti, che quelli personaggi che sono in scena; e della musica può far meglior saggio un che non è de la capella o del conserto; similmente appare nel gioco de le carte, scacchi, scrima ed altri simili. Cossì voi altri signor pedanti, per esser esclusi e fuor d'ogni atto di scienza e filosofia, e per non aver, e giamai aver avuto participazione con Aristotele, Platone e altri simili, possete meglio giudicarli e condannar con la vostra sufficienza grammatticale e presunzion del vostro naturale, che il Nolano che si ritrova nel medesmo teatro, nella medesma familiarità e domestichezza, tanto che facilmente le combatte dopo aver conosciuti i loro interiori e più profondi sentimenti. Voi dico per esser extra ogni profession di galantuomini e pelegrini ingegni, meglio le possete giudicare.

POL. Io non saprei cossì di repente rispondere a questo impudentissimo. Vox faucibus haesit.

GERV. Però i pari vostri sono sì presuntuosi, come non son gli altri che vi hanno il piè dentro; e pertanto io vi assicuro, che degnamente vi usurpate l'ufficio di approvar questo, riprovar quello, glosar quell'altro, far qua una concordia e collazione, là una appendice.

POL. Questo ignorantissimo, da quel che io son perito nelle buone lettere umane, vuol inferir che sono ignorante in filosofia.

GERV. Dottissimo, messer Poliimnio; io vo' dire che, se voi aveste tutte le lingue, che son (come dicono i nostri predicatori) settantadue....,

POL. - cum dimidia.

GERV. - per questo non solamente non siegue che siate atto a far giudizio di filosofi, ma oltre non potreste togliere di essere il più gran goffo animale che viva in viso umano: e anco non è che impedisca che uno ch'abbia a pena una de le lingue, ancor bastarda, sia il più sapiente e dotto di tutto il mondo. Or considerate quel profitto ch'han fatto doi cotali, de' quali è un francese arcipedante, c'ha fatte le Scole sopra le arte liberali e l'Animadversioni contra Aristotele; e un altro sterco di pedanti, italiano, che ha imbrattati tanti quinterni con le sue Discussioni peripatetiche. Facilmente ognun vede ch'il primo molto eloquentemente mostra esser poco savio; il secondo, semplicemente parlando, mostra aver molto del bestiale e asino. Del primo possiamo pur dire che intese Aristotele; ma che l'intese male; e se l'avesse inteso bene, arebbe forse avuto ingegno di far onorata guerra contra lui, come ha fatto il giudiciosissimo Telesio consentino. Del secondo non possiamo dir che l'abbia inteso né male né bene; ma che l'abbia letto e riletto, cucito, scucito e conferito con mill'altri greci autori, amici e nemici di quello; e al fine fatta una grandissima fatica, non solo senza profitto alcuno, ma etiam con un grandissimo sprofitto, di sorte che chi vuol vedere in quanta pazzia e presuntuosa vanità può precipitar e profondare un abito pedantesco, veda quel sol libro, prima che se ne perda la somenza. Ma ecco presenti il Teofilo col Dicsono.

POL. Adeste felices, domini: la presenzia vostra è causa che la mia excandescenzia non venga ad exaggerar fulminee sentenze contra i vani propositi c'ha tenuti questo garrulo frugiperda.

GERV. Ed a me tolta materia di giocarmi circa la maestà di questo reverendissimo gufo.

DIC. Ogni cosa va bene se non v'adirate.

GERV. Io, quel che dico, lo dico con gioco, perché amo il signor maestro.

POL. Ego quoque quod irascor, non serio irascor, quia Gervasium non odi.

DIC. Bene: dunque, lasciatemi discorrer con Teofilo.

TEOF. Democrito dunque e gli epicurei, i quali, quel che non è corpo, dicono esser nulla, per conseguenza vogliono la materia sola essere la sustanza de le cose; ed anco quella essere la natura divina, come disse un certo arabo, chiamato Avicebron, come mostra in un libro intitolato Fonte di vita. Questi medesmi, insieme con cirenaici, cinici e stoici, vogliono le forme non essere altro che certe accidentali disposizioni de la materia. E io molto tempo son stato assai aderente a questo parere, solo per questo che ha fondamenti più corrispondenti alla natura che quei di Aristotele; ma, dopo aver più maturamente considerato, avendo risguardo a più cose, troviamo che è necessario conoscere nella natura doi geni di sustanza, l'uno che è forma e l'altro che è materia; perché è necessario che sia un atto sustanzialissimo, nel quale è la potenza attiva di tutto, ed ancora una potenza e un soggetto nel quale non sia minor potenza passiva di tutto: in quello è potestà di fare, in questo è potestà di esser fatto.

DIC. È cosa manifesta ad ognuno che ben misura, che non è possibile che quello sempre possa far il tutto senza che sempre sia chi può esser fatto il tutto. Come l'anima del mondo (dico ogni forma), la quale è individua, può essere figuratrice, senza il soggetto delle dimensioni o quantità, che è la materia? E la materia come può essere figurata? Forse da se stessa? Appare che potremo dire, che la materia vien figurata da se stessa, se noi vogliamo considerar l'universo corpo formato esser materia, chiamarlo materia; come un animale, con tutte le sue facultà, chiamaremo materia, distinguendolo, non da la forma, ma dal solo efficiente.

TEOF. Nessuno vi può impedire che non vi serviate del nome di materia secondo il vostro modo, come a molte sette ha medesmamente raggione di molte significazioni. Ma questo modo di considerar che voi dite, so che no' potrà star bene se non a un mecanico o medico che sta su la prattica, come a colui che divide l'universo corpo in mercurio, sale e solfro; il che dire non tanto viene a mostrar un divino ingegno di medico quanto potrebe mostrare un stoltissimo che volesse chiamarsi filosofo; il cui fine non è de venir solo a quella distinzion di principii, che fisicamente si fa per la separazione che procede dalla virtù del fuoco, ma anco a quella distinzion de principii, alla quale non arriva efficiente alcuno materiale, perché l'anima, inseparabile dal solfro, dal mercurio e dal sale, è principio formale; quale non è soggetto a qualità materiali, ma è al tutto signor della materia, non è tocco dall'opra di chimici la cui divisione si termina alle tre dette cose, e che conoscono un'altra specie d'anima che questa del mondo, e che noi doviamo diffinire.

DIC. Dite eccellentemente; e questa considerazione molto mi contenta, perché veggio alcuni tanto poco accorti che non distingueno le cause della natura assolutamente, secondo tutto l'ambito de lor essere, che son considerate da' filosofi, e de quelle prese in un modo limitato e appropriato; perché il primo modo è soverchio e vano a' medici, in quanto che son medici, il secondo è mozzo e diminuto a' filosofi, in quanto che son filosofi.

TEOF. Avete toccato quel punto nel quale è lodato Paracelso, ch'ha trattata la filosofia medicinale, e biasimato Galeno in quanto ha apportata la medicina filosofale, per far una mistura fastidiosa e una tela tanto imbrogliata, che al fine renda un poco exquisito medico e molto confuso filosofo. Ma questo sia detto con qualche rispetto; perché non ho avuto ocio per esaminare tutte le parti di quell'uomo.

GERV. Di grazia, Teofilo, prima fatemi questo piacere a me, che non sono tanto prattico in filosofia: dechiaratemi che cosa intendete per questo nome materia, e che cosa è quello che è materia nelle cose naturali.

TEOF. Tutti quelli che vogliono distinguere la materia e considerarla da per sé, senza la forma, ricorreno alla similitudine de l'arte. Cossì fanno i pitagorici, cossì i platonici, cossì i peripatetici. Vedete una specie di arte, come del lignaiolo, la quale per tutte le sue forme e tutti suoi lavori ha per soggetto il legno; come il ferraio il ferro, il sarto il panno. Tutte queste arti in una propria materia fanno diversi ritratti, ordini e figure, de le quali nessuna è propria e naturale a quella. Cossì la natura, a cui è simile l'arte, bisogna che de le sue operazioni abbia una materia; perché non è possibile che sia agente alcuno che, se vuol far qualche cosa, non abbia di che farla; o se vuol oprare, non abia che oprare. È dunque una specie di soggetto, del qual, col quale e nel quale la natura effettua la sua operazione, il suo lavoro; e il quale è da lei formato di tante forme che ne presentano a gli occhi della considerazione tanta varietà di specie. E sì come il legno da sé non ha nessuna forma artificiale, ma tutte può avere per operazione del legnaiolo; cossì la materia, di cui parliamo, da per sé e in sua natura non ha forma alcuna naturale, ma tutte le può aver per operazione dell'agente attivo principio di natura. Questa materia naturale non è cossì sensibile come la materia artificiale, perché la materia della natura non ha forma alcuna assolutamente; ma la materia dell'arte è una cosa formata già della natura, poscia che l'arte non può oprare se non nella superficie delle cose formate da la natura come legno, ferro, pietra, lana e cose simili; ma la natura opra dal centro, per dir cossì, del suo soggetto o materia, che è al tutto informe. Però molti sono i soggetti de le arti, ed uno è il soggetto della natura; perché quelli, per essere diversamente formati dalla natura, sono differenti e varii; questo, per non essere alcunamente formato, è al tutto indifferente, atteso che ogni differenza e diversità procede da la forma.

GERV. Tanto che le cose formate della natura sono materia de l'arte, e una cosa informe sola è materia della natura?

TEOF. Cossì è.

GERV. È possibile che sì come vedemo e conoscemo chiaramente gli soggetti de le arti, possiamo similmente conoscere il soggetto de la natura?

TEOF. Assai bene, ma con diversi principii di cognizione; perché sì come non col medesmo senso conoscemo gli colori e gli suoni, cossì non con il medesmo occhio veggiamo il soggetto de le arti e il soggetto della natura.

GERV. Volete dire, che noi con gli occhi sensitivi veggiamo quello, e con l'occhio della raggione questo.

TEOF. Bene.

GERV. Or piacciavi formar questa raggione.

TEOF. Volentieri. Quella relazione e riguardo che ha la forma de l'arte alla sua materia, medesma (secondo la debita proporzione) ha la forma della natura alla sua materia. Sì come dunque ne l'arte, variandosi in infinito (se possibil fosse) le forme, è sempre una materia medesima che persevera sotto quelle; come, appresso, la forma de l'arbore è una forma di tronco, poi di trave, poi di tavola, poi di scanno, poi di scabello, poi di cascia, poi di pettine e cossì va discorrendo, tuttavolta l'esser legno sempre persevera; non altrimente nella natura, variandosi in infinito e succedendo l'una a l'altra le forme, è sempre una materia medesma.

GERV. Come si può saldar questa similitudine?

TEOF. Non vedete voi che quello che era seme si fa erba, e da quello che era erba si fa spica, da che era spica si fa pane, da pane chilo, da chilo sangue, da questo seme, da questo embrione, da questo uomo, da questo cadavero, da questo terra, da questa pietra o altra cosa, e cossì oltre, per venire a tutte forme naturali?

GERV. Facilmente il veggio.

TEOF. Bisogna dunque che sia una medesima cosa che da sé non è pietra, non terra, non cadavero, non uomo, non embrione, non sangue o altro; ma che, dopo che era sangue, si fa embrione, ricevendo l'essere embrione; dopo che era embrione, riceva l'essere uomo, facendosi omo; come quella formata dalla natura, che è soggetto de la arte, da quel che era arbore, è tavola, e riceve esser tavola; da quel che era tavola, riceve l'esser porta, ed è porta.

GERV. Or l'ho capito molto bene. Ma questo soggetto della natura mi par che non possa esser corpo, né di certa qualità; perché questo, che va strafugendo or sotto una forma ed essere naturale, or sotto un'altra forma ed essere, non si dimostra corporalmente, come il legno o pietra, che sempre si fan veder quel che sono materialmente, o soggettivamente pongansi pure sotto qual forma si voglia.

TEOF. Voi dite bene.

GERV. Or che farò quando mi avverrà di conferir questo pensiero con qualche pertinace, il quale non voglia credere che sia cossì una sola materia sotto tutte le formazioni della natura, come è una sotto tutte le formazioni di ciascuna arte? Perché questa che si vede con gli occhi, non si può negare; quella che si vede con la raggione sola, si può negare.

TEOF. Mandatelo via, o non gli rispondete.

GERV. Ma se lui sarà importuno in dimandarne evidenza, e sarà qualche persona di rispetto, il quale non si possa più tosto mandar via che mandarmi via, e che abbia per ingiuria ch'io non li risponda?

TEOF. Che farai, se un cieco semideo, degno di qualsivoglia onor e rispetto, sarà protervo, importuno e pertinace a voler aver cognizione e dimandar evidenza di colori, di' pure, de le figure esteriori di cose naturali, come è dire: quale è la forma de l'arbore? quale è la forma de monti? di stella? oltre, quale è la forma de la statua, de la veste? e cossì di altre cose arteficiali, le quali a quei che vedeno son tanto manifeste?

GERV. Io li risponderei che, se lui avesse occhi, non ne dimandarebe evidenza, ma le potrebe veder da per lui; ma, essendo cieco, è anco impossibile che altri gli le dimostri.

TEOF. Similmente potrai dire a costoro, che, se avessero intelletto, non ne dimanderebono altra evidenza; ma la potrebono veder da per essi.

GERV. Di questa risposta quelli si vergognarebono, e altri la stimarebono troppa cinica.

TEOF. Dunque, li direte più copertamente cossì: -Illustrissimo signor mio; - o: - Sacrata Maestà, come alcune cose non possono essere evidenti se non con le mani e il toccare, altre se non con l'udito, altre non, eccetto che con il gusto; altre non, eccetto che con gli occhi: cossì questa materia di cose naturali non può essere evidente se non con l'intelletto.

GERV. Quello, forse, intendendo il tratto per non esser tanto oscuro né coperto me dirà: - Tu sei quello che non hai intelletto: io ne ho più che quanti tuoi pari si ritroveno.

TEOF. Tu non lo crederai più che se un cieco ti dicesse, che tu sei un cieco e che lui vede più che quanti pensano veder come tu ti pensi.

DIC. Assai è detto in dimostrar più evidentemente, che mai abbia udito, quel che significa il nome materia, e quello che si deve intender materia nelle cose naturali. Cossì il Timeo Pitagorico il quale, dalla trasmutazione dall'uno elemento nell'altro, insegna ritrovar la materia che è occolta, e che non si può conoscere, eccetto che con certa analogia. "Dove era la forma della terra", dice lui, "appresso appare la forma de l'acqua", e qua non si può dire che una forma riceva l'altra; perché un contrario non accetta né riceve l'altro, cioè il secco non riceve l'umido o pur la siccità non riceve la umidità, ma da una cosa terza vien scacciata la siccità e introdotta la umidità, e quella terza cosa è soggetto dell'uno e l'altro contrario, e non è contraria ad alcuno. Adunque, se non è da pensar che la terra sia andata in niente, è da stimare che qualche cosa che era nella terra, è rimasta ed è ne l'acqua: la qual cosa per la medesima raggione, quando l'acqua sarà trasmutata in aria (per quel che la virtù del calore la viene ad estenuare in fumo o vapore), rimarrà e sarà ne l'aria.

TEOF. Da questo si può conchiudere (ancor a lor dispetto) che nessuna cosa si anichila e perde l'essere, eccetto che la forma accidentale esteriore e materiale. Però tanto la materia quanto la forma sustanziale di che si voglia cosa naturale, che è l'anima, sono indissolubili ed adnihilabili, perdendo l'essere al tutto e per tutto; tali per certo non possono essere tutte le forme sustanziali de' peripatetici e altri simili, che consisteno non in altro che in certa complessione e ordine di accidenti; e tutto quello che sapranno nominar fuor che la lor materia prima, non è altro che accidente, complessione, abito di qualità, principio di definizione, quiddità. Laonde alcuni cucullati suttili metafisici tra quelli, volendo piuttosto iscusare che accusare la insufficienza del suo nume Aristotele, hanno trovata la umanità, la bovinità, la olività, per forme sustanziali specifiche; questa umanità, come socreità, questa bovinità, questa cavallinità essere la sustanza numerale; il che tutto han fatto per donarne una forma sustanziale, la quale merite nome di sustanza, come la materia ha nome ed essere di substanza. Ma però non han profittato giamai nulla; perché, se gli dimandate per ordine: - In che consiste l'essere sustanziale di Socrate? -risponderanno: - Nella socreità. Se oltre dimandate: - Che intendete per socreità? - Risponderanno: - La propria forma sustanziale e la propria materia di Socrate. - Or lasciamo star questa sustanza che è la materia, e ditemi: - Che è la sustanza come forma? - Rispondeno alcuni: - La sua anima. -Dimandate: - Che cosa è questa anima? - Se diranno una entelechia e perfezione di corpo che può vivere, considera che questo è uno accidente. Se diranno che è un principio di vita, senso, vegetazione e intelletto, considerate che, benché quel principio sia qualche sustanzia fundamentalmente considerato, come noi lo consideriamo, tuttavolta costui non lo pone avanti se non come accidente; perché esser principio di questo o di quello non dice raggione sustanziale e assoluta, ma una raggione accidentale e respettiva a quello che è principiato; come non dice il mio essere e sustanza quello che proferisce lo che io fo o posso fare; ma sì bene quel che dice lo che io sono, come io e absolutamente considerato. Vedete dunque come trattano questa forma sustanziale che è l'anima; la quale, se pur per sorte è stata conosciuta da essi per sustanza, giamai però l'hanno nominata né considerata come sustanza. Questa confusione molto più evidentemente la possete vedere, se dimandate a costoro la forma sustanziale d'una cosa inanimata in che consista, come la forma sustanziale del legno. Fingeranno que' che son più sottili: nella ligneità. Or togliete via quella materia, la quale è comune al ferro, al legno e la pietra, e dite: - Quale resta forma sustanziale del ferro? Giamai ve diranno altro che accidenti. E questi sono tra' principii d'individuazione e danno la particularità, perché la materia non è contraibile alla particularità se non per qualche forma; e questa forma, per esser principio constitutivo d'una sustanza, vogliono che sia sustanziale, ma poi non la potranno mostrare fisicamente se non accidentale. E al fine, quando aranno fatto tutto, per quel che possono, hanno una forma sustanziale, sì, ma non naturale, ma logica; e cossì, al fine, quale logica intenzione viene ad esser posta principio di cose naturali.

DIC. Aristotile non si avvedde di questo?

TEOF. Credo che se ne avvedde certissimo; ma non vi pòtte rimediare; però disse che l'ultime differenze sono innominabili ed ignote.

DIC. Cossì mi pare che apertamente confesse la sua ignoranza; e però giudicarei ancor io esser meglio di abbracciar que' principii di filosofia, li quali in questa importante dimanda non allegano ignoranza, come fa Pitagora, Empedocle e il tuo Nolano, le opinioni de' quali ieri toccaste.

TEOF. Questo vuole il Nolano, che è uno intelletto che dà l'essere a ogni cosa, chiamato da' pitagorici e il Timeo datore de le forme; una anima e principio formale, che si fa e informa ogni cosa, chiamata da' medesmi fonte de le forme; una materia, della quale vien fatta e formata ogni cosa, chiamata da tutti ricetto de le forme.

DIC. Questa dottrina (perché par che non gli manca cosa alcuna) molto mi aggrada. E veramente è cosa necessaria, che, come possiamo ponere un principio materiale costante ed eterno, poniamo un similmente principio formale. Noi veggiamo che tutte le forme naturali cessano dalla materia e novamente vegnono nella materia; onde par realmente nessuna cosa esser costante, ferma, eterna e degna di aver esistimazione di principio, eccetto che la materia. Oltre che le forme non hanno l'essere senza la materia, in quella si generano e corrompono, dal seno di quella escono ed in quello si accogliono:

però la materia la qual sempre rimane medesima e feconda, deve aver la principal prorogativa d'esser conosciuta sol principio substanziale, e quello che è, e che sempre rimane; e le forme tutte insieme non intenderle, se non come che sono disposizioni varie della materia, che sen vanno e vegnono, altre cessano e se rinnovano, onde non hanno riputazione tutte di principio. Però si son trovati di quelli che, avendo ben considerata la raggione delle forme naturali, come ha possuto aversi da Aristotele ed altri simili, hanno concluso al fine che quelle non son che accidenti e circostanze della materia; e però prerogativa di atto e di perfezione doverse referire alla materia, e non a cose, de quali veramente possiamo dire che esse non sono sustanza né natura, ma cose della sustanza e della natura, la quale dicono essere la materia; che appresso quelli è un principio necessario, eterno e divino, come a quel moro Avicebron, che la chiama Dio che è in tutte le cose.

TEOF. A questo errore son stati ammenati quelli da non conoscere altra forma che l'accidentale; e questo moro, benché dalla dottrina peripatetica, nella quale era nutrito, avesse accettata la forma sustanziale, tuttavolta, considerandola come cosa corrottibile, non solo mutabile circa la materia, e come quella che è parturita e non parturisce, fondata e non fonda, è rigettata, e non rigetta, la dispreggiò e la tenne a vile in comparazione della materia stabile, eterna, progenitrice, madre. E certo questo avviene a quelli che non conoscono quello che conosciamo noi.

DIC. Questo è stato molto ben considerato; ma è tempo che dalla digressione ritorniamo al nostro proposito. Sappiamo ora distinguere la materia dalla forma, tanto dalla forma accidentale (sia come la si voglia) quanto dalla sustanziale; quel che resta a vedere è la natura e realità sua. Ma prima vorrei saper se, per la grande unione che ha questa anima del mondo e forma universale con la materia, si potesse patire quell'altro modo e maniera di filosofare di quei che non separano l'atto dalla raggion della materia, e la intendono cosa divina, e non pura e informe talmente che lei medesma non si forme e vesta.

TEOF. Non facilmente, perché niente assolutamente opera in se medesimo, e sempre è qualche distinzion tra quello che è agente, e quello che è fatto, o circa il quale è l'azione e operazione, laonde è bene nel corpo della natura distinguere la materia da l'anima, e in questa distinguere quella raggione delle specie. Onde diciamo in questo corpo tre cose: prima, l'intelletto universale, indito nelle cose; secondo, l'anima vivificatrice del tutto; terzo, il soggetto. Ma non per questo negaremo esser filosofo colui che prenda nel geno di suo filosofare questo corpo formato o, come vogliam dire, questo animale razionale, e comincie a prendere per primi principii in qualche modo i membri di questo corpo, come dire aria, terra, fuoco; over eterea regione e astro; over spirito e corpo; o pur vacuo e pieno: intendendo però il vacuo non come il prese Aristotele; o pur in altro modo conveniente. Non mi parrà però quella filosofia degna di essere rigettata, massime quando, sopra a qualsivoglia fundamento che ella presuppona, o forma d'edificio che si propona, venga ad effettuare la perfezione della scienzia speculativa e cognizione di cose naturali, come invero è stato fatto da molti più antichi filosofi. Perché è cosa da ambizioso e cervello presuntuoso, vano e invidioso voler persuadere ad altri, che non sia che una sola via di investigare e venire alla cognizione della natura; ed è cosa da pazzo e uomo senza discorso donarlo ad intendere a se medesimo. Benché dunque la via più costante e ferma, e più contemplativa e distinta, e il modo di considerar più alto deve sempre esser preferito, onorato e procurato più; non per tanto è da biasimar quell'altro modo il quale non è senza buon frutto, benché quello non sia il medesmo arbore.

DIC. Dunque, approvate il studio de diverse filosofie?

TEOF. Assai, a chi ha copia di tempo ed ingegno: ad altri approvo il studio della megliore, se gli Dei vogliono che la addovine.

DIC. Son certo però che non approvate tutte le filosofie, ma le buone e le megliori.

TEOF. Cossì è. Come anco in diversi ordini di medicare, non riprovo quello che si fa magicamente per applicazion di radici, appension di pietre e murmurazione d'incanti, s'il rigor di teologi mi lascia parlar come puro naturale. Approvo quello che si fa fisicamente e procede per apotecarie ricette, con le quali si perseguita o fugge la còlera, il sangue, la flemma e la melancolia. Accetto quello altro che si fa chimicamente, che abstrae le quinte essenze e, per opera del fuoco, da tutti que' composti fa volar il mercurio, subsidere il sale e lampeggiar o disolar il solfro. Ma però, in proposito di medicina, non voglio determinare tra tanti buoni modi qual sia il megliore, perché l'epilettico, sopra il quale han perso il tempo il fisico ed il chimista, se vien curato dal mago, approvarà non senza raggione più questo che quello e quell'altro medico. Similmente discorri per l'altre specie: de quali nessuna verrà ad essere men buona che l'altra, se cossì l'una come le altre viene ad effettuar il fine che si propone. Nel particolar poi è meglior questo medico che mi sanarà, che gli altri che m'uccidano o mi tormentino.

GERV. Onde avviene che son tanto nemiche fra lor queste sette di medici?

TEOF. Dall'avarizia, dall'invidia, dall'ambizione e dall'ignoranza. Comunmente a pena intendono il proprio metodo di medicare; tanto si manca che possano aver raggione di quel d'altrui. Oltre che la maggior parte, non possendo alzarsi all'onor e guadagno con proprie virtù, studia di preferirsi con abbassar gli altri, mostrando di dispreggiar quello che non può acquistare. Ma di questi l'ottimo e vero è quello che non è sì fisico, che non sia anco chimico e matematico. Or, per venir al proposito, tra le specie della filosofia, quella è la meglior, che più comoda e altamente effettua la perfezion de l'intelletto umano, ed è più corrispondente alla verità della natura, e quanto sia possibile cooperatori di quella o divinando (dico per ordine naturale e raggione di vicissitudine, non per animale istinto come fanno le bestie e que' che gli son simili; non per ispirazione di buoni o mali demoni, come fanno i profeti; non per melancolico entusiasmo, come i poeti e altri contemplativi), o ordinando leggi e riformando costumi, o medicando, o pur conoscendo e vivendo una vita più beata e più divina. Eccovi dunque come non è sorte di filosofia, che sia stata ordinata da regolato sentimento, la quale non contegna in sé qualche buona proprietà che non è contenuta da le altre. Il simile intendo della medicina, che da tai principii deriva, quali presuppongono non imperfetto abito di filosofia; come l'operazion del piede o della mano, quella de l'occhio. Però è detto che non può aver buono principio di medicina chi non ha buon termine di filosofia.

DIC. Molto mi piacete, e molto vi lodo; che, sì come non sète cossì plebeio come Aristotele, non sète anco cossì ingiurioso e ambizioso come lui; il quale l'opinioni di tutti altri filosofi con gli lor modi di filosofare volse che fussero a fatto dispreggiate.

TEOF. Benché, de quanti filosofi sono, io non conosca più fondato su l'imaginazioni e rimosso dalla natura che lui; e se pur qualche volta dice cose eccellenti, son conosciute che non dependeno da principii suoi, e però sempre son proposizioni tolte da altri filosofi; come ne veggiamo molte divine nel libro Della generazione, Meteora, De animali e Piante.

DIC. Tornando dunque al nostro proposito: volete che della materia, senza errore e incorrere contradizione, se possa definire diversamente?

TEOF. Vero, come del medesmo oggetto possono esser giodici diversi sensi, e la medesma cosa si può insinuar diversamente. Oltre che (come è stato toccato) la considerazione di una cosa si può prendere da diversi capi. Hanno dette molte cose buone gli epicurei, benché non s'inalzassero sopra la qualità materiale. Molte cose excellenti ha date a conoscere Eraclito, benché non salisse sopra l'anima. Non manca Anassagora di far profitto nella natura, perché non solamente entro a quella, ma fuori e sopra forse, conoscer voglia un intelletto, il quale medesmo da Socrate, Platone, Trimegisto e nostri teologi è chiamato Dio. Cossì nientemanco bene può promovere a scuoprir gli arcani della natura uno che comincia dalla raggione esperimentale di semplici (chiamati da loro), che quelli che cominciano dalla teoria razionale. E di costoro, non meno chi da complessioni che chi da umori, e questo non più che colui che descende da' sensibili elementi, o, più da alto, quelli assoluti, o da la materia una, di tutti più alto e più distinto principio. Perché talvolta chi fa più lungo camino, non farà però sì buono peregrinaggio, massime se il suo fine non è tanto la contemplazione quanto l'operazione. Circa il modo poi di filosofare, non men comodo sarà di esplicar le forme come da un implicato che distinguerle come da un caos, che distribuirle come da una fonte ideale, che cacciarle in atto come da una possibilità, che riportarle come da un seno, che dissotterrarle alla luce come da un cieco e tenebroso abisso; perché ogni fundamento è buono, se viene approvato per l'edificio, ogni seme è convenevole se gli arbori e frutti sono desiderabili.

DIC. Or, per venire al nostro scopo, piacciavi apportar la distinta dottrina di questo principio.

TEOF. Certo, questo principio, che è detto materia, può essere considerato in doi modi: prima, come una potenza; secondo, come un soggetto. In quanto che presa nella medesima significazione che potenza, non è cosa nella quale, in certo modo e secondo la propria raggione, non possa ritrovarse; e gli pitagorici, platonici, stoici e altri non meno l'han posta nel mondo intelligibile che nel sensibile. E noi, non la intendendo appunto come quelli la intesero, ma con una raggione più alta e più esplicata, in questo modo raggionamo della potenza over possibilità. La potenza comunmente si distingue in attiva, per la quale il soggetto di quella può operare; e in passiva, per la quale o può essere, o può ricevere, o può avere, o può essere soggetto di efficiente in qualche maniera. De la potenza attiva non raggionando al presente, dico che la potenza che significa in modo passivo (benché non sempre sia passiva) si può considerare o relativamente o vero assolutamente. E cossì non è cosa di cui si può dir l'essere, della quale non si dica il posser essere. E questa sì fattamente risponde alla potenza attiva, che l'una non è senza l'altra in modo alcuno; onde se sempre è stata la potenza di fare, di produre, di creare, sempre è stata la potenza di esser fatto, produto e creato; perché l'una potenza implica l'altra; voglio dir, con esser posta, lei pone necessariamente l'altra. La qual potenza, perché non dice imbecillità in quello di cui si dice, ma piuttosto confirma la virtù ed efficacia, anzi al fine si trova che è tutt'uno ed a fatto la medesma cosa con la potenza attiva, non è filosofo né teologo che dubiti di attribuirla al primo principio sopranaturale. Perché la possibilità assoluta per la quale le cose che sono in atto, possono essere, non è prima che la attualità, né tampoco poi che quella. Oltre, il possere essere è con lo essere in atto, e non precede quello; perché, se quel che può essere, facesse se stesso, sarebe prima che fusse fatto. Or contempla il primo e ottimo principio, il quale è tutto quel che può essere, e lui medesimo non sarebe tutto se non potesse essere tutto; in lui dunque l'atto e la potenza son la medesima cosa. Non è cossì nelle altre cose, le quali, quantunque sono quello che possono essere, potrebono però non esser forse, e certamente altro, o altrimente che quel che sono; perché nessuna altra cosa è tutto quel che può essere. Lo uomo è quel che può essere, ma non è tutto quel che può essere. La pietra non è tutto quello che può essere, perché non è calci, non è vase, non è polve, non è erba. Quello che è tutto che può essere, è uno, il quale nell'esser suo comprende ogni essere. Lui è tutto quel che è e può essere qualsivoglia altra cosa che è e può essere. Ogni altra cosa non è cossì. Però la potenza non è equale a l'atto, perché non è atto assoluto ma limitato; oltre che la potenza sempre è limitata ad uno atto, perché mai ha più che uno essere specificato e particolare; e se pur guarda ad ogni forma ed atto, questo è per mezzo di certe disposizioni e con certa successione di uno essere dopo l'altro. Ogni potenza dunque ed atto, che nel principio è come complicato, unito e uno, nelle altre cose è esplicato, disperso e moltiplicato. Lo universo, che è il grande simulacro, la grande imagine e l'unigenita natura, è ancor esso tutto quel che può essere, per le medesime specie e membri principali e continenza di tutta la materia, alla quale non si aggionge e dalla quale non si manca, di tutta e unica forma; ma non già è tutto quel che può essere per le medesime differenze, modi, proprietà ed individui. Però non è altro che un'ombra del primo atto e prima potenza, e pertanto in esso la potenza e l'atto non è assolutamente la medesima cosa, perché nessuna parte sua è tutto quello che può essere. Oltre che in quel modo specifico che abbiamo detto, l'universo è tutto quel che può essere, secondo un modo esplicato, disperso, distinto. Il principio suo è unitamente e indifferentemente; perché tutto è tutto e il medesmo semplicissimamente, senza differenza e distinzione.

DIC. Che dirai della morte, della corrozione, di vizii, di diffetti, di mostri? Volete che questi ancora abiano luogo in quello che è il tutto, che può essere ed è in atto tutto quello che è in potenza?

TEOF. Queste cose non sono atto e potenza, ma sono difetto e impotenza, che si trovano nelle cose esplicate, perché non sono tutto quel che possono essere, e si forzano a quello che possono essere. Laonde, non possendo essere insieme e a un tratto tante cose, perdeno l'uno essere per aver l'altro: e qualche volta confondeno l'uno essere con l'altro, e talor sono diminuite, manche e stroppiate per l'incompassibilità di questo essere e di quello, e occupazion della materia in questo e quello. Or tornando al proposito, il primo principio assoluto è grandezza e magnitudine; ed è tal magnitudine e grandezza, che è tutto quel che può essere. Non è grande di tal grandezza che possa essere maggiore, né che possa esser minore, né che possa dividersi, come ogni altra grandezza che non è tutto quel che può essere; però è grandezza massima, minima, infinita, impartibile e d'ogni misura. Non è maggiore, per esser minima; non è minima, per esser quella medesima massima; è oltre ogni equalità, perché è tutto quel che ella possa essere. Questo che dico della grandezza, intendi di tutto quel che si può dire: perché è similmente bontà che è ogni bontà che possa essere; è bellezza che è tutto il bello che può essere; e non è altro bello che sia tutto quello che può essere, se non questo uno. Uno è quello che è tutto e può esser tutto assolutamente. Nelle cose naturali oltre non veggiamo cosa alcuna che sia altro che quel che è in atto, secondo il quale è quel che può essere, per aver una specie di attualità; tuttavia né in quest'unico esser specifico giamai è tutto quel che può essere qualsivoglia particulare. Ecco il sole: non è tutto quello che può essere il sole, non è per tutto dove può essere il sole, perché, quando è oriente a la terra, non gli è occidente, né meridiano, né di altro aspetto. Or se vogliamo mostrar il modo con il quale Dio è sole, diremo (perché è tutto quel che può essere) che è insieme oriente, occidente, meridiano, merinoziale e di qualsivoglia di tutti punti de la convessitudine della terra; onde, se questo sole (o per sua revoluzione o per quella della terra) vogliamo intendere che si muova e muta loco, perché non è attualmente in un punto senza potenza di essere in tutti gli altri, e però ave attitudine ad esservi; se dunque è tutto quel che può essere e possiede tutto quello che è atto a possedere, sarà insieme per tutto ed in tutto; è si fattamente mobilissimo e velocissimo, che è anco stabilissimo e immobilissimo. Però tra gli divini discorsi troviamo che è detto stabile in eterno e velocissimo che discorre da fine a fine; perché se intende inmobile quello che in uno istante medesimo si parte dal punto di oriente ed è ritornato al punto di oriente, oltre che non meno si vede in oriente che in occidente e qualsivoglia altro punto del circuito suo; per il che non è più raggione che diciamo egli partirsi e tornare, esser partito e tornato, da quel punto a quel punto, che da qualsivoglia altro de infiniti al medesimo. Onde verrà esser tutto e sempre in tutto il circolo ed in qualsivoglia parte di quello; e per consequenza ogni punto individuo dell'eclittica contiene tutto il diametro del sole. E cossì viene uno individuo a contener il dividuo; il che non accade per la possibilità naturale, ma sopranaturale; voglio dire quando si supponesse che il sole fosse quello che è in atto tutto quel che può essere. La potestà sì assoluta non è solamente quel che può essere il sole, ma quel che è ogni cosa e quel che può essere ogni cosa: potenza di tutte le potenze, atto di tutti gli atti, vita di tutte le vite, anima di tutte le anime, essere de tutto l'essere; onde altamente è detto dal Revelatore: "Quel che è, me invia; Colui che è, dice cossì". Però quel che altrove è contrario ed opposto, in lui è uno e medesimo, ed ogni cosa in lui è medesima cossì discorri per le differenze di tempi e durazioni, come per le differenze di attualità e possibilità. Però lui non è cosa antica e non è cosa nuova; per il che ben disse il Revelatore: "primo e novissimo".

DIC. Questo atto absolutissimo, che è medesimo che l'absolutissima potenza, non può esser compreso da l'intelletto, se non per modo di negazione: non può, dico, esser capito, né in quanto può esser tutto, né in quanto è tutto. Perché l'intelletto, quando vuole intendere, gli fia mestiero di formar la specie intelligibile, di assomigliarsi, di conmesurarsi ed ugualarsi a quella: ma questo è impossibile, perché l'intelletto mai è tanto che non possa essere maggiore; e quello per essere inmenso da tutti lati e modi non può esser più grande. Non è dunque occhio ch'approssimar si possa o ch'abbia accesso a tanto altissima luce e sì profondissimo abisso.

TEOF. La concidenzia di questo atto con l'assoluta potenza è stata molto apertamente descritta dal spirto divino dove dice: "Tenebrae non obscurabuntur a te. Nox sicut dies illuminabitur. Sicut tenebrae eius, ita et lumen eius". Conchiudendo, dunque, vedete quanta sia l'eccellenza della potenza, la quale, se vi piace chiamarla raggione di materia, che non hanno penetrato i filosofi volgari, la possete senza detraere alla divinità trattar più altamente, che Platone nella sua Politica e il Timeo. Costoro, per averno troppo alzata la raggione della materia, son stati scandalosi ad alcuni teologi. Questo è accaduto o perché quelli non si son bene dechiarati, o perché questi non hanno bene inteso, perché sempre prendeno il significato della materia secondo che è soggetto di cose naturali, solamente come nodriti nelle sentenze d'Aristotele; e non considerano che la materia è tale appresso gli altri, che è comune al mondo intelligibile e sensibile, come essi dicono, prendendo il significato secondo una equivocazione analoga. Però, prima che sieno condannate, denno essere ben bene essaminate le opinioni, e cossì distinguere i linguaggi come son distinti gli sentimenti; atteso che, benché tutti convegnano talvolta in una raggion comune della materia, sono differenti poi nella propria. E quanto appartiene al nostro proposito, è impossibile (tolto il nome della materia, e sie capzioso e malvaggio ingegno quanto si voglia) che si trove teologo che mi possa imputar impietà per quel che dico e intendo della coincidenza della potenza e atto, prendendo assolutamente l'uno e l'altro termine. Onde vorrei inferire che, - secondo tal proporzione quale è lecito dire, in questo simulacro di quell'atto e di quella potenza (per essere in atto specifico tutto quel tanto che è in specifica potenza, per tanto che l'universo, secondo tal modo, è tutto quel che può essere), sie che si voglia quanto all'atto e potenza numerale, - viene ad aver una potenza la quale non è absoluta dall'atto, una anima non absoluta da l'animato, non dico il composto, ma il semplice: onde cossì de l'universo sia un primo principio che medesmo se intenda, non più distintamente materiale e formale, che possa inferirse dalla similitudine del predetto, potenza absoluta e atto. Onde non fia difficile o grave di accettar al fine che il tutto, secondo la sustanza, è uno, come forse intese Parmenide, ignobilmente trattato da Aristotele.

DIC. Volete dunque che, benché descendendo per questa scala di natura, sia doppia sustanza, altra spirituale, altra corporale, che in somma l'una e l'altra se riduca ad uno essere e una radice.

TEOF. Se vi par che si possa comportar da quei che non penetrano più che tanto.

DIC. Facilissimamente, purché non t'inalzi sopra i termini della natura.

TEOF. Questo è già fatto. Se non avendo quel medesimo senso e modo di diffinire della divinità, il qual è comune, avemo un particolare, non però contrario né alieno da quello, ma più chiaro forse e più esplicato, secondo la raggione che non è sopra il nostro discorso, da la quale non vi promesi di astenermi.

DIC. Assai è detto del principio materiale, secondo la raggione della possibilità o potenza; piacciavi domani di apparecchiarvi alla considerazion del medesimo, secondo la raggione dell'esser soggetto.

TEOF. Cossì farò.

GERV. A rivederci.

POL. Bonis avibus.

Dialogo quarto

POL. Et os vulvae nunquam dicit: sufficit id est, scilicet, videlicet, utpote, quod est dictu, materia (la qual viene significata per queste cose) recipiendis formis numquam expletur. Or, poi che altro non è in questo Liceo, vel potius Antiliceo, solus (ita, inquam, solus, ut minime omnium solus) deambulabo, et ipse mecum confabulabor. La materia, dunque, di peripatetici dal prencipe e dell'altigrado ingenio del gran Macedone moderatore, non minus che dal Platon divino e altri, or chaos, or hyle, or sylva, or massa, or potenzia, or aptitudine, or privationi admixtum, or peccati causa, or ad maleficium ordinata, or per se non ens, or per se non scibile, or per analogiam ad formam cognoscibile, or tabula rasa, or indepictum, or subiectum, or substratum, or substerniculum, or campus, or infinitum, or indeterminatum, or prope nihil, or neque quid, neque quale, neque quantum; tandem dopo aver molto con varie e diverse nomenclature (per definir questa natura) collimato, ab ipsis scopum ipsum attingentibus, femina vien detta; tandem, inquam (ut una complectantur omnia vocabula), a melius rem ipsam perpendentibus foemina dicitur. Et mehercle, non senza non mediocre caggione a questi del Palladio regno senatori ha piaciuto di collocare nel medesimo equilibrio queste due cose: materia e femina; poscia che da l'esperienza fatta del rigor di quelle son stati condotti a quella rabia e quella frenesia (or qua mi vien per filo un color retorico). Queste sono un chaos de irrazionalità, hyle di sceleraggini, selva di ribalderie, massa d'immundizie, aptitudine ad ogni perdizione (un altro color retorico, detto da alcuni complexio!). Dove era in potenza, non solum remota ma etiam propinqua, la destruzion di Troia? In una donna. Chi fu l'instrumento della destruzion della sansonica fortezza? di quello eroe, io dico, che con quella sua mascella d'asino che si trovava, dovenne trionfator invitto di filistei? Una donna. Chi domò a Capua l'empito e la forza del gran capitano e nemico perpetuo della republica romana, Annibale? Una donna! (Exclamatio!) Dimmi, o cytaredo profeta, la caggion della tua fragilità. - Quia in peccatis concepit me mater mea. -Come, o antico nostro protoplaste, essendo tu un paradisico ortolano e agricoltor de l'arbore de la vita, fuste maleficiato sì, che te con tutto il germe umano al baratro profondo della perdizion risospingesti? Mulier, quam dedit mihi: ipsa, ipsa me decepit. - Procul dubio, la forma non pecca e da nessuna forma proviene errore, se non per esser congionta alla materia. Cossì la forma, significata per il maschio, essendo posta in familiarità della materia e venuta in composizione o copulazion con quella, con queste parole, o pur con questa sentenza risponde alla natura naturante: Mulier, quam dedisti mihi, - idest, la materia, la quale mi hai dato consorte, - ipsa me decepit: hoc est, lei è caggione d'ogni mio peccato. Contempla, contempla, divino.ingegno, qualmente gli egregii filosofanti e de le viscere della natura discreti notomisti, per porne pienamente avante gli occhi la natura della materia, non han ritrovato più accomodato modo che con avertirci con questa proporzione, qual significa il stato delle cose naturali per la materia essere come l'economico, politico e civile per il femineo sesso. Aprite, aprite gli occhi, ecc. - Oh, veggio quel colosso di poltronaria, Gervasio, il quale interrompe della mia nervosa orazione il filo. Dubito che son stato da lui udito; ma che importa?

GERV. Salve, magister doctorum optime!

POL. Se non (tuo more) mi vuoi deludere tu quoque, salve!

GERV. Vorrei saper che è quello che andavi solo ruminando?

POL. Studiando nel mio museolo, in eum, qui apud Aristotelem est, locum incidi, del primo della Fisica in calce, dove, volendo elucidare che cosa fosse la prima materia, prende per specchio il sesso femminile; sesso, dico, ritroso, fragile, inconstante, molle, pusillo, infame, ignobile, vile, abietto, negletto, indegno, reprobo, sinistro, vituperoso, frigido, deforme, vacuo, vano, indiscreto, insano, perfido, neghittoso, putido, sozzo, ingrato, trunco, mutilo, imperfetto, incoato, insufficiente, preciso, amputato, attenuato, rugine, eruca, zizania, peste, morbo, morte,

Messo tra noi da la natura a Dio

Per una soma e per un greve fio.

GERV. Io so che voi dite questo più per esercitarvi ne l'arte oratoria e dimostrar quanto siate copioso ed eloquente, che abbiate tal sentimento che dimostrate per le paroli. Perché è cosa ordinaria a voi, signori umanisti, che vi chiamate professori de le buone lettere, quando vi ritrovate pieni di que' concetti che non possete ritenere, non andate a scaricarli altrove che sopra le povere donne; come quando qualch'altra còlera vi preme, venete ad isfogarla sopra il primo delinquente di vostri scolari. Ma guardatevi, signori Orfei, dal furioso sdegno de le donne tresse.

POL. Poliinnio son io, no' sono Orfeo.

GERV. Dunque, non biasimate le donne da dovero?

POL. Minime, minime quidem. Io parlo da dovero, e non intendo altrimente, che come dico; perché non fo (sophistarum more) professione di dimostrar ch'il bianco è nero.

GERV. Perché dunque vi tingete la barba? .

POL. Ma ingenue loquor; e dico, che un uomo senza donna è simile a una de le intelligenze; è, dico, uno eroe, un semideo, qui non duxit uxorem.

GERV. Ed è simile ad un'ostreca e ad un fungo ancora, ed è un tartufo.

POL. Onde divinamente disse il lirico poeta: Credite, Pisones, melius nil caelibe vita.

E se vuoi saperne la caggione, odi Secondo filosofo: "La femina", dice egli, "è uno impedimento di quiete, danno.continuo, guerra cotidiana, priggione di vita, tempesta di casa, naufragio de l'uomo". Ben lo confirmò quel Biscaino che, fatto impaziente e messo in còlera per una orribil fortuna e furia del mare, con un torvo e colerico viso, rivoltato all'onde: - Oh mare, mare, disse, ch'io ti potesse maritare! - volendo inferire che la femina è la tempesta de le tempeste. Perciò Protagora, dimandato perché avesse data ad un suo nemico la figlia, rispose che non possea fargli peggio che dargli moglie. Oltre, non mi farà mentire un buon uomo francese, al quale (come a tutti gli altri che pativano pericolosissima tempesta di mare) essendo comandato da Cicala, padron de la nave, di buttare le cose più gravi al mare, lui per la prima vi gittò la moglie.

GERV. Voi non riferite per il contrario tanti altri esempi di coloro che si son stimati fortunatissimi per le sue donne? tra' quali (per non mandarvi troppo lontano) ecco, sotto questo medesmo tetto, il signor di Mauvissiero incorso in una, non solamente dotata di non mediocre corporal beltade che gli avvela e ammanta l'alma, ma oltre, che col triumvirato di molto discreto giudizio, accorta modestia e onestissima cortesia, d'indissolubil nodo tien avvinto l'animo del suo consorte, ed è potente a cattivarsi chiunque la conosce. Che dirai de la generosa figlia, che a pena un lustro e un anno ha visto il sole, e per le lingue non potrai giudicare s'ella è da Italia o da Francia o da Inghilterra, per la mano circa gli musici istrumenti non potrai capire s'ella è corporea o incorporea sustanza, per la matura bontà di costumi dubitarai s'ella è discesa dal cielo o pur è sortita da la terra? Ognun vede che in quella, non meno per la formazion di sì bel corpo è concorso il sangue de l'uno e l'altro parente, ch'alla fabrica del spirto singulare le virtù dell'animo eroico di que' medesimi.

POL. Rara avis come la Maria da Boshtel; rara avis come la Maria da Castelnovo.

GERV. Quel raro che dite de le femine, medesimo si può dire de' maschi.

POL. In fine, per ritornare al proposito, la donna non è altro che una materia. Se non sapete che cosa è donna, per non saper che cosa è materia, studiate alquanto gli peripatetici che, con insegnarvi che cosa è materia, te insegnaranno che cosa è donna.

GERV. Vedo bene che, per aver voi un cervello peripatetico, apprendeste poco o nulla di quel che ieri disse il Teofilo circa l'essenza e potenza della materia.

POL. De l'altro sia che si vuole; io sto sul punto del biasimar l'appetito de l'una e de l'altra, il quale è caggion d'ogni male, passione, difetto, ruina, corrozione. Non credete che, se la materia si contentasse de la forma presente, nulla alterazione o passione arrebe domìno sopra di noi, non moriremmo, sarrebom incorrottibili ed eterni?

GERV. E se la si fosse contentata di quella forma, che avea cinquanta anni addietro, che direste? sareste tu, Poliinnio? Se si fusse fermata sotto quella di quaranta anni passati, sareste sì adultero.., dico, sì adulto, sì.perfetto, sì dotto? Come dunque ti piace, che le altre forme abbiano ceduto a questa, cossì è in volontà de la natura, che ordina l'universo, che tutte le forme cedano a tutte. Lascio che è maggior dignità di questa nostra sustanza di farsi ogni cosa, ricevendo tutte le forme, che, ritenendone una sola, essere parziale. Cossì, al suo possibile, ha la similitudine di chi è tutto in tutto.

POL. Mi cominci a riuscir dotto, uscendo fuor del tuo ordinario naturale. Applica ora, se puoi, a simili, apportando la dignità che si ritrova ne la femina.

GERV. Farollo facilissimamente. Oh, ecco il Teofilo.

POL. E il Dicsone. Un'altra volta dunque. De iis hactenus.

TEOF. Non vedemo, che de' peripatetici, come di platonici anco, divideno la sustanza per la differenza di corporale e incorporale? Come dunque queste differenze si reducono alla potenza di medesimo geno, cossì bisogna che le forme sieno di due sorte; perché alcune sono trascendenti, cioè superiori al geno, che si chiamano principii, come entità, unità, uno, cosa, qualche cosa, e altri simili; altre son di certo geno distinte da altro geno, come sustanzialità, accidentalità.

Quelle che sono de la prima maniera, non distingueno la materia e non fanno altra e altra potenza di quella; ma, come termini universalissimi che comprendono tanto le corporali, quanto le incorporali sustanze, significano quella universalissima, comunissima e una de l'une e l'altre. Appresso, "che cosa ne impedisce", disse Avicebron, "che, sì come, prima che riconosciamo la materia de le forme accidentali, che è il composto, riconoscemo la materia della forma sustanziale, che è parte di quello; cossì, prima che conosciamo la materia che è contratta ad esser sotto le forme corporali, vegnamo a conoscere una potenza, la quale sia distinguibile per la forma di natura corporea e de incorporea, dissolubile e non dissolubile?". Ancora, se tutto quel che è (cominciando da l'ente summo e supremo) ave un certo ordine e fa una dependenza, una scala nella quale si monta da le cose composte alle semplici, da queste alle semplicissime e assolutissime per mezzi proporzionali e copulativi e participativi de la natura de l'uno e l'altro estremo e, secondo la raggione propria, neutri, non è ordine, dove non è certa participazione, non è participazione dove non si trova certa colligazione, non è colligazione senza qualche partecipazione. È dunque necessario che de tutte cose che sono sussistenti, sia uno principio di subsistenza. Giongi a questo, che la raggione medesima non può fare che, avanti qualsivoglia cosa distinguibile, non presuppona una cosa indistinta (parlo di quelle cose, che sono, perché ente e non ente non intendo aver distinzione reale, ma vocale e nominale solamente). Questa cosa indistinta è una raggione comune, a cui si aggionge la differenza e forma distintiva. E certamente non si può negare che, sì come ogni sensibile presuppone il soggetto della sensibilità, cossì ogni intelligibile il soggetto della intelligibilità. Bisogna dunque che sia una cosa che risponde alla raggione comune de l'uno e l'altro soggetto; perché ogni essenzia necessariamente è fondata sopra qualche essere, eccetto che quella prima, che è il medesimo con il suo essere, perché la sua potenzia è il suo atto, perché è tutto quel che può essere, come fu detto ieri. Oltre, se la materia (secondo gli adversari medesimi) non è corpo e precede, secondo la sua natura, l'essere corporale, che dunque la può fare tanto aliena da le sustanze dette incorporee? E non mancano di peripatetici che dicono: sicome nelle corporee sustanze si trova un certo che di formale e divino, cossì nelle divine convien che sia un che di materiale, a fine che le cose inferiori s'accomodino alle superiori e l'ordine de l'une dipenda da l'ordine de l'altre. E li teologi, benché alcuni di quelli siano nodriti ne l'aristotelica dottrina, non mi denno però esser molesti in questo, se accettano esser più debitori alla lor Scrittura che alla filosofia e natural raggione. "Non mi adorare", disse un de' loro angeli al patriarca Jacob, "perché son tuo fratello". Or se costui che parla com'essi intendeno, è una sostanza intellettuale e affirma col suo dire, che quell'uomo e lui convegnano nella realità d'un soggetto, stante qualsivoglia differenza formale, resta che li filosofi abbiano un oraculo di questi teologi per testimonio.

DIC. So che questo è detto da voi con riverenza; perché sapete che non vi conviene di mendicar raggioni da tai luoghi che son fuori de la nostra messe.

TEOF. Voi dite bene e vero; ma io non allego quello per raggione e confirmazione, ma per fuggir scrupolo, quanto posso; perché non meno temo apparere, che essere contrario alla teologia.

DIC. Sempre da' discreti teologi ne saranno admesse le raggioni naturali, quantunque discorrano, pur che non determinino contra l'autorità divina, ma si sottomettano a quella.

TEOF. Tali sono e saranno sempre le mie.

DIC. Bene, dunque seguite.

TEOF. Plotino ancora dice nel libro De la materia, che, "se nel mondo intelligibile è moltitudine e pluralità di specie, è necessario che vi sia qualche cosa comune, oltre la proprietà e differenza di ciascuna di quelle: quello che è comune, tien luogo di materia, quello che è proprio e fa distinzione, tien luogo di forma". Gionge che, "se questo è a imitazion di quello, la composizion di questo è a imitazion della composizion di quello. Oltre, quel mondo, se non ha diversità, non ha ordine; se non ha ordine, non ha bellezza e ornamento; tutto questo è circa la materia". Per il che il mondo superiore non solamente deve esser stimato per tutto indivisibile, ma anco per alcune sue condizioni divisibile e distinto: la cui divisione e distinzione non può esser capita senza qualche soggetta materia.

E benché dichi che tutta quella moltitudine conviene in uno ente impartibile e fuor di qualsivoglia dimensione, quello dirò essere la materia, nel quale si uniscono tante forme. Quello, prima che sia conceputo per vario e multiforme, era in concetto uniforme, e prima che in concetto formato, era in quello informe.

DIC. Benché in quel ch'avete detto con brevità, abbiate apportate molte e forte raggioni per venire a conchiudere che una sia la materia, una la potenza per la quale tutto quel che è, è in atto; e non con minor raggione conviene alle sustanze incorporee che alle corporali, essendo che non altrimente quelle han l'essere per lo possere essere, che queste per lo posser essere hanno l'essere, e che oltre, per altre potenti raggioni (a chi potentemente le considera e comprende) avete dimostrato; tuttavia (se non per la perfezione della dottrina, per la chiarezza di quella) vorei che in qualch'altro modo specificaste: come ne le cose eccellentissime, quali sono le incorporee, si trova cosa informe e indefinita? come può ivi essere raggione di medesima materia e che, per advenimento della forma e atto, medesimamente non si dicono corpi? come, dove non è mutazione, generazione né corrozione alcuna, volete che sia materia, la quale mai è stata posta per altro fine? come potremo dire la natura intelligibile esser semplice, e dir che in quella sia materia e atto? Questo non lo dimando per me, al quale la verità è manifesta, ma forse per altri, che possono essere più morosi e difficili, come, per esempio, maestro Poliinnio e Gervasio.

POL. Cedo.

GERV. Accepto, e vi ringrazio, Dicsone, perché considerate la necessità di quei che non hanno ardire di dimandare, come comporta la civiltà de le mense oltramontane; ove, a quei che siedono gli secondi non lice stender le dita fuor del proprio quadretto o tondo, ma conviene aspettar che gli sia posto in mano, a fin che non prenda boccone, che non sia pagato col suo "gran mercé".

TEOF. Dirò per risoluzion del tutto, che, sì come l'uomo, secondo la natura propria de l'uomo, è differente dal leone, secondo la natura propria del leone; ma, secondo la natura comone de l'animale, de la sustanza corporea e altre simili, sono indifferenti e la medesima cosa; similmente, secondo la propria raggione, è differente la materia di cose corporali dalla de cose incorporee. Tutto dunque lo che apportate de lo esser causa costitutiva di natura corporea, de l'esser soggetto de trasmutazioni de tutte sorti e de l'esser parte di composti, conviene a questa materia per la raggione propria. Perché la medesima materia (voglio dir più chiaro) il medesimo che può esser fatto o pur può essere, o è fatto, è per mezzo de le dimensioni ed extensioni del suggetto, e quelle qualitadi che hanno l'essere nel quanto; e questo si chiama sustanza corporale e suppone materia corporale; o è fatto (se pur ha l'essere di novo) ed è senza quelle dimensioni, extensione e qualità; e questo si dice sustanza incorporea, e suppone similmente detta materia. Cossì ad una potenza attiva tanto di cose corporali quanto di cose incorporee, over ad un essere tanto corporeo quanto incorporeo, corrisponde una potenza passiva tanto corporea quanto incorporea, e un posser esser tanto corporeo quanto incorporeo. Se dunque vogliamo dir composizione tanto ne l'una quanto ne l'altra natura, la doviamo intendere in una ed un'altra maniera; e considerar che se dice nelle cose eterne una materia sempre sotto un atto, e che nelle cose variabili sempre contiene or uno or un altro; in quelle la materia ha, una volta, sempre ed insieme tutto quel che può avere, ed è tutto quel che può essere; ma questa in più volte, in tempi diversi, e certe successioni.

DIC. Alcuni, quantunque concedano essere materia nelle cose incorporee, la intendono però secondo una raggione molto diversa.

TEOF. Sia quantosivoglia diversità secondo la raggion propria, per la quale l'una descende a l'esser corporale e l'altra non, l'una riceve qualità sensibili e l'altra non, e non par che possa esser raggione comune a quella materia a cui ripugna la quantità ed esser suggetto delle qualitadi che hanno l'essere nelle demensioni, e la natura a cui non ripugna l'una né l'altra, anzi l'una e l'altra è una medesima, e che (come è più volte detto) tutta la differenza depende dalla contrazione a l'essere corporea e non essere corporea. Come nell'essere animale ogni sensitivo è uno; ma, contraendo quel geno a certe specie, ripugna a l'uomo l'esser leone, e a questo animale l'esser quell'altro. E aggiungo a questo, se 'l ti piace, perché mi direste, che quello che giamai è, deve essere stimato più tosto impossibile e contra natura che naturale; e però, giamai trovandosi quella materia dimensionata, deve stimarsi che la corporeità gli sia contra natura; e se questo è cossì non è verisimile che sia una natura comune a l'una e l'altra, prima che l'una se intenda esser contratta a l'esser corporea, aggiungo, dico, che non meno possiamo attribuir a quella materia la necessità de tutti gli atti dimensionali che, come voi vorreste, la impossibilità. Quella materia per esser attualmente tutto quello che può essere, ha tutte le misure, ha tutte le specie di figure e di dimensioni; e perché le ave tutte, non ne ha nessuna, perché quello che è tante cose diverse, bisogna che non sia alcuna di quelle particolari. Conviene a quello che è tutto, che escluda ogni essere particolare.

DIC. Vuoi dunque che la materia sia atto? Vuoi ancora che la materia nelle cose incorporee coincida con l'atto?

TEOF. Come il posser essere coincide con l'essere.

DIC. Non differisce dunque da la forma?

TEOF. Niente nell'absoluta potenza ed atto absoluto. Il quale però è nell'estremo della purità, simplicità, indivisibilità e unità, perché è assolutamente tutto: che se avesse certe dimensioni, certo essere, certa figura, certa proprietà, certa differenza, non sarebbe absoluto, non sarebbe tutto.

DIC. Ogni cosa dunque, che comprenda qualsivoglia geno, è individua?

TEOF. Cossì è; perché la forma, che comprende tutte le qualità, non è alcuna di quelle; lo che ha tutte le figure, non ha alcuna di quelle; lo che ha tutto lo essere sensibile, però non si sente. Più altamente individuo è quello che ha tutto l'essere naturale, più altamente lo che ha tutto lo essere intellettuale, altissimamente quello che ha tutto lo essere che può essere.

DIC. In similitudine di questa scala de lo essere volete che sia la scala del posser essere? e volete che, come ascende la raggione formale, così ascenda la raggione materiale?

TEOF. È vero.

DIC. Profonda e altamente prendete questa definizione di materia e potenza.

TEOF. Vero.

DIC. Ma questa verità non potrà esser capita da tutti, perché è pur arduo a capire il modo con cui s'abbiano tutte le specie di dimensioni e nulla di quelle, aver tutto l'esser formale e non aver nessuno essere forma.

TEOF. Intendete voi come può essere?

DIC. Credo che sì; perché capisco bene che l'atto per esser tutto, bisogna che non sia qualche cosa.

POL. Non potest esse idem totum et aliquid; ego quoque illud capio.

TEOF. Dunque, potrete capir a proposito che, se volessimo ponere la dimensionabilità per raggione della materia, tal raggione non ripugnarebe a nessuna sorte di materia; ma che viene a differire una materia da l'altra, solo per essere absoluta da le dimensioni ed esser contratta alle dimensioni. Con essere absoluta, è sopra tutte e le comprende tutte; con esser contratta, viene compresa da alcune ed è sotto alcune.

DIC. Ben dite che la materia secondo sé non ha certe demensioni, e però se intende indivisibile, e riceve le dimensioni secondo la raggione de la forma che riceve. Altre dimensioni ha sotto la forma umana, altre sotto la cavallina, altre sotto l'ólivo, altre sotto il mirto; dunque, prima che sia sotto qualsivoglia di queste forme, ave in facultà tutte quelle dimensioni, cossì come ha potenza di ricevere tutte quelle forme.

POL. Dicunt tamen propterea quod nullas habet dimensiones.

DIC. E noi diciamo che ideo habet nullas, ut omnes habeat.

GERV. Perché volete più tosto che le includa tutte, che le escluda tutte?

DIC. Perché non viene a ricevere le dimensioni come di fuora, ma a mandarle e cacciarle come dal seno.

TEOF. Dice molto bene. Oltre che è consueto modo di parlare di peripatetici ancora, che dicono tutto l'atto dimensionale e tutte forme uscire e venir fuori dalla potenza de la materia. Questo intende in parte Averroe, il qual, quantunque arabo e ignorante di lingua greca, nella dottrina peripatetica però intese più che qualsivoglia greco che abbiamo letto; e arebbe più inteso, se non fusse stato cossì additto al suo nume Aristotele. Dice lui che la materia ne l'essenzia sua comprende le dimensioni interminate; volendo accennare che quelle pervegnono a terminarsi ora con questa figura e dimensioni, ora con quella e quell'altra, quelle e quell'altri, secondo il cangiar di forme naturali. Per il qual senso si vede che la materia le manda come da sé e non le riceve come di fuora. Questo in parte intese ancor Plotino, prencipe nella setta di Platone. Costui, facendo differenza tra la materia di cose superiori e inferiori, dice che quella è insieme tutto, ed essendo che possiede tutto, non ha in che mutarsi; ma questa, con certa vicissitudine per le parti, si fa tutto, e a tempi e tempi si fa cosa e cosa: però sempre sotto diversità, alterazione e moto. Cossì dunque mai è informe quella materia, come né anco questa, benché differentemente quella e questa; quella ne l'istante de l'eternità, questa negl'istanti del tempo; quella insieme, questa successivamente; quella esplicatamente, questa complicatamente; quella come molti, questa come uno; quella per ciascuno e cosa per cosa, questa come tutto e ogni cosa.

DIC. Tanto che non solamente secondo gli vostri principii, ma, oltre, secondo gli principii de l'altrui modi di filosofare, volete inferire che la materia non è quel prope nihil, quella potenza pura, nuda, senza atto, senza virtù e perfezione.

TEOF. Cossì è. La dico privata de le forme e senza quelle, non come il ghiaccio è senza calore, il profondo è privato di luce, ma come la pregnante è senza la sua prole, la quale la manda e la riscuote da sé; e come in questo emispero la terra, la notte, è senza luce, la quale con il suo scuotersi è potente di racquistare.

DIC. Ecco che anco in queste cose inferiori, se non a fatto, molto viene a coincidere l'atto con la potenza.

TEOF. Lascio giudicar a voi.

DIC. E se questa potenza di sotto venesse ad esser una finalmente con quella di sopra, che sarrebe?

TEOF. Giudicate voi. Possete quindi montar al concetto, non dico del summo ed ottimo principio, escluso della nostra considerazione; ma de l'anima del mondo, come è atto di tutto e potenza di tutto, ed è tutta in tutto; onde al fine (dato che sieno innumerabili individui) ogni cosa è uno; e il conoscere questa unità è il scopo e termine di tutte le filosofie e contemplazioni naturali: lasciando ne' sua termini la più alta contemplazione, che ascende sopra la natura, la quale a chi non crede è impossibile e nulla.

DIC. È vero; perché se vi monta per lume sopranaturale, non naturale.

TEOF. Questo non hanno quelli, che stimano ogni cosa esser corpo, o semplice, come lo etere, o composto, come li astri e cose astrali; e non cercano la divinità fuor de l'infinito mondo e le infinite cose, ma dentro questo e in quelle.

DIC. In questo solo mi par differente il fedele teologo dal vero filosofo.

TEOF. Cossì credo ancor io. Credo che abbiate compreso quel che voglio dire.

DIC. Assai bene, io mi penso. Di sorte che dal vostro dire inferisco che, quantunque non lasciamo montar la materia sopra le cose naturali e fermiamo il piede su la sua comune definizione che apporta la più volgare filosofia, trovaremo pure che la ritegna meglior prorogativa che quella riconosca; la quale al fine non li dona altro che la raggione de l'esser soggetto di forme e di potenza receptiva di forme naturali senza nome, senza definizione, senza termine alcuno, perché senza ogni attualità. Il che parve difficile ad alcuni cucullati, i quali, non volendo accusare ma iscusar questa dottrina, dicono aver solo l'atto entitativo, cioè differente da quello che non è semplicemente, e che non ha essere alcuno nella natura, come qualche chimera o cosa che si finga; perché questa materia in fine ha l'essere, e le basta questo, cossì, senza modo e dignità; la quale depende da l'attualità che è nulla. Ma voi dimandareste raggione ad Aristotele: - Perché vuoi tu, o principe di Peripatetici, più tosto che la materia sia nulla per aver nullo atto, che sia tutto, per aver tutti gli atti, o l'abbia confusi o confusissimi, come ti piace? Non sei tu quello che, sempre parlando del novo essere delle forme nella materia o della generazione de le cose, dici le forme procedere e sgombrare da l'interno de la materia, e mai fuste udito dire che per opera d'efficiente vengano da l'esterno, ma che quello le riscuota da dentro? Lascio che l'efficiente di queste cose, chiamato da te con un comun nome Natura, lo fai pur principio interno, e non esterno, come avviene ne le cose artificiali. Allora mi par che convegna dire che la non abbia in sé forma e atto alcuno, quando lo viene a ricevere di fuora; allora mi par che convegna dire che l'abbia tutte, quando si dice cacciarle tutte dal suo seno. Non sei tu quello che, se non costretto da la raggione, spinto però dalla consuetudine del dire, deffinendo la materia, la dici più tosto esser "quella cosa di cui ogni specie naturale si produce", che abbi mai detto esser "quello, in cui le cose si fanno", come converrebbe dire quando li atti non uscissero da quella, e per conseguenza non le avesse?

POL. Certe consuevit dicere Aristoteles cum suis potius formas educi de potentia materiae quam in illam induci, emergere potius ex ipsa quam in ipsam ingeri: ma io direi, che ha piaciuto ad Aristotele chiamar atto più tosto la esplicazione de la forma che la implicazione.

DIC. E io dico che l'essere espresso, sensibile ed esplicato, non è principal raggione de l'attualità, ma è una cosa consequente ed effetto di quella; sì come il principal essere del legno e raggione di sua attualità non consiste ne l'essere letto, ma ne l'essere di tal sustanza e consistenza che può esser letto, scanno, trabe, idolo e ogni cosa di legno formata. Lascio che secondo più alta raggione della materia naturale si fanno tutte cose naturali, che della artificiale le arteficiali, perché l'arte della materia suscita le forme o per suttrazione, come quando de la pietra fa la statua, o per apposizione, come quando, giongendo pietra a pietra e legno e terra, forma la casa; ma la natura de la sua materia fa tutto per modo di separazione, di parto, di efflussione, come intesero i pitagorici, compreso Anassagora e Democrito, confirmorno i sapienti di Babilonia. Ai quali sottoscrisse anco Mosè, che, descrivendo la generazione delle cose comandata da l'efficiente universale, usa questo modo di dire: "Produca la terra li suoi animali, producano le acqui le anime viventi", quasi dicesse: producale la materia. Perché, secondo lui, il principio materiale de le cose è l'acqua; onde dice, che l'intelletto efficiente (chiamato da lui spirito) "covava sopra l'acqui": cioè, li dava virtù procreatrice, e da quelle produceva le specie naturali, le quali tutte poi son dette da lui, in sustanza, acqui. Onde parlando della separazione de' corpi inferiori e superiori, dice che "la mente separò le acque da l'acqui", da mezzo de le quali induce esser comparuta l'arida. Tutti dunque per modo di separazione vogliono le cose essere da la materia, e non per modo di apposizione e recepzione. Dunque si de' più tosto dire che contiene le forme e che le includa, che pensare, che ne sia vota e le escluda. Quella, dunque, che esplica lo che tiene implicato, deve essere chiamata cosa divina e ottima parente, genetrice e madre di cose naturali, anzi la natura tutta in sustanza. Non dite e volete cossì, Teofilo?

TEOF. Certo.

DIC. Anzi molto mi maraviglio, come non hanno i nostri Peripatetici continuata la similitudine de l'arte. La quale de molte materie che conosce e tratta, quella giudica esser megliore e più degna, la quale è meno soggetta alla corrozione ed è più costante alla durazione, e della quale possono esser prodotte più cose: però giudica l'oro esser più nobile che il legno, la pietra e il ferro, perché è meno soggetto a corrompersi; e ciò che può esser fatto di legno e di pietra, può farsi de oro, e molte altre cose di più, maggiori e megliori per la sua bellezza, costanza, trattabilità e nobiltà. Or che doviamo dire di quella materia, della quale si fa l'uomo, l'oro e tutte cose naturali? Non deve esser ella stimata più degna che la artificiale, e aver raggione di meglior attualità? - Perché, o Aristotile, quello che è fondamento e base de l'attualità, dico, di ciò che è in atto, e quello che tu dici esser sempre, durare in eterno, non vorai che sia più in atto, che le tue forme, che le tue entelechie, che vanno e vegnono, di sorte che, quando volessi cercare la permanenza di questo principio formale ancora....

POL. Quia principia oportet semper manere.

DIC. - e non possendo ricorrere alle fantastiche idee di Platone, come tue tanto nemiche, sarai costretto e necessitato a dire che queste forme specifiche o hanno la sua permanente attualità nella mano de l'efficiente; e cossì non puoi dire, perché quello è detto da te suscitatore e riscuotitore de le forme della potenza de la materia: o hanno la sua permanente attualità nel seno de la materia; e cossì ti fia necessario dire, perché tutte le forme che appaiono come nella sua superficie, che tu dici individuali e in atto, tanto quelle che furono quanto le che sono e saranno, son cose principiate, non sono principio. (E certo cossì credo essere nella superficie della materia la forma particolare, come lo accidente è nella superficie della sustanza composta. Onde minor raggione di attualità deve avere la forma espressa al rispetto della materia, come.minor raggione di attualità ha la forma accidentale in rispetto del composto).

TEOF. In vero poveramente si risolve Aristotele, che dice, insieme con tutti gli antichi filosofi, che li principii denno essere sempre permanenti; e poi quando cercamo nella sua dottrina dove abbia la sua perpetua permanenza la forma naturale, la quale va fluttuando nel dorso de la materia, non la trovaremo ne le stelle fisse, perché non descendeno da alto queste particulari che veggiamo; non ne gli sigilli ideali, separati da la materia, perché quelli per certo, se non son mostri, son peggio che mostri, voglio dire chimere e vane fantasie. Che dunque? Sono nel seno della materia. Che dunque? Ella è fonte de la attualità. Volete ch'io vi dica di vantaggio e vi faccia vedere in quanta assurdità sia incorso Aristotele? Dice lui la materia essere in potenza. Or dimandategli quando sarà in atto. Risponderà una gran moltitudine con esso lui: quando arà la forma. Or aggiungi e dimanda: che cosa è quella che ha l'essere di novo? Risponderanno a lor dispetto: il composto e non la materia; perché essa è sempre quella, non si rinova, non si muta. Come nelle cose artificiali, quando del legno è fatta la statua, non diciamo che al legno vegna nuovo essere, perché niente più o meno è legno ora che era prima; ma quello che riceve lo esser e l'attualità, è lo che di nuovo si produce, il composto, dico la statua. Come adunque a quello dite appartenere la potenza; che mai sarà in atto o arà l'atto? Non è dunque la materia in potenza di essere o la che può essere, perché lei sempre è medesima e inmutabile, ed è quella circa la quale e nella quale è la mutazione, più tosto che quella che si muta. Quello che si altera, si aumenta, si sminuisce, si muta di loco, si corrompe, sempre (secondo voi medesimi peripatetici) è il composto, mai la materia; perché dunque dite la materia or in potenza or in atto? Certo non è chi debba dubitare che, o per ricevere le forme o per mandarle da sé, quanto all'essenza e sustanza sua, essa non riceve maggior e minor attualità; e però non esser raggione, per la quale venga detta in potenza. La quale quadra a ciò che è in continuo moto circa quella, e non a lei che è in eterno stato ed è causa del stato più tosto; perché, se la forma, secondo l'essere fondamentale e specifico, è di semplice e invariabile essenza, non solo logicamente nel concetto e la raggione, ma anco fisicamente nella natura, bisognarà che sia nella perpetua facultà de la materia, la quale è una potenza indistinta da l'atto, come in molti modi ho esplicato quando della potenza ho tante volte discorso.

POL. Quaeso, dite qualche cosa dello appetito della materia, a fin che prendiamo qualche risoluzione per certa alterazione tra me e Gervasio.

GERV. Di grazia, fatelo, Teofilo, perché costui mi ha rotto il capo con la similitudine de la femina e la materia, e che la donna non si contenta meno di maschi che la materia di forme, e va discorrendo.

TEOF. Essendo che la materia non riceve cosa alcuna da la forma, perché volete che la appetisca? Se (come abbiamo.detto) ella manda dal suo seno le forme, e per consequenza le ha in sé, come volete che le appetisca? Non appetisce quelle forme, che giornalmente si cangiano nel suo dorso; perché ogni cosa ordinata appetisce quello dal che riceve perfezione. Che può dare una cosa corrottibile ad una cosa eterna? una cosa imperfetta, come è la forma de cose sensibili, la quale sempre è in moto, ad una cosa eterna? una cosa imperfetta, come è la forma de cose sensibili, la quale sempre è in moto, ad un'altra tanto perfetta che, se ben si contempla, è uno esser divino nelle cose, come forse volea dire David de Dinanto, male inteso da alcuni che riportano la sua opinione? Non la desidera per esser conservata da quella, perché la cosa corrottibile non conserva la cosa eterna; oltre che è manifesto, che la materia conserva la forma: onde tal forma più tosto deve desiderar la materia per perpetuarsi, perché, separandosi da quella, perde l'essere lei, e non quella che ha tutto ciò che aveva prima che lei si trovasse, e che può aver de le altre. Lascio che, quando si dà la causa de la corrozione, non si dice che la forma fugge la materia o che lascia la materia, ma più tosto che la materia rigetta quella forma per prender l'altra. Lascio a proposito che non abbiamo più raggion di dire che la materia appete le forme, che per il contrario le ha in odio (parlo di quelle che si generano e corrompono, perché il fonte de le forme, che è in sé, non può appetere, atteso che non si appete lo che si possiede), perché per tal raggione, per cui se dice appetere lo che tal volta riceve o produce, medesimamente, quando lo rigetta e toglie via, se può dir che l'abomina; anzi più potentemente abomina che appete, atteso che eternamente rigetta quella forma numerale che in breve tempo ritenne. Se dunque ricordarai questo, che quante ne prende tante ne rigetta, devi equalmente farmi lecito de dire che ella ha in fastidio, come io ti farò dire che ella ha in desio.

GERV. Or ecco a terra non solamente gli castelli di Poliinnio, ma ancora di altri che di Poliinnio.

POL. Parcius ista viris.....

DIC. Abbiamo assai compreso per oggi; a rivederci domani!

TEOF. Dunque, adio.

Fine del quarto dialogo.

Dialogo quinto

TEOF. È dunque l'universo uno, infinito, inmobile. Una, dico, è la possibilità assoluta, uno l'atto, una la forma o anima, una la materia o corpo, una la cosa, uno lo ente, uno il massimo ed ottimo; il quale non deve posser essere compreso; e però infinibile e interminabile, e per tanto infinito e interminato, e per conseguenza inmobile. Questo non si muove localmente, perché non ha cosa fuor di sé ove si trasporte, atteso che sia il tutto. Non si genera; perché non è altro essere, che lui possa desiderare o aspettare, atteso che abbia tutto lo essere. Non si corrompe; perché non è altra cosa in cui si cange, atteso che lui sia ogni cosa. Non può sminuire o crescere, atteso che è infinito; a cui come non si può aggiongere, cossì è da cui non si può suttrarre, per ciò che lo infinito non ha parte proporzionabili. Non è alterabile in altra disposizione, perché non ha esterno, da cui patisca e per cui venga in qualche affezione. Oltre che, per comprender tutte contrarietadi nell'esser suo in unità e convenienza, e nessuna inclinazione posser avere ad altro e novo essere, o pur ad altro e altro modo di essere, non può esser soggetto di mutazione secondo qualità alcuna, né può aver contrario o diverso, che lo alteri, perché in lui è ogni cosa concorde. Non è materia, perché non è figurato né figurabile, non è terminato né terminabile. Non è forma, perché non informa né figura altro, atteso che è tutto, è massimo, è uno, è universo. Non è misurabile né misura. Non si comprende, perché non è maggior di sé. Non si è compreso, perché non è minor di sé. Non si aggualia, perché non è altro e altro ma uno e medesimo. Essendo medesimo e uno, non ha essere ed essere; e perché non ha essere ed essere, non ha parte e parte; e per ciò che non ha parte e parte, non è composto. Questo è termine di sorte che non è termine, è talmente forma che non è forma, è talmente materia che non è materia, è talmente anima che non è anima: perché è il tutto indifferentemente, e però è uno, l'universo è uno.

In questo certamente non è maggiore l'altezza che la lunghezza e profondità; onde per certa similitudine si chiama, ma non è, sfera. Nella sfera, medesima cosa è lunghezza che larghezza e profondo, perché hanno medesimo termine; ma ne l'universo medesima cosa è larghezza, lunghezza e profondo, perché medesimamente non hanno termine e sono infinite. Se non hanno mezzo, quadrante e altre misure, se non vi è misura, non vi è parte proporzionale, né assolutamente parte che differisca dal tutto. Perché, se vuoi dir parte de l'infinito, bisogna dirla infinito; se è infinito, concorre in uno essere con il tutto: dunque l'universo è uno, infinito, impartibile. E se ne l'infinito non si trova differenza, come di tutto e parte, e come di altro e altro, certo l'infinito è uno. Sotto la comprensione de l'infinito non è parte maggiore e parte minore, perché alla proporzione de l'infinito non si accosta più una parte quantosivoglia maggiore che un'altra quantosivoglia minore; e però ne l'infinita durazione non differisce la ora dal giorno, il giorno da l'anno, l'anno dal secolo, il secolo dal momento; perché non son più gli momenti e le ore che gli secoli, e non hanno minor proporzione quelli che questi a la eternità. Similmente ne l'immenso non è differente il palmo dal stadio, il stadio da la parasanga; perché alla proporzione de la inmensitudine non più si accosta per le parasanghe che per i palmi. Dunque infinite ore non son più che infiniti secoli, e infiniti palmi non son di maggior numero che infinite parasanghe. Alla proporzione, similitudine, unione e identità de l'infinito non più ti accosti con essere uomo che formica, una stella che un uomo; perché a quello essere non più ti avicini con esser sole, luna, che un uomo o una formica; e però nell'infinito queste cose sono indifferenti. E quello che dico di queste, intendo di tutte l'altre cose di sussistenza particulare.

Or, se tutte queste cose particulari ne l'infinito non sono altro e altro, non sono differenti, non sono specie, per necessaria consequenza non sono numero; dunque, l'universo è ancor uno immobile. Questo, perché comprende tutto, e non patisce altro e altro essere, e non comporta seco né in sé mutazione alcuna; per consequenza, è tutto quello che può essere; ed in lui (come dissi l'altro giorno) non è differente l'atto da la potenza. Se dalla potenza non è differente l'atto, è necessario che in quello il punto, la linea, la superficie e il corpo non differiscano: perché cossì quella linea è superficie, come la linea, movendosi, può essere superficie; cossì quella superficie è mossa ed è fatta corpo, come la superficie può moversi e, con il suo flusso, può farsi corpo. È necessario dunque che il punto ne l'infinito non differisca dal corpo, perché il punto, scorrendo da l'esser punto, si fa linea; scorrendo da l'esser linea, si fa superficie; scorrendo da l'esser superficie, si fa corpo; il punto, dunque, perché è in potenza ad esser corpo, non differisce da l'esser corpo dove la potenza e l'atto è una medesima cosa.

Dunque, l'individuo non è differente dal dividuo, il simplicissimo da l'infinito, il centro da la circonferenza. Perché dunque l'infinito è tutto quello che può essere; è inmobile; perché in lui tutto è indifferente, è uno; e perché ha tutta la grandezza e perfezione che si possa oltre e oltre avere, è massimo ed ottimo immenso. Se il punto non differisce dal corpo, il centro da la circonferenza, il finito da l'infinito, il massimo dal minimo, sicuramente possiamo affirmare che l'universo è tutto centro, o che il centro de l'universo è per tutto, e che la circonferenza non è in parte alcuna per quanto è differente dal centro, o pur che la circonferenza è per tutto, ma il centro non si trova in quanto che è differente da quella. Ecco come non è impossibile, ma necessario che l'ottimo, massimo, incompreensibile è tutto, è per tutto, è in tutto, perché, come semplice e indivisibile, può esser tutto, essere per tutto, essere in tutto. E cossì non è stato vanamente detto che Giove empie tutte le cose, inabita tutte le parti de l'universo, è centro de ciò che ha l'essere, uno in tutto e per cui uno è tutto. Il quale, essendo tutte le cose e comprendendo tutto l'essere in sé, viene a far che ogni cosa sia in ogni cosa.

Ma mi direste: perché dunque le cose si cangiano, la materia particulare si forza ad altre forme? Vi rispondo, che non è mutazione che cerca altro essere, ma altro modo di essere. E questa è la differenza tra l'universo e le cose de l'universo; perché quello comprende tutto lo essere e tutti i modi di essere: di queste ciascuna ha tutto l'essere, ma non tutti i modi di essere; e non può attualmente aver tutte le circostanze e accidenti, perché molte forme sono incompossibili in medesimo soggetto, o per esserno contrarie o per appartener a specie diverse; come non può essere medesimo supposito individuale sotto accidenti di cavallo e uomo, sotto dimensioni di una pianta e uno animale. Oltre, quello comprende tutto lo essere totalmente, perché estra e oltre lo infinito essere non è cosa che sia, non avendo estra né oltra; di queste poi ciascuna comprende tutto lo essere, ma non totalmente, perché oltre ciascuna sono infinite altre. Però intendete tutto essere in tutto, ma non totalmente e omnimodamente in ciascuno. Però intendete come ogni cosa è una, ma non unimodamente.

Però non falla chi dice uno essere lo ente, la sustanza e l'essenzia; il quale, come infinito e interminato, tanto secondo la sustanza quanto secondo la durazione quanto secondo la grandezza quanto secondo il vigore, non ha raggione di principio né di principiato; perché, concorrendo ogni cosa in unità e identità, dico medesimo essere, viene ad avere raggione absoluta e non respettiva. Ne l'uno infinito, inmobile, che è la sustanza, che è lo ente, se vi trova la moltitudine, il numero, che, per essere modo e moltiformità de lo ente, la quale viene a denominar cosa per cosa, non fa per questo che lo ente sia più che uno, ma moltimodo e moltiforme e moltifigurato. Però, profondamente considerando con gli filosofi naturali, lasciando i logici ne le lor fantasie, troviamo che tutto lo che fa differenza e numero, è puro accidente, è pura figura, è pura complessione. Ogni produzione, di qualsivoglia sorte che la sia, è una alterazione, rimanendo la sustanza sempre medesima; perché non è che una, uno ente divino, immortale. Questo lo ha possuto intendere Pitagora, che non teme la morte, ma aspetta la mutazione. L'hanno possuto intendere tutti filosofi, chiamati volgarmente fisici, che niente dicono generarsi secondo sustanza né corrompersi, se non vogliamo nominar in questo modo la alterazione. Questo lo ha inteso Salomone, che dice "non essere cosa nova sotto il sole, ma quel che è fu già prima". Avete dunque come tutte le cose sono ne l'universo, e l'universo è in tutte le cose; noi in quello, quello in noi; e cossì tutto concorre in una perfetta unità. Ecco come non doviamo travagliarci il spirto, ecco come cosa non è, per cui sgomentarne doviamo. Perché questa unità è sola e stabile, e sempre rimane; questo uno è eterno; ogni volto, ogni faccia, ogni altra cosa è vanità, è come nulla, anzi è nulla tutto lo che è fuor di questo uno. Quelli filosofi hanno ritrovata la sua amica Sofia, li quali hanno ritrovata questa unità. Medesima cosa a fatto è la sofia, la verità, la unità. Hanno saputo tutti dire che vero, uno ed ente son la medesima cosa, ma non tutti hanno inteso: perché altri hanno seguitato il modo di parlare, ma non hanno compreso il modo d'intendere di veri sapienti. Aristotele, tra gli altri, che non ritrovò l'uno, non ritrovò lo ente, e non ritrovò il vero, perché non conobbe come uno lo ente; e benché fusse stato libero di prendere la significazione de lo ente comune alla sustanza e l'accidente, e oltre de distinguere le sue categorie secondo tanti geni e specie per tante differenze, non ha lasciato però di essere non meno poco aveduto nella verità per non profondare alla cognizione di questa unità e indifferenza de la costante natura ed essere; e, come sofista ben secco, con maligne esplicazioni e con leggiere persuasioni pervertere le sentenze degli antichi e opporsi a la verità, non tanto forse per imbecillità de intelletto, quanto per forza d'invidia e ambizione.

DIC. Sì che questo mondo, questo ente, vero, universo, infinito, inmenso, in ogni sua parte è tutto, tanto che lui è lo istesso ubique. Laonde ciò che è ne l'universo, al riguardo de l'universo (sia che si vuole a rispetto de li altri particolari corpi), è per tutto secondo il modo della sua capacità; perché è sopra, è sotto, infra, destro, sinistro, e secondo tutte differenze locali, perché in tutto lo infinito son tutte queste differenze e nulla di queste. Ogni cosa che prendemo ne l'universo, perché ha in sé quello che è tutto per tutto, comprende in suo modo tutta l'anima del mondo (benché non totalmente, come già abbiamo detto); la quale è tutta in qualsivoglia parte di quello. Però, come lo atto è uno, e fa uno essere, ovunque lo sia, cossì nel mondo non è da credere che sia pluralità di sustanza e di quello che veramente è ente.

Appresso so che avete come cosa manifesta che ciascuno di tutti questi mondi innumerabili, che noi veggiamo ne l'universo, non sono in quello tanto come in un luogo continente e come in uno intervallo e spacio, quanto come in uno comprensore, conservatore, motore, efficiente; il quale cossì tutto vien compreso da ciascuno di questi mondi, come l'anima tutta da ciascuna parte del medesimo. Però, benché un particolare mondo si muova verso e circa l'altro, come la terra al sole e circa il sole, nientedimeno al rispetto dell'universo nulla si muove verso né circa quello, ma in quello.

Oltre, volete che sì come l'anima (anco secondo il dir comune) è in tutta la gran mole, a cui dà l'essere, e insieme insieme è individua, e per tanto medesimamente è in tutto e in qualsivoglia parte intieramente; cossì la essenza de l'universo è una nell'infinito ed in qualsivoglia cosa presa come membro di quello, sì che a fatto il tutto e ogni parte di quello viene ad esser uno secondo la sustanza; onde non essere inconvenientemente detto da Parmenide uno, infinito immobile, sia che si vuole della sua intenzione, la quale è incerta, riferita da non assai fidel relatore.

Dite che quel tutto che si vede di differenza negli corpi,.quanto alle formazioni, complessioni, figure, colori e altre proprietadi e comunitadi, non è altro che un diverso volto di medesima sustanza; volto labile, mobile, corrottibile di uno inmobile, perseverante ed eterno essere; in cui son tutte forme, figure e membri, ma indistinti e come agglomerati, non altrimente che nel seme, nel quale non è distinto il braccio da la mano, il busto dal capo, il nervo da l'osso. La qual distinzione e sglomeramento non viene a produre altra e nuova sustanza, ma viene a ponere in atto e compimento certe qualitadi, differenze, accidenti e ordini circa quella sustanza. E quel che si dice del seme al riguardo de le membra degli animali, medesimo si dice del cibo al riguardo de l'esser chilo, sangue, flemma, carne, seme; medesimo di qualch'altra cosa, che precede l'esser cibo o altro; medesimo di tutte cose, montando da l'infimo grado della natura sino al supremo di quella montando da l'università fisica, conosciuta da' filosofi, alla altezza dell'archetipa, creduta da' teologi, se ti piace; sin che si dovenga ad una originale ed universale sustanza medesima del tutto, la quale si chiama lo ente, fondamento di tutte specie e forme diverse; come ne l'arte fabrile è una sustanza di legno soggetta a tutte misure e figure, che non son legno, ma di legno, nel legno, circa il legno. Però tutto quello che fa diversità di geni, di specie, differenze, proprietadi, tutto che consiste nella generazione, corrozione, alterazione e cangiamento, non è ente, non è essere, ma condizione e circostanza di ente ed essere; il quale è uno, infinito, immobile, soggetto, materia, vita, anima, vero e buono.

 Volete che per essere lo ente indivisibile e semplicissimo, perché è infinito e atto tutto in tutto e tutto in ogni parte (in modo che diciamo parte nello infinito, non parte dello infinito), non possiamo pensar in modo alcuno che la terra sia parte dello ente, il sole parte della sustanza, essendo quella impartibile; ma sì bene è lecito dire sustanza della parte o pur, meglio, sustanza nella parte; cossì, come non è lecito dire parte dell'anima esser nel braccio, parte dell'anima esser nel capo, ma sì bene l'anima nella parte che è il capo, la sustanza della parte o nella parte che è il braccio. Perché lo essere porzione, parte, membro, tutto, tanto quanto, maggiore minore, come questo come quello, di questo di quello, concordante, differente e di altre raggioni che non significano uno assoluto, e però non si possono riferire alla sustanza, a l'uno, a l'ente, ma per la sustanza, nell'uno e circa lo ente, come modi, raggioni e forme; cossì, come comunmente si dice circa una sustanza essere la quantità, la qualità, relazione, azione, passione e altri circostanti geni, talmente ne l'uno ente summo, nel quale è indifferente l'atto dalla potenza, il quale può essere tutto assolutamente ed è tutto quello che può essere, è complicatamente uno, inmenso, infinito, che comprende tutto lo essere ed è esplicatamente in questi corpi sensibili e in la distinta potenza e atto che veggiamo in essi. Però volete che quello che è generato e genera (o sia equivoco o univoco agente, come dicono quei che volgarmente filosofano) e quello di che si fa la generazione, sempre sono di medesima sustanza. Per il che non vi sonarà mal ne l'orecchio la sentenza di

Eraclito, che disse tutte le cose essere uno, il quale per la mutabilità ha in sé tutte le cose; e perché tutte le forme sono in esso, conseguentemente tutte le diffinizioni gli convegnono; e per tanto le contradittorie enunciazioni son vere. E quello che fa la moltitudine ne le cose, non è lo ente, non è la cosa, ma quel che appare, che si rapresenta al senso ed è nella superficie della cosa.

TEOF. Cossì è. Oltre questo, voglio che apprendiate più capi di questa importantissima scienza e di questo fondamento solidissimo de le veritadi e secreti di natura. Prima, dunque, voglio che notiate essere una e medesima scala per la quale la natura descende alla produzion de le cose, e l'intelletto ascende alla cognizion di quelle; e che l'uno e l'altra da l'unità procede all'unità, passando per la moltitudine di mezzi. Lascio che, con il suo modo di filosofare, gli Peripatetici e molti Platonici alla moltitudine de le cose, come al mezzo, fanno procedere il purissimo atto da un estremo e la purissima potenza da l'altro; come vogliono altri per certa metafora convenir le tenebre e la luce alla constituzione de innumerabili gradi di forme, effigie, figure e colori. Appresso i quali, che considerano dui principii e dui principi, soccorreno altri nemici e impazienti di poliarchia, e fanno concorrere quei doi in uno, che medesimamente è abisso e tenebra, chiarezza e luce, oscurità profonda e impenetrabile, luce superna e inaccessibile.

Secondo, considerate che l'intelletto, volendo liberarse e disciorse dall'immaginazione alla quale è congionto, oltre che ricorre alle matematiche ed imaginabili figure, a fin che o per quelle o per la similitudine di quelle comprenda l'essere e la sustanza de le cose, viene ancora a riferire la moltitudine e diversità di specie a una e medesima radice. Come Pitagora che puose gli numeri principii specifici de le cose, intese fundamento e sustanza di tutti la unità; Platone ed altri, che puosero le specie consistenti nelle figure, di tutti il medesimo ceppo e radice intesero il punto come sustanza e geno universale. E forse le superficie e figure son quelle che al fine intese Platone per il suo Magno, e il punto e atomo è quello che intese per il suo Parvo, gemini principii specifici de le cose; i quali poi si riducono ad uno, come ogni dividuo a l'individuo. Que' dunque che dicono, il principio sustanziale esser l'uno, vogliono che le sustanze son come i numeri; gli altri che intendeno il principio sustanziale come il punto, vogliono le sustanze de cose essere come figure; e tutti convegnono con ponere un principio individuo. Ma meglior e più puro è il modo di Pitagora che quel di Platone, perché la unità è causa e raggione della individuità e puntalità, ed è un principio più absoluto e accomodabile a l'universo ente.

GERV. Perché Platone, che venne appresso, non fece similmente né meglio che Pitagora?.

TEOF. Perché volse più tosto, dicendo peggio e con men comodo e appropriato modo, esser stimato maestro che, dicendo megliormente e meglio, farsi riputar discepolo. Voglio dire, che il fine de la sua filosofia era più la propria gloria che la verità; atteso che non posso dubitar che lui sapesse molto bene che il suo modo era appropriato più alle cose corporali e corporalmente considerate, e quell'altro non meno accomodato e appropriabile a queste, che a tutte l'altre che la raggione, l'imaginazione, l'intelletto, l'una e l'altra natura sapesse fabricare. Ogniuno confessarà, che non era occolto a Platone che la unità e numeri necessariamente essaminano e donano raggione di punto e figure, e non sono essaminati e non prendeno raggione da figure e punti necessariamente, come la sustanza dimensionata e corporea depende dall'incorporea e individua; oltre che questa è absoluta da quella, perché la raggione di numeri si trova senza quella de misura, ma quella non può essere absoluta da questa, perché la raggione di misure non si trova senza quella di numeri. Però la aritmetica similitudine e proporzione è più accomodata che la geometrica, per guidarne per mezzo de la moltitudine alla contemplazione e apprensione di quel principio indivisibile; che, per essere unica e radical sustanza di tutte cose, non è possibile, ch'abbia un certo e determinato nome, e tal dizione che significhe più tosto positiva che privativamente: e però è stato detto da altri punto, da altri unità, da altri infinito, e secondo varie raggioni simili a queste.

Aggiungi a quel che è detto che, quando l'intelletto vuol comprendere l'essenzia d'una cosa, va simplificando quanto può: voglio dire, dalla composizione e moltitudine se ritira, rigittando gli accidenti corrottibili, le dimensioni, i segni, le figure a quello che sottogiace a queste cose. Cossì la lunga scrittura e prolissa orazione non intendemo, se non per contrazione ad una semplice intenzione.

L'intelletto in questo dimostra apertamente come ne l'unità consista la sustanza de le cose, la quale va cercando o in verità o in similitudine. Credi, che sarebbe consummatissimo e perfettissimo geometra quello che potesse contraere ad una intenzione sola tutte le intenzioni disperse ne' principii di Euclide; perfettissimo logico chi tutte le intenzioni contraesse ad una. Quindi è il grado delle intelligenze; perché le inferiori non possono intendere molte cose, se non con molte specie, similitudini e forme; le superiori intendeno megliormente con poche; le altissime con pochissime perfettamente. La prima intelligenza in una idea perfettissimamente comprende il tutto; la divina mente e la unità assoluta, senza specie alcuna, è ella medesimo lo che intende e lo ch'è inteso. Cossì dunque, montando noi alla perfetta cognizione, andiamo complicando la moltitudine; come, descendendosi alla produzione de le cose, si va esplicando la unità. Il descenso è da uno ente ad infiniti individui e specie innumerabili, lo ascenso è da questi a quello.

Per conchiudere dunque questa seconda considerazione, dico che, quando aspiriamo e ne forziamo al principio e sustanza de le cose, facciamo progresso verso la indivisibilità; e giamai credemo esser gionti al primo ente e universal sustanza sin che non siamo arrivati a quell'uno individuo in cui tutto si comprende; tra tanto non più credemo comprendere di sustanza e di essenza, che sappiamo comprendere di indivisibilità. Quindi i Peripatetici e Platonici infiniti individui riducono ad una individua raggione di molte specie; innumerabili specie comprendono sotto determinati geni, quali Archita primo volse che fussero diece; determinati geni ad uno ente, una cosa; la qual cosa ed ente è compresa da costoro come un nome e dizione ed una logica intenzione, e in fine una vanità. Perché, trattando fisicamente poi, non conosceno uno principio di realità ed essere di tutto quel che è, come una intenzione e nome comune a tutto quel che si dice e si comprende. Il che certo è accaduto per imbecillità di intelletto.

Terzo, devi sapere che, essendo la sustanza ed essere distinto ed assoluto da la quantità, e per conseguenza la misura e numero non è sustanza ma circa la sustanza, non ente ma cosa di ente, aviene che necessariamente doviamo dire la sustanza essenzialmente essere senza numero e senza misura, e però una e individua in tutte le cose particolari; le quali hanno la sua particularità dal numero, cioè da cose che sono circa la sustanza. Onde chi apprende Poliinnio come Poliinnio, non apprende sustanza particolare, ma sustanza nel particolare e nelle differenze, che son circa quella; la quale per esse viene a ponere questo uomo in numero e moltitudine sotto una specie. Qua, come certi accidenti umani fanno moltiplicazione di questi chiamati individui dell'umanità, cossì certi accidenti animali fanno moltiplicazione di queste specie dell'animalità. Parimenti certi accidenti vitali fanno moltiplicazione di questo animato e vivente. Non altrimente certi accidenti corporei fanno moltiplicazione di corporeità. Similmente certi accidenti di sussistenza fanno moltiplicazione di sustanza. In tal maniera certi accidenti di essere fanno moltiplicazione di entità, verità, unità, ente, vero, uno.

Quarto, prendi i segni e le verificazioni per le quali conchiuder vogliamo gli contrarii concorrere in uno, onde non fia difficile al fine inferire che le cose tutte sono uno, come ogni numero, tanto pare quanto ìmpare, tanto finito quanto infinito, se riduce all'unità; la quale iterata con il finito pone il numero, e con l'infinito nega il numero. I segni le prenderai dalla matematica, le verificazioni da le altre facultadi morali e speculative. Or, quanto a' segni, ditemi: che cosa è più dissimile alla linea retta, che il circolo? che cosa è più contrario al retto che il curvo? Pure nel principio e minimo concordano, atteso che (come divinamente notò il Cusano, inventor di più bei secreti di geometria) qual differenza trovarai tu tra il minimo arco e la minima corda? Oltre, nel massimo, che differenza trovarai tra il circolo infinito e la linea retta? Non vedete come il circolo, quanto è più grande, tanto più con il suo arco si va approssimando alla rettitudine? Chi è sì cieco, che non veda qualmente l'arco BB, per esser più grande che l'arco AA, e l'arco CC più grande che l'arco BB, e l'arco DD più che gli altri tre, riguardano ad esser parte di maggior circolo; e con questo più e più avicinarsi alla rettitudine della linea infinita del circolo infinito, significata per IK? Quivi certamente bisogna dire e credere che, sì come quella linea che è più grande, secondo la raggione di maggior grandezza, è anco più retta; similmente la massima di tutte deve essere in superlativo più di tutte retta; tanto che al fine la linea retta infinita vegna ad esser circolo infinito. Ecco dunque come non solamente il massimo e il minimo convegnono in uno essere, come altre volte abbiamo dimostrato, ma ancora nel massimo e nel minimo vegnono ad essere uno e indifferente gli contrari.

Oltre, se ti piace comparare le specie finite al triangolo, perché dal primo finito e primo terminato tutte le cose finite se intendeno, per certa analogia, participare a finitudine e la terminazione (come in tutti geni li predicati analogi tutti prendeno il grado e ordine dal primo e massimo di quel geno), per tanto che il triangolo è la prima figura, la quale non si può risolvere in altra specie di figura più semplice (come, per il contrario, il quatrangolo se risolve in triangoli), e però è primo fondamento d'ogni cosa terminata e figurata: trovarai che il triangolo, come non si risolve in altra figura, similmente non può procedere in triangoli di quai gli tre angoli sieno maggiori o minori, benché sieno varii e diversi, di varie e diverse figure, quanto alla magnitudine maggiore e minore, minima e massima. Però se poni un triangolo infinito (non dico realmente e assolutamente, perché l'infinito non ha figura; ma infinito dico per supposizione, e per quanto angolo dà luogo a quello che vogliamo dimostrare) quello non arà angolo maggiore che il triangolo minimo finito, non solo che li mezzani e altro massimo.

Lasciando stare la comparazione de figure e figure, dico di triangoli e triangoli; e prendendo angoli e angoli, tutti, quantunque grandi e piccioli, sono equali, come in questo quadro appare. Il quale per il diametro è diviso in tanti triangoli: dove si vede che non solamente sono uguali li angoli retti di tre quadrati A, B, C, ma anco tutti gli acuti che risultano per divisione di detto diametro, che constituisce tanti al doppio triangoli, tutti di equali angoli. Quindi per similitudine molto espressa si vede come la una infinita sustanza può essere in tutte le cose tutta, benché in altri finita in altri infinitamente, in questi con minore in quelli con maggiore misura.

Giongi a questo (per veder oltre che in questo uno e infinito li contrarii concordano) che lo angolo acuto e ottuso sono dui contrarii, i quali non vedi qualmente nascono da uno individuo e medesimo principio, cioè da una inclinazione che fa la linea perpendicolare M, che si congionge alla linea iacente BD, nel punto C? Questa, su quel punto, con una semplice inclinazione verso il punto D, dopo che faceva indifferentemente angulo retto e retto, viene a far tanto maggior differenza di angolo acuto e ottuso, quanto più s'avicina al punto C; al quale essendo gionta e unita, fa l'indifferenza d'acuto e ottuso, similmente annullandosi l'uno e l'altro, perché sono uno nella potenza di medesima linea. Quella come ha possuto unirsi e farsi indifferente con la linea BD, cossì può disunirsi e farsi differente da quella, suscitando da medesimo, uno e individuo principio i contrariissimi angoli, che sono il massimo acuto e massimo ottuso sin al minimo acuto e ottuso minimo, ed oltre all'indifferenza di retto e quella concordanza che consiste nel contatto della perpendicolare e iacente.

Quanto alle verificazioni poi, chi non sa primamente circa le qualitadi attive prime della natura corporea, che il principio del calore è indivisibile, e però separato da ogni calore, perché il principio non deve essere cosa alcuna de le principiate? Se è cossì, chi deve dubitare di affermare che il principio non è caldo né freddo, ma uno medesimo del caldo e del freddo? Onde aviene che un contrario è principio de l'altro, e che però le trasmutazioni son circolari, se non per essere un soggetto, un principio, un termine e una continuazione e un concorso de l'uno e l'altro? Il minimo caldo e il minimo freddo non son tutto uno? Dal termine del massimo calore non si prende il principio del moto verso il freddo? Quindi è aperto che non solo ocorreno talvolta i dui massimi nella resistenza e li dui minimi nella concordanza, ma etiam il massimo e il minimo per la vicissitudine di trasmutazione; onde non senza caggione nell'ottima disposizione sogliono temere i medici; nel supremo grado della felicità son più timidi gli providi. Chi non vede uno essere il principio della corrozione e generazione? L'ultimo del corrotto non è principio del generato? Non diciamo insieme: tolto quello, posto questo? era quello, è questo? Certo (se ben misuramo) veggiamo che la corrozione non è altro che una generazione, e la generazione non è altro che una corrozione; l'amore è un odio, l'odio è un amore, al fine. L'odio del contrario è amore del conveniente; l'amor di questo è l'odio di quello. In sustanza dunque e radice, è una medesima cosa amore e odio, amicizia e lite. Da onde più comodamente cerca l'antidoto il medico, che dal veleno? Chi porge meglior teriaca, che la vipera? Ne' massimi veneni ottime medicine. Una potenza non è di dui contrarii oggetti? Or onde credi che ciò sia, se non da quel, che cossì uno è il principio de l'essere come uno è il principio di concepere l'uno e l'altro oggetto; e che cossì li contrarii son circa un soggetto come sono appresi da uno e medesimo senso? Lascio che l'orbicolare posa nel piano, il concavo s'acqueta e risiede nel convesso, l'iracondo vive gionto al paziente, al superbissimo massimamente piace l'umile, a l'avaro il liberale.

In conclusione, chi vuol sapere massimi secreti di natura, riguardi e contemple circa gli minimi e massimi de gli contrarii e oppositi. Profonda magia è saper trar il contrario dopo aver trovato il punto de l'unione. A questo tendeva con il pensiero il povero Aristotele, ponendo la privazione (a cui è congionta certa disposizione) come progenitrice, parente e madre della forma; ma non vi poté aggiungere. Non ha possuto arrivarvi, perché, fermando il piè nel geno de l'opposizione, rimase inceppato di maniera che, non descendendo alla specie de la contrarietà, non giunse, né fissò gli occhi al scopo; dal quale errò a tutta passata, dicendo i contrarii non posser attualmente convenire in soggetto medesimo.

POL. Alta, rara e singularmente avete determinato del tutto, del massimo, de l'ente, del principio, de l'uno. Ma vi vorei veder distinguere de l'unità, perché trovo un Vae soli! Oltre che, sento grande angoscia per quel, che nel mio marsupio e crumena non vi alloggia più che un vedovo solido.

TEOF. Quella unità è tutto, la quale non è esplicata, non è sotto distribuzione e distinzione di numero, e tal singularità che tu intendereste forse; ma che è complicante e comprendente.

POL. Exemplum? perché, a dire il vero, intendo, ma non capio.

TEOF. Come il denario è una unità similmente, ma complicante, il centenario non meno è unità, ma più complicante; il millenario non è unità meno che l'altre, ma molto più complicante. Questo che ne l'aritmetrica vi propono, devi più alta e semplicemente intenderlo ne le cose tutte. Il sommo bene, il sommo appetibile, la somma perfezione, la somma beatitudine consiste nell'unità che complica il tutto. Noi ne delettamo nel colore; ma non in uno esplicato qualunque sia, ma massime in uno che complica tutti colori. Ne delettamo nella voce, non in una singulare, ma in una complicante che resulta da l'armonia di molte. Ne delettamo in uno sensibile, ma massime in quello che comprende in sé tutti sensibili; in uno cognoscibile che comprende ogni cognoscibile; in uno apprensibile che abbraccia tutto che si può comprendere; in uno ente che complette tutto, massime in quello uno che è il tutto istesso. Come tu, Poliinnio, ti delettareste più ne l'unità di una gemma tanto preziosa, che contravalesse a tutto l'oro del mondo, che nella moltitudine di migliaia delle migliaia di tai soldi di quali ne hai uno in borsa.

POL. Optime.

GERV. Eccomi dotto; perché come chi non intende uno, non intende nulla, cossì chi intende veramente uno, intende tutto; e chi più s'avicina all'intelligenza dell'uno, s'approssima più all'apprension di tutto.

DIC. Cossì io, se ho ben compreso, mi parto molto arrichito dalla contemplazione del Teofilo, fidel relatore della nolana filosofia.

TEOF. Lodati sieno gli dei, e magnificata da tutti viventi la infinita, semplicissima, unissima, altissima e absolutissima causa, principio e uno.

Appendice

De magia (1590)

Antequam De magia, sicut antequam de quocunque subiecto disseratur, nomen in sua significata est dividendum; totidem autem sunt significata magiae, quot et magi. Magus primo sumitur pro sapiente, cuiusmodi erant Trimegisti apud Aegyptios, Druidae apud Gallos, Gymnosophistae apud Indos, Cabalistae apud Hebraeos, Magi apud Persas (qui a Zoroastre), Sophi apud Graecos, Sapientes apud Latinos. Secundo sumitur magus pro faciente mirabilia sola applicatione activorum et passivorum, ut est medicina et chymia secundum genus; et haec est naturalis magia communiter dicta. Tertio magia est cum huiusmodi adduntur circumstantiae, quibus apparent opera naturae vel intelligentiae superioris ad concitandam admirationem per apparentia; et est ea species quae praestigiatoria appellatur. Quarto cum ex antipathiae et sympathiae rerum virtute, ut per ea quae pellunt, transmutant et attrahunt, ut sunt species magnetis et similium, quorum opera non ad qualitates activas et passivas reducuntur, sed omnia ad spiritum seu animam in rebus existentem referuntur; et haec proprie vocatur magia naturalis. Quinto cum his adduntur verba, cantus, rationes numerorum et temporum, imagines, figurae, sigilla, characteres seu litterae; et haec etiam est magia media inter naturalem et extranaturalem vel supra, quae proprie magia mathemathica inscriberetur, et nomine occultae philosophiae magis congrue inscriberetur. Sexto si isti accessat cultus seu invocatio intelligentiarum et efficientum exteriorum seu superiorum, cum orationibus, consecrationibus, fumigiis, sacrificiis, certis habitibus et ceremoniis ad Deos, daemones et heroas, tunc vel fit ad finem contrahendi spiritus in se ipso, cuius ipse fiat vas et instrumentum, ut appareat sapiens rerum, quam tamen sapientiam facile pharmaco unâ cum spiritu possit evacuare; et haec est magia desperatorum, qui fiunt vasa malorum daemonum, quae per Artem notoriam exaucupatur: aut est ad finem imperandi et praecipiendi daemonibus inferioribus cum authoritate superiorum daemonum principum, hos quidem colendo et alliciendo, illos vero coniurando et adiurando, constringendo; et haec magia est transnaturalis seu metaphysica, et proprio nomine appellatur ????????. Septimo aut est adiuratio seu invocatio, non ad daemonas et heroas, sed per istos ad hominum defunctorum animas acciendas, per eorum cadavera vel cadaverum partes ad oraculum aliquod suscipiendum, divinandum, cognoscendum de rebus absentibus et futuris; et haec species a

materia et fine appellatur necromantia. Quod si materia non accedat, sed ab ??????????
excantante facta spiritus in eius visceribus incubantis invocatione oraculum perquiratur, tunc
est magus, qui proprie Pythonicus appellatur; ita enim ab Apolline Pythio in templo illius
solebant 'inspiritari', ut ita dicam. Octavo aut incantationi utcunque acceptae accedant rerum
partes, indumenta, excrementa, superfluitates, vestigia et omnia quae tactu
communicationem aliquam concepisse creduntur: et tunc aut haec fiunt ad solvendum,
ligandum et infirmandum, tunc constituunt magum qui appellatur maleficus, si ad malum
tendant, si ad bonum, ad numerum medicorum referantur, iuxta certam speciem atque viam
medicinae; aut ad ultimam perniciem et exitium aspirant, tunc magos veneficos appellant.
Nono magi dicuntur omnes qui ad divinandum quacunque ratione de rebus absentibus et
futuris accinguntur, et isti generaliter divini a fine appellantur, quorum species primae aut
sunt quatuor e principiis materialibus: igne, aëre, aqua et terra, unde dicuntur pyromantia,
hydromantia, geomantia; aut a tribus obiectis cognitionis: naturali, mathematico et divino, et
tunc sunt variae aliae species divinandi. A principiis enim naturalibus seu physicorum
inspectione divinant augures, aruspices et caeteri huiusmodi; a mathematicorum inspectione
secundum genus sunt geomantae, qui per numeros seu litteras seu lineas et figuras certas,
item aspectus, irradiationes et situs planetarum et similium, divinant; a divinorum usu, ut
sacrorum nominum, occursibus locorum, brevibus quibusdam rationibus et servatis
circumstantiis, et hos ultimos nomine magorum nostrates non inscribunt, apud quos pro
indigna usurpatione magus male sonat, sed dicitur non magia, sed prophetia. Ultimo sumitur
magus et magia iuxta significationem indignam, ut inter istas non annumeretur neque
adnumerata habeatur, ut magus sit maleficus utcunque stultus, qui ex commercio cum
cacodaemone et pacto quodam pro facultate ad laedendum vel iuvandum est informatus; et
iuxta hanc rationem sonat non apud sapientes vel ipsos quidem grammaticos, sed a
quibusdam usurpatur nomen magi bardocucullis, qualis fuit ille qui fecit librum De malleo
maleficarum, et ita hodie usurpatur ab omnibus huius generis scriptoribus, ut legere licet
apud postillas, catechismos ignorantum et somniantium presbyterorum.

Nomen ergo magi quando usurpatur, aut cum distinctione est capiendum antequam
definiatur, aut si absolute sumitur, tunc iuxta praeceptum logicorum et specialiter Aristotelis
in V. Topicorum pro potissimo et nobilissimo significatu est capiendum. A philosophis ut
sumitur inter philosophos, tunc magus significat hominem sapientem cum virtute agendi. Stat
tamen quod simpliciter prolatum sumitur pro eo quod communi voce significatur, et tunc alia
communis vox est apud unum et aliud presbyterorum genus, qui multum philosophantur de
quodam cacodaemone qui appellatur Diabolus, aliter iuxta communes mores diversarum
gentium et credulitatis.

Hac praehabita distinctione generaliter magiam triplicem accipimus: divinam, physicam et
mathematicam. Primi et secundi generis magia est necessario de genere bonorum et

optimorum, tertii vero generis et bona est et mala, prout magi eadem bene et male utuntur. Quamvis in multis operationibus atque praecipuis haec tria genera concurrant, malitia tamen, idololatria, scelus et idolatriae crimen in tertio genere reperitur, ubi contingit errare et decipi, et per quod secundum genus per se bonum ad malum usum convertitur. Hic mathematicum genus non denominatur a speciebus mathematices communiter dictae, ut Geometriae, Arithmetices, Astronomiae, Optices, Musices etc., sed ab horum similitudine et cognatione; habet enim similitudinem cum Geometria propter figuras et characterismum, cum Musica propter incantationem, cum Arithmetica propter numeros, vices, cum Astronomia propter tempora et motus, cum Optica propter fascinia, et universaliter cum universo Mathematices genere, propter hoc quod vel mediat inter operationem divinam vel naturalem, vel participat de utraque, vel deficit ab utraque, sicut quaedam media sunt propter utriusque extremi participationem, quaedam vero propter utriusque exclusionem, secundum quem modum non tantum media dici potest, quantum tertium quoddam genus, non tantum inter utrumque, quantum extra utrumque. Ex dictis autem speciebus manifestum est quomodo divina, quomodo physica, quomodo alia ab his species est.

Ut autem ad particularia modo deveniamus, habent magi pro axiomate, in omni opere ante oculos habendum, influere Deum in Deos, Deos in (corpora caelestia seu) astra, quae sunt corporea numina, astra in daemonas, qui sunt cultores et incolae astrorum, quorum unum est tellus, daemones in elementa, elementa in mixta, mixta in sensus, sensus in animum, animum in totum animal, et hic est descensus scalae; mox ascendit animal per animum ad sensus, per sensus in mixta, per mixta in elementa, per haec in daemones, per hos [in elementa, per haec] in astra, per ipsa in Deos incorporeos seu aethereae substantiae seu corporeitatis, per hos in animam mundi seu spiritum universi, per hunc in contemplationem unius simplicissimi optimi maximi incorporei, absoluti, sibi sufficientis. Sic a Deo est descensus per mundum ad animal, animalis vero est ascensus per mundum ad Deum; ille est in cacumine scalae, purus actus et activa potentia, lux purissima, in scalae vero radice est materia, tenebrae, pura potentia passiva, sic potens omnia fieri ex imis, sicut ille potens omnia facere ex supernis. Inter infimum et supremum gradum sunt species mediae, quarum superiores magis participant lucem et actum et virtutem activam, inferiores vero magis tenebras, potentiam et virtutem passivam.

Unde omnis lux, quae est in inferioribus, cum ad ea per superiora perveniat, eminentius est in superioribus; omnes quoque tenebrae, quae sunt in superioribus, fortius sunt in inferioribus. Non aequa tamen ratio est atque efficacia tenebrarum et lucis; lux enim diffunditur et penetrat usque ad ima et profunda tenebrarum, tenebrae vero non ita purissimum lucis orbem attingunt: itaque lux comprehendit tenebras, vincit et superat per infinitum, tenebrae vero nedum non comprehendunt neque exuperant neque exaequant lucem, sed mire deficiunt ab illius proportione.

Iuxta tres praedictos magiae gradus tres mundi intelliguntur: archetypus, physicus et rationalis. In archetypo est amicitia et lis, in physico ignis et aqua, in mathematico lux et tenebrae. Lux et tenebrae descendunt ab igne et aqua, ignis et aqua a concordia et discordia; itaque primus mundus producit tertium per secundum, et tertius per secundum reflectitur ad primum. Praetermissis istis, quae ad eam, quae superstitiosa habetur, magiam principia spectant, quae, qualiacunque sint, indigna sunt vulgo, ad eorum tantum contemplationem convertemur, quae ad sapientiae supplementum conducunt, et melioribus ingeniis sufficere possunt; tametsi nullum magiae genus noticia et cognitione sit indignum, quandoquidem omnis scientia est de genere bonorum, sicut dicit Aristoteles in prooemio De anima, cui Thomas cum aliis magis contemplativis theologis astipulatur, omnis tamen a profano et scelesto vulgo et multitudine procul fieri oportet, quandoquidem nihil ita bonum est, quod per impium et sacrilegum et per se scelerosum hominum genus in perniciem potius quam in utilitatem consortis generis convertatur.

In genere duplex est efficiens: natura et voluntas. Voluntas mox triplex est: homo, humana, daemonis et divina. Natura in proposito est duplex: intrinseca et extrinseca. Intrinseca adhuc est duplex: materia seu subiectum, et forma cum virtute naturali. Extrinseca quoque duplex: quae potius naturae effigies dicitur, vestigium et umbra seu lux, et illa quae manet in re et in superficie subiecti, sicut lux et calor in sole et in aliis calidis, et illa quae emanat et effluit e subiecto, sicut lux quae funditur a sole et reperitur in rebus illuminatis, et calor qui cum luce in sole et reperitur in rebus calefactis. Ex istarum causarum numeri contemplatione possumus descendere ad diffundendam virtutem seu producendos effectus a prima causa per medias usque ad proximas et infimas, limitando causam universalem, quae non respicit plus hoc subiectum quam illud, ad effectum particularem disponendo plus hoc subiectum quam sit dispositum, quandoquidem stante eadem causa et virtute causae immutabili, pro diversa subiectione et administratione materiae contrarii (non solum diversi) producuntur effectus, unde ex parte principii efficientis sufficit unum et simplex illud, sicut unus sol, unus calor et una lux, conversione et aversione, appropinquatione et elongatione, mediate et immediate facit hiemem, aestatem, diversas et contrarias tempestatum et ordinum dispositiones. Ex eodem etiam materia, si credere volumus his qui vulgariter nominata elementa invicem transmutabilia suspicantur, quorum princeps fuit Plato, qui aliquando una materia et uno efficiente est contentus ad omnium productionem. Sed quicquid sit de operatione respectu primi operatoris et universalis, sive unum sive plura assumat materialia principia, quicunque est in genere secundarum causarum, sive homo sit sive daemon, est quod iuxta multitudinem et varietatem specierum operabilium recognoscat materias plures, habentes actum seu formam, per quem possit subiectum fundere aliquid extra se.

Virtutum seu formarum seu accidentium, quae de subiecto in subiectum deferuntur, aliae sunt manifestae, ut quae sunt in genere activarum et passivarum qualitatum, et earum quae immediate consequuntur eas, ut sunt calefacere frigefacere, humectare siccare, mollificare indurare, congregare disgregare; aliae sunt occultiores iuxta occultos etiam effectus, ut exhilarare contristari, appetitum vel taedium immittere, timorem et audaciam, ut sunt motiva ab extrinsecis speciebus per opus cogitativae in homine et aestimativae in brutis appellant, quibus puer seu infans viso serpente et ovis viso lupo absque alia experientia concipit imaginem inimicitiae seu timorem mortis seu destructionis suae, quorum ratio refertur ad sensum internum, qui sane ex speciebus externis commovetur, mediate tamen. Natura enim ut dedit esse speciebus, item et appetitum unicuique rei conservandi se in praesenti statu, ita etiam impressit internum quendam spiritum, seu sensum dici mavis, rebus omnibus, quo maxime inimica ex quadam superscriptione cognoscant et fugiant, quod non solum in exemplificatis speciebus esse videmus, sed etiam in omnibus quae, emortua et manca esse videntur, in quibus nihilominus inest spiritus praesentem speciem conservare concupiscens pro viribus omnibus; ipsum in guttis cadentibus, quae, ne decidant, conglobantur, et in his quae ceciderunt, quae, ne diffluant et dispergantur, ad centrum adnituntur et ad globum se suis partibus fulcire nituntur; item in paleis seu festucis in ignem iniectis et pelliculis seu membranis, quae subsultant et quodammodo corruptionem suam refugiunt. Hic sensus quidam est in rebus omnibus quidem insitus et vita, quem pro more vulgi non dicimus animalem, ad animam particularem referendo, siquidem neque animalia istae partes possunt appellari, in ordine tamen universi, quem spiritus unus undique diffusus, atque sensus ubique et undique pro captu rei sentit tales effectus et passiones, in rebus omnibus licet contemplari. Sicut enim anima nostra ex toto corpore totum opus vitae producit primo et universaliter, mox tamen quamvis tota est in toto et tota in qualibet parte, non tamen ideo totum facit ex toto et totum ex qualibet parte, sed facit videre in oculo, audire in aure, gustare in ore (quod si ubique esset oculus, undique videret, si ubique organa essent omnium sensuum, undique omnino sentirent), ita et anima mundi in toto mundo, ubicunque talem est adepta materiam, ibi tale producit subiectum et inde tales edit operationes. Quamvis ergo aequaliter sit ubique, non aequaliter ubique agit, quia non aequaliter disposita ubique illi materia administratur. Sic ergo sicut anima tota est in toto corpore, et in ossibus et in venis et in corde, non magis praesens uni quam alteri parti, nec minus praesens uni quam omnibus et omnibus quam uni, tamen hic facit nervum esse nervum, ibi venam esse venam, ibi sanguinem esse sanguinem, ibi cor esse cor. Et ut istis accidit immutari vel per efficientem extrinsecum vel per intrinsecum principium passivum, ita et actum animae alium atque alium fieri necesse est. Hoc est praecipuum principium et radix omnium principiorum, ad reddendam causam omnium mirabilium quae sunt in natura, nempe quod ex parte principii activi, et spiritus seu animae universalis, nihil est tam inchoatum, mancum et imperfectum, tandemque ad oculos opinionis neglectissimum, quod non possit esse principium magnarum operationum; quin immo ut plurimum resolutionem ad huiusmodi fieri oportet, ut novus quasi mundus generetur ex ipsis. Utut enim auro similius sit aes quam cinis aeris, et illius perfectioni similius quam cinis ex aere, tamen in transmutatione hic cinis aeris propinquior est formae auri quam aes, ut etiam videmus semina omnia, quae proxima sunt producendae speciei, propius accedere ad hoc ut sint species ipsae, quam aliae species quantumlibet adsimiles et proximae et cognatae. Qui aliter credit in aequo est atque aliquis existimans facilius simiam formari posse in hominem, quam semen iniectum in matricem, quod proxime erat nutrimentum seu panis. Nihilominus tamen similitudinem et eiusdem speciei formam in omni productione necessarium est adesse, ut in artificialibus ab exemplari, quod est in mente artificis, fit domus et vestis, in productione naturali ab exemplari, quod est proximius materiae formandae, producuntur et definiuntur rerum species; ut videmus eandem nutrimenti speciem, idem caelum et aquam et domicilium converti in substantiam, canis in cane, hominis in homine, felis in fele, et per idem canis generat canem, homo hominem; ubi apertum est, quod tota discriminis causa est propter ideam, quae praesentatur ubique naturae generaliter et postea limitatur ad hanc et illam speciem, ut haec est proximior vel illa. Ita et magus quicunque vult perficere opera similia naturae, est quod praecipue cognoscat ideale principium, specificum quidem a specie, moxque numerale ad numerum, seu individuale ad individuum. Hinc illa imaginum fabrica, et materiae ita formatae portio, et non sine evidenti causa et virtute magi et philosophia confirmante effectum, multi maleficia et medicinam exercent per destinatas quasdam figuras cum certis partibus, vel his quae aliquam communicationem, participationem habent cum re maleficianda vel medenda, et ita opus contrahitur et limitatur ad certum individuum.

Et ex harum rerum experientia, aliis pratermissis rationibus, manifestum est omnem animam et spiritum habere quandam continuitatem cum spiritu universi, ut non solum ibi intelligatur esse et includi, ubi sentit, ubi vivificat, sed etiam in immensum per suam essentiam et substantiam sit diffusus, ut multi Platonicorum et Pythagoricorum senserunt. Hinc est quod species distantissimas visu apprehendit subito absque motu, absque hoc videlicet quod progrediatur oculus vel aliquid oculi repente ad stellas, vel repente a stellis ad oculum. Porro animus ipse cum sua virtute praesens est quodammodo universo, utpote talis substantia, quae non est inclusa corpori per ipsam viventi, quamvis eidem obligata, adstricta. Itaque certis remotis impedimentis, statim subitoque praesentes habet species remotissimas, quae non per motum illi coniunguntur, ut nemo inficiabitur; ergo et per praesentiam quandam. Ipsum et experientia docet in ipsis, qui abscisso naso novum sibi ex aliena carne succrescere fecerunt membrum; siquidem obeunte diem illo cuius erat caro, iuxta modum quo putrescit corpus illius, etiam mutuatus nasus ille putrescit. Hinc manifestum est animam plus se diffundere extra corpus, per totum horizontem suae naturae. Hinc accidit ut non solum sua membra cognoscat, sed etiam omnia cum quibus aliquem usum et participationem et communionem contraxit. Neque est argumentum quod stupidi adducunt, carentes vero philosophiae principio, quod alio tacto aliud non sentit; quod sane uno modo est verum, distinguendo speciem a specie, individuum ab individuo, falsum autem est distinguendo partem a parte.

431

Sicut enim si quis perstrinxerit digitum vel acu pupugerit unam corporis partem, totum subinde corpus turbabitur secundum omnia membra, non secundum illam solum partem, licet ab illa parte solum; (XIV thes.) ita cum animus cuiusque unius continuationem habeat cum anima universi, non sequitur ea impossibilitas, quae fertur in corporibus, quae non se mutuo penetrent; siquidem in substantiis spiritalibus huiusmodi alia est ratio, veluti si innumerae lampades sint accensae, quae concurrunt in virtutem unius luminis, non accidit ut alia alius lumen impediat vel retundat vel excludat. Simile de multis vocibus simul per eundem aërem diffusis, item de multis radiis visualibus, ut more vulgi loquamur, quia ad idem visibile totum concipiendum explicantur, ubi omnes per idem medium penetrant, et alii oblique et recte, et non propterea alii alios obtundunt: ita innumerabiles spiritus et animae per idem spacium diffusae non se impediunt, ita ut diffusio unius diffusionem infinitarum aliarum impediat.

Talis virtus cum sit non solum animae, sed et accidentium quorundam, sicut vocis, lucis, visus, ea ratione qua anima est tota in toto et qualibet parte corporis, et tota circa se extra corpus suum totas species longe sepositas atque diversas apprehendit, signum est quod secundum actum primum et substantiam non est inclusa corpori, non est videlicet circumscriptive in corpore, sed definitive tantum ad actus secundos in ipso et secundum ipsum explicandos. Ecce principium quo innumerabilium effectuum, qui admirationem faciunt, causa adducitur, ratio et virtus inquiritur; neque deterioris conditionis debet esse anima et substantia haec divina, quam accidentia quae procedunt ab ipsa tanquam eius effectus, vestigia et umbrae. Si inquam vox operatur extra proprium corpus, in quo enascitur, et est tota in innumerabilibus auribus circumcirca, cur non tota debet esse in diversis locis et partibus ea substantia quae vocem producit, et alligata certis membris?

Ad haec illud est quoque observandum, quod intelligentiae occultae non ad omnia idiomata aures advertunt aut intelligentiam; voces enim, quae sunt ex institutione hominum, non ita attenduntur sicut voces naturales. Propterea cantus, praecipue autem horum tragici (sicut notat Plotinus), in dubiis animae maximam habent efficaciam. Similiter et omnes scripturae non sunt eius momenti, cuius sunt characteres illi, qui certo ductu et figuratione res ipsas indicant, unde quaedam signa in invicem inclinata, se invicem respicientia, amplectentia, constringentia ad amorem; adverse vero declinantes, disiectae ad odium et divortium; concisae, mancae, disruptae ad perniciem; nodi ad vincula, explicati characteres ad dissolutionem. Et haec non sunt in quadam certa et definita forma, sed quilibet, pro dictamine sui furoris seu impetu sui spiritus, in ipsius operis patrationem, ut aliquid desiderat aut execratur, ita utcunque rem quodam impetu nodis ipsis sibi designans et veluti praesenti numini experitur certas vires, quas nullo eloquio et elaborata oratione vel scriptura experiretur. Tales erant litterae commodius definitae apud Aegyptios, quae hieroglyphicae appellantur seu sacri characteres, penes quos pro singulis rebus designandis certae erant imagines desumptae e rebus naturae vel earum partibus; tales scripturae et tales voces usu veniebant, quibus Deorum colloquia ad mirabilium exequutionem captabant Aegyptii; postquam per Teutum vel alium inventae sunt litterae secundum hoc genus quibus nos hodie utimur cum alio industriae genere, maxima tum memoriae tum divinae scientiae et magiae iactura facta est. Itaque ad illorum similitudinem quibusdam hodie fabrefactis imaginibus, descriptis characteribus et ceremoniis, qui consistunt in quodam gestu et quodam cultu, quasi per certos nutus vota sua explicant Magi quae intelligantur, et haec est illa Deorum lingua, quae aliis omnibus et quotidie millies immutatis semper manet eadem, sicut species naturae manet eadem. Eadem ratione numina nos alloquuntur per visiones, per insomnia, quae licet nobis aenigmata appellentur [tamen] propter desuetudinem et ignorantiam et hebetudinem nostrae capacitatis, tamen sunt ipsissimae voces et ipsissimi termini rerum repraesentabilium; sicut autem se habent istae voces ad nostrum captum, ita etiam se habent [se] nostrae voces latinae, graecae, italicae, ut audiantur et intelligantur a numinibus aliquando superioribus et aeviternis, qui differunt a nobis in specie, ita ut non facile nobis possit esse commercium cum illis, magis quam aquilis cum hominibus. Et sicut homines unius generis cum hominibus alius generis sine idiomatum communione non est conversatio neque contractio, nisi per nutus, ita et nobis cum certo numinum genere, non nisi per definita quaedam signa, sigilla, figuras, characteres, gestus et alias ceremonias, nulla potest esse participatio. Qui magiae ergo praesertim ea specie, quae theurgica est, sine huiusmodi vocibus et scripturis vix quippiam poterit magus promovere.

De respectu ad communionem seu consortium rerum.

Inde credere et considerare licet causam, qua non solum actio est ad propinqua, sed etiam ad remota secundum sensum; secundum rem enim, ut supra dictum est, per communionem spiritus universalis, qui est totus in toto et qualibet mundi parte. Unde evenit, ut sicut diversa lumina simul in eodem spacio concurrunt, ita et diversae secundum potentiam vel actum, secundum finitum sive secundum infinitum numerum animae in universo consociantur, corpora non ita, quorum esse circumscriptive a propria superficie seu peripheria definitur, quaeque secundum diversas partes etiam et innumerabiles in diversis et innumerabilibus locis consistunt (ubi locum intelligimus spacium). Sic ergo corpus nullo pacto agere potest in corpus, neque materia in materiam, neque eiusdem materiae partes et corporis in alias corporis partes agere possunt, sed omnis actio est a qualitate, a forma et tandem ab anima. Haec primum immutat dispositiones, ut deinde dispositiones mutent corpora. Sic corpus agit in corpus distans et in propinquum et in propriis partibus per consensum quendam, copulam et unionem, quae est a forma; et quia propterea omne corpus ab anima regitur seu spiritu quodam partes partibus connectente, ut accidit unam animam agere in alteram ubique et undique sibi propinquam, ita etiam necessario evenit, ut agat in corpus, ubicunque sit illud quod illi animae subministrat atque subest. Qui noverit ergo hanc animae continuationem indissolubilem et eam corpori quadam necessitate astrictam, habebit non mediocre principium, tum ad operandum, tum ad contemplandum verius circa rerum naturam. Et hinc prompta erit ratio qua non datur vacuum, nempe spacium sine corpore; neque etenim corpus unum ab uno loco recedit, nisi succedente altero. Anima enim corpus proprium in vita destituit, universum vero corpus ne quidem destituere potest, vel si mavis dicere ab universo corpore destitui; relinquens enim unum simplex seu compositum, in alterum seu compositum seu simplex deferetur, vel ab uno relicta corpore ab alio praevenitur vel subvenitur. Itaque indissolubilem habet nexum ad universalem materiam; quapropter cum ipsius natura sit ubique tota et continua, ubique materiam corpoream consistentem agnoscit. Hinc sequitur conclusio vacuum non esse utpote quod sit spacium sine corpore, sed vacuum esse utpote spacium in quo diversa corpora sibi succedant et moveantur. Hinc etiam continuus motus est partium corporis unius versus partes corporis alterius, nempe per continuum spacium et non interruptum quasi vacuo inter plenum et plenum mediante, nisi vacuum velimus appellare spacium in quo nullum corpus est sensibile.

(XVIII thes.) Corpus vere continuum est corpus insensibile, spiritus nempe aëreus seu aethereus, et illud est activissimum et efficacissimum, utpote animae coniunctissimum propter similitudinem, qua magis recedit a crassitie hebetioris substantiae sensibilis compositorum. Esse corpora insensibilia et spiritualia praedictae efficaciae; et a quibus vere in corporibus sensibilibus ipsis omnis est virtus, indicat aëreus ipse spiritus, qui mare universum concutit et discutit, et invictissimus ventorum impetus, qui serenissimo existente aëre purissimoque concutit terram, frangit arbores, diruit aedificia. Ut optime notat Lucretius, hoc corpus spiritale est quod omnia operatur in ipsis sensibilibus, unde ipsum ab anima differre non arbitrabantur plurimi philosophorum; unde illud poetae 'quantum ignes animaeque valent', hoc est aër. Ignis quoque, qui non in crassa materia consistit, ut carbones, et unde dicuntur ignita corpora, ab aëre non differre intelligitur nisi accidente quodam. Immo verus ignis est verus spiritus, qui in ignito est consistens, torpens; extra ignita est existens, vegetans; in flamma est in media quadam dispositione, veluti motu quodam. Per hunc spiritum diversimode formantur corpora diversa et animalia. Si non omnia corpora composita sunt animalia, omnia tamen animata intelligere oportet, nempe in omnibus unius generis animam, licet non unius et eiusdem actus, propter alias et alias materiae dispositiones et idearum obiectus. Hinc accidit ut, cum diversae sint formae et contrariae, nec non ratione et

434

differentia, quibus alia cum aliis concurrant, ita etiam contraria sint loca appulsus et impetus, et alia fugiant ab aliis et alia persequantur alia, quod totum a compositionis conditione proficiscitur.

Utque omnia in proprio esse conservari desiderant, ita et invita a loco propriae conservationis et consistentiae divelluntur et non sine forti resistentia repugnant, quae adeo fortis est, ut non prius sol vel ignis aquam ad se trahat per aëreum spacium, quam illam aëri assimilaverit, nempe in vaporis consistentiam converterit; quod ubi factum fuerit, tunc illa substantia quae erat aqua non invita trahitur, sed eodem appulsu quo allicitur, per se ipsum etiam veluti consentiendo contendit, itaque paulatim magis atque magis ad ignis similitudinem accedens, fit tandem ipse ignis. E contra corpus, quod in forma ignis subtilissimum a spiritu continetur, ordine contrario concrescens seu crassescens in aquae remigrabit speciem. Sic ergo ab aqua ad vaporem, a vapore in aërem, ab aëre in tenuissimum et penetrativissimum aethereum corpus eiusdem substantiae et materiae fit immutatio, quam Aegyptii, Moises, Diogenes Apolloniates appellant spiritum, sed differunt, quia Moises spiritum ab anima non distinguit (ex editis verbis; de sensu enim illius non iudicamus), illi vero distinxerunt. Alia substantia est arida seu atomi, quae sunt corpora indissolubilia, solidissima, per se nullam continuitatem habentia neque divisibilitatem, et propterea convertibilia non sunt in aliud corpus; substantia enim aquae seu spiritus seu aëris, quae eadem est, nunquam in substantiam atomorum seu aridae commigrabit, neque e converso.

Summa et divina et vera, utpote maxime naturae consona, philosophia est, quae rerum principia posuit aquam, seu abyssum seu stygem, item aridam seu atomos seu terram (non inquam tellurem), item spiritum seu aërem seu animam, et quartum lucem; haec enim ita sunt ab invicem distincta, ut unum non possit unquam in alterius naturam transformari, sed bene concurrunt haec et associantur, ubi magis, ubi minus, ubi omnia, ubi quaedam.

De motu rerum duplici et attractione.

Duplex est rerum motus: naturalis et praeternaturalis; naturalis qui est a principio intrinseco, praeternaturalis qui a principio extrinseco; item naturalis qui est conveniens naturae, consistentiae vel generationi, praeternaturalis qui non. Et hic est duplex: violentus, qui est contra naturam; et ordinatus seu coordinabilis, qui non repugnat naturae. Motus naturalis communiter loquendo secundum omnia genera seu omnes categorias habetur, non discernentibus inter motum et mutationem. In praesentiarum omnibus aliis motibus et eorum speciebus omissis, de motu secundum locum naturali considerantes dicimus ipsum esse duplicem: alterum rerum naturaliter constitutarum et in proprio loco degentium, et hic motus aut est circularis, aut circularem motum imitatur; alius est rerum naturalium non naturaliter constitutarum, et hic motus est rectus. Recta enim aër movetur ad vacuum complendum; rectâ lapis per aërem, et corpora graviora per aquam penetrando deferuntur, ut locum, in quo vel naturaliter quiescant vel moveantur, habeant; rectâ, quantum possibile est, contrarium fugit a contrario, ut fumus, vapor, aqua ab igne (per eam enim lineam citius ad distantiora perducitur); rectâ etiam simile tendit ad simile et conveniens sibi, ut palea ad ambram, ferrum ad magnetem, ut melius et satius conquiescant vel commoveantur. Est tertia species motus, qui est partium omnium et fluxus et influxus ab omnibus corporibus naturalibus, quae circum undique aliquid secundum multiplicem rationem a se ipsis eiaculantur; et hic motus in praesentiarum appelletur sphaericus. Non enim est secundum unam lineam rectam vel ut a medio, vel ut ad medium, vel circa medium, sed secundum infinitas lineas velut ab eodem centro, quandoquidem a toto convexo perimetro seu superficie ab interno aliquid corpora omnia excutiunt et emittunt, rursum etiam in se ipsa recipiunt et immittunt; adolescunt autem atque vigorantur, quando convenientiorum influxus superat effluxum, e contra vero senescunt, decrescunt, torpent, quando extraneorum influxus et naturalium effluxus fit maior, tandemque ex ista causa corruptio inest rebus et mutatio, quae mutatio omnis seu alteratio et dissolutio * * *. De duobus primi generis motibus nulla est controversia secundum sensum, ut eorum consideratio et enumeratio est vulgata; penitius vero consideranti tertius non modo verus atque conveniens, sed etiam necessarius invenietur. Ille sensibilis est maxime in illis, quae maxime sensibiles habent qualitates, ut in igne, qui non ad unum latus seu unam partem calefacit, sed circum undique, ubi repente exuscitatur, circum undique inflammat, illuminat; ita et vox, sonus, medio circum undique aequaliter disposito, circum undique aequaliter penetrat. Item secundum sensum olfactus est manifestum a rebus odoriferis continuo partes aliquas effluere; neque enim accidens illud sine certis partibus vel certa substantia diffluente compositum circumprogreditur. Similiter cum specie, simulacro et huiusmodi sensibilibus accidentibus innumerabilia alia accidentia cum certis quibusdam partibus effunduntur, quae sane partes mirum in modum remotae a minimis illis sensibilibus, ut est manifestum etiam in quibusdam quae per multos annos redolent, quantumlibet modicae quantitatis. Ultra huiuscemodi sensibiles qualitates seu virtutes, quae circum sphaeraliter a corporibus transmittuntur, sunt et aliae, spiritaliores et hebetiores, quae agunt non solum in corpus et in sensum, sed etiam in penitiorem spiritum, et profundiores animae facultates attingunt incutiendo certos affectus et passiones, ut vulgatum est de virtute multorum lapidum, radicum, mineralium. Patet item in fascinationibus et in his, quae per oculi iactus perficiuntur active atque passive, ut regulus vel a longinquo homine prospecto visus acie perimit.

Quomodo magnes trahat ferrum, corallium sanguinem etc.

(XXII.) Ex istis sequitur ratio, qua magnes secundum genus attrahit. Porro attractio est duplex: quaedam ex consensu, ut quando partes moventur ad suum totum, locata ad suum locum, similia rapiuntur a similibus, et convenientia a convenientibus; alia est sine consensu, ut quando contrarium trahitur a contrario propter victoriam illius, quod non potest effugere, ut quando ab igne raptatur humor, ut patet in pelvi ignita superposita super pelvi aquam continente, quae virtute caloris sorbetur, ut raptim sursum ascendat. Idem est manifestum in vorticibus et turbinibus qui in mari accidunt, ut interdum ipsae naves cum undis in sublime ad multam distantiam rapiantur. Sic vero rapi contingit tripliciter. Uno pacto per rationes sensibiles, ut in istis modo numeratis, et etiam ut ubi cum aëris attractione et absorptione ea quae in aëre sunt etiam attrahuntur; et est manifestum etiam in fistulis, per quas aqua sorbetur, ad omnis loci differentias ascendendo, progrediendo per dictam rationem; quia, aëre in fistula contento attracto, cum alius aër loco illius succedere non possit, succedat aqua vel terra vel aliud quod locum impleat. Quod si nihil succedere possit, aër ipsa spatii vi revocatur et retinetur, ut patet interdum exugentibus vel ebibentibus orificio obstructo, quorum lingua vel labra virtute mediantis aëris atque compressi tenacissime orificio agglutinantur et vice versa exuguntur, ut ex eorum poris eliciatur spiritus ad instaurandum seu refovendum quod fuerat abstractum a loco seu spacio.

Est et alia attractionis species insensibilis, qua magnes trahit ferrum, cuius rationem non possumus referre ad vacuum vel huiusmodi, sed tantum ad effluxionem partium ab universis corporibus seu atomorum. Evenit enim ut ubi atomi unius generis ad atomos similis vel affinis congenei, vel genitabilis speciei, pervenerint mutuoque occurrerint, tunc accendatur appetitus et appulsus unius corporis ad alterum, ut subinde totum quod fuerit devictum ad potentius totum moveatur; ad quod enim omnes partes appulsum habent, et totum appellere necesse est. Hoc sensibiliter elucescit in lampadibus accensis, quarum si proxima inferior extinguatur, per ipsius fumum seu spiritus illos effluentes (qui in proxima sunt dispositione, ut sint flammei vel pabulum ignis) flamma descendet tanquam rapta deorsum ad accendendam inferiorem facem. Ita etiam videtur in facis flammulis, quae ne perimantur absumpto humore in proprio subiecto, manifeste adnituntur ad materiam proxime dispositam, nempe ad locum maioris flammae, rectâ vel per transversum transcendendo vel progrediendo, proficiscuntur. Ita accidit devictis partibus ferri, quae ad magnetem quaquaversum discurrunt, per aliud genus virtutis seu qualitatis attractae (neque etenim omnis operatio in rebus naturalibus et huiusmodi mixtis ad qualitates duntaxat activas et passivas est referenda), licet interdum concurrant etiam necessario, non tamen principaliter. Quod vero per effluxum partium, qui fit ab huiusmodi subiectis, haec attractio proveniat, illud indicat, quod magnes perfrictus et ambra paleam trahendo et ferrum tanto amplius roborantur; calor enim ille maiorem partium effluxum inducit, in cuius virtute est poros aperire et corpus rarefacere.

Manifestum hinc est quoque simile iudicium quo modo suo rhabarbarum trahit choleram ab extremitatibus seu a partibus circumferentialibus animalis ad intestina, quando sufficientis fuerit virtutis, non inquam tantae ut quamprimum a natura expellatur antequam operetur, nec tam remisse, ut moveat tantum humorem et non attrahat. Quod etiam in magnete et similibus virtus et efficacia attractiva non sit a qualitate passiva vel activa, secundum vulgatum genus actionis vel passionis, veluti reperitur in quatuor elementorum formis, signum est quod et ipsum ferrum, quod fuerit a magnete contactum, imbuit vim eandem trahendi aliud ferrum. Quod si esset a qualitate elementari, non accideret hoc; calor enim et frigus accidentaliter advenientia subiectis cum ipsius calefacientis absentia evanescunt. Oportet igitur ad effluxum partium hoc referre, quae a magnete effluentes in ferrum influxere, spiritalis substantia. Aliam rationem horum effectuum vel verisimilem difficile est effingere, et hac perspecta, quae undique sibi constat, varias chymaeras et somnia, quibus alii huius attractionis causas sunt commenti, facile est examinare.

Ad idem iudicium refertur atque causam, quod adamas dicitur impedire hanc attractionem, similiter et varia varias alias, quae propria effluente virtute quadam nata sunt, hebetare alienam virtutem, sicut et alia quaedam intendere et acuere, ut fertur adamanta magnanimitatem animo deferentis inprimere.

(XXIII.) De attractione vero magnetis a polo, non facile est causam adducere, si non verum est illud quod aiunt, ad illam regionem montes similis speciei reperiri quamplurimos et magnos, quod tamen est difficilis persuasionis. Esto enim illud: quaeritur, quare ad omnem distantiam talis attractio fiat. Neque enim hic loquimur de attractione magnetis non activa sed passiva; num vero magnes magnetem trahat, hoc nondum sum expertus. Tales quoque montes si sunt et ad tantam distantiam virtutem habent, certe si a zona torrida trahunt acum vel tropicis, a nostris regionibus deberent trahere homines armatos; sed hoc omnino ludicrum videtur. Mitte quod magnes trahit ferrum, quando nihil intermediat praeter aërem, atque per lineam rectam, modo a regionibus nostris ad illas partes, ubi sunt montes et scopuli magnetis, ultra mare septentrionale, magnus terrae tumor intercedit. Traheret ergo magnes ferrum vel (si ratione similitudinis traheret) magnetem, si magnete nostra existente in A, montes essent in D; modo in B vel in C necessario reperiuntur, ita ut manifeste intercedat tum magna distantia recta AB vel AC notata, tum etiam tumor terrae ingens per arcum AB et AC notatum. Apparet ergo multis modis absoluta vulgata illa atque famosa ratio. Atque dictis rationibus hanc quoque annectimus quod montes isti magnetis non habent virtutem attrahendae magnetis ratione similitudinis; id enim si esset, multam magnetem videremus attrahere magnetis portiunculam. Huius ergo effectus non rationem damus attractionem aliquam, quia, ut dictum est, rationabilius ferrum inde attraheretur, sed potius fugam ex antipathia; contrarii quippe natura est istius mineralis atque ferri, quae sunt foetus terrae atque terrestres frigidae consistentiae. Unde contra evenit illis atque floribus fere universis, qui convertuntur ad solem et per viam solis ipsum respiciendo insequuntur, ut non modo videre licet in hac ratione dicta de heliotropio, sed in narcissi flore, croco et innumerabilibus aliis. Haec ergo, tanquam inimica soli atque calori, tuto dicemus ad partes adversas illis atque maxime oppositas converti seque proripere.

Epilogus motorum quibus aliqua moventur.

Localiter ergo moveri pluribus invenimus rationibus accidere: primo ad vitae consistentiam et conservationem, quae est per motum (virtute enim animae et spiritus nativi res in suo loco circulariter moventur, ut supra dictum est); secundo per fugam contrarii; tertio per adsectationem convenientis seu boni; quarto per expulsionem seu extrusionem a pellente contrario; quinto per violentam attractionem etiam contrarii indigentis seu appetentis ipsam materiam convertibilem in se ipsum; sexto per animalem electionem concurrentem cum consensu naturalis potentiae; ultimo per violentiam, quae arte vel quoque studio naturae vires impedit et retorquet alio, vel etiam ipsius naturae, quae dum fortis est in una parte ad aliquid movendum, naturam alterius mobilis minoris virtutis impedit et retundit, ut fere ubique accidit; a naturali enim fluxu aquae unius occurrente fluxus alterius impeditur, ut accidit in fluminibus ad Oceanum mare defluentibus, quae a maris fluxu patiuntur ut per multa milliaria versus fontes suos et ipsa refluant.

De vinculis spirituum.

Supra dictum est spiritus alios crassiorem, alios subtiliorem incolere materiam, alios in compositis, alios in simplicioribus corporibus consistere, alios sensibilia, alios insensibilia; unde operationes animae aliis sunt promptiores, aliis difficiliores, aliis hebetatae, aliis aptatae, aliis ablatae. Alii item secundum genus unum, alii secundum aliud genus potentius operantur; unde hominibus datae sunt quaedam operationes et actus et voluptates quibus privantur daemones, et e contra. Illis autem promptior est penetratio circa corpora et immissio cogitationum, quandoquidem usque adeo sensibus internis impressiones quasdam obtrudunt, ut ea quae ipsi suggerunt, per nosmet ipsos excogitare videamur interdum. Proportionaliter enim videtur se habere eorum informatio, atque analogia quaedam est, ad hoc quod quispiam velit sensum aliquem exuscitare et loco distantiore, opus est clamore, ut per auditum ad sensum internum conceptiones alicuius perducantur, propinquo ergo clamore non est opus sed submissiore voce, proximo sufficit auribus insusurrare; daemoni vero ne auribus ipsis quidem opus est, neque voce, neque susurru, sed sensum ipsum internum ita penetrat, ut dictum est. Sic immittunt somnia non solum et faciunt voces exaudiri et quaecunque videri, sed etiam vigilantibus certas cogitationes, quas ab alio vix esse cognoscantur, interdum per aenigmata, interdum expressioribus sensibus veritatem inculcantes, interdum fortasse decipientes; atqui non omnibus omnia licent, quandoquidem certa serie atque ordine peraguntur universa.

Neque spiritibus seu daemonibus omnibus aeque omnia constant atque licent et sunt perspecta; longe enim plures species eorum esse comperimus, quam possint esse rerum sensibilium. Unde et ex ipsis bruta quaedam sunt animalia et sine ratione nocentia, ut multum degant infra humanam sapientiam, hominibus tamen nocere possunt aeque atque perniciosa animalia atque venena. Tale genus illud quod appellat Marcus surdum et mutum, hoc est sine ratione, quod nullum cognoscit imperium, nullas minas, nullas preces exaudit et percipit; et ideo impotentes protestabantur se ad eos eiiciendos, sed aiebant illud genus per ieiunium seu abstinentiam, et orationem seu mentis elevationem, et sensus energiam superari posse atque vinci. Et hoc est physicum, quandoquidem crassi illius generis, veluti pabulum et illecebrae, sunt humores crassioris et terrestrioris melancholiae, quae per inediam extenuanda vel per accommodata pharmaca prudenter depellenda medico committuntur.

Est et aliud genus timidum, suspiciosum, credulum, quod voces exaudit et intelligit, inter possibile vero et impossibile, conveniens et inconveniens non distinguit, more hominum somniantum et eorum quorum perturbata est phantasia; et hoc genus minis ipsis mortis, carceris, ignis et similium solet a corporibus fugari.

Sunt et alii prudentiores, quorum magis aërea est substantia illa simplex, qui nullo cultu, nulla religione, nullis orationibus moventur, sed haec omnia pro arbitrio fingunt, et hominibus illudentes timorem, iram, religionem et similia simulant, callent linguas et scientias, sed nihil constanter asseverant, utpote genus invidiosum, quod confusionem et dubia mentibus et sensibus hominum immittant.

Aethereum vero, purum lucidumque genus, omnes conveniunt in eo quod sit omnino bonum et hominibus probis amicum, nullis vero inimicum, sicut ex aëreis alii aliis sunt amici, aliis vero inimici et infensi.

Aquei vero et terrestres aut inimici sunt aut non amici, utpote minus rationales et propterea timidiores, et iuxta illud 'quem metuunt, oderunt' et libenter laedunt.

Ignei vero, qui proprius Dii appellantur et heroes, dicuntur Dei ministri, quos Cabalistae appellant Fissim, Seraphim, Cherubim, de quibus dixit Psaltes propheta 'qui facit angelos eius spiritus, et ministros eius flammam ignis'; unde recte colligunt Basilius et Origenes angelos non esse omnino incorporeos, sed spiritales substantias, hoc est subtilissimi corporis animalia, quos per ignes et flammas ignis significat divina revelatio.

In omni ordine spirituum sunt praesides et principes, pastores, duces, rectores, gradus, penes quos sapientiores et potentiores imbecillioribus et rudioribus dominantur et praecipiunt; et haec imperia non sunt aeterna, neque ita brevis consistentiae sicut humana, quandoquidem vitae illorum sunt multis rationibus vitae nostrae incomparabiles, utpote facilius est animam conciliare sibi corpus simplex, quam ex contrariis compositum, quale nostrum; illorum corpora facillime passibilia esse facile defendunt, quemadmodum passibile est aër, aqua magis quam composita quaedam corpora. Porro eadem facilitate reficiuntur, sicut aër discissus facillime reintegratur, et partes aquae coëunt postquam fuerint penetratae; et non est ludicrum et poeticum figmentum quod Virgilius Aeneam stricto gladio permeantem loca umbrarum eas perterruisse asserit.

Alii spiritus humana, alii aliorum animalium incolunt corpora, alii plantas, alii lapides et mineralia, et omnino nihil est spiritu destitutum et intellectu, et nusquam spiritus aeternam sedem sibi destinatam comparavit, sed fluctuat materia de uno in alium spiritum et naturam seu compositionem, fluctuat spiritus de una in aliam materiam; et hoc est alteratio, mutatio, passio et tandem corruptio, nempe partium certarum et a certis partibus segregatio et cum certis compositio; nam mors aliud non est praeterquam dissolutio. Atqui neque spiritus ullus neque corpus ullum interit, sed complexionum tantum et actuum mutatio est continua.

Iuxta autem varios actus, qui a compositione varia proficiscuntur, varii sunt amores et odia, quandoquidem universa, sicut dictum est, in praesenti esse consistere cupiunt, quandoquidem alius status et novi esse aut nihil intelligunt aut ambigunt; ideo generale quoddam vinculum est amoris reciproce animae ad proprium corpus et (modo suo) proprii corporis ad animam. Hinc pendet ex diversitate naturarum et appulsuum vinculorum, quibus tum spiritus tum corpora obligantur, diversitas, de quibus mox erit disserendum, postquam de analogia spirituum et compositorum definierimus.

De analogia spirituum.

Porphyrius, Plotinus et alii Platonici ita spiritibus corpora distribuunt, ut purissimi et optimi, qui etiam Deorum nomine inscribantur, sint igneae substantiae quoad corpus, eamque simplicissimam esse et purissimam; hi vero, qui aliis constant elementis crassioribus, non sine subtilioris elementi participatione consistunt, ut aërei habeant aërem cum igne commixtum, aquei cum igne aërem, terrestres cum igne aërem et aquam. Invisibiles vero substantiae sunt propter corporis eorum tenuitatem. Porro terrestres et aquei ad libitum concreto et inspissato vapore interdum visibiles redduntur, et in regionibus purioribus aëre seniore et tranquilliore etiam apparent. Et mihi contigit eos vidisse ad montes Liberi et Lauri, nec mihi soli, sed frequenter apparent incolis loci illius, quibus interdum sunt (mediocriter tamen) infensi, bestias abducentes et occultantes, quas iterum post aliquot dies reducant ad propria stabula. In aurifodinis et aliis subterraneis locis, ut in montibus Gebennae, satis est vulgatum et compertum frequentissime occurrere fossoribus, quibus interdum sint tum molesti, tum adiutores, tum significatores casuum. Ad hoc genus referuntur hi, quos circa Nolam ad templum Porti in loco solitario, et etiam sub quadam rupe ad radices montis Cicadum, quod fuit olim coemeterium pestiferatorum, et ipse et multi expertus sum et experiuntur nocturnis illae temporibus praetereundo multis lapidibus impetitus, qui minimo intervallo plurimi a capite et aliis corporis partibus magno cum impetu dissilientes importune insectando ad non mediocre intervallum, nunquam tamen laesionem ullam corporis intulerunt tum mihi tum aliis omnibus qui idem testificantur. De his Psellus in libro De daemonibus meminit, appellans eos lucifugos, iactores lapidum, quorum tamen iactus sint inanes.

Esse daemones subterraneos non solum sensus, experientia et ratio, sed etiam et divina quaedam authoritas confirmat apud sapientissimum et multae philosophiae ac profundissimae librum Iobi. Ille maledicens diei in qua natus est, his verbis utitur, ubi ait 'pereat dies in qua natus sum' etc., ubi post paucas sententias infert 'quare misero data est lux, et vita his qui in amaritudine animae sunt?' 'cur egressus ex utero non statim perii?', 'aut sicut abortivum absconditur, non substiti?', 'nunc enim dormiens silerem, et in somno irrequiescerem cum regibus et principibus terrae, qui aedificant sibi solitudines et replent domos suas argento'; quibus vero ex ore ipsius Iobi prolatis verbis nihil expressius ad propositum.

Sic etiam, ut supra dictum est, alii spiritus aliis corporibus sunt inclusi, certo quodam ordine et iustitia gradus istos distribuente, et Origenes, Pythagoras et Platonici homines inter daemones annumerant, hosque non bonos, sed qui boni fieri possint atque peiores, unde ad meliorem vitam disponantur atque deteriorem. Quapropter vitam istam tum theologi christiani tum et meliores philosophorum sectae viam quandam atque transitum, peregrinationem atque militiam appellant. Simile iudicium de aliis generibus consistentiae. Porro in optima harum ad quam cum devenerit anima seu spiritus, in ea intelligitur diutissime perseverare; et hoc est quod a principio dicebamus, omnem substantiam spiritalem reduci ad unum, omnem materialem ad tria, animam esse unum, suum Deum, et primam mentem esse unam supra omnia, animam universi esse unam.

Ad haec valde verisimile est morbos omnes esse malos daemones, unde et cantu et prece et contemplatione et animae extasi depelluntur, et contrariis provocantur. Neque est negandum hominibus certis esse quosdam spiritus dominatores, quorum virtute certae morborum species dissipentur, ut aiunt de Cyro et aliis Persarum regibus, qui tactu pollicis lienosos curabant. Vulgatum atque satis compertum est idem in Galliarum regibus, qui pollicis tactu scrophulas curant; idem saliva dicitur efficere posse septimus ex eodem parente natus absque femina mediante.

Daemones proinde esse corporeos et iuxta varia atque diversa corporum genera varios atque diversos, illud argumento est, quod affectus habent, libidines, iras, zelum, similia affectibus humanis et compositorum animalium crassioris sensibilisque materiae; ab his enim inventa sunt sacrificia et caedes animalium, quorum apparatu et fumo summopere delectari protestati sunt; et istos oportet esse complexionis valde affinis nostrae, e quibus [sunt] alii ad alias gentes et nationes sunt affecti, caeteras omnes detestantes et abominantes. Horum alii sunt nominati, famosi et potentiores, alii vero magis plebeii, quos Romani patellares Deos appellabant, nempe quibus non essent definita sacrificia et oblationes. Talia vero fercula non est credibile illis tam necessaria esse quam iocunda (possunt enim sibi ipsi per se quae sunt necessaria comparare), tamen haec ad eorum luxum sunt superinventa, quae sine hominum administratione sibi minime adcompararent; etsi enim multa melius quam nos novere, non tamen aeque ac nos multa movere et alterare possunt per se spiritualioris et nobilioris et mitioris complexionis. Sunt qui magis fumigiis delectantur, quibus thure, croco, musco, ambra et odoriferis floribus olim adsistere sufficiebant.

Nobilioris et eminentioris conditionis illi perhibentur, quibus hymni, cantus atque musicalia instrumenta arrident.

Super horum conditionem est Deorum conditio, quorum natura 'non est indiga nostri, nec bene pro meritis capitur neque tangitur ira'; male enim affici a nobis atque bene eorum est, quae aliquo pacto a nobis requirere et accipere possunt ut melius et iucundius habeant; id vero in felicissimo statu constitutis minime convenire videtur.

In fine illud est firmiter asserendum et mente tenendum, quod spiritu, anima, numine, Deo seu divinitate omnia sunt plena, et intellectus et anima ubique totus et tota est, sed non ubique facit omnia. Hoc insinuavit poeta ex dogmate Pythagorico:

Principio caelum et terras camposque liquentes

Lucentemque globum Lunae Titaniaque astra

Spiritus intus alit, totamque infusa per artus

Mens agitat molem, et totus se corpore miscet.

Hinc hominum pecudumque genus vitaeque volantum

Et quae marmoreo fert monstra sub aequore pontus.

Idem dicit sensus sacrorum arcanorum ab omni vulgo receptus, ut in Psalmo et in libro Sapientiae 'spiritus domini replevit orbem terrarum et hoc quod continet omnia', et alibi 'caelum et terram ego impleo'.

Differt autem corporea substantia ab huiusmodi substantia mentis, animae atque sublimis spiritus, quod universum corpus est totum in toto et universo, ipsa vero est tota in qualibet parte, ubique videlicet totum quoddam constituens et totius imaginem referens, ubi clarius, ubi obscurius, ubi singularius, ubi multipliciter, ut eiusdem ideae species atque lucis ab omnibus materiae particulis tota refertur, sicut etiam tota a tota materia, quod sane in magno speculo licet contemplari, quod unam unius rei refert imaginem, idemque rursum in mille frusta contritum ex omnibus partibus integrum nihilominus refert imaginem. Sic etiam diversae aquae partes et hypostases, avulsae a toto Amphitrite seu universali Oceano, diversa recipiunt nomina et proprietates, quae omnes, in unum subinde confluentes Oceanum, unum habent nomen et proprietatem; ita si omnes spiritus et aëris partes in unum Oceanum confluerent, unam animam efficerent, quae alioqui multae sunt et innumerae. Hinc secundum primaevam consistentiam unam philosophi dicunt materiam, unum spiritum, unam lucem, unam animam, unum intellectum.

Iam ad multiplex spirituum vinculum referendum convertamur, ubi omnis magiae doctrina continebitur.

(iuxta III §) Primum vinculum, quo spiritus alligantur, est generale, quo metaphorice Triviae triceps Cerberus, ostiarius inferni, alligatus fingitur; est triplex facultas, quae requiritur in vinciente seu mago: physica, mathematica et metaphysica. In prima est fundamentum, in secunda gradus, in tertia cacumen scalae: prima habet rationem principiorum activorum et passivorum secundum genus; secunda temporum, locorum et numerorum; tertia universalium principiorum et causarum. Hic est funiculus triplex, qui difficile rumpitur.

(§ V) Secundum vinculum triplex est, quod requiritur tum in operante, tum in operato, tum in eo circa quem est operatio, et est fide seu credulitate constans, item invocatione, item amore et ardenti affectu cum activorum ad passiva applicatione; animae enim est effective immutare corpora seu compositum, corporis vero materialiter est immutare animam. Haec nisi accesserint seu adsint praesertim, curando, movendo et agitando nihil fiet; unde fortunatissimus magus est cui multi credunt, multae est persuasionis.

(§ XI) III. vinculum, quod habetur efficiens, est numerus principum, qui iuxta cardines universi quatuor distribuuntur ad ea opera, quae a caelo perquiruntur et a natura. Praeter hos pro effectibus voluntariis et extranaturalibus sunt principes determinatum locum non habentes.

(§ XII) IV. vinculum est anima mundi seu spiritus universi, qui omnia copulat unitque omnibus; unde ab omnibus datur aditus ad omnia, sicut dictum est in superioribus.

(§ XIII) V. vinculum sunt animae astrorum et principes locorum, ventorum, elementorum.

(§ XIII) VI. Animae seu daemones praesidentes temporibus, diebus, tempestatibus et ipsis elementis.

(§ XIV et XXV) VII. Animae hominum tyrannorum, principum et eorum qui aliqua celebritate insignes extiterunt, unde in numina evasere.

(§ XV) VII. Divina nomina et divinorum ordinum nomina.

(§ XVI) IX. Characteres et sigilla.

(§ XVII) X. Obtestationes, coniurationes, quae fiunt virtute superiorum in inferiora, ut qui per bonos daemones malos eiiciunt, alii per superiores, malos inferiores. Item alliciuntur per sacrificia, holocausta, terrentur per minas, provocantur per virtutes radiorum et influxuum.

(§ XVIII) XI. Per triplicis mundi virtutem: elementaris, caelestis et intellectualis.

(§ XIX) XII. Dispositio petentis bona a bonis, castitas, honestas, purgatio, abstinentia.

(§ XX) XIII. Item adiectio cultuum et rerum naturalium, in quibus latent spiritus hi qui analogiam habent ad eos quorum opera perquiruntur.

(iuxta XXI §) XIV. Rationes cultuum secundum eorum differentias.

(§ XXII) XV. Consecrationum vis ex parte conservantis, ex parte orationis et ex parte ritus.

(§ XXIII) XVI. Feriarum, infastorum et fastorum dierum et horarum cognitio.

(§ XXIV et XXVII) XVII. Religiosarum observationum, quae consistant in puritate locorum, lotionibus, contactibus, suspensionibus, indumentis, fumigiis, sacrificiis, iuxta rerum et mediorum differentias.

(§ XXVII) XVIII. Applicatio activorum et passivorum, ut elementorum primorum vel proximorum, subinde lapidum, metallorum, plantarum et animalium iuxta conditiones quatuordecim.

(§ XXVIII) XIX. Annuli.

(§ XXIX) XX. Artificia fascinationum.

Praeter haec generalia vincula sunt quae in septemdecim articulis ex Alberti doctrina colliguntur, quorum quaedam sunt relata, quaedam referenda supersunt.

De vinculis spirituum,

et primum de eo quod est ex triplici ratione agentis, materiae et applicationis.

(§ XXIV) Ad hoc, ut actiones in rebus perficiantur, tria requiruntur: potentia activa in agente, potentia passiva in subiecto seu patiente seu dispositio, quae est aptitudo quaedam vel non repugnantia seu impotentia resistendi (quae omnia ad unum terminum reducuntur, nempe potentiam materiae), et debita applicatio, quae est per circumstantias temporis, loci et reliquorum concurrentium; omnia ut uno verbo dicam, ad agentem, materiam et applicationem. Ex defectu horum trium perpetuo impeditur omnis actio, simpliciter loquendo, quandoquidem etiamsi perfectus sit tibicen, per tibiae imperfectionem impeditur, et applicatio unius ad alterum est inanis. Itaque impotentia materiae ponit impotentiam in efficiente et inconvenientiam in applicatione. Hoc est quod dicimus ex defectu trium perpetuo impediri actionem, absolute loquendo; proprie vero inspiciendo, potest defectus provenire rursum a duobus tantum vel ab uno duntaxat, non autem ab uno definite, sed sigillatim intelligendo de omnibus, ut cum tibicen est perfectus et applicatio, tibia vero deficit, aut cum tibicen et tibia, applicatio vero impeditur. Ubi vero tota ratio efficientiae consistit in applicatione, tunc prima ratio concurrit cum tertia; efficiens enim nihil aliud est interdum quam applicator, et efficere nihil aliud est quam applicare.

(XXV. XXVI) Non omne natum est pati ab omni, neque agere in omne, sed, sicut dictum est in Physicis, passio omnis est a contrario et actio omnis in contrario, neque semper, sed dispositum, unde vulgatum illud 'actiones activorum in patiente bene disposito. Hinc patet ratio qua aqua aquae admiscetur et aqua per aquam contemperatur propter similitudinem seu cognitionem seu symbolum, unde postquam facta fuerit unio, nullo artificio altera ab altera separatur, vinum vero purum seu merum facile recipitur ab aqua et recipit aquam, ut fiat commixtio, sed quia partes vini habent in se aliquid caloris et aëris et spiritus, non omnimodum habent symbolum, et ideo secundum minima non admiscentur, sed secundum adeo notabilem molem distincte servantur in heterogeneo composito, ut certa arte iterum possint segregari, sicut etiam accidit in aqua maritima, quae certo modo sublimata dulcem aquam exprimit, item per vasa cerea colata, quod, si mixtio esset perfecta, non accideret. Oleum vero cum aqua nunquam admiscetur, quia partes olei quasi amatae invicem cohaerent et agglutinantur, unde neque penetrant neque penetrantur a partibus aquae. Multum est ergo attendendum in conditione partium attentanti admixtionem corporum cum corporibus; neque etenim omnia omnibus sunt miscibilia.

(XXVII) Attendendum igitur est ad partium situm, compositionem et differentiam, quandoquidem totum toti per unum latus penetrabile est, per alterum vero non; ita enim est in omnibus, sicut patet in lapidibus et lignis et in ipsa carne, quae sunt penetrabilia vel penetrabiliora per unam partem seu latus quam per alteram, ut patet in effluxu humorum pulsorum per longum fibrarum, quia facilius ligna scinduntur per longum; ab humore vero penetrantur facilius per latum quam per longum, quandoquidem pori inter fibras iniecti eo ordine fistulas seu meatus admittunt.

(XXVIII) Non ergo tantum inspicienda est partium qualitas atque situs, sed etiam conditio formae totius; sunt enim quaedam passiones aptae natae recipi ab uno subiecto quae non recipiantur ab alio, sicut stupor a torpedine causatur in manu piscatoris, non in reticulis, et, ut ludere solebat comicus quidam, ignes amoris torrent praecordia, urunt cor, pectore existente crudo atque frigido.

(XXIX) Item accidit in tonitruis, quae interdum liquefaciunt ensem seu chalybem vagina nihilo alterata; ita etiam accidit mirum Neapoli in quadam nobili puella et pulcherrimae speciei, cuius tantummodo pilos cira vulvam combussit; ita referunt, combusto ligno dolii, vinum relinquere consistens seu congelatum forinsecus. Et pleraque huiusmodi eveniunt propter occultam rationem ultimam quae est in atomis illiusmodi ignis, qui ita est activus in uno ne sit activus in alio. Referunt etiam laurum ideo imperatorum et poetarum insignia esse et aquilam, quia haec fulgure nunquam attinguntur, tanquam ita Apollini et Iovi amica atque principes atque poetae.

Quod attinet vero ad homines, quibus omnibus non item accidit quod illi puellae, stat ratio in eo quod non omnes sunt eiusdem complexionis et temperamenti, et eandem spiritus qualitatem admittunt; ut etiam in quibusdam talis animus etiam existit, ut et pluvias impediant, imperent ventis et aliis tempestatibus. Ita etiam ad complexionem quandam referenda sunt mira quae accidunt in corporibus, ubi quaedam sunt ex privilegio totius speciei, quaedam vero ex certa particularium praerogativa, propter differentias innumerabiles quae sunt in illis.

In talibus ergo tum speciebus tum individuis contemplantur magi ut virtutum effectus emendicent, et providi imperatores non nobiles, amicos, commendatos praeponunt exercitibus et militiae ministros asciscunt, sed fortunatiores, eosque qui talia pericula consueverunt fortunatius evadere. Pariter a quibusdam plantis et mineralibus per suspensionem et gestationem et aliusmodi applicationem existimant certas praerogativas virtutum sibi conciliare quasi quodam mediante contactu, ut imperatores laurea corona muniti a fulgure non formidant.

(XXX) Huc spectat quod quaedam certis animalibus sunt venena, sicut generaliter homini cicuta, quae generaliter capere est iocundissimum alimentum, ut facile omnia ex ea pinguefiant. Similiter in differentiis nutrimentorum, venenorum et antidotorum pro variis speciebus est speculandum. Unde non modicum principium est magiae et medicinae ad distinguendum de differentiis complexionum et rationibus morborum et sanitatis et principiis mutandorum habituum seu dispositionum, vel eorundem servandorum, per applicationem extrinsecorum. Novit etiam chymicus ut aqua fortis agat in res duras, ut in ferrum, argentum, aes; in aurum vero et plumbum minime; rursum quomodo vivum argentum ocissime sorbeat oleum, quod ab auro omnino repudiatur et abiicitur. Proinde verbenae semini vel succo praesentanea potentia est ad frangendum lapidem in vesica, quae tamen carni et ossi et membranae et aliis corporis partibus minime videtur esse violenta.

(XXXII) Sunt qui horum rationes referant ad laxitatem vel angustiam foraminum, quod quidem in quibusdam facile concesserim, sed in praecipuis et pluribus minime verum est, sicut in enumeratis omnibus. Neque enim ratio est, qua aqua fortis potius penetret unum quam alterum propter maiorem laxitudinem foraminum; similiter et verbenae spiritus ille, qui adversatur calculo, non autem ossibus et carni, quamvis magis laxatorum sint pororum. Et quid dicet de adamante, quod quidem a subtilissimo corporum et penetrativissimo ignis spiritu non discinditur, quod tamen ab hircino sanguine penetratur?

Manendum igitur est in ea generali ratione, quod non omnia patiuntur ab omnibus, neque omnes affectus secundum easdem differentias omnibus conveniunt; et horum ratio ab ipsis effectibus et casibus est desumenda, cum propria requiritur. Differentiis vero istis occultis seu formis nomina non sunt imposita, neque sensibiles sunt ut ad oculum vel tactum veniant, neque ratiocinabiles quae ab oculorum et tactuum differentiis atque origine definite eliciantur, ut de istis possimus dicere aliud quam quod sint; propter quid vero ne ipsis quidem daemonibus facile esse disserere iudicamus, si nobiscum nostris verbis et sensibus quae per nostra verba significantur velint definire.

Secundum vinculum ex voce et cantu.

(XXXIII) Secunda vinculi ratio est a conformitate numerorum ad numeros, mensurae ad mensuram, momenti ad momentum; unde illi rhythmi atque cantus qui maximam habere efficaciam perhibentur. Proinde quidam magis afficiuntur tragica quadam, quidam vero comica harmonia, aliqui generaliter ad omnem sunt affecti, nonnulli sicut de quodam barbaro imperatore recitant, qui musicis auditis artificiosissime tractatis instrumentis malle inquit se equi hinnitum audire; qui plane humana effigie indignus et iniuria praeditus hoc ipso convincitur.

De cantu vero non tantum harmonico, sed sub generaliore quadam significatione intelligimus, siquidem potentissimae, quod quidam experti sunt, cantiones seu carmina plus videntur habere dissonantiae quam consonantiae, et fere talis erat anima illius semiferi hominis, qualem numeri hinnitus equini facilius flectere potuissent; sicut etiam ad oculorum sensibilem harmoniam quod spectat, aliis numeris vincitur ad amorem equinus, aliis humanus, aliis caninus animus, ut pro singularum specierum conditione variae sunt pulchritudinis differentiae. Sicut ergo in proverbio est de asino ad lyram, non omnes cantus omnibus sunt accommodi, et ut varias animas harmonici varii, ita etiam varii magici varios spiritus devinciunt.

(XXXIV) Haec autem vincula non solum hoc ipso sunt tenacia, quod per auditum percipiuntur seu aditum nanciscuntur in anima, sicut Marsi et Psylli vox potentissima vox est in serpente; verum etiam et occulto susurro etiam ad rem vinciendam non perveniente, per analogiam spiritus ad spiritum, vincientis ad vinciendum, effectus vinculorum perficitur; neque etenim semper incantati incantantium voces excipiunt, vel exceptis sensibiliter afficiuntur et statim.

(XXXV) Huc spectat quod numeri unius vocis vel aspectus alterius vocis numeros confundunt et obtundunt; unde lupo, quem cervarium vulgo appellant, quidam viso vocem amittunt devincti eo spiritu, neque facile verba formare possunt. Et referunt instrumentum ex agnina pelle cum typano ex pelle lupina prorsus amittere sonum, quamlibet alioqui sonorum et fortius ictibus impetitum, quandoquidem spiritus, qui aliqualis est in emortui pelle, potens est vincere et compescere spiritum per eam participationem antipathiae et praedominii, quae erat in viventibus. Hoc quod referunt an ita sit non sum expertus, tamen verisimilitudinem habet et rationem, quae tamen non omnino est a ratione vitae ad vitam et speciei ad speciem, quandoquidem et asinus lupum timet nihilo fortasse minus quam ovis, pariter et illius insidiis obnoxius, tympanum tamen ex eius pelle confectum, aequis fortassis pulsibus tympanum lupi nisi compescat, pro maiori tamen spissitudine superabit.

(XXXVI) Huc etiam spectat de fidibus ex nervis ovium et nervis lupinis nunquam consonantibus. Vulgatum quoque est apud multos, quemadmodum duae citharae vel lyrae aequaliter temperatae si fuerint, quarum altera propior alteri pulsetur, harmonia unius in alterius chordas non solum consonantes, sed et aequaliter motas commigrabit; et hoc valde rationabile est. Unde etiam accidit et voce quadam et gestu vel simili quadam specie animum unius affici praesentia alterius, ut indissolubiles oriantur amicitiae. Sunt quos visos temere odimus, sicut etiam sine causa amamus; et hoc odium et amor interdum sunt reciproca, interdum vero non, quod accidit a praedominio quodam unius in alterum secundum unam affectus speciem, quae impeditur ab alia affectus specie quae est in altero, sicut et specie unius catelli et aviculae amoris quodam affectu pertrahimur in illas, quae tamen timore percussae nos fugiunt et oderunt.

(XL) Ad hoc genus pertinent preces et orationes, quibus pares aut principes quidam sollicitant, (ubi) nullum habeant effectum neque rationes vel honestatis et iustitiae praetextus allegati; quibus interdum plus possunt unius morionis et scurrae proposita, ut interdum prudentiores per eiusmodi voces tanquam magis accommoda vincula principum animos soleant irretire, ut in Iulio III. Pontifice compertum, qui orantes, deprecantes, lacrimantes abolebat, abiiciebat; si quis vero uno scommate vel alio lepide post pedum oscula accessisset, is quaecunque exoptabat impetrare ab illo poterat.

Ad incantationis ergo artem spectat et eam vinculi spiritus speciem, quae est per cantus seu carmina, quicquid tractant oratores faciens ad persuadendum et dissuadendum seu ad movendos affectus; cuius quidem artis alteram partem praetermiserunt et in sinu magorum seu philosophorum seu versutiorum politicorum latentem esse sinunt, quam tamen Aristoteles in Rhetorica ad Alexandrum magna ex parte complexus est, quaeque ad duo capita considerationis reducitur, alterum quod consideret incantator quid deceat se et quid sibi conveniat, alterum quid incantando seu vinciendo placeat, arrideat, eius scilicet moribus consideratis, statu, complexione, usu, quae omnia in praesentiarum retexere et adducere non est locus.

Tertium vinculorum genus ex visu.

(XLI) Per visum etiam vincitur spiritus, ut passim quoque superius est attactum, dum formae aliter atque aliter ante oculos obversantur. Hinc fascinationes activae et passivae ab oculis proficiscuntur et per oculos ingrediuntur; unde illud 'Nescio quis oculis teneros mihi fascinat agnos'.

Pulchri quoque species affectum amoris excutit; contrarii abominationis et odii. Et per affectiones animae ac spiritus aliquid insuper in corpus ipsum, quod sub animae gubernaculo et spiritus contemperamento consistit, transfunditur. Sunt quoque aliae affectuum species, quae etiam per oculos accipiuntur atque statim corpus ipsum aliqua ratione afficiunt; tristibus enim quibusdam vultibus ad tristitiam et compassionem vel moerorem concitamur, tanquam ex causis manifestis.

Sunt alii qui etiam peiores animo atque corpori ingerunt impressiones per oculos, sed non evidenter per ea quae nos possimus iudicare, efficacissime tamen movent per aliqua quae sunt in nobis, nempe per multiplicem spiritum et animam; quandoquidem tametsi una anima in toto corpore vigeat, et uni praecipue omnia membra subministrent, tamen quia spiritu quodam toto totum et anima tota et universi partes vivificantur, ratio multarum affectionum spiritualium referenda est ad aliquid aliud quod cognoscit in nobis et vivit, quod iis rebus afficitur et perturbatur, quibus minime nos perturbamur et afficimur. Et interdum nocentius tangimur et laedimur ab his quorum ictus non sentimus, quam quorum sentimus; ita et multa visa et per oculum ingestae species perturbationis sensum non faciunt in apertis et extrinsecis potentiis sensitivis, quae tamen profundius immersae letaliter etiam afficiunt, quorum sensus immediatus ad internum spiritum, quasi alium sensum et animal, referuntur. Unde non tam leviter refragabimur quibusdam Platonicis et omnibus Pythagoricis, qui unum hominem multa statuunt animalia veluti per se viventia, quorum interdum uno perempto, seu primario, diu alia supervivunt.

(XLII) Iudicare ergo eorum tantum nos laedi vel affici speciebus visibilibus, quae solum manifestam sensus et animi perturbationem inducunt, manifesta est stupiditas, non aliter ac si quispiam iis tantum ictibus vel magis laedi existimat qui sentiuntur vel magis sentiuntur, cum tamen experti simus plures molestiae et tormenti inferre puncturam acus vel spinae circa pellem vellicantis, quam ensis adacti ex uno latere in aliud, cuius gravior effectus tandem sentitur, sine sensu tamen laesionis eo quo corporis partes penetrat momento. Ita nimirum multa furtim per oculum ad animae exitium usque spiritus captivant et inculcant, licet eam perturbationem non inducant quam leviora obiecta; sicut videntes certos gestus vel affectus vel motus compellimur ad lacrimas, alienum quoque sanguinem perfundi aspicientes quidam vel cadaveris incisionem usque ad animae deliquium compelluntur; cuius rei nulla alia causa est praeterquam affectio per oculos devinciens.

Quartum vinculum est ex phantasia.

(XLVII, XLVIII) Cuius quidem munus est recipere species a sensibus delatas et continere, et componere eas et dividere, quod quidem accidit dupliciter: uno pacto ex arbitrio vel electione imaginantis, quale est poëtarum et pictorum munus, et eorum qui apologos componunt, et universaliter omnis cum ratione species componentis; alio pacto extra arbitrium et electionem. Et ita dupliciter: vel per causam etiam eligentem et voluntariam, vel ab extrinsecus moventem. Et hac duplici: vel mediata, ut homine qui per voces vel per spectra, per visum vel per auditum perturbationes inducit; vel immediata, ut spirituali, rationali, seu daemone qui agit in phantasiam per somnia vel etiam per vigilias, ita internas species commovens, ut aliquid sensus externi apprehendi videatur. Unde energumeni quidam videre sibi videntur quaedam spectacula et audire quasdam voces et sententias, quas putant vere ab externis subiectis insinuari, unde importunissime et constantissime asseverant se vera vidisse et vera audisse, ubi nimirum non sensus eorum decipitur, sed ratio; quae enim audiunt,

audiunt, quae vident, vident, tamen quod interno sensu per speciem phantasiabilem illis obiicitur, idem per sonum externum, per aures et formam externam per visum ingestam se videre arbitrantur, et intentiones sensuum internorum res ipsas esse autumant. Ita accidit ut ne quidem a circumstantibus nolint ad saniorem sensum revocari, quos potius ad propriam imaginationem malint promovere, quos vere existiment surdos et mutos; et medici haec ipsa referunt ad maniam et melancholiam, quae ab iisdem somnia vigilantum appellantur.

(XLIX) Porro in hoc vinculo neque purum est materiale illud principium, quod crassissima et importunissima pertinacia quorumdam vulgarium medicorum opinatur, neque purum illud efficiens daemoniaci seu diabolici generis, quod pro sua parte tuentur quidam Theologi; sed utrumque concurrit, materialiter quidem humor melancholicus, quem saturnalium daemoniorum popinam seu balneum appellamus, sed etiam pro causa movente et efficiente spiritus ipse daemoniacus, qui cum non sit omnino substantia incorporea, quandoquidem multis affectibus animalibus iisque gravissimis praediti videntur daemones, quamvis substantia spiritualis, cui subtilius et minus sensibus pervium corpus est a natura tributum, in quo genere animalium dictum est non pauciores reperiri species, quam sint viventium, compositorum et sensibilium. Sicut ergo ad definitum semen in definito loco congrue expositum definita veluti accurrit anima, aut ex ipso velut emergens certam animalis formam vel viventis producit et emergere facit, ut ex hoc semine nascatur oliva, ex illo canis, ex illo homo, item in hoc corpore ita vel ita complexionato commodius nascuntur haec, commodius vero illa, unde poeta 'Hic segetes, illic veniunt felicius uvae'; ita ex certa cordis vel cerebri vel spiritus animalis temperie et complexione, intemperie vel perturbatione, quasi in proprio campo et ex proprio semine, boni vel mali spiritus et principia intentionum enascuntur. Unde mutua quaedam consequentia est, ut talia corpora tales animas, tales animae talia corpora in consistentiam producant, iuxta substantialem, quam appellant, et specificam differentiam atque subsistentiam; ita et advenientes et accedentes alii spiritus propter accidentales quasdam complexiones vel subiecta corpori adiecta sequitur praedominium illud furiosi spiritus, quod sane e medio tolli potest, tum incantatione, nempe rhetorica illa, et amica et medica quadam persuasione spiritum obsessum reficiendo, tum evacuatione seu expulsione noxiae materiae per purgativa pharmaca, tum per commoda Iovialia, Solaria et alia vitae humanae congruentia nutrimenta, quae materiam meliorem spiritui subiiciant, vel deteriorem illam, quae in complexionem interdum transit, mitigent et contemperent. Sic neque spiritus opera haec vitalia et animalia persequitur, neque sine spiritu corpus assumit; ad haec igitur sive bene sive male sive pro ratione speciei sive extra speciei rationem constituenda principium materiale requiritur, et secundum genus formale seu efficiens. Interim satis rationabile est, ut ad curationem perturbatae phantasiae et ad solutionem interni sensus hoc pacto devincti simplex humorum purgatio simplexque victus ratio sufficiat; non propterea tamen concluditur, ut concludit quidam pinguissimae Minervae medicus, qui sub titulo De occultis naturae miraculis plures protulit ineptias quam potuit litteras et syllabas exarare, qui ex eo quod per secessum et humorum vacuationem tales spiritus cum eiusmodi miris intentionibus liberis et ordinatis expelluntur et extruduntur, concludit eos nihil aliud esse quam humores; unde aeque possemus dicere suam excellentiam, quae plurium animas per secessum e corpore abire coëgerit, ut et animam ipsam etiam humorem seu excrementum existimet, aut si penuria cibi atque potus cogatur ipse suam domum et patriam deserere propter medicinae ignorantiam et apertorum naturae colorum atque vocum, existimemus eum nihil aliud esse quam de genere eorum quae illum expellunt.

Omnibus hisce modis cum contingat vinciri et obligari sensum, medico seu mago maxime insistendum est circa opus phantasiae; hoc enim est porta et praecipuus aditus ad actiones et passiones affectusque universos, qui sunt in animali; et ex hac alligatione sequitur alligatio profundioris potentiae, quae est cogitativa.

De vinculo quinto, quod est ex cogitativa.

(L, LI) Vinculum phantasiae leve per se est, si vinculum cogitativae vires non con duplicet. Ea enim spectra, quae idiotae, stulti, creduli et superstiosuli ingenii animum devinciunt et obligant, deridentur, contemnuntur et veluti inanes umbrae a sobrio et bene nato et disciplinato ingenio. Unde omnes operatores sive magi sive medici sive prophetae sine fide praevia nihil efficiunt, et iuxta fidei praeviae numeros operantur. -- Hic nos accipimus fidem iuxta magis universalem rationem, quam a singulis istorum capiatur et ab omnibus. --

(LII) Haec in quibusdam commovetur tanquam praeviis potentiis bene dispositis et ordinatis, a quibusdam vero tanquam perturbatis; multum vero faciunt ligamenta quae sunt ex ore diserti, ex specie unde certa dispositio oriatur et foveatur in imaginatione, quae est sola porta omnium affectuum internorum et est vinculum vinculorum. Hinc Hippocratis vulgata est sententia, 'efficacissimum medicorum esse illum cui plurimi credunt', et hoc est quia plurimos vincit aut eloquio aut praesentia aut fama; et non solum de medico, sed quocunque magiae genere vel alius sub alio titulo potestatis, si in operante vinciendi iniciendae imaginationis vix quippiam aliis mediis poterit promoveri.

(LIII) Et credunt theologi et concedunt et concionantur de eo qui per se potest omnia facere, quod non poterat curare eos qui illi non credebant, cuius impotentiae tota ratio refertur ad imaginationem, quam non potuit vincire; compatrueles enim, qui noverant humile illius genus et educationem, spernebant et irridebant medicum et divinum; unde illud vulgatum 'nemo propheta acceptus in patria'. Facilius ergo quibusdam vincire est eos, apud quos minus est notus, ut ex opinione et apparatu fidei, cuius quidem potentia animae quodammmodo se disponit, aperit, explicat, ac si fenestras aperiat ad solem concipiendum, quas alioqui occlusas teneret, datur aditus ad eas impressiones quas ligatoris ars exquirit, incutiendo subsequentia vincula, quae sunt spes, compassio, timor, amor, odium, indignatio, ira, gaudium, patientia, contemptus vitae, mortis, fortunae, et omnia quorum vires ex animo in corpus alterandum transmigrant.

Quomodo vero reliquae istae enumeratae vinculorum species, quae fidem et opinionem subsequuntur, alterent considerare non est valde profundae speculationis. Iam quod attinet ad magis spiritales potentias animae quae sequuntur, nempe ad memoriam, rationem, experientiam, intellectum et mentem, non est operae praesentis speculationis persequi, siquidem actus illarum potentiarum non redundant in corpus neque alterant, sed tota immutatio originaliter est in potentiis ante cogitativam, effective autem et principaliter a cogitativa. Inde omnis vis magica activa et passiva, et vinculis magicis species eousque subiiciuntur, et, ut etiam asserit Plotinus, tum sapientes tum insipientes per principia naturalia consistentia in ea possunt vinciri, nisi extet aliquod principium in subiecto quod valeat repercutere seu excutere magicas eiaculationes; quandoquidem, ut dictum est supra, non omnia penetrant in omnia neque admiscentur omnia cum omnibus, sicut oleum cum aqua non admiscetur. Sic testatur Plotinus de se ipso et confirmat Porphyrius in Vita Plotini, quod maleficia cuiusdam Aegyptii, quibus nitebatur vincire et maleficiare Plotinum, in ipsum authorem sunt conversa. Et haec De vinculis in genere dicta sint.

FINIS

www.ingramcontent.com/pod-product-compliance
Lightning Source LLC
Chambersburg PA
CBHW081130090426
42737CB00018B/3282